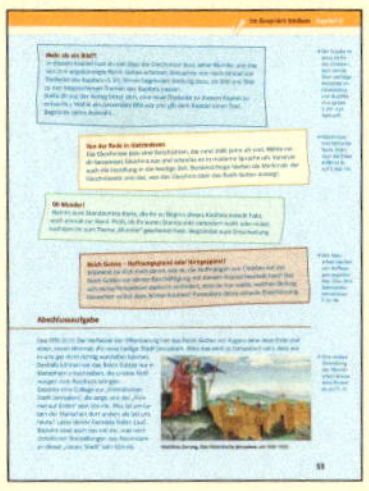

„Im Gespräch bleiben“

Hier überlegst du am Ende jedes Kapitels, was du Neues kennengelernt hast und ob du nun Bekanntes vielleicht in einem anderen Licht siehst. Mithilfe der Abschlussaufgabe kannst du festhalten, was du gelernt hast, um weiter mit anderen zum Thema im Gespräch bleiben zu können.

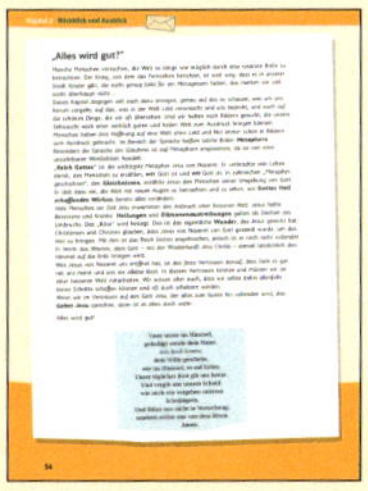

„Rückblick und Ausblick“

Auf der letzten Kapitelseite kannst du noch einmal nachlesen, welchen Themen du im Laufe des Kapitels begegnet bist, wie sie miteinander zusammenhängen und was du dazu wissen solltest.

Weitere wichtige Elemente

Aufgaben

1 Vergleiche die Ergebnisse des einfachen Versuchs mit denen der Blindversuche. Erläutere, worauf die unterschiedlichen Ergebnisse zurückzuführen sein könnten.

Arbeitsaufträge und Impulse

Am unteren Rand jeder Themen-Doppelseite stehen die Arbeitsaufträge. Außerdem findest du hier manchmal Impulse : Sie sollen dir helfen, über dich, dein Leben, deinen Glauben und das Miteinander mit anderen Menschen nachzudenken und deine Gedanken dazu auszudrücken.

Info

Eine **Bulle** ist ein päpstliches Schreiben. Mit einer **Bannbulle** verhängt der Papst eine Strafe. Dies kann z. B. eine **Exkommunikation** sein, d. h. der Ausschluss eines Christen aus der Gemeinschaft der katholischen Kirche. (**Kirchenbann**).

Infoboxen

Schwierige Begriffe und Fachwörter sind in den Infoboxen erklärt.

→ Mehr über Don Bosco erfährst du auf S. 133.

Querverweise

Wenn ein Thema mit einem anderen zusammenhängt, zeigen dir die Querverweise, auf welcher Seite du mehr darüber erfahren kannst.

Stichwortverzeichnis

Hier kannst du nachschauen, auf welcher Seite du Informationen zu einem bestimmten Thema findest.

Inhaltsverzeichnis

1 „So spricht Gott“: Prophetische Menschen

2 Anders sehen und handeln lernen: Jesu Botschaft vom Reich Gottes

3 Auf der Suche: Wege zum Glück – Wege zum Heil

4 Mehr als Klöster und Kreuzzüge: Das Christentum prägt Europa

5 Selbstbewusst glauben: Martin Luther und die Reform der Kirche

6 Können – dürfen – müssen: erwachsen werden

7 Von Helden und Heiligen: Vorbilder, die Mut machen

8 „Wundervoll“: die Bibel verstehen

9 Was ist wirklich? Die Welt als Schöpfung Gottes sehen

10 Faszinierende Fremdheit: Hinduistische und buddhistische Traditionen

11 Zwischen Konflikt und Kooperation: Kirche – Staat – Gesellschaft

12 Leben in Beziehungen: Freundschaft – Liebe – Partnerschaft

Vorwort

Liebe Schülerin, lieber Schüler,

der Mann auf dem Bild rechts schaut unsicher drein. Hinter ihm der Reichstag in Berlin – das Zentrum der deutschen parlamentarischen Demokratie –, aber auch mehrere Polizisten. In den Händen hält er ein Plakat. Darauf ein kurzer Slogan, mahnend oder fordernd. Da ist einer, der dem Staat und der Gesellschaft in Deutschland etwas sagen will. Einer, der möglichen Widerständen zum Trotz seine Stimme erhebt.
Etwas sagen oder lieber schweigen, sich anpassen oder unangepasst sein – immer wieder ist diese Frage ein Thema unseres Lebens. In der Schule wirst du beinahe täglich damit konfrontiert. Soll ich tun oder nicht tun, was die anderen in der Klasse, in der Familie, in der Clique machen? Wo ist mein eigener Weg? Wie will ich mein Leben gestalten? Fragen wie diese stellen wir Menschen uns ein Leben lang.
Dein Religionsbuch LEBEN GESTALTEN kann dir helfen, gemeinsam mit deiner Lehrerin oder deinem Lehrer Antworten auf solche Fragen zu finden und Leben und Lernen zu gestalten. Wir Autorinnen und Autoren, die es geschrieben haben, glauben, dass die Themen der christlichen Religion dir eine Orientierung bei deiner Suche geben können. Du kannst dieses Buch als einen **Brief** verstehen, den wir dir geschrieben haben. Gerne kannst du uns per E-Mail an *leben-gestalten@klett.de* darauf antworten. Es ist ein Brief, der dich auch immer wieder einladen will, über das eine oder andere nachzudenken, das sonst in der Schule oft keinen Platz (mehr) findet: über dich selbst, über die Welt, über andere Menschen, über Gott. Du wirst feststellen, dass sich solches Nachdenken lohnt und dass du gute Erfahrungen dabei machen kannst.
Dafür haben wir **Texte**, **Bilder** und **Lieder** zusammengetragen und **Arbeitsaufträge** formuliert. Manchmal findest du auch **Gebete**, denn zur Religion gehört auch das Gespräch mit Gott. Schwierige Wörter haben wir in **Info-Boxen** erklärt. Das **Stichwortverzeichnis** hinten im Buch hilft, die Worterklärungen zu finden.
Querverweise, die dir Zusammenhänge zwischen den Kapiteln anzeigen, helfen dir, ein Thema aus einem anderen Blickwinkel zu sehen. Dazu gehört auch, dass immer wieder die christliche mit **anderen Religionen** in Beziehung gesetzt wird. Die **Methodenseiten** helfen dir, mit Themen des Religionsunterrichts angemessen und sachgemäß umzugehen. Mit den **Impulsen zum Weiterdenken** kannst du frei arbeiten.
Jedes Kapitel beginnt mit einer Seite, die wir **Ins Gespräch kommen** genannt haben. Hier hast du Gelegenheit, dich an das, was du zu einem Thema schon weißt, zu erinnern. Die Fragen, die am Anfang in den Blick genommen werden, greift am Ende eines jeden Kapitels die Seite **Im Gespräch bleiben** noch einmal auf. So kannst du selbst prüfen, ob du Neues gelernt und Perspektiven hinzugewonnen hast und ob sich deine Einstellung verändert hat.
Schließlich nehmen wir den Faden unseres Briefes an dich auf und geben dir einen **Rückblick und Ausblick**: Wir erklären dir noch einmal, was uns an den Themen wichtig gewesen ist und was du wissen solltest. Vielleicht bist du nicht immer unserer Meinung und siehst manches anders, nachdem ihr in der Klasse über die Themen gesprochen habt. Denn kaum ein Mensch kann behaupten, genau zu wissen, was im Leben richtig ist. Aus diesem Grund kommt es auch bei den **Arbeitsaufträgen** – besonders bei den **Impulsen** und den Aufgaben für dein **Lerntagebuch** – nicht immer zuerst auf eine richtige Lösung an, sondern darauf, dass es *deine* oder *eure* Lösung ist. Das ist bisweilen vielleicht etwas ungewohnt. Die Botschaft Jesu bietet für unser Leben aber nicht eine einzige und richtige Lösung an. Sie lädt vielmehr dazu ein, das eigene Leben auf der Suche nach Gott mit ihrer Hilfe zu gestalten. Zuletzt kommt es darauf an, dass du selbst deine Antwort hinausrufst!
Dass der Weg dahin dir und deiner Klasse mit unserem Buch viel Spaß macht, wünscht sich und dir

dein Autorenteam von LEBEN GESTALTEN 2

1 „So spricht Gott“: Prophetische Menschen

Kritische Ausrufe
„Banken in die Schranken" steht auf dem Transparent des Mannes vor dem Berliner Reichstag auf S. 11. Besprecht gemeinsam, wofür er genau eintritt und was er kritisieren will. Notiere dir anschließend mögliche weitere kritische Sätze des Demonstranten in einer Sprechblase.

Was ist ein Prophet?
Bestimmt hast du den Begriff „Prophet" schon mehrfach gehört. Erkläre, was du darunter verstehst.

Gottes Wort
„So spricht Gott" heißt dieses Kapitel. Spricht Gott denn überhaupt? Wie? Was? Mit wem? Sammelt in einem Schreibgespräch Ansichten über das Sprechen Gottes. Nehmt auch kritisch zu ihnen Stellung.

Info

Ein **Schreibgespräch** findet schweigend statt. Dazu nimmst du ein Blatt Papier und notierst darauf deine Gedanken zum Thema. Dann gibst du es an deinen Nachbarn oder deine Nachbarin weiter. Er oder sie kann deine Aussage schriftlich kommentieren oder ergänzen. Dabei ist es auch erlaubt, sich auf frühere Aussagen zu beziehen. Durch Pfeile, Frage- oder Ausrufezeichen oder Skizzen können Bezüge hergestellt werden. Danach geht das Blatt zum Weiterschreiben an andere Schülerinnen und Schüler oder an dich zurück, bis ihr das Gespräch beendet.

Eine Rede nach prophetischem Vorbild halten

Unrecht beim Namen nennen!
In diesem Kapitel wirst du immer wieder feststellen, dass Prophetinnen und Propheten durch ihre Worte viel bewegt haben. Sie haben bei Ungerechtigkeiten und Missständen nicht einfach bequem weggeschaut, sondern haben klar und deutlich „Nein!" gerufen. Nicht selten müssen die Redner ihren ganzen Mut zusammennehmen, um ihrer Zuhörerschaft unangenehme Wahrheiten wie einen Spiegel vorzuhalten.

Martin Luther King bei einer seiner Reden

Der Weg zur eigenen Rede
Da viele Prophetenreden Ungerechtigkeiten beim Namen nennen und zu einer neuen Lebensweise auffordern, eignen sie sich als Vorbild für heutige Reden. Wie man eine solche Rede schreibt und vorträgt, kannst du mit dieser Methodenseite einüben.

1. **Welches Thema?** Zunächst musst du dir als Redner über dein Anliegen, das das Zentrum deiner Rede bilden soll, klar werden. Das Thema sollte dir vertraut sein, auf den Nägeln brennen und aktuell sein: vielleicht die Benachteiligung von Menschen, Unfaires in der Schule oder zu Hause, Gleichgültigkeit, Schönheitskult, Rassismus, Armut, Konsumrausch …
2. **Welche Kritik im Einzelnen?** Suche problematische Beispiele, die du verurteilen kannst. Je genauer du das Unrecht beim Namen nennst, desto stärker wird es deine Zuhörerschaft ansprechen.
3. **Welche Lösungsvorschläge?** Nun brauchst du hilfreiche Anregungen für deine Zuhörerinnen und Zuhörer: Wo müssen sie umdenken? Was sollen sie ändern? Was ist für sie realistisch?
4. **Rohfassung der Rede:** Schreibe nun in Stichpunkten oder ganzen Sätzen einen ersten Entwurf deiner Rede.
5. **Ausfeilen der Sprache:** Viele Propheten waren Meister der Rhetorik. Ihre Sprachbilder und Metaphern erzeugten große Wirkung. Überlege dir bildhafte Vergleiche und baue sie in den Text ein.
6. **Welche Stimmlage, Gestik und Mimik?** An manchen Textstellen kann es sinnvoll sein, mit der Stimme lauter oder leiser zu werden. Was willst du betonen? Denke über deinen Gesichtsausdruck und deine Körpersprache nach. Wo lassen sich Handbewegungen oder Zeichenhandlungen einbauen? Brauchst du dafür vielleicht bestimmte Gegenstände?
7. **Von welchem Ort aus?** Denke über den besten Platz im Klassenzimmer nach, von dem aus du sprechen willst: sitzend oder stehend? Von der Tafel oder vom eigenen Platz aus? Vom Boden oder auf dem Tisch?

Mit diesen sieben Schritten kannst du eine Rede vorbereiten und halten, die möglicherweise dazu beiträgt, dass sich etwas zum Guten ändert. Ob deine Worte dadurch bereits zu einer echten „prophetischen" Rede werden, ist damit allerdings nicht garantiert. Dabei kommt es darauf an, ob dein Glaube an Gott Grund dafür ist, dass dir das Thema deiner Rede so wichtig ist. Aber auch, wenn das der Fall ist, bleibt die bekanntlich sehr schwer zu entscheidende Frage, inwiefern menschliche Worte den Willen Gottes zum Ausdruck bringen oder nicht.

→ Über Martin Luther King kannst du dich auf S. 22/23 informieren.

Was ist eigentlich ein Prophet?

Propheten als Wahrsager?

Berühmter Wahrsager

- Zukunftsdeutung durch Kristallkugel, Pendel oder Hand
- Beratung in allen Lebens- und Liebesfragen
- Erfolgreiche Hilfe gegen schwarze Magie

Rufen Sie mich an, wenn Sie Hilfe brauchen!
Tel.-Nr.: **0900/XXX XXX** (2,49 €/min)

Das Wort „prophezeien" kommt aus dem Griechischen und bedeutet „weissagen, vorhersagen" (griech. propheteía = Vorhersage). Zu allen Zeiten gab es Personen, von denen behauptet wurde, sie könnten künftige Ereignisse voraussehen. In der Antike zogen beispielsweise viele Menschen zum Orakel des Apollon-Heiligtums nach Delphi in Mittelgriechenland. Dort deuteten ihnen Orakelbeamte für entsprechendes Geld und Opfergaben das, was das sogenannte göttliche Medium, die Prophetin Pythia, stammelte.

→ Mehr zu diesem Thema erfährst du auf S. 64 ff.

Das Geschäft mit der Zukunft blüht aber auch heute noch, z. B. in mehreren Sekten, in denen sich Personen als Prophet oder Prophetin bezeichnen, um einen besonderen Zugang zum Göttlichen vorzugeben.

Im Namen von falschen Propheten kommt es immer wieder dazu, dass Menschen finanziell ausgenutzt werden.

Propheten – Wahrsager in der Bibel?

Insofern kann es missverstanden werden, wenn man von den Propheten in der Bibel spricht. Sie sind keine Wahrsager. Die Prophetinnen und Propheten der Heiligen Schrift sprechen zwar immer wieder von der Zukunft, aber nicht, um aus ihren Weissagungen Profit zu schlagen, sondern sie tun es im Auftrag Jahwes, um die Menschen zur Umkehr zu bewegen, ihnen Mut zuzusprechen und sie zu trösten.

Propheten als berufene Rufer

Im Hebräischen meint das Wort נָבִיא (nabi = Prophet) eine Person, die von Gott dazu berufen ist, seine Botschaft öffentlich zu verkünden. Propheten sind „von Gott berufene Rufer". Ihre Botschaften waren oft unbequem. Nicht selten mussten sie diese den Reichen und Mächtigen überbringen. Viele Propheten hatten Angst und litten unter ihrer Aufgabe.

Die Berufung ereilte prophetische Menschen der Bibel oft ganz plötzlich. Wer von Gott zum Rufer berufen wurde, besaß normalerweise weder eine Rednerausbildung noch konnte er mit dem Prophetenamt Geld verdienen. Die freien, von Gott **berufenen Prophetinnen und Propheten** des Alten Testaments, die in diesem Kapitel vorgestellt werden, unterscheiden sich hierin sehr deutlich von den **Berufspropheten** am Hof des Königs oder an Heiligtümern.

Die Propheten des Alten Testaments wurden vom Ruf Gottes aus ihrem ursprünglichen Leben herausgerissen. Sie traten nicht als Vertreter eines Stammes, einer Sippe oder als bezahlte Beamte auf, sondern wussten sich als Botschafter ihres Gottes.

Info

Propheten, unter deren Namen im AT ein Buch überliefert ist, nennt man **Schriftpropheten**. Zum Beispiel Amos (er war der erste Schriftprophet), Hosea, Micha, Jesaja, Zefania, Jeremia, Ezechiel, Haggai, Sacharja oder Maleachi.

Nicht alle Propheten im AT sind Schriftpropheten. So wissen wir z. B. über Samuel, Natan oder Elija nur aus einzelnen Erzählungen in den Geschichtsbüchern (1 Sam, 2 Sam, 1 Kön, 2 Kön).

In den Büchern der Schriftpropheten wurden – oft lange nach ihrem öffentlichen Auftreten – in mündlicher oder schriftlicher Überlieferung erhaltene Worte und Taten gesammelt, von denen man glaubte, sie seien für die eigene Gegenwart, aber auch für künftige Generationen bedeutsam.

Merkmale prophetischer Rede

Die Forschung hat Kennzeichen entdeckt, die sich bei vielen Propheten der Bibel finden lassen. Prophetinnen und Propheten im Alten Testament gaben an, im Namen Gottes zu reden, also Botschafter Gottes zu sein. Sie verwendeten beim Überbringen ihrer Botschaft die sogenannte „**Botenspruchformel**", die den Auftrag Gottes betont:

Der Prophet Jesaja, griechische Ikone

So spricht Jahwe: ...

Auf diese Formel folgt dann der sogenannte „**Botenspruch**". Dieser kann entweder aus Gerichts- oder aus Heilsworten bestehen.

Die **Gerichtsworte** enthalten zunächst eine begründende Anklage, z. B. heißt es beim Propheten Amos:

> Sie kennen die Rechtschaffenheit nicht ... sie sammeln Schätze in ihren Palästen mit Gewalt und Unterdrückung. (Am 3,10)

Im Zusammenhang damit steht eine Drohung, die Veränderung erwirken will, wie bei Amos:

> Ein Feind wird das Land umzingeln; er wird deine Macht niederreißen, und deine Paläste werden geplündert. (Am 3,11)

Die weitaus leichtere und erfreulichere Aufgabe eines Propheten besteht darin, in einer gegenwärtigen Notlage **Heilsworte** zu verkünden. Wenn Prophetinnen und Propheten in der Öffentlichkeit auftraten, setzten sie geschickt verschiedene Mittel ein, um das Publikum zu gewinnen und zu überzeugen. Sie suchten für ihre Predigt **belebte Plätze** auf, wo sich viel Volk versammelte, z. B. am Stadttor oder am Tempel von Jerusalem.

Oft wurde das Wort Gottes in kunstvoller poetischer, aber auch drastischer Sprache vorgetragen. Sie zeichnet sich u. a. durch sprachliche **Bilder und Metaphern** aus. So verwendet der Prophet Ezechiel Bilder vom Rebstock, vom Findelkind, von Adler, Zeder und Löwe, um seine Hörer zum Suchen nach einer Problemlösung herauszufordern.

→ Mehr über Metaphern erfährst du auf S. 34/35.

Zu den eindrücklichsten Mitteln gehören die sogenannten **Symbolhandlungen**: Sie sollen ein Wort Jahwes veranschaulichen oder bekräftigen. Mit ihnen werden Neugier und Aufmerksamkeit geweckt. So, wie heute Künstler Straßentheater spielen, haben sich prophetische Menschen in der Öffentlichkeit in Szene gesetzt und ihre Zuschauer auch provoziert. Markante Beispiele dafür finden sich etwa bei Jesaja oder Jeremia.

→ Um Jeremia geht es auf S. 18/19.

Info

Der Name Jesaja (יְשַׁעְיָהוּ) bedeutet „Jahwe ist Rettung". Jeremia (יִרְמְיָהוּ) heißt auf Deutsch „Jahwe erhöht" oder „Jahwe gründet".

Aufgaben

1 Untersuche die drei Symbolhandlungen in Jes 20,1–6, Jer 19,1–15 und Jer 27,1–7. Erkläre, worin ihre provokante Aussage besteht.

2 Analysiere im Inhaltsverzeichnis der Bibel die Namen der Schriftpropheten. Viele enthalten einen Hinweis auf ihren Auftrag. Mithilfe eines Namenslexikons kannst du diese Hinweise entschlüsseln.

3 Lege für die Merkmale prophetischer Rede eine Tabelle mit Beispielen in deinem Heft an. Vervollständige die Beispielliste der Tabelle im Verlauf der Unterrichtseinheit.

4 Schreibe eine Rede nach prophetischem Vorbild zu einem Thema, das dich sehr beschäftigt oder aufregt, und trage sie engagiert vor (vgl. S. 13).

Amos: ein sozialkritischer Prophet

Geschichtliche Situation

Die Könige Saul, David und Salomo hatten um 1000 v. Chr. aus dem Stämmeverband Israel ein straff regiertes Großreich geschaffen. Doch schon 931 v. Chr. war dieses Großreich wieder in zwei Teile zerbrochen: in das Südreich Juda mit der Hauptstadt Jerusalem und das Nordreich, das sich seitdem Israel nannte. Die königliche Residenz des Nordreichs befand sich in Samaria; eines der religiösen Zentren war das Staatsheiligtum in Bet-El (auch: Bethel).

Ausweisung des Amos aus Israel
Die biblischen Texte erzählen, dass sich in Bet-El um das Jahr 760 v. Chr. Folgendes abspielte:

10Amazja, der Priester von Bet-El, ließ Jerobeam, dem König von Israel, melden: Mitten im Haus Israel ruft Amos zum Aufruhr gegen dich auf; seine Worte sind unerträglich für das Land. 11Denn so sagt Amos: Jerobeam stirbt durch das Schwert, und Israel muss sein Land verlassen und in die Verbannung ziehen. (Am 7,10–11)

Amazja, der als Priester Angestellter des Königs ist, erstattet bei seinem obersten Dienstherrn Anzeige gegen einen gewissen Amos. Da der Priester es nicht für nötig hält, über diesen nähere Angaben zu machen, scheint er Jerobeam bereits gut bekannt zu sein. Das wäre auch kein Wunder – bei dem Bild, das Amazja von Amos entwirft: ein politischer Revolutionär, der als Feind von König und Volk den Umsturz will. Da Amos aus Tekoa, einem Ort ca. 20 km südlich von Jerusalem, kommt, wäre diese Beschuldigung gar nicht unwahrscheinlich. Weil es nämlich zwischen den beiden Reichsteilen immer Spannungen gibt, würde Amos als Agent des Südreichs angezeigt, der im Nordreich Unruhe stiftet.

12Zu Amos aber sagte Amazja: Geh, Seher, flüchte ins Land Juda! Iss dort dein Brot, und tritt dort als Prophet auf! 13In Bet-El darfst du nicht mehr als Prophet reden; denn das hier ist ein Heiligtum des Königs und ein Reichstempel. (Am 7,12–13)

Für Amos heißt es nun: Was auch immer seine Mission war – im Nordreich ist er damit kläglich gescheitert. Er erhält Redeverbot und muss das Land verlassen. In seiner Heimat mag er „als Prophet reden" und damit sein Brot verdienen. Was sagt der Betroffene zu all dem?

14Amos antwortete Amazja: Ich bin kein Prophet und kein Prophetenschüler, sondern ich bin ein Viehzüchter, und ich ziehe Maulbeerfeigen. 15Aber der Herr hat mich von meiner Herde weggeholt und zu mir gesagt: Geh und rede als Prophet zu meinem Volk Israel! (Am 7,14–15)

Diese Antwort ist einigermaßen verwirrend: Anfangs beteuert Amos, er sei „kein Prophet und kein Prophetenschüler", am Ende aber sagt er, Gott habe ihn beauftragt, als Prophet zu reden. Wie ist dieser Widerspruch zu verstehen?

Info

Berufs- und Berufungspropheten im AT
Propheten können durch ihre Botschaften sehr einflussreich sein. Darum wollten die Machthaber das Prophetenamt auch kontrollieren: So band man die **Berufspropheten** an den Königshof, den Tempel oder andere staatliche Heiligtümer, stellte sie fest an und versorgte sie gut. Da das Amt eines solchen Berufspropheten sehr angesehen und lohnend war, bildeten sich Prophetenschulen, aus deren Reihen die Nachfolger gewonnen wurden.

Berufungspropheten sprachen hingegen im Namen Gottes Botschaften laut aus, die für die politischen und religiösen Machthaber sehr unangenehm sein konnten. Berufungspropheten blieben nämlich unabhängig und fühlten sich allein von Gott und nicht von anderen Machthabern berufen.

Von den Berufspropheten und ihren Schülern distanziert sich Amos also, indem er darauf verweist, dass er als Viehzüchter und Maulbeerfeigenpflanzer ein eigenes Einkommen hat und deshalb von staatlichen Stellen unabhängig ist. Im Grunde sagt er damit: Weder der Priester noch der König können ihm verbieten, als Prophet zu reden, weil er seine Legitimation nicht von ihnen hat. Vielmehr beruft er sich auf den Auftrag Gottes, der ihn aus seinem bäuerlichen Alltag herausgerissen und ihn dazu gebracht hat, die Botschaft Gottes im Nordreich zu verkünden. Damit gibt sich Amos als ursprünglicher **nabi** (s. S. 14) zu erkennen, als **Berufungsprophet**, der es wagt, ohne Rücksicht auf ein staatliches Amt auch unbequeme Gottesworte auszurufen.

Die Berufung des Amos
Was hat den Viehzüchter und Maulbeerfeigenpflanzer Amos dazu gebracht, seine gesicherte Existenz für unbestimmte Zeit aufzugeben und im Nordreich Israel Reden zu halten, die ihn als politischen Aufrührer erscheinen ließen?
Das biblische Buch Amos enthält kein direktes Berufungserlebnis. Dafür sind fünf kurze Visionen geschildert, z.B. die von der Heuschreckenplage (Am 7,1–3) und die vom Senkblei (Am 7,7–9). Von solchen Bildern wurde Amos in seinem Alltag heimgesucht und er empfand sie als so beängstigend, dass er gar nicht anders konnte, als das, was er gesehen hatte, den Betroffenen mitzuteilen. Seine Aufgabe war es, die Visionen zu „übersetzen" und konkrete Missstände aufzuzeigen, durch die das Unheil drohte.

Ungerechtigkeit im Nordreich Israel
Was also war „faul" im Staate Israel? Oberflächlich betrachtet nichts: Eine lange Friedenszeit, günstige Gebietserweiterungen und gute Handelsbeziehungen hatten unter Jerobeam II. eine Wohlstandsgesellschaft entstehen lassen. Besonders am Königshof, in den Beamtenkreisen und unter den Großgrundbesitzern wuchs der Reichtum. Aber diejenigen, die von diesem „allgemeinen Aufschwung" profitierten, machten ihre Gewinne oft auf Kosten der Armen und Schwachen. Deshalb klagte Amos die Oberschicht öffentlich an.

A. P. Weber, Der Plumpudding, 1941

Aufgaben

1 Lies die beiden Visionen (Am 7,1–3; 7,7–9). Kläre die Bedeutung der Bildworte. Gestalte dann ein Bild, in dem du deine Interpretation einer der Visionen ausdrückst, oder gestalte mit einigen Mitschülerinnen und Mitschülern ein kurzes Rollenspiel dazu.

2 Schlage Am 4,1–3, Am 5,7–14 und Am 8,4–7 nach und benenne die sozialen Missstände, die Amos anprangert.

3 Beschreibe das Bild „Der Plumpudding" und stelle einen Bezug zum Anliegen des Amos her.

Der Prophet Jeremia: ein unermüdlicher Botschafter Gottes

Jeremia (יִרְמְיָהוּ) wurde um 645 v. Chr. geboren. Er stammte aus einer Priesterfamilie in der Nähe von Jerusalem. Mit knapp 20 Jahren erlebte er seine Berufung. Er sollte wenig heilvolle und meist unheilvolle Nachrichten Jahwes überbringen.

Jeremia lebte im Südreich Juda (vgl. Karte auf S. 16) zu einer Zeit, in der dieses Reich vom Untergang bedroht war. Die Großmächte in der Nachbarschaft, Neubabylon und Ägypten, waren militärisch viel zu stark. Die Könige von Juda ahnten die Gefahr und versuchten deshalb immer wieder, sich zu erheben und aus der Abhängigkeit Babylons zu befreien; doch das endete schlimm. Davor hatte Jeremia sein Leben lang vergeblich zu warnen versucht.

Nach dem Untergang des assyrischen Reiches eroberten die Babylonier im Jahr 597 v. Chr. Jerusalem und nahmen große Teile der Oberschicht gefangen. Dann machte der babylonische Kronprinz Nebukadnezar einen gewissen Zidkija zum neuen König von Juda. Zidkija aber war ein schwacher Mann, hin- und hergerissen zwischen der babylonischen und der ägyptischen Partei. Schließlich kündigte Zidkija dem babylonischen Reich die Treue. Sofort rückte das Heer Nebukadnezars heran. Es belagerte Jerusalem von 589 bis 587. Jeremia predigte in der Stadt und warnte vor sinnlosem Widerstand. Dafür musste er viele Opfer und Anfeindungen, ja sogar eine lebensbedrohliche Haft (Jer 32 f. und 37 f.), ertragen. Schließlich stürmte das Heer der Babylonier Jerusalem. Die Stadt wurde geplündert, eingeäschert und die städtische Bevölkerung in die Gefangenschaft nach Babylon verschleppt. Damit beginnt in der Geschichte Israels die Zeit des **Babylonischen Exils**. Die angekündigte Katastrophe war eingetreten! Jeremia war mit dem Versuch gescheitert, König Zidkija dazu zu bringen, sich endgültig zu unterwerfen. Nach der Eroberung Jerusalems verliert sich die Spur Jeremias.

→ Über die Erfahrungen des Volkes Israel im Babylonischen Exil kannst du dich auf S. 183–186 informieren.

Das Bild der Töpferarbeit

In Jer 18,1–17 wird erzählt, wie Gott den Propheten eines Tages in eine Töpferei schickt, um ihm etwas Wichtiges mitzuteilen. Dort angekommen schaut Jeremia dem Töpfer zu, wie dieser an der Töpferscheibe arbeitet. Der Handwerker formt schöne Krüge und Becher. Doch als ihm bei der Arbeit ein Gefäß missrät, zerdrückt er es kurzerhand, knetet die Tonmasse neu und beginnt von vorne. Der Töpfermeister hat nun die Macht, aus dem gleichen Material ein ganz anderes Gefäß herzustellen. Für Jeremia wird daraus ein wichtiges Bild:

> Kann ich nicht mit euch verfahren, wie dieser Töpfer, Haus Israel? – Spruch des Herrn. Seht, wie der Ton in der Hand des Töpfers, so seid ihr in meiner Hand, Haus Israel.
> (Jer 18,6)

Wie der Ton in der Hand des Töpfers, so ist Israel in der Hand Gottes. Er verfolgt bei seinem Volk eine bestimmte Absicht, er will mit ihm etwas anfangen und aus ihm etwas machen. Verhält sich das Volk aber anders, als er gedacht hat, so ist er frei, von seinem ursprünglichen Plan abzuweichen und etwas anderes zu tun. In der Töpferei erkennt Jeremia auf einmal, worin seine

Auf der Töpferscheibe wird eine Vase geformt.

Sendung besteht: Er soll die weltweite Macht und Gerechtigkeit Gottes verkünden. Jahwe hat nicht nur Macht über Juda, sondern auch über die feindlichen Reiche, wie z. B. Babylon. Diese bilden wie die Tonmasse des Töpfers ein Rohmaterial, mit dem Gott die Geschichte gestalten kann. Für Juda bleibt dabei die Möglichkeit, sich zu bekehren, um dem drohenden Gericht zu entgehen. Diese Möglichkeit bleibt offen, solange die Katastrophe nicht eingetroffen ist. In diesem Sinne wird Jeremia seine Botschaft bis zum letzten Tag vor der Zerstörung Jerusalems verkünden, auch wenn er bereits spürt, dass sein Reden umsonst sein wird.

Marc Chagall, Berufung Jeremias, 1956

Aufgaben

1 Lies Jer 1,4–19.
a) Deute mithilfe dieser Berufungserzählung das Bild von Marc Chagall.
b) Verfasse eine prophetische Rede für Jeremia an König Zidkija und die Bevölkerung Jerusalems.

2 Lies Jer 2,1–9. Erinnere dich an die Zehn Gebote oder lies sie noch einmal nach (Ex 20,1–17 bzw. Dtn 5,6–21). Erläutere, welchen Verstoß gegen den Dekalog Jeremia anmahnt.

Leiden, Drohung und Verheißung

Leiden
Jeremia leidet darunter, Prophet zu sein. So sind im Jeremiabuch mehrere Leidensberichte zu finden:
- die Anfechtung durch andere Propheten (Jer 28,1–17)
- die Verbrennung seiner Buchrolle (Jer 36,1–32)
- der Prophet im Gefängnis (Jer 37; 38)
- die Auswanderung nach Ägypten (Jer 41–43)

Jeremias Leidenserfahrungen kommen auch in seinen sogenannten „Bekenntnissen" zum Ausdruck. Darin spricht er sein Leid vor Gott aus und klagt Gott sogar an.

Und doch wird aus den verschiedenen Texten deutlich: Im Leiden des Propheten zeigt sich, wie Gott wegen der Untreue seines Volkes leidet, das durch die Abwendung von ihm dem Untergang entgegengeht.

Drohungen
Bereits zu Beginn der Regierungszeit König Jojakims (609–598 v. Chr.) hielt Jeremia die Tempelrede. Jojakim hatte viel Unrecht begangen (Jer 22): Er hatte seinen Palast bauen lassen, ohne die Arbeiter zu bezahlen, verübte Gewalt und vergoss das Blut Unschuldiger.

Jeremia scheint seine Rede an einem großen Festtag gehalten zu haben, da sich die Leute von ganz Juda im Tempel versammelt hatten. Die Rede greift im Kern das Sicherheitsdenken des Volkes an. So war der Irrglaube verbreitet, dass durch die Gegenwart Jahwes im Tempel dieses Gebäude und mit ihm das ganze Volk vor allen Gefahren abgesichert sei. Jeremia warnt davor, ein falsches Vertrauen auf Mauern, die von Menschenhand erbaut wurden, zu setzen.

Doch Jeremias prophetisches Wort wirkte in anderer Weise, als er es erhofft hatte. Es rief nicht Bereitschaft zur Umkehr hervor, sondern Erregung und Aufruhr. Der Prophet wurde verhaftet und vor Gericht gestellt. Priester und Berufspropheten klagten ihn an und wollten ihn umbringen. Jeremia verteidigte sich, appellierte an das Gewissen der Richter und wurde letztlich freigesprochen (Jer 26,7–19).

Das Bemerkenswerte an Jeremias Drohung ist, dass Tempel, Palast und die Stadt Jerusalem in den Jahren 598 und 586 v. Chr. tatsächlich geplündert und zerstört wurden. Die Babylonier bestraften gewaltsam die Aufstandsversuche der beiden Könige von Juda: Jojakim und Zidkija. Jeremias Tempelrede gegen ein falsches Vertrauen auf den Tempel aus Stein, der als unzerstörbar galt, hat sich also im Verlauf der Geschichte als berechtigte Warnung erwiesen.

Ilja Repin, Jeremias betrauert die Zerstörung Jerusalems, 1870

Verheißungen

Die Propheten haben nicht nur Unheil angedroht, sondern auch Heil verheißen. Für Israel soll eine neue Heilszeit anbrechen. Die Propheten greifen bei ihrer Schilderung auf Bilder zurück, die an das Paradies, den Ort des friedlichen Zusammenlebens erinnern, von dem das Buch Genesis erzählt. In besonders eindrücklichen Bildern spricht Jesaja vom gottgestifteten Frieden zwischen Tier- und Menschenreich:

> [7][…] Der Löwe frisst Stroh wie das Rind. [8]Der Säugling spielt vor dem Schlupfloch der Natter, das Kind streckt seine Hand in die Höhle der Schlange. (Jes 11,7 f.)

In diesem paradiesischen Heilszustand geht es nicht nur um äußeren Segen, Frieden und Wohlstand. Vielmehr wird ein neues persönliches Verhältnis mit Gott verheißen (vgl. Jer 31,31–34). Das kommt z. B. in den folgenden Zeilen aus dem Buch Ezechiel zum Ausdruck:

> [11]Denn so spricht Gott, der Herr: Jetzt will ich meine Schafe selber suchen und mich selber um sie kümmern. [12]Wie ein Hirt sich um die Tiere seiner Herde kümmert an dem Tag, an dem er mitten unter den Schafen ist, die sich verirrt haben, so kümmere ich mich um meine Schafe und hole sie zurück von all den Orten, wohin sie sich am dunklen, düsteren Tag zerstreut haben. [14]Auf gute Weide will ich sie führen, im Bergland Israels werden ihre Weideplätze sein. Dort sollen sie auf guten Weideplätzen lagern, auf den Bergen Israels sollen sie fette Weide finden. [16]Die verloren gegangenen Tiere will ich suchen, die vertriebenen zurückbringen, die verletzten verbinden, die schwachen kräftigen, die fetten und starken behüten. Ich will ihr Hirt sein und für sie sorgen, wie es recht ist.
> (Ez 34,11f.14.16)

→ Mehr zu Jesaja kannst du auf S. 40 nachlesen.

Edward Hicks, Das Königreich des Friedens, um 1834

Aufgaben

1 Die Drohungen der Tempelrede:
a) Lies die Tempelrede in Jer 7,1–15 und probe eine passende Inszenierung.
b) Gestalte zu den Drohungen Jeremias eine PC-gestützte Präsentation mit aktuellen Bildern und/oder Videos.

2 Betrachte das Bild des Jeremia, der die Zerstörung Jerusalems betrauert. Schreibe einen inneren Monolog des Propheten.

3 Wie könnte eine prophetische Verheißungsrede heute aussehen? Übertrage Ez 34,11–16 oder Jes 11,6–9 in die Gegenwart.

4 Betrachte das Gemälde von Edwards Hicks und zeige an einzelnen Szenen auf, wie die Worte Jesajas künstlerisch umgesetzt wurden.

Martin Luther King: ein moderner Prophet

Ungerechte Benachteiligung

Präsident Lincoln hatte im Jahr 1863 die Freiheit der Sklaven in den Südstaaten der USA verkündet. Noch hundert Jahre später stand diese Freiheit zwar auf dem Papier, aber die schwarze Bevölkerung hatte in allen Lebensbereichen unter den schlimmen Auswirkungen der Rassentrennung zu leiden. Dies wird auch im folgenden Bild deutlich: So gab es immer zwei öffentliche Trinkwasserbehälter: einen für „Weiße" und einen für „Farbige".

Trinkwasserbehälter für Farbige im Wartehaus einer Straßenbahnstation, Oklahoma City, 1939

Biografie Martin Luther Kings

Ein Mann, der sich mit diesen Verhältnissen nicht abfinden wollte, war Martin Luther King. Er wurde am 15. 1. 1929 in Atlanta (Georgia) geboren. Seine Vorfahren waren Sklaven afrikanischer Herkunft. Noch sein Großvater musste ein Leben lang für Großgrundbesitzer schuften. Sein Vater war Pfarrer einer Baptistenkirche. Obwohl dem begabten Theologiestudenten M. L. King eine akademische Karriere möglich gewesen wäre, wollte er lieber Pastor werden. Als er auf der Suche nach einer Anstellung nach Montgomery (Alabama) zu einer Probepredigt eingeladen wurde, überlegte er, wie er den besten Eindruck auf die Gemeinde machen könnte und kam zu dem Ergebnis: „Halte dich im Hintergrund, Martin Luther King, und stelle Gott in den Vordergrund, dann wird alles richtig werden. Denke daran, dass du nur ein Kanal der Wahrheit bist und nicht die Quelle." Er erhielt die Anstellung und zog nach Montgomery.

Weit über die Grenzen dieser Stadt hinaus wurde er als Führer eines Bürgerrechtskomitees bekannt, das aus Protest gegen die Schikanen der öffentlichen Verkehrsbetriebe gegenüber der schwarzen Bevölkerung zu einem friedlichen Streik aufrief. Die Farbigen mussten nämlich in den Bussen immer auf den schlechten Plätzen sitzen und die guten für weiße Fahrgäste freihalten.

Ein ganzes Jahr lang wurde dieser Streik durchgehalten, obwohl man viele Nachteile dafür in Kauf nehmen musste. M. L. King als Verantwortlicher wurde von Weißen massiv bedroht. Im Januar 1956 fand ihn seine Frau mit dem Kopf zwischen den Armen in der Küche laut betend: „Herr, ich glaube, dass ich für eine gerechte Sache kämpfe. Aber jetzt habe ich Angst [...]. Ich kann nicht mehr weiter. Ich habe den Punkt erreicht, wo ich es alleine nicht mehr schaffe."

Auch M. L. King selbst hat diesen verzweifelten Augenblick in Erinnerung behalten: „In diesem Augenblick erlebte ich die Gegenwart Gottes wie nie zuvor", schreibt er. „Mir war, als hörte ich eine innere Stimme, die mir Mut zusprach: Stehe auf für die Gerechtigkeit! Stehe auf für die Wahrheit! Und Gott wird immer an deiner Seite sein." Von da an fühlte er sich stark genug, allem ins Auge zu sehen. Ein Zurück gab es nicht mehr.

Der friedliche Streik war schließlich erfolgreich: In einem Grundsatzurteil erklärte der Supreme Court am 13. November 1956 die Rassentrennung der öffentlichen Verkehrsbetriebe von Montgomery und entsprechende Gesetze des Staates Alabama für verfassungswidrig.

Martin Luther King beim Marsch durch Alabama, 1965

Durch diesen Erfolg in Montgomery wurde M. L. King rasch zu einem bekannten Sprecher der Bürgerrechtsbewegung, auf den man überall in den USA aufmerksam wurde. Auf vielen Reisen, in zahlreichen Reden und bei Treffen mit wichtigen Politikern setzte er sich unermüdlich für das uneingeschränkte Wahlrecht aller Amerikaner und gegen die Rassendiskriminierung im öffentlichen Leben ein.

Im Jahr 1963 gelang es ihm auf einer Vortragsreise durch die ganzen USA, zum „Sommer unserer Unzufriedenheit" aufzurufen, einer gewaltlosen Kampagne, in der er mehr als eine Million Amerikaner (auch Weiße!) für die Rechte der schwarzen Bevölkerung mobilisierte. Seinen Höhepunkt hatte dieser friedliche Protest am 28. 8. 1963 in Washington.

Ein großer Erfolg dieser Aktion war die Verabschiedung des „Civil Rights Act" im Juni 1964: Das Gesetz untersagte jegliche Diskriminierung und hob die Rassentrennung in der Öffentlichkeit auf. Aber diese rechtliche Zusicherung der Grund- und Menschenrechte garantierte noch lange nicht ihre alltägliche Verwirklichung. Deshalb wurde M. L. King, der 1964 mit dem Friedensnobelpreis geehrt und vom Times Magazin zum Mann des Jahres ernannt worden war, bei seinen öffentlichen Auftritten immer wieder von bewaffneten Schlägertrupps und Mitgliedern des **Ku-Klux-Klans** bedroht, die ihn ermorden wollten. Am 4. 4. 1968 wurde er von einem entflohenen weißen Häftling angeschossen und starb in Memphis. An seiner Beerdigung in Atlanta nahmen mehrere Hunderttausend Menschen teil. M. L. Kings Sarg wurde auf einem Maultierkarren, dem Gefährt der armen Leute, zum Grab gebracht.

Seine Rede „I have a dream"

Was M. L. King zu seinem unermüdlichen Engagement motivierte, war sein „Traum", den er in seiner berühmten Rede 1963 in Washington vor 250.000 Menschen so geschildert hat:

„[...] Heute sage ich euch, meine Freunde, trotz der Schwierigkeiten von heute und morgen habe ich einen Traum. Es ist ein Traum, der tief verwurzelt ist im amerikanischen Traum, dass eines Tages diese Nation sich erheben wird und der wahren Bedeutung ihres Credos gemäß leben wird. Wir halten diese Wahrheit für selbstverständlich: dass alle Menschen gleich geschaffen sind.

Ich habe einen Traum, dass eines Tages auf den roten Hügeln von Georgia die Söhne früherer Sklaven und die Söhne früherer Sklavenhalter miteinander am Tisch der Brüderlichkeit sitzen können.

Ich habe einen Traum, dass sich eines Tages selbst der Staat Mississippi, ein Staat, der in der Hitze der Ungerechtigkeit und der Unterdrückung verschmachtet, in eine Oase von Freiheit und Recht verwandelt.

Ich habe einen Traum, dass meine vier kleinen Kinder eines Tages in einer Nation leben werden, die sie nicht nach ihrer Hautfarbe, sondern nach ihrem Charakter beurteilen wird. Ich habe einen Traum [...]"

Der Bürgerrechtler Martin Luther King bei einer seiner Reden

Info

Der **Ku-Klux-Klan** ist ein rassistischer Geheimbund in den USA. Sein Ziel ist die Unterdrückung der Schwarzen, gegen die und deren Beschützer er deshalb Gewalttaten verübt.

Aufgaben

1 Zeige Gemeinsamkeiten auf zwischen Martin Luther King und einem alttestamentlichen Propheten, wie z. B. Amos (vgl. S. 16/17).

2 Sammelt an der Tafel Beispiele für Benachteiligung und Ungerechtigkeit in der heutigen Zeit.

3 Welchen Traum von einer gerechteren Welt träumst du selbst? Schreibe eine aktuelle Rede nach dem Vorbild von Martin Luther King und trage sie der Klasse vor.

Ruth Pfau: eine prophetische Frau der Gegenwart

Zum Leben von Ruth Pfau

Ruth Pfau untersucht einen kranken Jungen.

„Verrückter kann man gar nicht leben", schreibt Ruth Pfau – ausgezeichnet mit dem großen Bundesverdienstkreuz, Ehrenbürgerin Pakistans, Trägerin des höchsten pakistanischen Zivilordens und vieler weiterer Auszeichnungen – über ihr Leben. Doch was heißt verrückt? Ist es verrückt, 1948 mit knapp zwanzig Jahren aus Ostdeutschland nach Westdeutschland zu fliehen? Ist es verrückt, Medizin zu studieren? Ist es verrückt, sich als Atheistin dem Christentum zuzuwenden, zum Katholizismus zu konvertieren und schließlich als Ordensfrau zu leben? Ist es verrückt, angewidert von der Konsumspirale in Deutschland nach Pakistan zu gehen und dort den Kampf gegen **Lepra** und Gewalt aufzunehmen?

Info

Lepra ist eine Infektionskrankheit, die nicht nur Haut und Nerven befällt, sondern oft auch zur sozialen Isolation der Kranken führt.

Dieser Einsatz über 40 Jahre lang als Ärztin in Pakistan und Afghanistan macht sie zu einer Prophetin unserer Tage. Ruth Pfau hat nicht nur von einer besseren Welt geredet, sondern tatkräftig an ihr mitgebaut.

Ruth Pfau beschreibt ihre ersten Eindrücke in Pakistan, die ihr weiteres Leben entscheiden sollten, so:

„Hier war also das Marie-Adelaide-Leprosy-Center. Und das war der Behandlungsraum: aus alten Holzkisten zusammengenagelt, ohne Elektrizität, ohne Wasser. Der Raum vollgestopft mit Patienten. Und Fliegen, überall Fliegen.

Was mich aber damals noch mehr erschüttert hat, das war dieser eine Patient. Nicht älter als ich, noch keine 30: Mohammed Hassan. Er kroch, auf Händen und Füßen, in den Bretterverschlag, wie ein Hund. Seine Mitpatienten traten gleichgültig zur Seite, keiner regte sich auf. So, als sei das eine Selbstverständlichkeit. Und auch das hätte vielleicht noch nicht den letzten Anstoß gegeben, wenn Mohammed Hassan es selbst nicht so gleichgültig hingenommen hätte.
Er hatte auch nur ein einziges Leben zu leben! Ein Leben so wie ich! Dieses Ja zur Entwürdigung hat mich fast betäubt. ‚Das Böse anspringen', hat der heilige Tomas gesagt. Ich wusste plötzlich: Hier, hier musste es geschehen [...]"
Seit 1961 lebt Ruth Pfau nun in Pakistan. Gemeinsam mit einheimischen Helfern gelang es ihr, ein landesweites Netz medizinischer Vorsorge aufzubauen – selbst in den unzugänglichen Bergregionen und dem benachbarten Afghanistan. Dank ihrer unermüdlichen Arbeit ist die Lepra in Pakistan mittlerweile unter Kontrolle.
Mit dem Kampf gegen die Lepra verband Ruth Pfau auch den Kampf für Menschenrechte und soziale Rehabilitation der Kranken, vor allem der Frauen und Kinder. Dazu zählen Aufklärungsarbeit, finanzielle Unterstützung und Ausbildungsangebote. All dies organisierte die katholische Ordensfrau in einem rein islamischen Land – aufgrund ihres sensiblen Umgangs mit den vor Ort herrschenden Mentalitäten ist sie dort hoch geachtet.

Die Geschichte von Sakia

Als Kind war Sakia von ihrer Familie zu Hause im Norden von Pakistan einige Jahre lang eingemauert worden, weil sie Lepra hatte. Die Familie jagte Sakia schließlich mit Fußtritten von zu Hause weg. Ruth Pfau fand Sakia sehr spät. Durch ihren Einsatz wurde Sakia die Freiheit wiedergegeben und damit auch die Möglichkeit, sich gegen ihre Familie wehren zu können. Zwei Schwestern von Sakia sind heute in Karachi verheiratet, ausgeheilte Leprapatientinnen.
Die Mutter von Sakia war einmal in Karachi zu

Besuch. Sakia hat sie zwar empfangen, ihr aber gesagt, dass sie mit ihr und der Familie nichts mehr zu tun haben will. Diese Reaktion kann man verstehen, wenn man sich daran erinnert, dass Sakia wie ein Hund von ihrer Familie verjagt worden war. Heute hat sie ein Grundmaß an Leben wiedergefunden. Sie hat ihre Würde und ihre Ansprüche. Es gibt zum Beispiel Zeiten, da will sie unbedingt einen Lippenstift haben, da macht sie sich schön. Wenn man ihr Gesicht sieht, kann man verzweifeln; da ist alles entstellt, da gibt es keine Gestalt mehr, da ist alles zerbrochen. Aber die Bausteine, die Stücke sind wenigstens gerettet – und das genießt sie auch. Sakia ist blind. Als sie bei einem Besuch Ruth Pfau an der Stimme erkannte, fiel sie ihr weinend in die Arme. In dieser Minute, in dieser Umarmung war die ganze Geschichte anwesend. Ob sie nun wirklich aus Verzweiflung oder aus Erleichterung geweint hat, ist unerheblich. Ruth Pfau hat sie ausweinen lassen, und dann kam am Ende auch wieder das Lachen heraus. Sicher: Niemand kann mehr das Weinen und die Tränen aus ihrem Leben herausnehmen. Alles Schreckliche ist nun einmal geschehen. Aber diese gequälte und erniedrigte Frau kann zumindest dem Leben wieder ein wenig Sinn und Hoffnung abgewinnen. Das ist schon etwas.

(nach: Michael Albus [Hrsg.], Ruth Pfau. Wer keine Tränen hat … Was mein Leben trägt, 2006)

„Selten habe ich so gelebte Nächstenliebe gesehen wie in ihrem Krankenhaus. Mit großer Bewunderung für Frau Dr. Pfau habe ich das Leprakrankenhaus in Karachi besucht. Sie kommt wirklich einer modernen Heiligen gleich."

(Christiane Herzog, Frau des ehem. Bundespräsidenten Roman Herzog, 1996)

Ruth Pfau erzählt: „Die effektive Lepra[…]-Bekämpfung begann hier. Nicht am Reißbrett, denn unsere Planung hat immer im Herzen angefangen, aber dann haben wir unsere Strategie nachgeliefert. […] Wo fangen wir an, wo hören wir auf, wo müssen wir zuerst hin? Staatliche Stellen konnten uns dabei nicht helfen, weil es keine Lepra-Statistik gab und auch die wenigen Mediziner des Landes kaum etwas über Lepra wussten. Ich wusste ja auch nur wenig, deshalb wollte ich damals unbedingt nach Indien, um mehr über diese Krankheit zu lernen. Wir hatten dann die gute – zugegeben zufällige – Idee, die Landkarte Pakistans mit bunten Stecknadel-Köpfen zu versehen. Auf diese Art und Weise wurde für jeden von uns sehr schnell ersichtlich, wo der Brennpunkt der Lepra-Krankheit damals gelegen hat. Im Norden Pakistans. Wir kamen hier in Pir Baba an und wir wussten, dass wir hier helfen mussten. So ist damals die Lepra-Station hier an diesem Ort entstanden."

(Bengt Pflughaupt, Ruth Pfau. Mit den Augen der Liebe, 2004)

„Liebe hört geduldig zu und versucht, den Standpunkt des Patienten zu verstehen. Sie freut sich daran, wenn Menschen rehabilitiert werden […]"

(Ruth Pfau)

Aufgaben

1 Informiere dich im Internet über Lepra und die Arbeit von Ruth Pfau. Suche Gemeinsamkeiten und Unterschiede im Leben von Ruth Pfau und von prophetischen Menschen im Alten Testament und verfasse einen kurzen Kommentar: „Ruth Pfau – eine Prophetin der Gegenwart".

2 Lest die Geschichte von Sakia und klärt in Kleingruppen:
a) Was fühlt das Mädchen heute gegenüber ihrer Familie?
b) Was empfindet Ruth Pfau für Sakia und umgekehrt?
Verfasst dann mithilfe der Zitate und dem Bericht über Sakia eine Reportage über die Arbeit von Ruth Pfau.

3 Gestaltet eine Wandzeitung zum Leben und Wirken von Ruth Pfau.

4 Diskutiert die Aussage „Ruth Pfau ist eine prophetische Frau" mit jeweils zwei Pro- und zwei Kontra-Argumenten.

Prophetisch leben lernen

Ein erster Schritt: Nein sagen

Missstände ändern sich nicht von selbst. Dazu braucht es Menschen, die Unrecht und Not wahrnehmen, mit den Betroffenen mitfühlen und klar und deutlich „Nein!" sagen. So prophetisch engagiert waren nicht nur Frauen und Männer aus biblischer Zeit, auch nicht nur berühmte Persönlichkeiten wie Martin Luther King oder Ruth Pfau. Wer sich von euch wirklich traut, Nein dazu zu sagen, hat bereits einen ersten kleinen Schritt prophetischen Handelns getan.

NEIN!

Das Nein
Das ich endlich sagen will
Ist hundertmal gedacht
Still formuliert
Nie ausgesprochen.
Es brennt mir im Magen
Es nimmt mir den Atem
Wird zwischen meinen Zähnen
Zermalmt
Und verlässt
Als freundliches Ja
Meinen Mund.

(Peter Turrini)

Anders leben ...

Es bei Worten zu belassen, ist freilich nur die „halbe Miete". Was aber lässt sich konkret tun? Es gibt Missstände, die einzelne Menschen allein nicht verändern können. Hier besteht die Möglichkeit, sich Gruppen und Organisationen anzuschließen, die sich zur Bekämpfung bestimmter Formen von Unrecht gebildet haben.

... ganz alltäglich

„Es sind aber nicht nur die großen Aktionen, Demonstrationen oder Veranstaltungen ‚gegen oder für […]', die den Widerstand gegen herrschende Ungerechtigkeiten ausmachen, sondern das ‚tägliche Leben gegen den Strich'. […] In unserer Leistungsgesellschaft, in der angeblich nur der Gebrauch von Ellenbogen etwas zählt, leben – Gott sei Dank – immer mehr Menschen, die anfangen, ihr Leben zu verändern. Die sich Zeit nehmen für andere, die nicht mithalten können […]"

(Monika Herrmann)

Gegen den Strom schwimmen

„Es hat sehr lange gedauert, bis mir aufging, dass das Beten mehr sein könnte als eine fromme, private Übung. Wer im Geiste Jesu beten will, wird kaum anderes sagen können als das, was er uns gelehrt hat: ‚Dein Wille geschehe!'. Mit dieser Bitte schließt sich der Beter, die Beterin dem Wunsch, der Hoffnung, der Sehnsucht Jesu an, dass Gottes Wille sich durchsetzen möge. Und dieser Wille zielt auf Versöhnung, auf Heil, er drängt auf Verwandlung der Welt. Diese Verwandlung geschieht durch uns Menschen, denen Gott seine Welt anvertraut hat. Das wahre Gebet entfremdet also nicht der Welt, im Gegenteil: Das Gebet zum Gott Jesu lässt erst den ganzen Ernst unserer unabtretbaren Verantwortung für diese Welt und ihr Schicksal erahnen. So wird das Gebet zur Quelle des Widerstandes gegen alles, was Gott und seinem Willen – auch in mir selbst – zuwiderläuft."

(Heinrich Missalla)

Jetzt ist die Zeit

→ „Wenn ER kommt“ – zu dieser Hoffnung des Christentums findest du weitere Informationen auf S. 42 und S. 195.

2. Der Herr wird nicht fragen: Was hast du gewusst, was hast du Gescheites gelernt? Seine Frage wird lauten: Was hast du bedacht, wem hast du genützt um meinetwillen?

3. Der Herr wird nicht fragen: Was hast du beherrscht, was hast du dir unterworfen? Seine Frage wird lauten: Wem hast du gedient, wen hast du umarmt um meinetwillen?

4. Der Herr wird nicht fragen: Was hast du bereist, was hast du dir leisten können? Seine Frage wird lauten: Was hast du gewagt, wen hast du befreit um meinetwillen?

5. Der Herr wird nicht fragen: Was hast du gespeist, was hast du Gutes getrunken? Seine Frage wird lauten: Was hast du geteilt, wen hast du genährt um meinetwillen?

6. Der Herr wird nicht fragen: Was hast du geglänzt, was hast du Schönes getragen? Seine Frage wird lauten: Was hast du bewirkt, wen hast du gewärmt um meinetwillen?

7. Der Herr wird nicht fragen: Was hast du gesagt, was hast du alles versprochen? Seine Frage wird lauten: Was hast du getan, wen hast du geliebt um meinetwillen?

8. Der Herr wird nicht fragen: Was hast du erreicht, was hast du Großes gegolten? Seine Frage wird lauten: Hast du mich erkannt, ich war dein Bruder um deinetwillen?

Aufgaben

1 Eine wichtige Richtschnur prophetischen Handelns ist der Dekalog. Nenne Widersprüche gegen den Dekalog in der heutigen Welt, die ein moderner Prophet anmahnen würde.

2 Erstelle eine Liste von Missständen – aus deiner näheren Umgebung und weltweit –, zu denen du „Nein!“ sagst.

3 Informiere dich über (christliche) Gruppierungen, die versuchen, prophetisch zu leben und zu handeln. Präsentiere die Ergebnisse deiner Recherche in der Klasse. Achtet besonders darauf, welche Merkmale prophetischen Redens und Handelns ihr entdecken könnt.

4 Suche Beispiele dafür, wie du selbst durch ein tägliches „Schwimmen gegen den Strom“ zu mehr Gerechtigkeit in eurer Umgebung beitragen kannst.

5 Beziehe Stellung zu der Ansicht, dass das Gebet eine „Quelle des Widerstandes“ werden kann.

6 Untersuche den Liedtext auf prophetische Sprache und erkläre, welche Anliegen der Propheten hier vorkommen.

Was ist ein Prophet?

In dem Jugendbuch „Kentucky Star" erzählt Kate DiCamillo von Rob und Sixtine, zwei Außenseitern, die sich nicht eingestehen können, dass beide vor einem dunklen Punkt in ihrem Leben weglaufen: Robs Mutter ist gestorben, Sixtines Eltern haben sich getrennt. Robs Beine sind durch einen Ausschlag entstellt, Sixtine versucht, Konflikte mit Gewalt zu lösen.
Willie May, Mädchen für alles in dem Motel Kentucky Star, gewinnt ihr Vertrauen. Die Autorin, Kate DiCamillo, versteckt in ihrem Text einige Merkmale prophetischer Rede.

„Ich bin nicht wütend!", stieß Sixtine hervor.

„In Ordnung", sagte Willie May. Sie öffnete das Kaugummipäckchen. „Dann bist du eben eine wütende Lügnerin. Bedien dich." Sie hielt Sixtine einen Streifen Kaugummi hin.

Sixtine sah Willie May lange an und Willie May sah zurück.

Das letzte Licht der Dämmerung verschwand und die Dunkelheit brach herein. Rob hielt den Atem an. Er wünschte sich verzweifelt, dass die beiden einander mögen würden. Als Sixtine schließlich die Hand ausstreckte und den Kaugummi von Willie May nahm, stieß er den Atem geräuschvoll wieder aus.

Willie May nickte Rob zu, dann hielt sie ihm die Packung hin. Er nahm einen Streifen und steckte ihn in die Hosentasche für später.

Willie May zündete sich eine neue Zigarette an und lachte. „Ist das nicht typisch für Gott, dass er euch beide zusammengewürfelt hat?!" Sie schüttelte den Kopf. „Diesen Jungen, voll mit Kummer, den er unten in seinen Beinen versteckt hält. Und dich" – sie zeigte mit der Zigarette auf Sixtine – „so voll mit Wut, dass sie wie ein Blitz aus dir herausschießt. Ihr seid schon ein Pärchen, wirklich." Sie hob die Arme über den Kopf und streckte sich, dann richtete sie sich auf und trat vom Auto zurück.

Sixtine starrte Willie May mit offenem Mund an. „Wie groß sind Sie?", fragte sie.

„Ein Meter siebenundachtzig", sagte Willie May. „Und ich muss nach Hause. Aber vorher hab ich noch einen Rat für dich. Dem Jungen hier hab ich bereits einen gegeben. Möchtest du deinen wissen?"

Sixtine nickte, immer noch mit offenem Mund.

„Das ist er: Es kommt keiner dich holen und retten", sagte Willie May. Sie öffnete die Wagentür und setzte sich hinter das Lenkrad. „Du musst dich schon selber retten. Verstehst du, was ich meine?"

Sixtine starrte Willie May nur an. Sie sagte nichts. Willie May startete den Motor.

Rob und Sixtine sahen zu, wie sie wegfuhr.

„Ich glaube, sie ist eine Prophetin", sagte Sixtine.

„Eine was?", fragte Rob.

„Eine Prophetin", sagte Sixtine. „Auf der Decke der Sixtinischen Kapelle sind ganz viele gemalt. Das sind Frauen, durch die Gott zu den Menschen spricht."

„Oh", sagte Rob. „Eine Prophetin."

(Kate DiCamillo, Kentucky Star, 2004)

Michelangelo, Cumäische Sibylle (Ausschnitt), Sixtinische Kapelle, 1510

Kritische Ausrufe
Schaue dir noch einmal den Demonstranten auf dem Bild auf S. 11 an und nimm deine Sprechblase mit seinen kritischen Sätzen zur Hand. Prüfe, ob das, was du geschrieben hast, echte prophetische Ausrufe sind. Erinnere dich dazu an die Merkmale prophetischer Rede.

→ Über prophetisches Handeln in der Geschichte der Kirche kannst du dich auf S. 84–87, S. 90/91, S. 93, S. 104/105, S. 108–111 und S. 117 infomieren.

Was ist ein Prophet?
Lies dir deine Erklärung des Begriffs „Prophet" noch einmal durch. Was würdest du daran verbessern oder ergänzen, nachdem du nun mehr über Prophetinnen und Propheten erfahren hast? Formuliere einen neuen Text darüber, was ein Prophet ist.

→ Menschen, die heute prophetisch handeln, kannst du auf S. 134, S. 141–154, S. 190–193 und S. 255 begegnen.

Gottes Wort
Propheten verkünden Gottes Wort. Du kannst nun klarer beschreiben, was man darunter verstehen kann. Prüft die Aussagen, die ihr eingangs in eurem Schreibgespräch gesammelt und diskutiert habt. Berücksichtigt dabei, was ihr in diesem Kapitel über die Rede Gottes durch Propheten erfahren habt. Stellt eure Ergebnisse anschließend in der Klasse vor.

→ Die Prophetenbücher sind Teil des Alten Testaments. Über den richtigen Umgang mit der Bibel informieren S. 155–174.

Abschlussaufgabe

In diesem Kapitel konntet ihr viel über prophetische Menschen erfahren: über Männer und Frauen, die sich von Gott berufen fühlen und sich lautstark für soziale Gerechtigkeit und Frieden einsetzen. Zum Abschluss kannst du dich noch einmal ganz genau mit einem prophetischen Menschen auseinandersetzen, der dich besonders interessiert oder sogar beeindruckt hat.
Wähle zusammen mit einer Partnerin oder einem Partner eine solche Person aus diesem Kapitel aus. Verfasst gemeinsam ein fiktives Zeitungsinterview mit dieser Person. Dazu könntet ihr den prophetischen Menschen z. B. auf folgende Fragen antworten lassen:

- In welcher Situation lebten Sie? Welche sozialen Missstände oder Probleme haben Sie kritisiert und bekämpft?
- Haben Sie eine Berufung erlebt? Gab es ein auslösendes Erlebnis, durch das Sie zum Propheten wurden?
- Aus welchem Grund haben Sie sich engagiert?
- Welches Motto oder welcher Slogan bringt Ihre Kernbotschaft auf den Punkt?
- Was würden Sie zum folgenden aktuellen Fall sagen: …?

→ Gerechtigkeit und Frieden sind auch Kennzeichen des Gottesreiches, das Jesus verkündigt. Lies nach auf S. 31–54.

„Selig, wer an mir keinen Anstoß nimmt.“ (Jesus in Mt 11,6)

Die Erinnerung an **prophetische Menschen** gehört zu den großen Herausforderungen der jüdisch-christlichen Überlieferung. Ihr mutiger Einsatz für Gerechtigkeit nach dem Willen Gottes ist für heutige Menschen aus verschiedenen Gründen nicht immer leicht nachvollziehbar. Das Prophetisch-Sein gehört aber wesentlich zum Christ-Sein.

Bereits zur Zeit des Alten Testaments sind Frauen und Männer **mutig in der Öffentlichkeit aufgetreten**, um Ungerechtigkeiten laut beim Namen zu nennen. Sie haben sich nicht gescheut, den politischen und religiösen Machthabern sowie der Bevölkerung ihre Fehler vorzuhalten. **Amos** steht – bis heute – für soziale Gerechtigkeit: Die Reichen dürfen nicht auf Kosten der Armen ihren Besitz vermehren. **Jeremia** drohte einerseits mahnend Unheil für Juda an, hielt aber andererseits auch an der Überzeugung fest, dass Gott letztlich eine gute Zukunft eröffnet. Im Großen und Ganzen hatten die Propheten des Alten Testaments immer folgende drei Anliegen:

1. Sie traten für den **Glauben an den wahren Gott Jahwe** ein und gegen falsche Götzen.
2. Sie setzten sich unermüdlich ein für **soziale Gerechtigkeit**.
3. Sie erwarteten und verkündeten eine neue **Zukunft des Friedens**.

Auch im Neuen Testament bewegt der Ruf Gottes Menschen dazu, auf offener Straße vom Reich Gottes zu reden – wie es die Jünger Jesu getan haben, als sie zu Pfingsten den Heiligen Geist empfangen hatten. **Jesus** selbst kann in seiner Kritik an der Herzlosigkeit mancher seiner Zeitgenossen und seiner heilsamen Botschaft vom Reich Gottes als prophetischer Mensch schlechthin gelten. Moderne Vorbilder für uns wie **Martin Luther King** oder **Ruth Pfau**, die sich radikal und entschlossen mit ihrem ganzen Leben für Gerechtigkeit und die Botschaft des Evangeliums von der Nächstenliebe eingesetzt haben, sind ihm nachgefolgt.

Schließlich kann jede und jeder von euch ein prophetischer Mensch sein: Wenn es Mobbing in deiner Klasse gibt und du nicht wegschaust, sondern eingreifst, oder wenn du zu Hause deine Meinung über Probleme nicht für dich behältst, dann kannst du im Alltag ähnlich **prophetisch reden und handeln** wie die Personen dieses Kapitels.

Es gibt allerdings auch **falsche Propheten**: die **Berufspropheten** zum Beispiel. Ihr könnt euch anhand der Informationen über die sogenannten Sekten über die Gefahren, die von selbst ernannten falschen Propheten ausgehen, noch genauer informieren. Nicht jeder, der sich lautstark in der Öffentlichkeit – aktuell auch im Internet oder Fernsehen – im Namen Gottes äußert, ist ein echter Prophet. Dabei ist es wichtig, immer besser unterscheiden zu lernen, ob jemand Gutes nur aus eigennützigen Gründen verkündet oder tatsächlich – wie ein echter Prophet – im Geist Gottes spricht. Diese Unterscheidung der Geister ist eine der schwierigsten Aufgaben im Leben. Eine erste Hilfestellung bieten die drei oben genannten Kriterien: Predigt der vermeintliche Prophet den Glauben an den wahren Gott (und nicht an Götzen)? Setzt er sich engagiert für soziale Gerechtigkeit ein? Und droht er nicht nur mit Unheil und Untergang, sondern verheißt letztlich eine Zukunft des Friedens? Für diese Unterscheidung sensibel zu werden, ist eine wichtige Aufgabe.

2 Anders sehen und handeln lernen: Jesu Botschaft vom Reich Gottes

Mehr als ein Bild?!
Betrachte das Bild auf S. 31 und formuliere, was dir dabei durch den Kopf geht. Gib dem Bild einen Titel und begründe deine Wahl. Stelle dann eine Verbindung zwischen dem Bild und dem Titel des Kapitels her.

Von der Rede in Gleichnissen
Stelle dir vor, dein bester Freund oder deine beste Freundin ist nicht getauft und besucht keinen Religionsunterricht. Er oder sie will von dir wissen, was ein Gleichnis ist. Formuliere eine Antwort. Vielleicht fallen dir einige Gleichnisse ein, die du als Beispiele erzählen kannst. Halte auch fest, welche Antworten dir leicht oder schwer gefallen sind, was du noch nicht verstehst oder was du gerne noch genauer wissen möchtest.

Oh Wunder!
Immer wieder ist in der Presse von Wundern die Rede. Doch was ist damit eigentlich gemeint?
- Manche Menschen sehen im Alltäglichen Wunderbares: Sie sprechen z. B. vom Wunder des Lebens oder vom Wunder der Natur.
- Andere glauben, dass ein Wunder etwas Unerklärliches sei, z. B. die plötzliche Heilung eines Schwerkranken.
- Wiederum andere denken, dass Wunder vor allem Außergewöhnliches betreffen, etwa einen schlimmen Verkehrsunfall unversehrt zu überleben.
- Für manche Menschen ist das Eingreifen einer übernatürlichen Macht entscheidend. Marienerscheinungen an Pilgerorten gelten dann z. B. als Wunder.

Schreibt die vier Meinungen auf Karten und legt diese in einem Quadrat im Klassenraum aus. Stellt euch zu der Aussage, die am ehesten eure Meinung wiedergibt. Natürlich dürft ihr euch auch zwischen zwei Karten oder in die Mitte stellen. Begründet, warum ihr jeweils diese Position eingenommen habt. Haltet fest, wie sich eure Standpunkte im Raum verteilen.

Reich Gottes – Hoffnungsgrund oder Hirngespinst?
Das Neue Testament macht Hoffnung auf das „Reich Gottes", das Jesus verkündet hat. Erkläre mit eigenen Worten, was Jesus damit meint. Ist diese Hoffnung begründet? Nimm Stellung zu den Äußerungen der Schülerinnen und Schüler.

Kooperativ arbeiten

Kooperative Lernmethoden können euch helfen, von und mit anderen zu lernen. Gleichzeitig fördern sie eure Eigenständigkeit und Kreativität.

Placemat

Arbeitet in kleinen Gruppen zu dritt oder zu viert. Legt ein leeres Blatt in die Mitte eures Tisches und zeichnet darauf ein großes Rechteck in die Mitte. Teilt den restlichen Platz bis zum Rand in drei bzw. vier Felder ein. Schreibt die Fragestellung, zu der ihr arbeitet, in das Rechteck in der Mitte.

1. Einzelarbeit
Jede/r schreibt zunächst alleine und ohne zu sprechen seine Gedanken oder Antworten in eines der Eckfelder. Bei mehreren Fragen steht jede Frage in einem eigenen Kästchen und wird reihum beantwortet.

2. Austausch
Jede/r liest die Notizen der anderen. Falls jemand Rückfragen hat oder etwas nicht versteht, fragt er oder sie bei dem- bzw. derjenigen nach, von dem die Notiz stammt. Tauscht euch über eure Ergebnisse aus.

3. Ergebnissicherung
Einigt euch dann auf ein gemeinsames Ergebnis, dem alle Mitglieder eurer Gruppe zustimmen können. Tragt die gewonnenen Erkenntnisse in das mittlere Rechteck ein.

4. Präsentation
Stellt eure Ergebnisse in der Klasse vor. Dazu könnt ihr das mittlere Feld aus dem gesamten Placemat ausschneiden.

Standbild

Manchmal sagen Gesten mehr als Worte. Mithilfe von Standbildern könnt ihr z. B. Beziehungen, Probleme, Meinungen, Gefühle oder Gedanken darstellen, die schwer mit Worten auszudrücken sind.

1. Ein Standbild formen
Arbeitet in kleinen Gruppen. Eine/r von euch ist dabei der „Bildhauer". Er bzw. sie äußert sich zu einem bestimmten Thema, indem er/sie aus den Körpern der Mitschülerinnen und Mitschüler ein Standbild formt.

Die anderen Schülerinnen und Schüler nehmen wie bewegliche Puppen die gewünschten Haltungen, Mimiken und Gestiken ein, ohne dabei zu sprechen. Wenn das Standbild geformt ist, erstarren alle „Figuren" für etwa ein halbe Minute.

2. Das Standbild deuten
Die Zuschauer betrachten das fertige Standbild, lassen es auf sich wirken und halten ihre Beobachtungen schriftlich fest. Tauscht euch anschließend über eure Empfindungen und Deutungen aus. Zuerst kommen die Beobachter zu Wort, danach die „Figuren" und erst zum Schluss der „Bildhauer" oder die „Bildhauerin".

Wichtig: Es gibt keine falschen oder richtigen Deutungen. Im Vordergrund stehen das Gegenüberstellen eurer verschiedenen Perspektiven und Empfindungen in Bezug auf das Thema.

„Wie im Himmel": Metaphern machen unsere Hoffnung stark

→ Bilder vom Himmel und von der Vollendung findest du auch auf S. 37, S. 52 und S. 195.

Bilder von einer guten Welt

Wenn wir die Welt, von der wir träumen, beschreiben wollen, dann verwenden wir meistens Bilder und Vergleiche. Vor allem **Metaphern** und **Symbole** machen unsere Hoffnung auf eine bessere Welt anschaulich – besonders dann, wenn diese Hoffnung auf die Hilfe des unsichtbaren Gottes vertraut.

Info

Das Wort **Metapher** stammt von den griechischen Worten *meta* („hinüber") und *pherein* („tragen"): Eine Metapher ist also eine sprachliche Übertragung, bei der ein Wort aus seinem ursprünglichen Bedeutungsbereich in einen neuen Zusammenhang gestellt wird. Dabei werden Vorstellungen aus dem einen Bereich in den anderen übertragen. Durch die Verknüpfung von zwei Sachverhalten, die ursprünglich nichts miteinander zu tun haben, entsteht eine neue Bedeutung.
In unserer alltäglichen Sprache verwenden wir so häufig Metaphern, dass uns das selbst in der Regel nicht bewusst ist. Besonders die Sprache der Religion kommt ohne Metaphern nicht aus.

„Bei-Gott-Sein"
Das Bild vom „Himmel" ist in der christlichen Tradition zu einem wichtigen Symbol der christlichen Hoffnung geworden. Es bezeichnet dabei aber nicht das sichtbare Firmament über uns wie der englische Begriff „sky". „Himmel" im christlichen Sinn ist kein Ort, sondern Metapher für die nicht mehr zerstörbare Nähe eines Menschen zu Gott: Im „Himmel" (englisch „heaven") zu sein, heißt also, mit dem Gott des Lebens Gemeinschaft zu haben.

Erfüllung und Heil
Christen glauben, dass Gott unsere Sehnsucht erfüllt, z. B. unsere Wünsche nach Geborgenheit und Liebe, nach gelingenden Beziehungen, unser Verlangen nach Gerechtigkeit und Frieden, nach Vergebung und Heil-Sein, unsere Hoffnung darauf, dass der Tod nicht das letzte Wort in unserem Leben hat … Dabei können wir natürlich immer nur erahnen, was uns in Gottes Nähe erwartet.
Die Bibel kennt noch viele weitere Metaphern und Bildworte für die Erfüllung, die Menschen bei Gott finden: z. B. die Bilder vom Festmahl (vgl. Jes 25,6–8; Lk 13,29) und von der Hochzeitsfeier (Mt 25,13) und auch die Metapher „Paradies" (vgl. Lk 23,43; Gen 2,8–25).

Die Kraft der Hoffnungsbilder
Die biblischen Metaphern der Hoffnung auf eine heile Welt wollen uns nicht nur trösten, sondern auch wachrütteln: Wir sollen uns nicht abfinden mit der Not und dem Leid, das wir und andere auf dieser Erde tagtäglich erleben. Viele biblische Hoffnungsbilder machen den Menschen schon seit Jahrtausenden Mut. Sie stärken das Vertrauen darauf, dass Gott, den sie als Gott der Liebe und des Heils kennengelernt haben, alles gut machen wird. Berühmte Beispiele finden sich im Buch des Propheten Jesaja: So beschreibt Jes 40,1–11, wie sich Täler heben und Berge senken, krumme Wege gerade und Hügel ebenerdig werden, damit Gott sein Volk aus der Verbannung holen kann.

Metaphern – Sprache des Glaubens
Wo Menschen von Sachverhalten sprechen, die unsichtbar sind, sind Metaphern unverzichtbar. Die größte Hilfe sind sie uns dort, wo wir den Bereich unserer sinnlich wahrnehmbaren Welt verlassen und unseren Glauben an Gott bekennen. Aussagen des Glaubens über Gott sind meist metaphorisch: So spricht Jesus Gott mit einem Kosenamen an und nennt ihn liebevoll „Abba", was man recht gut mit „Papa" übersetzen kann. Darin kommt zum Ausdruck, wie Gott für die Menschen sorgt. Für den Beter von Psalm 71 ist Gott der rettende Fels und die schützende Burg (Ps 71,3).
Nur weil es Metaphern gibt, können wir überhaupt versuchen, über Gott zu sprechen. Dabei kann keine Metapher Gott jemals erfassen und kein Vergleich ihn festnageln. Weil Gott größer ist als unser Verstehen und unsere Sprache, bleibt er für uns ein unfassbares Geheimnis.

→ Eine metaphorische Rede Jesu kannst du auf S. 72 lesen.

→ Metaphern in prophetischer Rede findest du auf S. 15. Metaphern in Psalmen findest du auf S. 166.

Die Mitte des Himmels: Gott als Vater – Sohn – Heiliger Geist, Ausschnitt aus dem Deckenfresko „Der Himmel" von Martin Knoller in der Abteikirche Neresheim, 1773

Aufgaben

1 Betrachte und beschreibe die beiden Himmelsbilder auf dieser Doppelseite. Nenne die Unterschiede zwischen dem Fresko und dem Foto. Formuliere, welche Aspekte von „Himmel" zum Ausdruck kommen.

2 **a)** Überlege, was für dich dazugehört, damit du mit der umgangssprachlich bekannten Metapher von dir sagen kannst, du fühlst dich „wie im Himmel". Gestalte dann dein eigenes Himmel-Hoffnungsbild.
b) Nimm Stellung: Ist dein Himmelbild eher ein (weltliches) Sky- oder ein (religiöses) Heaven-Bild?

3 **a)** Beschreibe die Hoffnung bzw. die Versprechen, die in den genannten biblischen Hoffnungsbildern zum Ausdruck kommen (vgl. auch Jes 9,1–6; Jes 11,1–16; Ps 23): Beispiel Jes 40,4: „Täler, Hügel und Berge werden eben." – Der Prophet verspricht, dass nichts Gott daran hindern wird, seinem Volk zu Hilfe zu kommen.
b) Stelle diese Hoffnungen bildlich dar, indem du eine Collage gestaltest.

Gleichnisse Jesu: Fenster und Türen zu Gottes neuer Welt

Jesus verkündet das Reich Gottes
Am Anfang des Markusevangeliums, des ältesten Evangeliums im Neuen Testament, findet sich eine Zusammenfassung der Botschaft Jesu:

> Die Zeit ist erfüllt, das Reich Gottes ist nahe. Kehrt um und glaubt an das Evangelium! (Mk 1,15)

Wenn Gott den Menschen nahe ist
Jesus hat seine Zeitgenossen aufgefordert, ihre ganze Aufmerksamkeit auf das Reich Gottes zu richten. Alle anderen Dinge im Leben sind für ihn weniger wichtig (vgl. Mt 13,44–46, siehe S. 38). Dabei ist das Reich Gottes, von dem Jesus erzählt, weder ein Ort noch ein irdisches Königreich. Jesus verspricht mit der Metapher vom Reich Gottes vielmehr einen Zustand, in dem Gott den Menschen ganz nahe ist: so nahe, dass kein Platz mehr ist für all die Dinge, die Menschen in dieser Welt quälen. Alles Leid, jegliche Not und sogar der Tod werden von Gott überwunden.

Erzählt hat Jesus vom Reich Gottes mit seinen Gleichnissen. Sie zeigen, was durch das Kommen von Gottes Reich in Bewegung gebracht wird. Dies sind vor allem die Menschen, die durch die Gleichnisse eine völlig neue Sicht der Welt gewinnen. Sie sollen die Menschen nach Mk 1,15 zur Umkehr bewegen, also dazu führen, dass jemand seinem Leben eine neue Richtung gibt.

Manche Zeitgenossen (vgl. S. 41) waren enttäuscht von Jesus und seiner Botschaft. Sie fragten: „Wo ist denn die neue Welt Gottes, die du versprichst? Wir sehen keine Veränderung in der Welt!“ Als Antwort auf solche Kritik erzählt Jesus dieses Gleichnis:

> 30 Er sagte: Womit sollen wir das Reich Gottes vergleichen, mit welchem Gleichnis sollen wir es beschreiben? 31 Es gleicht einem Senfkorn. Dieses ist das kleinste von allen Samenkörnern, die man in die Erde sät. 32 Ist es aber gesät, dann geht es auf und wird größer als alle anderen Gewächse und treibt große Zweige, sodass in seinem Schatten die Vögel des Himmels nisten können. (Mk 4,30–32)

Körner des schwarzen Senfs. Die Samen sind nur 0,8 Millimeter groß und wiegen 0,001 Gramm.

Aufgaben

1 Ein Senfkorn ist an sich etwas Winziges und Unbedeutendes – mit den Augen Jesu betrachtet, erweist es sich plötzlich aber als etwas Großartiges und Wunderbares. In deiner Umgebung (Schule, Stadt, Natur …) gibt es viele Dinge, Menschen und Situationen, die noch darauf warten, dass du sie entdeckst:
- weil sie zwar unbedeutend erscheinen, sich bei näherem Hinsehen oder in der Zukunft aber als wunderbar erweisen;
- weil mit ihnen die Welt ein wenig besser geworden ist;
- weil sie uns Hoffnung geben;
- …

Suche solche Dinge und fotografiere sie so, dass die Betrachter des Fotos sie aus einer ganz neuen Perspektive kennenlernen. Mit den Bildern könnt ihr dann in der Klasse eine Ausstellung zum Thema „Perspektivenwechsel“ gestalten.

2 Erkläre, welche Antwort Jesus mit dem Gleichnis vom Senfkorn den Menschen gibt, die von ihm enttäuscht sind.

3 Verfasse eine Geschichte, die deutlich macht, was bei uns Menschen heute in Bewegung kommen sollte, damit unser aller Leben besser wird. Beziehe auch in deine Überlegungen ein, woran wir dabei oft scheitern.

Helmut Kästl, Das Himmlische Jerusalem, Glasfenster im Priesterseminar München, 1983

Merkmale der Gleichnisse Jesu

Gleichnisse sind kleine Erzählungen, die mithilfe von Bildern aus dem Alltag von Gottes neuer Welt erzählen. Sie wollen zeigen, wie sich menschliches Leben verändert, wenn Gott ins Spiel kommt.

Ein Gleichnis Jesu beginnt oft mit einer Redewendung, die einen Vergleich ankündigt: „Mit dem Reich Gottes/Himmelreich ist es wie …"

Dann folgt die oft kurze Beschreibung eines Vorgangs aus dem alltäglichen Leben der Zeitgenossen Jesu (Säen, Ernten, Backen …). Manchmal erzählt Jesus auch von besonderen Ereignissen im Leben von Menschen – so im Gleichnis vom verlorenen Sohn (Lk 15,11–32) oder im Gleichnis vom barmherzigen Samariter (Lk 10,25–37).

Immer ist das eigentliche Thema eines Gleichnisses aber Gottes Wirken: Die Gleichnisse erzählen davon, wie sich das Leben und Zusammenleben von Menschen verändert, wenn Gottes Liebe ins Spiel kommt. Die Vorgänge, von denen Jesus erzählt, können fleißige und fromme Menschen auch verärgern: Da bekommen Arbeiter, die nur wenig gearbeitet haben, denselben Lohn wie andere, die den ganzen Tag geschuftet haben (Mt 20,1–16), Unkraut bleibt auf dem Feld stehen (Mt 13,24–30), der Sohn, der seinen Vater im Stich gelassen hatte, wird mit offenen Armen empfangen (Lk 15,11–32), 99 Schafe bleiben in der Landschaft stehen, weil ein einziges Schaf fehlt (Lk 15,4–7), ein Verwalter wird für sein betrügerisches Handeln gelobt (Lk 16,1–8) … Die Maßstäbe Gottes sind deutlich verschieden von den Vorstellungen unserer Welt – Barmherzigkeit und Liebe sind wichtiger als Leistung und eigener Verdienst.

→ Eine andere Darstellung des Himmlischen Jerusalems findest du auf S. 53.

Mit seinen Gleichnissen antwortet Jesus auf Fragen seiner Mitmenschen. Eine solche Frage könnte zum Beispiel lauten: „Wo in unserer erbärmlichen Welt, in der wir arm sind, von anderen unterdrückt werden … ist denn tatsächlich Gottes Macht zu spüren?"

Alle Gleichnisse sollen den Menschen zu einer neuen, überraschenden Erkenntnis verhelfen. Sie laden dazu ein, die Welt einmal mit den Augen Jesu zu betrachten und die Veränderungen zu bemerken, die mit Jesus stattfinden:
Jesus möchte davon überzeugen, dass Gott in dieser Welt bereits dabei ist, alles Böse zu beseitigen und den Menschen neue Lebensmöglichkeiten zu schaffen. Die Menschen dürfen darauf hoffen, dass Gottes neue Welt der Liebe und des Friedens nicht mehr aufzuhalten ist. Dafür steht Jesus mit seiner Botschaft und seinem Handeln ein.

1 **a)** Erstelle mithilfe des Textes eine Liste mit den Merkmalen, an denen ein Gleichnis Jesu zu erkennen ist.

b) Nenne diejenigen Merkmale, die du im Gleichnis vom Senfkorn wiederfindest.

Hoffnungsbilder, die die Welt auf den Kopf stellen

Die Gleichnisse vom Schatz und von der Perle

44Mit dem Himmelreich ist es wie mit einem Schatz, der in einem Acker vergraben war. Ein Mann entdeckte ihn, grub ihn aber wieder ein. Und in seiner Freude verkaufte er alles, was er besaß, und kaufte den Acker.
45Auch ist es mit dem Himmelreich wie mit einem Kaufmann, der schöne Perlen suchte. Als er eine besonders wertvolle Perle fand, verkaufte er alles, was er besaß, und kaufte sie. (Mt 13,44–46)

Das Gleichnis vom Pharisäer und vom Zöllner

10Zwei Männer gingen zum Tempel hinauf, um zu beten; der eine war ein Pharisäer, der andere ein Zöllner. 11Der Pharisäer stellte sich hin und sprach leise dieses Gebet: Gott, ich danke dir, dass ich nicht wie die anderen Menschen bin, die Räuber, Betrüger, Ehebrecher oder auch wie dieser Zöllner dort. 12Ich faste zweimal in der Woche und gebe dem Tempel den zehnten Teil meines ganzen Einkommens. 13Der Zöllner aber blieb ganz hinten stehen und wagte nicht einmal, seine Augen zum Himmel zu erheben, sondern schlug sich an die Brust und betete: Gott, sei mir Sünder gnädig! 14Ich sage euch: Dieser kehrte als Gerechter nach Hause zurück, der andere nicht. Denn wer sich selbst erhöht, wird erniedrigt, wer sich aber selbst erniedrigt, wird erhöht werden. (Lk 18,10–14)

Das Gleichnis vom Unkraut unter dem Weizen

24Mit dem Himmelreich ist es wie mit einem Mann, der guten Samen auf seinen Acker säte. 25Während nun die Leute schliefen, kam sein Feind, säte Unkraut unter den Weizen und ging wieder weg. 26Als die Saat aufging und sich die Ähren bildeten, kam auch das Unkraut zum Vorschein. 27Da gingen die Knechte zu dem Gutsherrn und sagten: Herr, hast du nicht guten Samen auf deinen Acker gesät? Woher kommt dann das Unkraut? 28Er antwortete: Das hat ein Feind von mir getan. Da sagten die Knechte zu ihm: Sollen wir gehen und es ausreißen? 29Er entgegnete: Nein, sonst reißt ihr zusammen mit dem Unkraut auch den Weizen aus. 30Lasst beides wachsen bis zur Ernte. Wenn dann die Zeit der Ernte da ist, werde ich den Arbeitern sagen: Sammelt zuerst das Unkraut und bindet es in Bündel, um es zu verbrennen; den Weizen aber bringt in meine Scheune. (Mt 13,24–30)

Das Gleichnis vom verlorenen Schaf

12Was meint ihr? Wenn jemand hundert Schafe hat und eines von ihnen sich verirrt, lässt er dann nicht die neunundneunzig auf den Bergen zurück und sucht das verirrte?
13Und wenn er es findet – amen, ich sage euch: Er freut sich über dieses eine mehr als über die neunundneunzig, die sich nicht verirrt haben. 14So will auch euer himmlischer Vater nicht, dass einer von diesen Kleinen verloren geht. (Mt 18,12–14)

Aufgaben

1 Bearbeitet in Kleingruppen eines oder zwei der Gleichnisse Jesu. Lest das Gleichnis zunächst in eurer Gruppe laut vor.
a) Vergleicht „euer" Gleichnis mit eurer Liste der Merkmale eines Gleichnisses.
b) Fasst die Aussage des Gleichnisses schriftlich zusammen, indem ihr einen der folgenden Satzanfänge zu Ende führt: Das Reich Gottes ist …/In der neuen Welt Gottes …
c) Formt ein Standbild, das die Aussage eures Gleichnisses verdeutlicht.

2 Zeichne ein Fenster und fülle es mit einer Szene aus einem der Gleichnisse Jesu, die dir besonders aufgefallen ist. Formuliere unter deinem Bild in einem Satz einen Kommentar zum Gleichnis, in dem das Wort „Gott" enthalten ist.

Verkehrte Welt?

Die Obsternte steht an. Der Besitzer einer Obstplantage stellt dafür Saisonarbeiter ein, die früh morgens in langen Reihen mit dem Pflücken beginnen.
Die Arbeit in der Landwirtschaft ist hart. Man muss früh auf den Feldern sein und arbeitet dann in der Regel zehn Stunden und noch länger. Schließlich muss die Ernte rechtzeitig eingefahren werden.
Der Obstbauer merkt sehr bald: Die Saisonarbeiter, die er beschäftigt hat, werden es nicht pünktlich schaffen. Denn in der Wettervorhersage wurde ein Sturm angekündigt. Die Ernte droht verloren zu gehen! Mehr Arbeiter müssen her! Deshalb stellt er gegen Mittag weitere Arbeiter ein. Doch auch das reicht noch nicht. Im Laufe des Nachmittags lässt der Plantagenbesitzer noch mehr Arbeiter einstellen. Auch kurz vor Tagesende holt er noch einige dazu.
Am Abend ruft er schließlich alle Erntehelfer zusammen, um ihnen ihren Lohn auszuzahlen. Er beginnt mit den Arbeitern, die er erst am Abend eingestellt hat. Jeder von ihnen erhält den vollen Tageslohn. Die anderen Arbeiter, die länger gearbeitet haben, sind darum der Meinung, sie würden mehr bekommen. Doch auch sie erhalten alle den vereinbarten Tageslohn.

Da beschweren sie sich beim Obstbauern: „Diese Leute haben nur eine Stunde gearbeitet. Wir haben wir uns den ganzen Tag in der brennenden Sonne abgerackert! Trotzdem zahlst du ihnen dasselbe wie uns?"
„Mein Freund", entgegnet der Obstbauer einem von ihnen, „dir geschieht doch kein Unrecht! Haben wir uns nicht heute Morgen auf diesen Betrag geeinigt? Nimm dein Geld und geh! Ich will den anderen genauso viel zahlen wie dir. Schließlich darf ich doch wohl mit meinem Geld machen, was ich will! Oder ärgerst du dich, weil ich großzügig bin?"

Aufgaben

1 **a)** Benennt in Gruppenarbeit die Argumente und Gegenargumente, mit denen die Arbeiter und der Obstbauer ihre Sicht der Dinge deutlich machen: 1. Gruppe: Obstplantagenbesitzer, 2. Gruppe: frühmorgens eingestellte Arbeiter, 3. Gruppe: spät am Tag eingestellte Arbeiter.
b) Führt ein Rollenspiel durch. Jede Gruppe ernennt dazu einen Schauspieler, der die in der Gruppe erarbeiteten Argumente in eine Diskussion zwischen dem Obstbauern, einem frühen und einem späten Arbeiter einfließen lässt.

2 **a)** Mt 20,1–16 enthält eine vergleichbare Erzählung. Lies den Bibeltext und stelle Unterschiede und Übereinstimmungen zwischen beiden Texten heraus. Kläre dann, ob es sich in beiden Fällen um Gleichnisse handelt.
b) Erläutere die Kernaussage von Jesu Erzählung.

3 Stelle Zusammenhänge zwischen dem Bild, den Texten und der Reich-Gottes-Botschaft Jesu her.

4 Gleichnisse sollen einen „Aha-Effekt" auslösen. Das Bild und das Gleichnis Jesu wirken in ähnlicher Weise: Es wird jeweils nicht nur der Gegenstand, sondern zugleich der Blick des Betrachters bzw. des Zuhörers auf den Kopf gestellt. Erkläre, wie diese Aussage zu verstehen ist.

Hoffnungen und Ängste zur Zeit Jesu

→ Über Propheten kannst du dich auf S. 11–30 informieren.

→ Mehr zu Jesaja erfährst du auf S. 21.

→ Weitere Informationen über den Krieg der Assyrer erhältst du auf S. 160/161.

Zwischen Hoffnung und Enttäuschung

Die jüdischen Bewohner Israels blickten zur Zeit Jesu von Nazaret bereits auf eine viele Jahrhunderte dauernde Geschichte zurück, die vom Wechsel zwischen Hoffnung und Not geprägt war: Immer wieder wurden Träume von Sicherheit und Unabhängigkeit im eigenen Land vom Eroberungsdrang fremder Mächte (der Ägypter, Assyrer, Babylonier, Perser, Mazedonier, Ptolemäer, Seleukiden, Römer ...) durchkreuzt. Oft wurden Teile der Bevölkerung in andere Länder verschleppt. Als besonders schlimm hatten sich die syrischen Versuche erwiesen, den jüdischen Glauben an den einen Gott mit Gewalt zu unterdrücken (2. Jh. v. Chr.). Doch nicht nur äußere Feinde, sondern auch Streit und Ungerechtigkeit in Israel selbst bedrohten den Frieden im Volk des Gottes JHWH.

Info

Mit dem Wort **JHWH** (יהוה, in der christlichen Bibel oft „**Jahwe**“ geschrieben und so gesprochen) wird in der jüdischen Bibel der Name Gottes umschrieben (vgl. v. a. Ex 3,14). Juden sprechen diesen Namen aus Ehrfurcht vor Gott nicht aus.

Hoffnung auf die Hilfe Gottes

In diesen Jahrhunderten enttäuschter Träume wuchs im jüdischen Volk die Hoffnung auf die Hilfe Gottes. Jahwe selbst musste doch irgendwann Not und Unterdrückung beenden und sein in alle Welt verstreutes Volk wieder zusammenholen. Viele Juden hoffen auf einen von Gott selbst eingesetzten („gesalbten“) König, der Recht und Gerechtigkeit im Land schaffen würde (vgl. Jer 23,3–6).

Warten auf den Messias

Die Meinungen darüber, wie genau dieser **Messias** das Heil in Israel durchsetzen würde, wem die Rettung zugute kommen würde und wem nicht und welchen Beitrag jeder dabei selbst zu seiner Erlösung bringen müsste, gingen innerhalb des Judentums weit auseinander.

Info

Der **Messias** (hebr. משיח, maschiach = „Gesalbter“) ist der von Gott zum König gesalbte Retter Israels, der von den jüdischen Zeitgenossen Jesu besonders sehnsüchtig erwartet wurde.

Alle Frommen in Israel aber setzten ihre ganze Hoffnung auf den Gott Jahwe: Nur ihm trauten sie noch zu, ihre Not zu beseitigen.
Einer der bedeutenden Hoffnungstexte im Alten Testament findet sich im Buch des Propheten Jesaja. Er spricht dem Volk Israel Mut zu:

> 4 Sagt den Verzagten: Habt Mut, fürchtet euch
> nicht! Seht, hier ist euer Gott! Die Rache
> Gottes wird kommen und seine Vergeltung;
> er selbst wird kommen und euch erretten.
> 5 Dann werden die Augen der Blinden geöff-
> net, auch die Ohren der Tauben sind wieder
> offen. 6 Dann springt der Lahme wie ein
> Hirsch, die Zunge des Stummen jauchzt auf.
> In der Wüste brechen Quellen hervor und
> Bäche fließen in der Steppe. [...] 10 Die vom
> Herrn Befreiten kehren zurück und kommen
> voll Jubel nach **Zion**. Ewige Freude ruht auf
> ihren Häuptern. Wonne und Freude stellen
> sich ein, Kummer und Seufzen entfliehen.
> (Jes 35,4–6.10)

Unterdrückung durch die römische Besatzungsmacht

Unser Leben mit all seinen Ängsten und Hoffnungen ist immer geprägt von der Welt, in der wir leben. So erging es auch den Zeitgenossen Jesu in Galiläa und Judäa vor 2000 Jahren. Das Land Israel war zur Zeit Jesu von den Römern besetzt (Judäa) oder genau überwacht (Galiläa). Die römischen Machthaber und ihre Verbündeten regierten das Land mit brutaler Strenge und brachten mit hohen Steuern und zahlreichen Abgaben viele Menschen in Not. Die verschiedenen religiösen jüdischen Gruppen im Land gingen auf ganz unterschiedliche Weise

Info

Zion (ein Hügel in Jerusalem) bezeichnet in der Bibel meist die ganze Stadt Jerusalem mit dem Tempelberg.

Aufgaben

1 a) Lies den Text von Jesaja (Jes 35,4–6.10) und erkläre in eigenen Worten, was sich alles zum Guten wenden wird.

b) Stelle denkbare Gründe dafür zusammen, dass der Prophet nicht nur die Aufhebung aller Not, sondern auch „Rache“ und „Vergeltung“ erwartet.

mit diesen Problemen um – je nachdem, ob sie zu den Begünstigten oder eher zu den Notleidenden gehörten und auf welchem Weg sie die Gebote Gottes erfüllen wollten.
Allen jüdischen Frommen gemeinsam aber war und ist ihre Überzeugung, mit einem Leben gemäß der Tora den Willen ihres Gottes Jahwe zu erfüllen.

Ein Sadduzäer
„Wir als Tempelpriester und Nachkommen des Hohepriesters Zaddok halten uns an die Gebote, die von Mose aufgeschrieben wurden. Wir kümmern uns darum, dass der Gottesdienst im Jerusalemer Tempel so abläuft, wie uns die Tora das vorschreibt, und bemühen uns dabei, für den Dienst im Tempel **rein** zu bleiben. Damit erfüllen wir den Willen Gottes. Als die religiöse Führungsschicht des Landes tragen wir Verantwortung für Ruhe und Sicherheit; daher arbeiten wir mit der römischen Besatzungsmacht zusammen."

Ein Zelot
„Auch wir sind fromme Juden und halten uns an die Tora. Gott will aber, dass das Volk Israel in seinem Land frei und unabhängig ist. Daher kämpfen wir mit Gewalt gegen unsere römischen Feinde. Nur Gott selbst darf unser Herr sein. Er wird uns den Messias schicken, um die Römer endgültig zu besiegen."

Ein Pharisäer
„Unser wichtigster Auftrag ist es, die Gebote Gottes in allen Lebenslagen zu beachten. Wir lernen deshalb sehr sorgfältig die Weisungen der Tora. Zu dieser geschriebenen Tora erstellen unsere Gelehrten viele weitere Gebote, damit wir überhaupt in der Lage sind, die Tora im normalen Alltag zu erfüllen. Wir sind beim jüdischen Volk beliebt, weil wir eine menschenfreundliche und für alle Juden praktikable Religion vertreten. Auch wir möchten, dass die Römer aus Israel verschwinden, aber mit Gewalt haben wir da keine Chance. Gott wird uns mit seinem Messias zu Hilfe kommen, wenn das jüdische Volk die Gebote Gottes genau einhält."

Ein Essener
„Wir halten als einzige jüdische Gruppe die Gebote Gottes richtig ein: Wir ziehen uns vor allen politischen Problemen dieser Welt zurück und bleiben untereinander. Wir teilen unseren Besitz, leben sehr bescheiden und verzichten auf alles, was uns vom Dienst an Gott ablenken könnte. Dafür studieren wir die Tora, halten die Gebote auf strengste Weise und vermeiden den Kontakt mit allem **Unreinen**. Gott selbst wird letztendlich mit dem Messias das Land Israel befreien und einen Priester senden, der wieder einen richtigen Gottesdienst im Tempel von Jerusalem einführen wird."

Info

Reinheit oder **Unreinheit** im Sinne der Bibel hat nichts mit Sauberkeit oder mit boshaftem Verhalten zu tun. Sie bezieht sich auf den religiösen Kult, durch den Jüdinnen und Juden mit Gott in Berührung kommen möchten. Kultisch unrein machen zum Beispiel bestimmte Tiere, einige Krankheiten wie Aussatz oder körpereigene Substanzen wie Menstruationsblut. Wer damit in Berührung kommt, muss bestimmte reinigende Handlungen vornehmen, bevor er wieder am Tempelgottesdienst teilnehmen darf.

Ein frommer Pessimist
„Diese Welt ist ganz und gar schlecht und nicht mehr zu retten – schon gar nicht durch Menschen. Aber sie steht sowieso kurz vor ihrem Ende: Gott wird jetzt eingreifen, alle bösen Mächte beseitigen und alle bösen Taten bestrafen. Für die guten Menschen, die seine Gebote bewahrt haben, wird er eine neue Welt schaffen. Wir Frommen müssen nur alles ertragen und bis zum Ende warten."

1 Die Tora ist die wichtigste heilige Schrift des Judentums und die Grundlage jüdischen Lebens. Erstellt in kleinen Gruppen eine Mindmap mit all dem, was ihr aus den vergangenen Schuljahren noch über die Tora, ihre Herkunft, ihren Inhalt und ihre Bedeutung wisst. Ergänzt die Mindmap mit Informationen aus Büchern, Lexika oder aus dem Internet.

2 Berichte in eigenen Worten, was du über die religiösen Gruppen zur Zeit Jesu noch weißt und ergänze dein Wissen: **a)** Auf diese Weise versuchen sie Gottes Willen zu erfüllen: …
b) Das erhoffen sie von Gott: …

3 Überlegt gemeinsam, wie die verschiedenen jüdischen Gruppierungen wohl mit Jesus von Nazaret zurechtgekommen sind. Schreibt für jede jüdische Gruppe eine Fortsetzung ihres kurzen Porträts: „Jesus von Nazaret halten wir für …"

Mit Jesus wird Gottes Reich Wirklichkeit

In Worten und in Taten
Jesus knüpfte an die hohen Erwartungen in seinem Volk Israel an, wenn er den Menschen seine frohe Botschaft verkündete. Er teilte ihnen nämlich mit, dass Gott mit und durch ihn, Jesus, wirkt: Das Reich Gottes hat durch Jesu Heil schaffendes Wirken bereits begonnen.

Doch Jesus predigte nicht nur, er handelte auch. So wirkte er etwa heilend auf seine Mitmenschen ein:

Jesus heilt den blinden Bartimäus
[46]Sie kamen nach Jericho. Als er mit seinen
Jüngern und einer großen Menschenmenge
Jericho wieder verließ, saß an der Straße
ein blinder Bettler, Bartimäus, der Sohn des
Timäus. [47]Sobald er hörte, dass es Jesus von
Nazaret war, rief er laut: Sohn Davids, Jesus,
hab Erbarmen mit mir! [48]Viele wurden ärger-
lich und befahlen ihm zu schweigen. Er aber
schrie noch viel lauter: Sohn Davids, hab
Erbarmen mit mir! [49]Jesus blieb stehen und
sagte: Ruft ihn her! Sie riefen den Blinden
und sagten zu ihm: Hab nur Mut, steh auf,
er ruft dich. [50]Da warf er seinen Mantel weg,
sprang auf und lief auf Jesus zu. [51]Und Jesus
fragte ihn: Was soll ich dir tun? Der Blinde
antwortete: Rabbuni, ich möchte wieder
sehen können. [52]Da sagte Jesus zu ihm: Geh!
Dein Glaube hat dir geholfen. Im gleichen
Augenblick konnte er wieder sehen, und er
folgte Jesus auf seinem Weg. (Mk 10,46–52)

Beate Heinen, Mach mich sehend, 1971

Info

„Blind sein" und jemandem die „Augen öffnen" sind auch im Neuen Testament Metaphern, so z. B. bei Mt 20,29–34.

Rabbuni bedeutet „mein Rabbi", „mein Lehrer".

Die Bezeichnung Jesu als **Sohn Davids** drückt für Christen den Glauben daran aus, dass er der erhoffte **Messias**, der Erlöser Israels ist.

Aufgaben

1 Stellt euch vor, ihr seid Bildhauer und sollt eine Skulptur zur Blindenheilung gestalten. Formt in Kleingruppen Standbilder, die eine für euch wichtige Aussage des Textes ausdrücken.

2 Beschreibe das Bild von Beate Heinen. Achte dabei besonders auf Farben und Licht sowie auf Körperhaltung, Gestik und Mimik der Personen. Berücksichtige auch, auf welche Szene der Erzählung Beate Heinen den Schwerpunkt legt.

3 Verteilt Rollen und spielt die Begegnung von Bartimäus und Jesus nach. Stellt dabei auch dar, wie sich der Blinde im Laufe des Geschehens verändert (Körperhaltung, Verhalten, Verhältnis zu den anderen Beteiligten …).

Deutung der Wunder Jesu

Wenn von einem Wunder die Rede ist, kann dies ganz unterschiedlich verstanden werden. So ist es auch mit den Wundergeschichten, die über Jesus erzählt werden. Hierbei gibt es viele verschiedene Deutungen. Auch die Interpretation durch die Kirche hat sich im Laufe der Geschichte verändert. Es lassen sich vor allem drei Ansätze unterscheiden:

1. Die supranaturalistische Deutung
Supranaturalistisch bedeutet „übernatürlich". Die Wunder Jesu werden dabei auf ein Eingreifen Gottes in die Welt zurückgeführt. Dem liegt die Überzeugung zugrunde, dass Gott als allmächtiger Schöpfer auch die Naturgesetze durchbrechen kann.

2. Die rationale Deutung
Rational ist ein anderes Wort für „vernünftig". Bei dieser Deutung wird also nach einer vernünftigen Erklärung für das vermeintliche Wunder gesucht. Man geht davon aus, dass es sich nur scheinbar um Ereignisse handelt, die nicht mit den Naturgesetzen übereinstimmen.

3. Die kerygmatische Deutung
Kerygma heißt übersetzt „Verkündigung". Die Wundererzählungen sind demnach Glaubensgeschichten, die von den frühen Christen erfunden worden sind. Sie sind nicht wörtlich zu verstehen, sondern drücken den Glauben an die besondere Bedeutung Jesu aus.

1 In den Sprechblasen finden sich verschiedene Erklärungen zu Jesu Gang über das Wasser (Mk 6,45–56).
a) Welche Erläuterung scheint dir einleuchtend, welche nicht? Begründe.
b) Ordne die Aussagen den drei Deutungsansätzen zu.

2 Fundamentalistische Christen verstehen die Wundererzählungen im Neuen Testament wortwörtlich. Sie lassen keine kritischen Rückfragen zu. Prüfe, ob eine der Erklärungen eine fundamentalistische Deutung begünstigt.

Wundererzählungen deuten

Ein Wunder?

Ein 18 Monate alter Junge fällt aus dem 7. Stock eines Wohnhauses in Sommerberg.

Sommerberger Kurier, 10. 04. 2012

Ohne elterliche Aufsicht spielte der Junge mit seiner dreijährigen Schwester auf dem Balkon der Wohnung. Plötzlich stürzte das Kind über die Brüstung in die Tiefe.
Zufällig fiel es auf die ausgezogene Markise eines Cafés und wurde anschließend wie von einem Trampolin in Richtung Straße geschleudert. Ein Passant fing das Kind auf. Der Junge habe nur kurz geschrien und sei dann eingeschlafen.
Der Inhaber der Bar berichtete, dass die Plane eigentlich eingefahren sein sollte, da das Café über die Feiertage geschlossen hatte. Die Mechanik sei jedoch beschädigt gewesen. Deshalb habe er die Stoffbahn ausgespannt gelassen.

Polizeidirektion Sommerberg
Polizeibericht vom 09. 04. 2012

Schubertstraße, Hausnummer 116, 7. Stock, Wohnung der Familie Hennes, Montag, 09. 04. 2012, gegen 10 Uhr 20. Während Peter (42 Jahre, Vater des Unfallsopfers) und Sophie (38 Jahre, Mutter des Unfallopfers) Hennes im Schlafzimmer mit Kofferpacken beschäftigt sind, spielen ihre beiden Kinder, Kathrin (3 Jahre, Schwester des Unfallopfers) und Christoph (18 Monate, Unfallopfer) unbeaufsichtigt auf dem Balkon der Wohnung.
Peter Hennes sagt aus, plötzlich einen Schrei vernommen zu haben. Sophie Hennes sei daraufhin ins Wohnzimmer gelaufen, wo Kathrin weinend auf die offenstehende Balkontür zeigte und erklärte: „Christoph ist vom Balkon gefallen.“ Michael Gabriels (45), Passant und Zeuge, in Begleitung seiner Frau, sieht das stürzende Kind, das auf die Markise des im Erdgeschoss liegenden Cafés fällt und fängt es auf. Die genaue Unfallursache ist nicht zu ermitteln.

Anton Kirchner hat den Sturz beobachtet. Zu Hause erzählt er seiner Frau von dem schlimmen Unfall:

„Gott sei Dank ist das glücklich ausgegangen.
Julia, ich sage dir, der Junge hat wirklich einen guten Schutzengel gehabt! Wahrhaft ein Wunder!“

Das Beispiel zeigt: Es ist wichtig, zwischen beschreibender und deutender Sprache zu unterscheiden. Tatsachenberichte (z. B. Protokolle, Versuchsbeschreibungen usw.) versuchen, auf Deutungen vollständig zu verzichten. Das Neue Testament und insbesondere die Wundergeschichten sind dagegen in deutender Sprache geschrieben. Die Schreiber begnügen sich nicht damit, objektiv zu berichten, sondern bekennen gezielt ihren Glauben an Jesus Christus.

Aufgaben

1 Alle Darstellungen beziehen sich auf denselben Unfall. Vergleiche die drei Texte und stelle Übereinstimmungen und Unterschiede heraus. Überlege, worin sie begründet sind.

2 Suche nach vergleichbaren Presseberichten. Zeige auf, wo sachlich berichtet wird und wobei es sich um Deutungen handelt.

3 Im Neuen Testament gibt es viele Wundergeschichten, z. B. Mk 5,1–20, Lk 8,43–48 und Joh 6,16–21. Wählt in Partnerarbeit zwei Texte aus und begründet kurz eure Wahl. Formuliert dann, welchen historischen Kern die Erzählungen haben könnten und wobei es sich um religiöse Deutung handeln könnte. Tauscht euch anschließend in der Klasse aus.

Experteninterview

Jesus werden viele Wunder zugeschrieben. Er soll z. B. übers Wasser gegangen sein und Menschen geheilt haben. Stimmt das alles? Leben gestalten befragt den katholischen Theologen Professor Guido Meyer.

Prof. Dr. Guido Meyer, Universität Aachen

Leben gestalten: Herr Professor Meyer, hat Jesus wirklich Wunder vollbracht? Muss man diese Geschichten glauben?

Meyer: Nun, Christen „müssen" nicht an Wunder glauben. Der Glaube ist eine freiwillige Entscheidung. Außerdem müssen wir die Wundererzählungen im Neuen Testament nicht wörtlich verstehen: Jesus hat weder all die Wunder gewirkt, die von ihm berichtet werden, noch hat er sie ganz genauso vollbracht, wie sie überliefert worden sind. Die Evangelientexte sind keine Tatsachenberichte!

Leben gestalten: Können Sie das erläutern?

Meyer: Die Wundergeschichten erzählen keine hundertprozentigen Ereignisse aus dem Leben Jesu. Die frühen Christen bekennen hier vielmehr ihren Glauben an den Auferstandenen. Sie drücken durch die Geschichten aus, was ihnen Christus bedeutet.

Leben gestalten: Sind also alle Wundererzählungen frei erfunden?

Meyer: Nein! Heute geht die Bibelwissenschaft davon aus, dass Jesus tatsächlich Heilungen bewirkt und den damaligen Vorstellungen entsprechend auch Dämonen ausgetrieben hat. Denn die Menschen zur Zeit Jesu haben Krankheiten wie z. B. Lähmung, Lepra oder Fieber auf Dämonenbesessenheit zurückgeführt. Jesu Zeitgenossen verstanden solche Heilungen, die er bewirkte, als Zeichen für den Anbruch einer besseren Welt, auf die sie hofften.

→ Was Lepra ist und wie die Krankheit teilweise auch heute noch zu Ausgrenzung führt, kannst du auf S. 24 nachlesen.

Leben gestalten: Die Menschen damals glaubten also an Wunder?

Meyer: Ja, aber sie hatten ein anderes Wunderverständnis als wir heute. Jesus und seine Zeitgenossen gingen davon aus, dass Gott der Schöpfer in das Weltgeschehen eingreifen konnte. Sie fragten nicht danach, ob Naturgesetze außer Kraft gesetzt wurden oder eine Heilung medizinisch unerklärbar war. Die entscheidende Frage war damals deshalb nicht „Sind Wunder möglich?", sondern „In wessen Namen wirkt der Wundertäter? Welche Macht steckt dahinter?" Im 1. Jh. n. Chr. gab es eine Fülle von Wundererzählungen, die den unterschiedlichsten Wundertätern zugeschrieben wurden.

→ Eine Erzählung über Apollonius von Tyana findest du auf S. 46.

Leben gestalten: Und all diese Wunder sollen wirklich passiert sein?

Meyer: In diesen Berichten ist natürlich auch nicht alles wörtlich zu nehmen. Spannend ist, dass all diese antiken Wundererzählungen, auch die in den Evangelien, nach einem festen Muster geformt sind. Zudem schmücken die Schreiber die Erzählungen gerne aus, formen sie um. Im Mittelpunkt steht nicht das Ereignis, sondern die Botschaft: Menschen bekennen z. B. ihren Glauben, dass es selbst in ausweglosen Situationen Hoffnung auf ein gutes Ende gibt.

1 Erarbeitet das Interview mithilfe der Placemat-Methode. Geht dabei auf folgende Fragen ein: Hat Jesus „Wunder" vollbracht? Was unterscheidet das damalige vom heutigen Wunderverständnis? Erläutert auch den Satz: „In neutestamentlichen Wundertexten bekennen Christen ihren Glauben an Christus."

2 Recherchiere im Internet nach Informationen und Bildern zu den erwähnten Wundererzählungen im 1. Jh. n. Chr., z. B. zum griechischen Gott Asklepios (Asklepiosheiligtümer in Epidauros) oder Apollonius von Tyana.

Wundererzählungen: Geschichten voller Hoffnung

Erfahrungen in Form bringen
Die Wundererzählungen im Neuen Testament sind literarische Texte. Sie sind nach einem viergliedrigen Grundmuster gebaut, das sich auch in nichtbiblischen Wundererzählungen wiederfindet:
1. **Einleitung:** Die Personen und die Situation werden vorgestellt.
2. **Exposition:** Die Not wird geschildert.
3. **Wunderhandlung:** Das Wunder wird durchgeführt und seine Wirksamkeit festgestellt.
4. **Demonstration:** Die Wirkung des Wunders auf die Anwesenden wird beschrieben.

Die Wundergeschichten werden zudem in verschiedene Gattungen unterteilt. Man unterscheidet **Exorzismen**, d.h. Dämonenaustreibungen, **Therapien**, d.h. Heilungen und Totenerweckungen von den sogenannten **„Naturwundern"**. Damit sind **Geschenkwunder** (materielle Güter werden im Überfluss bereitgestellt), **Rettungswunder** (Befreiung aus akuten Notlagen) und **Epiphanien** (Christus in göttlicher Gestalt erscheint oder verschwindet) gemeint.
Forscher nehmen an, dass Jesus lediglich Exorzismen und Therapien gewirkt hat. Die Erzählungen über Naturwunder sind erst nach seinem Tod entstanden. In Metaphern drücken die Schreiber darin ihren Glauben an Jesus Christus als Auferstandenen aus.

Lk 7,11–17 erzählt, wie ein verstorbener junger Mann, einziger Sohn einer Witwe, von Jesus ins Leben zurückgeholt wird. Eine ähnliche Erzählung gibt es über das Wirken des Wundertäters Apollonius von Tyana im 1. Jh. n. Chr.:

Ein Mädchen war am Tage ihrer Hochzeit gestorben, so schien es wenigstens, und der Bräutigam folgte jammernd der Bahre und klagte, dass seine Ehe so gänzlich unerfüllt geblieben sei. Aber auch ganz Rom trauerte mit, da das Mädchen aus einer vornehmen Konsulfamilie stammte. Als nun Apollonius dem Trauerzug begegnete, sagte er: „Legt die Bahre nieder! Ich will euren Tränen über das Mädchen ein Ende machen.– Zugleich fragte er nach dem Namen des Mädchens. Die Menge glaubte nun, er werde eine Trauerrede halten […]. Er jedoch berührte nur die Tote, sprach einige unverständliche Worte und erweckte so das Mädchen aus dem Scheintode. Dieses begann wieder zu sprechen und kehrte ins Elternhaus zurück […]. Als ihm die Verwandten ein Geschenk von 15 Myriaden machen wollten, sagte er, sie sollten es dem Mädchen als Mitgift geben. Ob er nun noch einen Lebensfunken an ihr wahrgenommen hatte, der den Ärzten verborgen geblieben war […] oder ob er das erloschene Leben zurückgerufen und angefacht hat, dies vermag ich nicht zu ergründen, und auch die Anwesenden hätten es nicht ergründen können." (Philostr. Vit Apoll. IV, 45)

Aufgaben

1 **a)** Lies Lk 7,11–17. Vergleiche diese Erzählung von der Totenerweckung durch Jesus mit der Erzählung von der Erweckung des jungen Mädchen durch Apollonius von Tyana und interpretiere ihre Gemeinsamkeiten und Unterschiede.
b) Hebe in beiden Erzählungen die vier Motive des Grundmusters hervor.

2 Ordne folgende Erzählungen den verschiedenen im Text genannten Gattungen zu: Mk 1,23–28; Mk 6,45–56; Mk 8,1–10; Lk 7,11–17; Lk 8,43–48; Mt 8,5–13; Mt 17,14–21; Joh 2,1–11.

Der Sturm auf dem See

Angesichts von Gebrochenheit, Leid und Tod sind Wundererzählungen Hoffnungsgeschichten. Sie machen deutlich, wie der Kreislauf des Leidens unterbrochen und Verzweiflung überwunden wird. Diese Funktion hatten Wundergeschichten schon für frühe Christen: Es sind Mutmachgeschichten, die niedergeschlagenen Menschen neue Zuversicht schenken.

Das Kunstwerk von Sieger Köder greift eine solche Hoffnungsgeschichte auf, von der in Mt 8,2–27 berichtet wird. Die Erzählung mag zunächst merkwürdig wirken: Jesus befiehlt wie ein großer Magier dem Wind und den Wellen und stillt den Sturm. Mit Recht könnte man einwerfen: „So etwas kann es doch gar nicht geben!". Aber Matthäus geht es auch um etwas ganz anderes: Er zeigt, dass selbst in scheinbar ausweglosen Situationen Rettung möglich ist.

Matthäus hat den Text um 80–90 n. Chr. verfasst, in einer Zeit voller Bedrängnis. Die Juden, die sich zu Christus bekennen, geraten in Konflikt mit denjenigen, die sich nicht zu Christus bekennen: Darf man als frommer Jude an Jesus als Christus glauben? Dadurch ist das Leben der Gemeinde, für die das Boot als Bild steht, bedroht. Mit der Erzählung von der Sturmstillung schildert Matthäus diese Notsituation in einer seinen Lesern bekannten Bildsprache. Seine Leser sollen sich mit den Jüngern im Boot identifizieren. Sie erhalten die Botschaft: Wer in seinem Glauben an Christus standhaft bleibt, erfährt Rettung.

Sieger Köder, Sturm auf dem See, 1990

Auch in unserem Leben geht es manchmal drunter und drüber. Es gibt Situationen, die sind wie ein großer Sturm. Wir fühlen uns bedroht, verlieren die Orientierung und geraten in Furcht. Wir haben vielleicht den Eindruck, alles zu verlieren: Unser Lebensboot droht zu kentern. Auch in diesen Situationen kann die Erzählung noch heute Mut machen.

→ Über den Evangelisten Matthäus und das Matthäusevangelium informieren dich S. 168–171.

1 Betrachte das Bild von Sieger Köder genau. Stelle dar, wo du dich im Bild positionieren würdest. Gibt es eine Person, mit der du dich vergleichen würdest? Fühle dich in die Personen ein. Formuliere dann in Sprechblasen, was sie zueinander sagen könnten.

2 Menschen geraten auch heute in ähnliche Situationen wie die Jünger im Boot.
a) Zeige solche Situationen auf. Versetze dich in eine in Not geratene Person hinein und verfasse aus ihrer Perspektive einen fiktiven Tagebucheintrag mit dem Titel „Als mein Lebensboot zu kentern drohte". Umschreibe den Sturm, die Not, und stelle dar, wie und von wem es Rettung gab.
b) Stellt in Kleingruppen ausgewählte Not- und Rettungserfahrungen als Standbilder dar.

3 Erläutere, inwiefern folgende Wundererzählungen Mutmachgeschichten sind: Mk 5,25–4; Mk 8,1–10; Lk 17,11–17. Zeige auf, welche Hoffnungen sie wecken können.

Osterzeugnisse als Hoffnungs-geschichten

→ Eine weitere Darstellung des Gangs der Jünger nach Emmaus findest du auf S. 172.

Janet Brooks-Gerloff, Unterwegs nach Emmaus, Ölgemälde im Kreuzgang der Benediktinerabtei Kornelimünster, Aachen, 1992

Ein langer, lichtdurchfluteter Klostergang, Teil des Kreuzganges. An der Stirnwand hängt das Bild der Jünger, die mit dem unerkannten Auferstandenen unterwegs sind. Die Mönchsgemeinschaft stellt sich hier vor den großen Gottesdiensten auf, um sich für die Feier des Gotteslobs zu sammeln. Beim Glockenzeichen ziehen sie von hier aus in Prozessionsordnung in die Kirche ein.

Info

Der **Kreuzgang** eines Klosters ist ein quadratisch angelegter Innenhof, der an den Seiten überdacht ist. Er stellt symbolisch den biblischen Paradiesgarten oder das neue Jerusalem dar.

Das Gemälde hängt genau dort, wo der Kreuzgang zum Eingang der Kirche abbiegt – ein Blickfang! Es ist ein Schnittpunkt zwischen Alltagsraum und Gottesbegegnung. Der Weg nimmt hier eine neue Richtung. Der Betrachter sieht den Jüngern nach und ist geradezu eingeladen, ihnen zu folgen. Jesus geht mit ihnen und uns hinein in einen fernen Horizont – eine Einladung, alte Wege zu verlassen, um neue zu entdecken.

Jesus geht in der Mitte des Bildes. Man sieht lediglich seine Umrisse. Er ist die Mitte, aber bleibt trotzdem unerkannt und nicht fassbar. Erst später wird er sich im Brechen des Brotes zu erkennen geben.

Aufgaben

1 Lass das Bild auf dich wirken. Betrachte es dann genauer: die Farben, die Formen, die Figuren. Beschreibe das Bild anschließend.

2 Versetze dich in die Personen des Bildes. Überlege, was in ihnen vorgehen könnte. Formuliere, worüber sie reden könnten.

3 Besprecht, warum der Mann in der Mitte des Bildes „durchsichtig“ erscheint.

Das Bild „Unterwegs nach Emmaus" von Janet Brooks-Gerloff greift die Emmauserzählung aus Lk 24,13–35 auf. Der Text ist eines der Osterzeugnisse. Er ist eine Hoffnungsgeschichte, in der die frühen Christen ihre Glaubenserfahrungen zum Ausdruck gebracht haben. Jesus, der Christus, ist wahrhaft auferstanden.

Lukas erzählt von Kleopas und einem namentlich nicht genannten Jünger oder einer Jüngerin, die sich nach dem Tod Jesu von Jerusalem auf den Weg nach Emmaus machen. All das Begeisternde seines Redens und Wirkens scheint brutal zerstört worden zu sein. In ihrer Trauer gefangen erwartet die Jünger nun der graue Alltag.

Die Geschichte sieht zunächst aus wie ein Bericht über ein Ereignis im Leben zweier Jünger. Aber das ist nur die „Verpackung". Lukas möchte mit dieser kunstvollen Darstellung den Glauben und die Lehre der jungen Kirche verdeutlichen: Jesus ist bleibend in der Mitte seiner Gemeinde. Er lebt in der Auslegung der Heiligen Schrift und im Brechen des Brotes. Dort können Christen dem Auferstandenen begegnen.

Im Glauben an die Auferstehung Jesu gründet die Hoffnung der Christen auf die eigene Auferstehung. Christen glauben, dass ihnen ein unvergängliches Leben geschenkt wird. Es ist die Hoffnung, dass der Tod nicht das letzte Wort hat. Dass mitten in die Nacht das Licht des Tages scheint.

→ Mehr über das Lukasevangelium und den Evangelisten Lukas erfährst du auf S. 168–171.

Jugendliche lesen gemeinsam in der Bibel.

→ Auferstehung und Wiedergeburt sind unterschiedliche Vorstellungen. Informationen über den Glauben an eine Wiedergeburt findest du auf S. 207 und S. 224–231.

1 Lest die dem Bild von Janet Brooks-Gerloff zugrundeliegende Erzählung in Lk 24,13–35. Versetzt euch in die Jünger hinein. Auf ihrem Weg nach Emmaus verändert sich ihre „innere Situation". Stellt in drei Standbildern diese Entwicklung dar.
- Standbild 1: Was geht zu Beginn des Weges in den Jüngern vor?
- Standbild 2: Was geht am Ende des Weges in den Jüngern vor?
- Standbild 3: Was geht in den Jüngern vor, als sie erkennen, dass der Unbekannte Jesus ist?

2 Vergleiche den Bibeltext und das Gemälde. Die Künstlerin greift zwar den Text auf, setzt ihn jedoch nicht eins zu eins um. Untersuche, was sie in ihrem Bild besonders hervorhebt.

3 Die Ostererzählungen sind ähnlich wie die Wundertexte Hoffnungsgeschichten. Sie sprechen u. a. die Hoffnung aus, dass der Tod nicht das letzte Wort hat. Erkläre diese Aussage anhand von Beispielen aus dem Alltag.

4 Jesus beim Brotbrechen und Auslegen der Schrift begegnen? Untersuche, wo und wie heute Christen das tun.

Dein Reich komme – wie im Himmel, so auf Erden

→ Auch in Deutschland leben Kinder in Armut. Lies dazu S. 240/241.

→ Mehr über die Salesianer erfährst du auf S. 133.

→ Über das Thema Sucht informiert dich S. 131.

Straßenkinder in Albanien

Albanien ist das ärmste Land Europas. Viele Menschen kämpfen dort jeden Tag aufs Neue ums Überleben. Besonders Kinder und Jugendliche leiden unter den schlechten wirtschaftlichen und sozialen Verhältnissen. Ihnen fehlt nicht nur eine Zukunftsperspektive, sondern sie werden oft zu Opfern illegaler Aktivitäten. Dabei sind es häufig die Eltern, die ihre Kinder in die Prostitution und Kriminalität zwingen, damit die Familie finanziell überleben kann. Einige dieser Kinder fliehen auf die Straßen der großen Städte, wo sie jedoch kein besseres Leben erwartet: Viele von ihnen werden kriminell, um überleben zu können. Zwei von fünf Straßenkindern sterben an Hunger, Frost und Krankheiten sowie an den Folgen von Drogen- und Alkoholmissbrauch.

Lebensbedingungen von Straßenkindern

Armut, Krieg, der Tod der Eltern, Vernachlässigung, Konflikte, Missbrauch und Gewalt in den Familien, Sucht und viele andere Gründe treiben Kinder zum Leben auf der Straße.
Straßenkinder sind Kinder und Jugendliche, die aus materieller oder sozialer Not die meiste Zeit auf der Straße leben, dort arbeiten oder sogar die Nacht verbringen: Straßenkinder schlafen oft unter Brücken, in U-Bahn-Schächten und Kanalrohren …

Zwei Straßenkinder

Schätzungsweise bis zu 100 Millionen Kinder leben weltweit auf der Straße – auf allen Kontinenten, besonders in den Ballungsräumen großer Städte. Ein Drittel davon sind Mädchen.
Sie schlagen sich als Bettler, Babystricher, Diebe und Drogendealer durch, säubern Windschutzscheiben, sammeln Müll, putzen Schuhe …

Die Salesianer Don Boscos

Die Salesianer Don Boscos sind eine weltweit tätige Ordensgemeinschaft, die sich besonders der Arbeit mit Jugendlichen widmet. So finden zum Beispiel im Don-Bosco-Zentrum der Salesianer in Tirana, der Hauptstadt Albaniens, ehemalige Straßenkinder ein neues Zuhause, Freizeit- und Bildungsangebote. Die Don-Bosco-Sozialarbeiter, die „City Angels“, nehmen auf öffentlichen Plätzen und belebten Straßen Kontakt zu den Straßenkindern der Stadt auf. In vielen Begegnungen und Gesprächen wird versucht, die Kinder Schritt für Schritt wieder in die Gesellschaft zu integrieren.

Mirka, 13 Jahre

Mirka lebt in Tirana, der Hauptstadt von Albanien. Seine Eltern sind Roma, die versuchen, ihre fünf Kinder durch das Sammeln von Müll und Gelegenheitsjobs zu ernähren. Geld ist deshalb kaum vorhanden, der Vater ertränkt seine Not im Alkohol und verprügelt seine Kinder.
Der dreizehnjährige Mirka ist tagsüber alleine für seinen kleinen Bruder verantwortlich. Vor ihrer Kontaktaufnahme zum Don-Bosco-Zentrum in Tirana zogen die beiden Jungen stundenlang durch die Straßen, um sich durch Musizieren und Betteln ein wenig Geld für Essen zu verdienen. Schlafen dürfen sie zu Hause, für alles andere sind sie selbst verantwortlich.
Mittlerweile verbringt Mirka seine Nachmittage im Don-Bosco-Zentrum, wo alle Kinder eine warme Mahlzeit und Gelegenheit zum Spielen finden. Viel Mühe kostet es Pater Dominik noch, Mirkas Eltern davon zu überzeugen, den Jungen vormittags wieder in die Schule zu schicken, damit er Lesen und Schreiben lernt.

Einsatz für Straßenkinder

Interview mit Pater Dominik SDB, Tirana

Pater Dominik SDB mit einem Straßenkind

Leben gestalten: Wie kamen Sie dazu, mit Straßenkindern in Albanien zu arbeiten?
Pater Dominik: Das Don-Bosco-Zentrum befindet sich seit 1993 in einem der schwierigsten Stadtteile von Tirana, der von fehlender staatlicher Infrastruktur und Bevölkerungswachstum geprägt ist. 80 % der Kinder, ein großer Teil von ihnen Angehörige der Minderheit der Roma, gingen nicht zur Schule, sondern versuchten, irgendwie Geld zu verdienen. Die Leitung der Salesianer beschloss, aktiv zu werden, weil ansonsten keine Hoffnung auf Änderung der enormen sozialen und wirtschaftlichen Probleme bestanden hätte.

Leben gestalten: Wie genau helfen die Salesianer Don Boscos diesen Kindern?
Pater Dominik: Das Jugendzentrum wurde eröffnet, um die Kinder von der Straße zu holen und ihnen einen Ort zu bieten, wo sie sich treffen und gemeinsam spielen können. Im Don-Bosco-Zentrum erhalten die Kinder von uns Anleitung zu sinnvollen Freizeitaktivitäten, Nahrung, Unterstützung in den Familien und Schulen, medizinische und psychologische Hilfe. Ziele sind ein Schulabschluss und eine Berufsausbildung, die den Kindern und ihren Familien eine bessere Zukunft eröffnen kann.

→ Mehr über Don Bosco erfährst du auf S. 133.

Leben gestalten: Was gibt Ihnen die Kraft für Ihre mühsame Arbeit?
Pater Dominik: Mit Straßenkindern zu arbeiten, erfordert enorme Willenskraft, vor allem aber Liebe. Wir möchten den Kindern ein positives Vorbild sein und ihnen so das vermitteln, was sie kaum kennen: Ermutigung, Liebe und Glauben. Für diese Arbeit braucht es viel Geduld […]. Stets von Neuem berührt mich die Herzlichkeit der Menschen hier. Und jeder Jugendliche, der am Ende eines langen gemeinsamen Weges seine Abschlussurkunde in den Händen hält, lässt die Rückschläge vergessen. Bei meiner Arbeit spüre ich, dass Jesus gemeinsam mit uns unterwegs ist, bei allen freudigen und leidvollen Erfahrungen. Unser Ordensgründer, Don Bosco, sagte: „Diese Kinder sind wie Edelsteine auf der Straße. Wenn man sie aufhebt, fangen sie an zu strahlen. Dieses Strahlen erhellt die Dunkelheit."

Aufgaben

1 Erstellt in der Klasse eine Liste der vielen Probleme, die Straßenkinder wie Mirka haben können, und ordnet sie nach dem Grad der Belastung für die Kinder.

2 Suche im Internet Informationen über die Salesianer Don Boscos und erstelle ein kurzes Porträt dieser Gemeinschaft.

3 Projekt „Kinderarmut in unserer Stadt": Informiert euch darüber, wo es in eurer Stadt Kinder gibt, die in Armut leben. Findet heraus, welche Auswirkung diese Armut für die Kinder hat. Sprecht verschiedene Stellen an, die euch diese Informationen geben können, also z. B. euren Gemeindepfarrer und die Verantwortlichen für die Sozialarbeit der Kirchengemeinden, Hilfsorganisationen wie Caritas, Diakonie, Rotes Kreuz …

4 Dass Menschen in Armut leben, widerspricht Jesu Botschaft vom Reich Gottes. Nenne weitere Missstände, die dem Gottesreich in unserer Welt noch im Wege stehen. Überlegt euch Möglichkeiten, wie ihr selbst dazu beitragen könnt, dass unsere Welt ein bisschen besser wird.

5 Pater Dominik richtet wie Jesus Menschen auf. Begründe, warum man dabei von „Wundern" sprechen könnte.

Das Reich Gottes – nur ein Wunschbild?

Oft sagen Menschen: „2000 Jahre sind vergangen, doch das Reich Gottes ist nicht gekommen. Wer kann also noch allen Ernstes damit rechnen?"

Es stimmt, die Vollendung des Reiches Gottes lässt auf sich warten. Aber: Sind 2000 Jahre in der langen Geschichte unserer Welt wirklich eine so lange Zeit? Muss man nicht eher sagen: Es hat etwas damals angefangen, was heute noch nicht zu Ende ist.

Nicht selten haben Christen, die auf eine bessere Welt und auf das „Ende der Geschichte" gehofft haben, die Geschichte tatsächlich umgestaltet. Veränderungen und Errungenschaften in unserer Gesellschaft gehen in ihrem Ursprung oft auf Impulse von Christen zurück, die am Reich Gottes mitbauen wollten.

Beate Schreiter-Radel, Kirchenfenster in der Pfarrkirche Neudörfl (Österreich)

Jesus von Nazaret verkündigte die bereits angebrochene Herrschaft Gottes, in der die Ersten die Letzten und die Letzten die Ersten sein würden. Er hoffte auf einen radikalen Umbruch.

Durch seine Botschaft vom Reich Gottes und sein Heil schaffendes Handeln hat Jesus Hoffnungen im Volk geweckt und zugleich Misstrauen bei den Machtvertretern ausgelöst. Denn seine Erzählungen von einer besseren Welt und seine Zuwendung zu Benachteiligten stellten nicht selten gewohnte Wertvorstellungen auf den Kopf: In den Mittelpunkt der Barmherzigkeit rückte er Randfiguren der Gesellschaft. Die Machthaber waren jedoch daran interessiert, dass alles beim Alten blieb. Darin lag wohl u.a. das Konfliktpotenzial der frohen Botschaft Jesu.

Dieser Botschaft ist Jesus bis zum bitteren Ende, dem Tod am Kreuz, treu geblieben. Damit zeigt er: Seine Botschaft behält ihre Gültigkeit. Schaut man in die heutige Zeit, so muss man feststellen: Die Botschaft vom hereinbrechenden Reich Gottes hat nichts von ihrer Brisanz verloren. Auch heute kann sie Ansporn sein, sich für das Ankommen des Reiches Gottes einzusetzen. Christen hoffen darauf, dass Gott diese Anfänge einmal vollenden wird.

20 Als Jesus von den Pharisäern gefragt wurde, wann das Reich Gottes komme, antwortete er: Das Reich Gottes kommt nicht so, dass man es an äußeren Zeichen erkennen könnte. 21 Man kann auch nicht sagen: Seht, hier ist es!, oder: Dort ist es! Denn: Das Reich Gottes ist (schon) mitten unter euch. (Lk 17,20f)

Mehr als ein Bild?!
In diesem Kapitel hast du viel über die Gleichnisse Jesu, seine Wunder und das von ihm angekündigte Reich Gottes erfahren. Betrachte nun noch einmal die Titelseite des Kapitels (S. 31). Nimm begründet Stellung dazu, ob Bild und Titel zu den besprochenen Themen des Kapitels passen.
Stelle dir vor, der Verlag bittet dich, eine neue Titelseite zu diesem Kapitel zu entwerfen. Wähle ein passendes Bild aus und gib dem Kapitel einen Titel. Begründe deine Auswahl.

→ Der Glaube an Jesus ist für das Christentum zentral. Über wichtige Gestalten im Hinduismus und Buddhismus geben S. 201–234 Auskunft.

Von der Rede in Gleichnissen
Die Gleichnisse Jesu sind Geschichten, die rund 2000 Jahre alt sind. Wähle ein dir bekanntes Gleichnis aus und schreibe es in moderne Sprache um. Versetze auch die Handlung in die heutige Zeit. Berücksichtige hierbei die Merkmale der Gleichnisrede und das, was das Gleichnis über das Reich Gottes aussagt.

→ Gleichnisse sind biblische Texte. Mehr über die Bibel erfährst du auf S. 155–174.

Oh Wunder!
Nehmt eure Standpunkte-Karte, die ihr zu Beginn dieses Kapitels erstellt habt, noch einmal zur Hand. Prüft, ob ihr euren Standpunkt verändern wollt oder müsst, nachdem ihr zum Thema „Wunder" gearbeitet habt. Begründet eure Entscheidung.

Reich Gottes – Hoffnungsgrund oder Hirngespinst?
Erinnerst du dich noch daran, wie du die Hoffnungen von Christen auf das Reich Gottes vor deiner Beschäftigung mit diesem Kapitel beurteilt hast? Hat sich deine Perspektive dadurch verändert, dass du nun weißt, welchen Beitrag Menschen selbst dazu leisten können? Formuliere deine aktuelle Einschätzung.

→ Alle Menschen werden von Hoffnungen angetrieben. Über ihre Sehnsüchte informieren S. 55–76.

Abschlussaufgabe

Lies Offb 21,1 f. Der Verfasser der Offenbarung hat das Reich Gottes vor Augen: eine neue Erde und einen neuen Himmel, die neue heilige Stadt Jerusalem. Alles das wird so fantastisch sein, dass wir es uns gar nicht richtig vorstellen können. Deshalb können wir das Reich Gottes nur in Metaphern umschreiben, die unsere Hoffnungen zum Ausdruck bringen.
Gestalte eine Collage zur „himmlischen Stadt Jerusalem", die zeigt, wie der „Himmel auf Erden" sein könnte. Was ist am Leben der Menschen dort anders als bei uns heute? Lasse deiner Fantasie freien Lauf. Beziehe aber auch das mit ein, was nach christlichen Vorstellungen das Besondere an dieser „neuen Stadt" sein könnte.

Matthias Gerung, Das Himmlische Jerusalem, um 1530–1532

→ Eine andere Darstellung des Himmlischen Jerusalems findest du auf S. 37.

„Alles wird gut?"

Manche Menschen versuchen, die Welt so lange wie möglich durch eine rosarote Brille zu betrachten: Der Krieg, von dem das Fernsehen berichtet, ist weit weg; dass es in unserer Stadt Kinder gibt, die nicht genug Geld für ein Mittagessen haben, das merken wir vielleicht überhaupt nicht ...

Dieses Kapitel dagegen will euch dazu anregen, genau auf das zu schauen, was um uns herum vorgeht: auf das, was in der Welt Leid verursacht und uns bedroht, und auch auf die schönen Dinge, die wir oft übersehen. Und wir haben nach Bildern gesucht, die unsere Sehnsucht nach einer wirklich guten und heilen Welt zum Ausdruck bringen können.

Menschen haben ihre Hoffnung auf eine Welt ohne Leid und Not immer schon in Bildern zum Ausdruck gebracht. Im Bereich der Sprache heißen solche Bilder **Metaphern**.

Besonders die Sprache des Glaubens ist auf Metaphern angewiesen, da sie von einer unsichtbaren Wirklichkeit handelt.

„**Reich Gottes**" ist die wichtigste Metapher Jesu von Nazaret. Er verbrachte sein Leben damit, den Menschen zu erzählen, ***wer*** Gott ist und ***wie*** Gott ist. In zahlreichen „Metaphergeschichten", den **Gleichnissen**, erzählte Jesus den Menschen seiner Umgebung von Gott. Er lädt dazu ein, die Welt mit neuen Augen zu betrachten und zu sehen, wie **Gottes Heil schaffendes Wirken** bereits alles verändert.

Viele Menschen zur Zeit Jesu erwarteten den Anbruch einer besseren Welt. Jesus heilte Besessene und Kranke. **Heilungen** und **Dämonenaustreibungen** galten als Zeichen des Umbruchs: Das „Böse" wird besiegt. Das ist das eigentliche **Wunder**, das Jesus gewirkt hat.

Christinnen und Christen glauben, dass Jesus von Nazaret von Gott gesandt wurde, um das Heil zu bringen. Mit ihm ist das Reich Gottes angebrochen, jedoch ist es noch nicht vollendet. Es bleibt das Warten, dass Gott – mit der Wiederkunft Jesu Christi – einmal tatsächlich den Himmel auf die Erde bringen wird.

Was Jesus von Nazaret uns eröffnet hat, ist das feste Vertrauen darauf, dass Gott es gut mit uns meint und uns nie alleine lässt. In diesem Vertrauen können und müssen wir an einer besseren Welt mitarbeiten. Wir wissen aber auch, dass wir selbst dabei allenfalls kleine Schritte schaffen können und oft auch scheitern werden.

Wenn wir im Vertrauen auf den Gott Jesu, der alles zum Guten hin vollenden wird, das **Gebet Jesu** sprechen, dann ist es eben doch wahr:

Alles wird gut!

Vater unser im Himmel,
geheiligt werde dein Name,
dein Reich komme,
dein Wille geschehe,
wie im Himmel, so auf Erden.
Unser tägliches Brot gib uns heute.
Und vergib uns unsere Schuld,
wie auch wir vergeben unseren
Schuldigern.
Und führe uns nicht in Versuchung,
sondern erlöse uns von dem Bösen.
Amen.

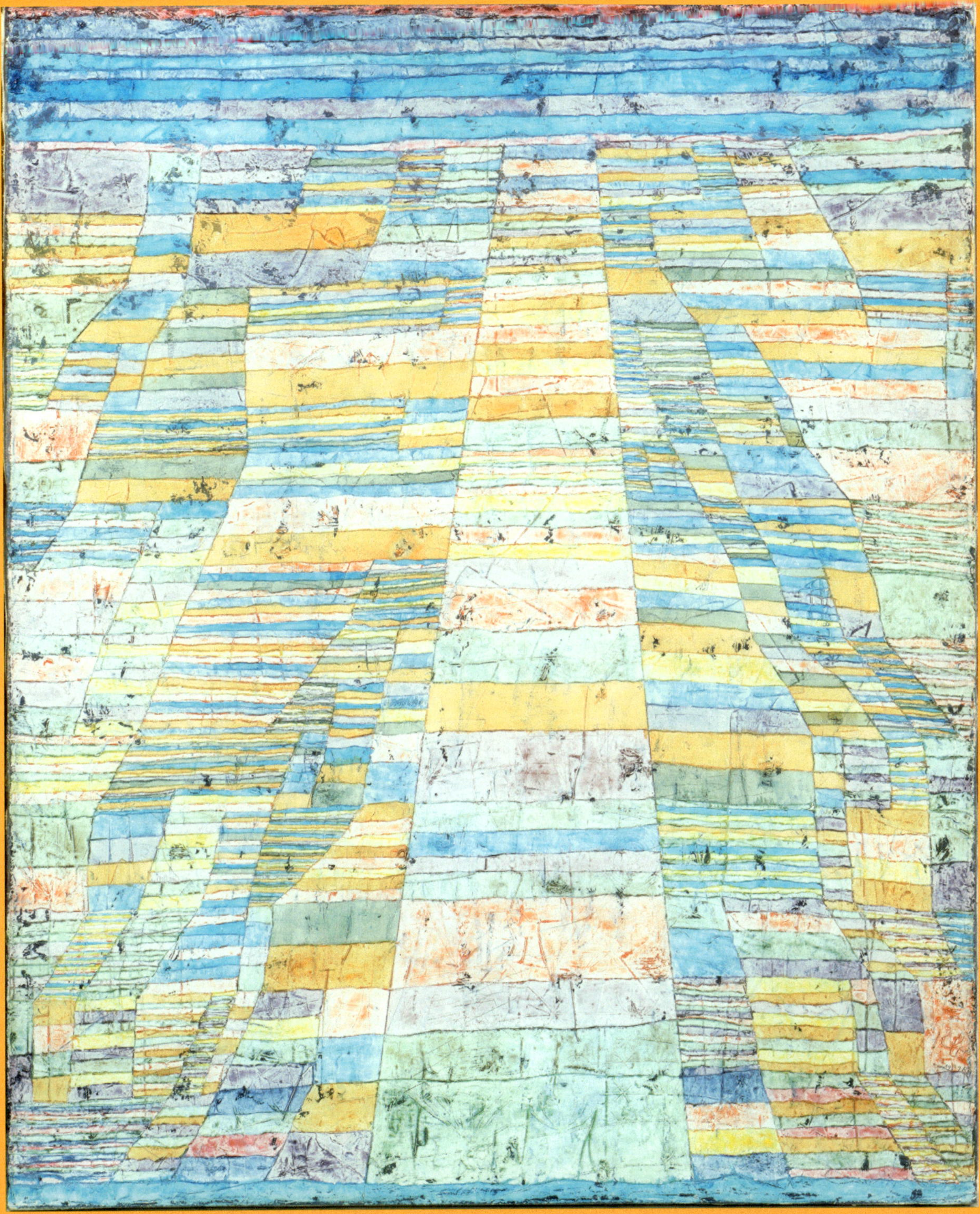

3 Auf der Suche: Wege zum Glück – Wege zum Heil

Hauptweg und Nebenwege

Betrachte das Bild des Malers Paul Klee auf S. 55. Es heißt „Hauptweg und Nebenwege". Nimm Farben und Formen wahr. Verfolge die Wege des Bildes: Wo beginnen sie? Wo enden sie?

Dieses Kapitel trägt den Titel „Auf der Suche: Wege zum Glück – Wege zum Heil". Schreibe für einen Museumskatalog eine Erläuterung, in der du einen Zusammenhang zwischen dieser Überschrift und Klees Bild herstellst.

Wegbeschreibungen

Wer einen Weg geht, hat meistens ein Ziel. Glück und Heil sind Ziele eines ganzen Lebensweges. Welche Ziele fallen dir noch ein? Welche Wege führen dorthin?

Gestaltet gemeinsam eine Straßen- oder Landkarte mit möglichen Lebenszielen und -wegen.

Wegbegleiter

Ungewisse Wege gehen wir lieber mit jemandem zusammen, der uns hilft und vielleicht sogar „einen Plan hat". Schon immer haben Menschen sich dazu mit anderen Menschen zusammengeschlossen. Und zu allen Zeiten haben sie auch gehofft, von „höheren Mächten" dabei unterstützt zu werden.

- Entwickelt einen kleinen Fragebogen, um einen ersten Eindruck zu bekommen, ob und an welche „höheren Mächte" Menschen in eurem Umfeld glauben.
- Beantwortet die Fragen zuerst selbst.
- Befragt dann Menschen aus allen Lebensjahrzehnten (0–9-Jährige, 10–19-Jährige, 20–29-Jährige usw.).
- Wertet die Ergebnisse einschließlich eurer eigenen Antworten aus (insgesamt und nach Lebensjahrzehnten getrennt) und diskutiert die Ergebnisse.

Erhebungen kritisch lesen

Religion und Empirie
Begriffe wie „Glück“ und „Heil“ spielen in allen Religionen eine große Rolle. Sie sind eng verknüpft mit den Vorstellungen, die sich Menschen von Gott (oder Göttern) machen. Solche Vorstellungen werden mithilfe von empirischen Erhebungen erforscht.

Info

Empirie (gr. εμπειρία = Erfahrung)
Empirisch sind Forschungsmethoden, die sich auf Erfahrung stützen, um wissenschaftliche Erkenntnisse zu gewinnen. In *empirischen Erhebungen* werden aus gezielten, methodisch genau durchdachten Beobachtungen und Befragungen Informationen gewonnen.

Antworten auf religiöse oder auch ethische Fragen können die Ergebnisse dieser Forschung allerdings nicht geben. Denn was die Mehrheit glaubt, muss noch lange nicht stimmen. Wer um die Probleme weiß, die mit Erhebungen verbunden sind, kann umgekehrt auch Ergebnisse von Erhebungen **kritisch lesen**. Wir müssen uns immer fragen: Wie ist ein Ergebnis zustande gekommen?

Repräsentativität
Ein Beispiel: Jede und jeder aus der Klasse stellt den eigenen Eltern eine kurze Frage. Könnt ihr am Ende sagen: „Eltern sehen das so und so“? Stehen eure Eltern also stellvertretend für alle Eltern? Dann wäre eure Umfrage „repräsentativ“. Wohl kaum, womöglich ...

- hängt das Ergebnis vom Alter der Eltern ab.
- schicken nur Eltern mit einer bestimmten religiösen oder politischen Einstellung oder aus bestimmten gesellschaftlichen Schichten ihre Kinder auf eure Schule.
- würden Eltern anders antworten, wenn sie anonym befragt würden.

Jede Erhebung ist kritisierbar. Wichtig ist zu überlegen, wie aussagekräftig ein Ergebnis ist.

1. Blitzumfragen ...
dienen nur der groben Orientierung. Sie sind nicht sehr aussagekräftig, weil jede Frage unterschiedlich interpretiert wird. Ihrer Antwort auf die Frage „Glauben Sie an Geister?“ legen Befragte jeweils eine eigene Definition von „Geister“ zugrunde, die wir als Fragesteller nicht kennen. Viele Befragte vermuten auch eine bestimmte Absicht hinter der Frage und antworten entsprechend.
Beim kritischen Lesen ist also zu beachten:

- Ist die Fragestellung klar und eindeutig formuliert?
- Sind grundlegende Begriffe vorher definiert?
- Werden die Ergebnisse weitergehend interpretiert, als es die Frage zulässt?

2. Interviews ...
ermöglichen im Gespräch eine genauere Klärung der Fragen zwischen Fragenden und Befragten. Umgekehrt: Ein Gespräch beinhaltet immer mehr Interpretationsbedürftiges. Auch hier ist das Vorgehen kritisch zu betrachten:

Ein Mädchen führt ein Interview.

- Sind sich alle Interviewenden über die Bedeutung der einzelnen Fragen einig?
- Ist das Interview durch einen Interviewleitfaden strukturiert?
- Werden am Ende Mittelwerte berechnet? Ein Interviewleitfaden ermöglicht zwar einen besseren Vergleich der Ergebnisse – dennoch lassen sich keine „Mittelwerte“ berechnen!
- Wird so getan, als seien die Interviewergebnisse allgemeingültig? Einige wenige Interviews sind zwar aufschlussreich, aber keinesfalls repräsentativ!

Zu einem guten Vorgehen gehört es, dass nicht nur die Ergebnisse, sondern auch die Fragebögen bzw. Interviewleitfäden zugänglich gemacht werden.

→ Wie du eine Umfrage durchführst, zeigt dir die Methode auf S. 237.

Auf der Suche

Das Leben in die Hand nehmen

Wer hat sich nicht schon einmal die Frage gestellt, welchen Sinn das Leben eigentlich hat? Wer einmal anfängt zu fragen, dem drängen sich immer mehr Fragen auf: Gibt es überhaupt so etwas wie einen Sinn des Lebens? Und wenn es ihn gibt: Ist das nicht für jede und jeden ein anderer? Steht der Sinn überhaupt fest – oder müssen wir unser Leben einfach selbst in die Hand nehmen?

Fragen ist eine Sache – Suchen eine andere. Wer fragt, bleibt stehen und schaut in alle Richtungen. Wer sucht, macht sich auf den Weg und nimmt sein Leben in die Hand. Wer auf der **Suche** ist, wagt immer mal einen neuen Ver**such**, gerät in Ver**such**ung und nimmt vielleicht auch einmal den falschen Weg. Wer sich auf die Suche nach dem Sinn macht, muss einen guten Grund haben: ein Ziel oder einen inneren Antrieb. Vielleicht ist es eine innere Sehn**sucht** – aber wonach?

Aufgaben

1 Es gibt viele Redewendungen, die man mit der Suche nach dem Sinn des Lebens in Verbindung bringen kann, z. B. „er muss seinen Weg finden", „er ist seines Glückes Schmied", „sie bricht zu neuen Ufern auf". Nenne weitere Redewendungen, die diese Suche beschreiben.

2 Welche der Hand-Bilder veranschaulichen für dich positiv oder negativ am ehesten den Sinn des Lebens? Entscheide dich für drei und begründe deine Meinung.

Was im Leben wichtig ist

Nichts hat Bedeutung. Für Pierre Anthon ist die Sache damit klar. Damit beginnt Janne Tellers Geschichte, die sie selbst einmal als modernes Märchen bezeichnet hat. Sie handelt von einem Berg aus Bedeutung, der zu einem ausgewachsenen Skandal wird und schließlich Pierre Anthon das Leben kostet. Agnes, die Erzählerin, berichtet, wie alles damit anfing, dass sich die Mitschülerinnen und Mitschüler Pierre Anthons nicht damit abfinden wollten, dass nichts bedeutsam sei, und darum begannen, Dinge zusammenzutragen, die Bedeutung haben.

Elise erinnerte sich, dass sie einmal geweint hatte, als sie sechs war, weil ein Schäferhund ihrer Puppe den Kopf abgebissen hatte. Da kramte sie die alte Puppe und den abgebissenen Kopf aus den Kartons im Keller hervor und brachte beide Teile zum stillgelegten Sägewerk mit. Der fromme Kai brachte ein altes Gesangbuch, dem Vorder- und Rückseite und nicht gerade wenige Lieder fehlten, das ansonsten aber ohne weitere Mängel aus den Seiten 27 bis 389 bestand. Marie-Ursula lieferte einen hellroten Perlmuttkamm ab, dem nur zwei Zähle fehlten, und Jan-Johan steuerte eine Beatles-Kassette bei, bei der zwar der Ton fehlte, die wegzuwerfen er aber trotzdem nicht übers Herz gebracht hatte.

Andere gingen von Haus zu Haus und fragten, ob sie nicht etwas bekommen könnten, was etwas bedeutete. Ein- oder zweimal wurden uns die Türen vor der Nase zugeknallt, aber wir bekamen auch die erstaunlichsten Dinge. Die von den Alten waren am besten. Sie gaben uns Porzellanhunde, die mit dem Kopf nicken konnten und nur leicht angeschlagen waren, Fotografien von Eltern, die seit Langem tot, oder Spielzeug von Kindern, die seit Langem erwachsen waren. Wir bekamen auch ein paar alte Kleidungsstücke, die geliebt und getragen worden waren, bis sie nur noch aus Fetzen bestanden, und sogar eine einzelne Rose aus einem Brautstrauß von vor sechsunddreißig Jahren war dabei.

Die Rose verstörte uns Mädchen ein bisschen, denn wir fanden, dass es wirklich etwas bedeutete, dieser Traum, eine weiße Braut zu sein, die einen schönen Brautstrauß in der Hand hielt und den Mann küsste, der für den Rest des Lebens ihrer sein sollte. Aber dann erzählte Laura, die sie eingesammelt hatte, die Dame sei fünf Jahre später geschieden worden. Und da die Eltern von vielen von uns ebenfalls geschieden waren, wenn sie überhaupt je geheiratet hatten, zerplatzte unser Traum.

Der Berg wuchs und wuchs. Im Laufe weniger Tage war er schon fast so groß wie die kleine Ingrid. Allerdings fehlte es ihm an tatsächlicher Bedeutung. Schließlich wussten wir doch alle, dass nichts von dem Eingesammelten einem von *uns* etwas bedeutete. Wie also sollten wir Pierre Anthon damit überzeugen?

Nein, er würde uns sofort durchschauen. […] Und da mussten wir schließlich zugeben, dass es schon Sachen gab, die uns tatsächlich etwas bedeuteten, auch wenn viele Dinge vielleicht nicht so bedeutsam waren. Aber okay, bestimmt besser als das, was wir hatten.

(Janne Teller, Nichts. Was im Leben wichtig ist, 2010)

1 **a)** Für Pierre Anthon ist die Sache klar. Nichts hat Bedeutung. Ab sofort geht er nicht mehr zur Schule, sondern sitzt zu Hause in einem Pflaumenbaum und lacht über die anderen. Denen macht das Angst. Warum eigentlich? Suche Gründe für die Reaktion der Jugendlichen.
b) Was macht eigentlich etwas bedeutsam? Prüfe die Möglichkeiten, die der Romanauszug Janne Tellers nennt. Formuliere, was Pierre Anthon zu ihnen sagen würde.
c) Pierre Anthon wird nicht müde zu behaupten, nichts sei bedeutsam. Nimm Stellung: Ist das konsequent?

2 Entwirf ein Buchcover zu Janne Tellers Roman, in dem sich deine Ergebnisse widerspiegeln. Du kannst deinen Vorschlag mit dem Originalcover (auch aus fremdsprachigen Ausgaben) vergleichen.

Ein biblischer Sucher: Kohelet

Im Alten Testament findet sich das Buch eines Suchenden: das Buch Kohelet. Es stammt aus der zweiten Hälfte des 3. Jahrhunderts v. Chr. und passt in vielem nicht zu anderen Schriften und Ideen des Alten Testaments. Darin begegnet uns Kohelet als einer, der sich auf die Suche nach einer Antwort auf seine Fragen macht: Was bleibt von unserem Leben? Worauf können wir bauen? Was ist der Sinn unseres Daseins? Er kommt zu einer drastischen Erkenntnis:

2Windhauch, Windhauch, sagte Kohelet,
Windhauch, Windhauch, das ist alles Wind-
hauch. 3Welchen Vorteil hat der Mensch von
all seinem Besitz, für den er sich anstrengt
unter der Sonne?
4Eine Generation geht, eine andere kommt.
Die Erde steht in Ewigkeit. 5Die Sonne, die
aufging und wieder unterging, atemlos jagt
sie zurück an den Ort, wo sie wieder aufgeht.
6Er weht nach Süden, dreht nach Norden,
dreht, dreht, weht, der Wind. Weil er sich
immerzu dreht, kehrt er zurück, der Wind.
7Alle Flüsse fließen ins Meer, das Meer wird
nicht voll. Zu dem Ort, wo die Flüsse ent-
springen, kehren sie zurück, um wieder zu
entspringen. 8Alle Dinge sind rastlos tätig,
kein Mensch kann alles ausdrücken, nie wird
ein Auge satt, wenn es beobachtet, nie wird
ein Ohr vom Hören voll.
9Was geschehen ist, wird wieder geschehen,
was man getan hat, wird man wieder tun:
Es gibt nichts Neues unter der Sonne. 10Zwar
gibt es bisweilen ein Ding, von dem es heißt:
Sieh dir das an, das ist etwas Neues – aber
auch das gab es schon in den Zeiten, die vor
uns gewesen sind. 11Nur gibt es keine Erin-
nerung an die Früheren und auch an die Spä-
teren, die erst kommen werden, auch an sie
wird es keine Erinnerung geben bei denen,
die noch später kommen werden.
(Koh 1,2–11)

Das Buch Kohelet ist in seiner ältesten Fassung in Hebräisch geschrieben, muss also ins Deutsche übersetzt werden. „Windhauch" (hebr. häwäl, הבל) ist eine Metapher, die sich auch anders übersetzen ließe. Die „Bibel in gerechter Sprache" schlägt verschiedene Übersetzungen für häwäl vor: „nichts", „sinnlos", „aussichtslos", „wertlos", „absurd", „unbegreiflich", „eine Ironie". Im Anschluss an diese ersten Gedanken stellt Kohelet einige Forschungen an, um herauszufinden, ob alle Anstrengung im Leben sinnvoll ist oder nicht.

Aufgaben

1 Zeige auf, welche Versuche Kohelet unternimmt und wie er jeweils sein Ergebnis begründet. Lies dazu Koh 1,12–2,26.

2 Was drückt die Metapher „Windhauch" für dich aus? Wofür könnte „Windhauch" in deinem Leben stehen? Gib deine Antwort in Gedichtform.

3 Inwiefern passt das Bild auf dem Einband des Buches „Kohelet entdecken" (nicht?) zu Kohelets Aussagen? Begründe deine Meinung.

4 „Nichts hat Bedeutung." Sowohl Pierre Anthon (S. 59) als auch Kohelet kommen – zumindest vorübergehend – zu diesem Schluss. Diskutiert, inwiefern dieser Satz die Vorstellung verändern kann, die ein gläubiger Mensch von Gott hat.

Gott wird das Verjagte suchen

Der erste große Abschnitt des Buches Kohelet endet mit einem Text, der an ein Gedicht erinnert. Hier fasst Kohelet die Ergebnisse seiner Suche nach Antworten auf die großen Sinnfragen zusammen.

[1]Alles hat seine Stunde. Für jedes Geschehen unter dem Himmel gibt es eine bestimmte Zeit: [2]eine Zeit zum Gebären und eine Zeit zum Sterben, eine Zeit zum Pflanzen und eine Zeit zum Abernten der Pflanzen, [3]eine Zeit zum Töten und eine Zeit zum Heilen, eine Zeit zum Niederreißen und eine Zeit zum Bauen, [4]eine Zeit zum Weinen und eine Zeit zum Lachen, eine Zeit für die Klage und eine Zeit für den Tanz; [5]eine Zeit zum Steinewerfen und eine Zeit zum Steinesammeln, eine Zeit zum Umarmen und eine Zeit, die Umarmung zu lösen, [6]eine Zeit zum Suchen und eine Zeit zum Verlieren, eine Zeit zum Behalten und eine Zeit zum Wegwerfen, [7]eine Zeit zum Zerreißen und eine Zeit zum Zusammennähen, eine Zeit zum Schweigen und eine Zeit zum Reden, [8]eine Zeit zum Lieben und eine Zeit zum Hassen, eine Zeit für den Krieg und eine Zeit für den Frieden. [9]Wenn jemand etwas tut – welchen Vorteil hat er davon, dass er sich anstrengt? [10]Ich sah mir das Geschäft an, für das jeder Mensch durch Gottes Auftrag sich abmüht. [11]Gott hat das alles zu seiner Zeit auf vollkommene Weise getan. Überdies hat er die Ewigkeit in alles hineingelegt, doch ohne dass der Mensch das Tun, das Gott getan hat, von seinem Anfang bis zu seinem Ende wiederfinden könnte. [12]Ich hatte erkannt: Es gibt kein in allem Tun gründendes Glück, es sei denn, ein jeder freut sich und so verschafft er sich Glück, während er noch lebt, [13]wobei zugleich immer, wenn ein Mensch isst und trinkt und durch seinen ganzen Besitz das Glück kennenlernt, das ein Geschenk Gottes ist. [14]Jetzt erkannte ich: Alles, was Gott tut, geschieht in Ewigkeit. Man kann nichts hinzufügen und nichts abschneiden und Gott hat bewirkt, dass die Menschen ihn fürchten. [15]Was auch immer geschehen ist, war schon vorher da, und was geschehen soll, ist schon geschehen und Gott wird das Verjagte wieder suchen. (Koh 3,1–15)

Kann das Leben einen echten Sinn haben, wenn es unweigerlich irgendwann mit dem Tod einfach zu Ende sein wird? Kohelet erkennt, dass Gottes Handeln zwar vollkommen ist, wir Menschen es aber nicht begreifen können. Der Mensch weiß zwar, dass es einen Sinn hinter allen Dingen gibt, „aber nicht er verfügt über ihn, sondern nur Gott. Er selbst kann sich nur dem anvertrauen, was im jeweiligen Augenblick von Gott her auf ihn zukommt." (Norbert Lohfink) So kann das Leben doch als Glück erfahren werden, weil es Geschenk Gottes und Teil seiner Ewigkeit ist.

1 Zeit ist etwas Merkwürdiges. Neben der gleichmäßigen, gemessenen Uhrzeit erleben Menschen Zeit auf ganz unterschiedliche Weise: Sie kann z. B. „im Fluge vergehen" oder auch „sich ziehen wie Kaugummi". Tauscht euch in der Klasse über Gemeinsamkeiten und Unterschiede von gemessener und erlebter Zeit aus und haltet eure Ergebnisse an der Tafel tabellarisch fest.

2 „Gott wird das Verjagte wieder suchen", schreibt Kohelet. Was bedeutet dieser Satz? Beziehe in einen Antwortversuch die Erklärung von Norbert Lohfink mit ein. Ergänze anschließend dein „Windhauch"-Gedicht.

3 Projekt: 1990 sang die Rockband Scorpions vom „Wind of Change": Die Metapher „Windhauch" als zentrales Motiv des Kohelet-Buches hat Eingang in viele Lieder und Bilder gefunden. Das Gleiche gilt für das Zeit-Gedicht in Koh 3,1–15. Recherchiere weitere Werke.

Versuchungen

Wer auf der Suche ist, kann auch in Versuchung geraten

Kohelet stellt fest, dass auf der Suche nach dem, was wirklich zählt, weder Wissen noch Können, weder Reichtum noch Besitz letztlich entscheidend sind, auch wenn damit Grundbedürfnisse des Menschen angesprochen sind, mit denen wir umgehen müssen. Wer sie um jeden Preis und über alle Maßen zu befriedigen sucht, findet nicht unbedingt Erfüllung. Unsere Grundbedürfnisse sind einerseits wichtig für unseren Weg, können uns andererseits aber auch von ihm ablenken, uns also in Ver**such**ung führen …

Alinas Entscheidung

Nach unzähligen Bewerbungsschreiben hat Alina vor einigen Monaten eine Ausbildung zur Arzthelferin begonnen. Das frühe Aufstehen und die langen Arbeitstage sind noch sehr anstrengend für sie. Außerdem fällt es ihr schwer, alle Entscheidungen ihrer Vorgesetzten zu akzeptieren.
Eines Abends trifft Alina sich mit ihrer besten Freundin Maike, die noch immer keinen Ausbildungsplatz gefunden hat. Als Alina ihr von einer Meinungsverschiedenheit mit ihrer Chefin erzählt, sagt Maike: „Ich hätte aber keine Lust, mich da so herumkommandieren zu lassen! Da genieße ich lieber mein Leben, solange ich jung bin! Nächste Woche fliege ich in den Urlaub nach Mallorca. Komm doch auch mit, mein Vater zahlt!" „Das geht nicht, ich kann keinen Urlaub nehmen", wendet Alina ein. „Na und?", gibt Maike zurück. „Den stressigen Job willst du doch sowieso nicht weitermachen, oder?"
Alina wird unsicher. Die Versuchung ist groß …

Marcs Entscheidung

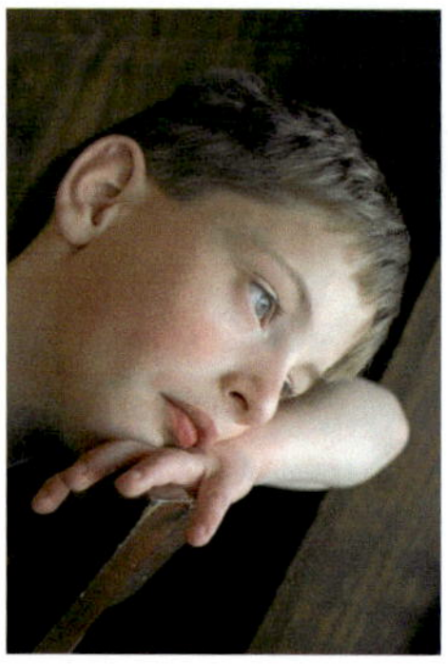

Marc ist neu in der Klasse. Da er wenig spricht und mit seinen Klamotten nicht im Trend liegt, hat er bisher noch kaum Kontakte geknüpft und fühlt sich einsam.
Seit ein paar Tagen gibt es eine neue Mode in der Clique um die „coolen Jungs" aus der Klasse: Alle haben das neue Computerspiel zum gerade angesagten Actionfilm und tauschen sich begeistert über ihre Punkterekorde aus.
Zu Hause bittet Marc seine Eltern, ihm das Computerspiel zu kaufen. Sein Taschengeld reicht dazu bei Weitem nicht aus. Doch seine Mutter nimmt ihm jede Hoffnung: „Das kannst du vergessen. Wir möchten nicht, dass du den ganzen Tag vor dem Computer hängst!"
Enttäuscht verlässt Marc das Haus und schlendert durch die Straßen, bis er zu einem Spielwarenladen kommt. Dort entdeckt er sofort das Computerspiel im Regal. Während er es sich anschaut, verlässt die Verkäuferin auf einmal den Raum, um etwas aus dem Lager zu holen. „Wenn ich jetzt schnell mit dem Spiel das Geschäft verlasse, merkt das kein Mensch", schießt es Marc durch den Kopf.
Die Versuchung ist groß …

Aufgaben

1 Vergleiche die beiden Versuchungsgeschichten.
a) Beschreibe, worin die Versuchung jeweils besteht.
b) Für Alina und Marc ist wichtig, was andere gut finden. Diskutiert, inwieweit sie über ihr Leben selbst bestimmen oder andere bestimmen lassen. Zeige auf, wie du diese Frage aus deiner eigenen Erfahrung heraus beantworten würdest.

2 Verfasse eine Versuchungsgeschichte aus deinen Alltagserfahrungen.

3 Übt eine der Geschichten als Rollenspiel ein – mit einem selbst geschriebenen Ende. Führt es der Klasse vor und besprecht die Ergebnisse.

4 Stelle verschiedene Möglichkeiten zusammen, wie Alina und Marc sich vor solchen Versuchungen schützen könnten.

Jesu Entscheidung

Eine auf den ersten Blick sonderbare Versuchungsgeschichte finden wir im Lukasevangelium:

[1]Erfüllt vom Heiligen Geist, verließ Jesus die
Jordangegend. Darauf führte ihn der Geist
vierzig Tage lang in der Wüste umher, [2]und
dabei wurde Jesus vom Teufel in Versuchung
geführt. Die ganze Zeit über aß er nichts; als
aber die vierzig Tage vorüber waren, hatte er
Hunger.
[3]Da sagte der Teufel zu ihm: Wenn du Gottes
Sohn bist, so befiehl diesem Stein, zu Brot zu
werden. [4]Jesus antwortete ihm: In der Schrift
heißt es: Der Mensch lebt nicht nur von Brot.
[5]Da führte ihn der Teufel (auf einen Berg)
hinauf und zeigte ihm in einem einzigen Au-
genblick alle Reiche der Erde. [6]Und er sagte
zu ihm: All die Macht und Herrlichkeit dieser
Reiche will ich dir geben; denn sie sind mir
überlassen und ich gebe sie, wem ich will.
[7]Wenn du dich vor mir niederwirfst und
mich anbetest, wird dir alles gehören. [8]Jesus
antwortete ihm: In der Schrift steht: Vor dem
Herrn, deinem Gott, sollst du dich niederwer-
fen und ihm allein dienen.
[9]Darauf führte ihn der Teufel nach Jerusalem,
stellte ihn oben auf den Tempel und sagte zu
ihm: Wenn du Gottes Sohn bist, so stürz dich
von hier hinab; [10]denn es heißt in der Schrift:
Seinen Engeln befiehlt er, dich zu behüten;
[11]und: Sie werden dich auf ihren Händen
tragen, damit dein Fuß nicht an einen Stein
stößt. [12]Da antwortete ihm Jesus: Die Schrift
sagt: Du sollst den Herrn, deinen Gott, nicht
auf die Probe stellen. (Lk 4,1–12)

Als Begegnung mit dem Teufel als reale Person ist diese Geschichte schwer vorstellbar. Darum formuliert eine Erzählbibel dieselbe Geschichte so:

„Jesus wanderte im Lande umher, eine ganze Zeit lang. Am Ende kam er auf einen hohen kahlen Berg. Er wollte allein sein. Stimmte es, was die Leute sagten: dass er ein neuer König werden könnte? Wenn das stimmte, was müsste er dann tun? Darüber wollte er nachdenken, als er in der Wüste allein war. Nun stand er auf dem Berg in der Wüste und sah in die Ferne zu all den Ländern, wo die Menschen wohnen.
Er wusste genau: „Wenn du ein König bist und noch dazu ein neuer König Gottes, ein König, der alles kann, dann musst du doch einmal etwas zeigen. Dann musst du so zaubern können, dass du einfach aus Steinen ein Brot machst, weil es sich für einen König nicht gehört, Hunger zu haben.
Dann musst du so zaubern können, dass du hier aus der Höhe springen und schweben kannst. Das finden die Menschen herrlich, wenn sie da zugucken können. Dann glauben sie erst an dich. Dann erst schauen sie zu dir auf. Dann erst werden sie sagen: Das ist der Richtige. Den müssen wir haben. Dann werden die Menschen anfangen, dich zu verehren.
Dann werden reiche, mächtige Leute kommen, und die werden dir helfen wollen. Sie werden alles für dich in Ordnung bringen. Wenn sie dir helfen wollen, dann kannst du der Herrscher über die ganze Welt werden. Dann kannst du alles bestimmen. Du kannst alles so machen, wie du es für richtig hältst."

(K. Eykman/B. Bouman, Die Bibel erzählt, 1978)

1 Vergleiche die beiden Erzählungen von der Versuchung Jesu miteinander.
a) Nenne Gemeinsamkeiten und Unterschiede.
b) Welche Version würdest du Kindern eher vorlesen? Begründe deine Meinung.

2 Zeige auf, wie und warum Jesus nach Lukas in Versuchung geführt wird. Beschreibe, welche menschlichen Bedürfnisse hinter den Versuchungen stehen.

3 Schreibe die Erzählung von Eykman und Bouman weiter. Wie wird sich Jesus entscheiden?

4 Suche Gemeinsamkeiten und Unterschiede zwischen der Versuchungsgeschichte Jesu und den beiden Geschichten auf S. 62.

Magie: Versuchung zur Macht

Magische Rituale

Wahrsager versuchen, in Kristallkugeln die Zukunft vorherzusehen.

Mit magischen Ritualen versuchen Menschen, ihre Mitmenschen und ihre eigenen Lebensumstände zu beeinflussen – mit „weißer" Magie, die Positives bewirken soll, mit „schwarzer" Magie, die Schaden zufügen soll bzw. bei der in Kauf genommen wird, dass zum eigenen Nutzen andere geschädigt werden.

Der Magie liegt die Idee zugrunde, dass in der Welt alles mit allem verbunden ist. So erscheint es prinzipiell möglich, alles Geschehen zu beeinflussen. Dazu werden bestimmten Gegenständen und Wesenheiten Kräfte zugeschrieben, die man sich durch bestimmte Handlungen oder Riten glaubt, verfügbar machen zu können. Insbesondere wird die Existenz von Geistern angenommen, die als eigenständige Wesenheiten oder als „Geister von Verstorbenen" verstanden werden. Bestimmte Rituale sollen einen Kontakt mit ihnen herstellen.

Info

Unter **Magie** (lat. magia = Zauberei) versteht man alle vom naturwissenschaftlichen Standpunkt aus irrational erscheinenden Praktiken, durch die der Mensch das Tun, Wollen oder Schicksal anderer Menschen nach seinem Willen bestimmen will. **Magische Rituale** sind letzlich auf fehlerhaften Gundannahmen beruhende Versuche, Macht über Dinge oder Menschen auszuüben.

Ein Beispiel für weiße Magie:

Blumenzauber
Ein Mensch gefällt dir besonders gut und du möchtest ihn unbedingt kennenlernen, aber er beachtet dich überhaupt nicht? Dann solltest du unbedingt den Rendezvouszauber anwenden.
Lege dich auf die Lauer und schieße von der betreffenden Person ein Foto. Dann gehst du an einem, für dich ganz persönlich besonderen Tag in einen Blumenladen und kaufst dir eine der genannten Blumen: Rose, Kalmus, Enzian, Myrthe, Johanniskraut oder Ringelblume. Diese Pflanzen gelten als besonders wirksam für den Zauber von Liebe und Sympathie. Die Blume sollte einen ganzen Tag in deiner unmittelbaren Nähe verweilen, damit sie deine Wünsche vollkommen in sich aufnehmen kann. Dann bindest du das Foto an der Blume fest und wirfst beides in ein bewegtes Wasser. Dabei solltest du versuchen, ganz intensiv an die Person zu denken, die du kennenlernen möchtest. Du wirst sehen, schon sehr bald ergibt sich eine Chance für ein Rendezvous.

Ein Beispiel für schwarze Magie:

Magisches Ritual zur Befreiung von Krankheit
Nimm ein Geldstück und sprich dein Leiden mit aller Kraft darauf.
Dann lege das Geldstück irgendwo auf der Straße aus, sodass es jemand finden muss.
So wird er die Krankheit bekommen, aber du wirst befreit sein.

Voodoo-Puppe: Mithilfe der Nadeln sollen Krankheiten u. Ä. über die Puppe auf den Menschen, für den sie steht, übertragen werden.

Aufgaben

1 Wer ein „magisches" Ritual praktiziert, nimmt an, dass es in irgendeiner Weise „funktionieren" kann. Entwirf eine mögliche Erklärung, die jemand geben könnte, der an Magie glaubt.

2 Nenne Gründe, warum okkulte Praktiken Jugendliche faszinieren können.

3 Überlege, welche Gefahren mit solchen Praktiken verbunden sein können.

Wer sich auf die Suche begibt, macht Höhen und Tiefen durch, muss sich anstrengen und kann sich seiner Sache nie ganz sicher sein. Viele Entscheidungen sind zu treffen, viele Versuche zu unternehmen.
Was wäre hilfreich, um Lebensglück und Sinn sicher erreichen zu können? Eine ganz alte Idee ist: Wissen um die Zukunft und ein (all-)mächtiger Beistand. Was mit etwas Abstand fast naiv klingt, erscheint manchmal aus der Nähe, wenn man selbst in einer bestimmten Situation steckt, wie eine verlockende „Abkürzung" auf dem Weg zum Glück. Vielleicht sind okkulte Praktiken wie **Gläserrücken**, Pendeln und Kartenlegen deshalb so beliebt, weil sie einfache Antworten auf Lebensfragen oder Unterstützung bei Entscheidungen im Alltag geben.

„Ich habe schon vier Mal beim Gläserrücken mitgemacht", sagte Janine, „immer hat sich ein Geist gemeldet. Ich weiß, wie's geht! Heute um Mitternacht bei mir? Wir haben sturmfreie Bude …"
Janine wohnte gegenüber dem Friedhof. Von ihrem Fenster aus konnte man die Gräber sehen! Als Cindy und ich eintrafen, war schon der Rest versammelt: Pia, Malte und Tom. „Okay, dann können wir anfangen!", sagte Janine mit geheimnisvoller Stimme und deutete auf die sechs Sitzkissen, die sie kreisförmig auf den Teppichboden gelegt hatte. In der Mitte des Kreises lag ein quadratisches Brett mit aufgemalten Zahlen und Buchstaben, den Wörtern JA und NEIN und vier Namen.
„Michael, Raphael, Gabriel, Uriel …", las Malte vor, „deine Verflossenen?" „Nein, die Namen der vier Erzengel", gab Janine zurück und knipste das Licht aus. Im selben Moment schlug die Kirchturmuhr zwölf Mal! Wir zuckten zusammen. Wie von selbst nahmen wir jetzt alle unsere Plätze im Kreis ein.
Janine hatte zwei schwarze Kerzen angezündet. In die Mitte des glatt lackierten Brettes stellte sie ein umgedrehtes Wasserglas. Wir sollten die Zeigefinger der rechten Hand auf den Boden des Glases legen. „Ganz locker drauflegen", erklärte sie gespenstisch leise. Wir taten es. Das Lachen war uns längst vergangen.
„Ich werde jetzt versuchen, einen Geist zu rufen", fuhr Janine fort. „Sobald er da ist, wird er das Glas durch übersinnliche Kräfte bewegen. Erschreckt nicht und lasst das Glas auf gar keinen Fall vom Brett rutschen. Egal, was passiert …"
Plötzlich rüttelte etwas an dem Glas. Ich hielt den Atem an! Janine hatte kurz zuvor die Frage gestellt: „Ist da ein Geist im Raum?" Das Glas rutschte zielsicher auf das Wort JA!
Alle sahen sich entsetzt an. „Das gibt's doch nicht", flüsterte Pia, „einer von euch hat geschoben!"
So fühlte sich das aber nicht an, und das wusste auch Pia. Mich überlief es kalt.
Auch Janine sprach jetzt mit brüchiger Stimme. „Er ist jetzt unter uns, bleibt jetzt um Himmels willen ruhig! – Verrate uns deinen Namen, Verstorbener!" Das Glas rutschte wieder. Diesmal auf die einzelnen Buchstaben …

Info

Der **Okkultismus** (lat. occultus = geheim) kann als eine Gegenbewegung zum Anspruch der Naturwissenschaften im 19. Jahrhundert gesehen werden, die davon ausgingen, alle Phänomene der Welt vollständig beschreiben zu können. Dagegen liegen die Ursachen vieler okkulter Phänomene (noch) im Geheimen und sind naturwissenschaftlichen Methoden nicht zugänglich. Okkulte Vorstellungen und Praktiken sind z. B. Pendeln, **Gläserrücken** (der Versuch, mithilfe eines umgedrehten Glases und eines Buchstabenkreises Botschaften von Verstorbenen zu empfangen), Kartenlegen, Magie, Astrologie, Hellsehen, Spiritismus oder Telepathie (Fernwahrnehmung).

1 Schreibe die Geschichte vom Gläserrücken weiter. Welche Folgen könnte dieser Abend haben? Besprecht anschließend gemeinsam eure Fortsetzungen.

2 Lege ein kleines Lexikon an, in dem du die Begriffe Astrologie, Esoterik, Magie, New Age, Okkultismus, Spiritismus und weitere Begriffe aus diesem Themenbereich erklärst. Du kannst dazu Lexika heranziehen oder im Internet recherchieren.

3 Suche dir ein Horoskop für die kommende Woche.
a) Überprüfe, ob dessen Vorhersagen eintreffen oder nicht.
b) Suche nach Gründen dafür, dass viele Menschen solche Horoskope lesen.

Pendelversuche und ihre Deutung

Ein Pendel hängt an einem ca. 20–30 cm langen Faden. Der Pendelfaden wird mit einer Hand zwischen Daumen und Zeigefinger gehalten. Nun werden Fragen gestellt, aus den Schwingungen des Pendels wird die Antwort abgelesen. Häufig werden dazu auch Tafeln mit Buchstaben oder bestimmten Antwortmöglichkeiten verwendet.

Ein Pendel könnt ihr selbst herstellen, indem ihr einen kleineren Gegenstand (beispielsweise einen Ring) an einem dünnen Faden von ca. 15–20 cm befestigt.
Stellt Testkarten her. Ihr könnt die auf dieser Seite abgebildeten Testkarten als Vorlage benutzen.

Zum Pendeln stützt ihr den Ellbogen locker auf dem Tisch auf. Den Faden des Pendels kann man sich entweder um den Zeigefinger wickeln oder zwischen Daumen und Zeigefinger halten. Lasst zwischen Finger und Pendel etwa 7–8 cm Abstand.

1. Versuch:
Nehmt die beiden Testkarten mit den Abbildungen eines Mannes und einer Frau zur Hand. Der Pendler prüft nun das Geschlecht der gezeichneten Personen, indem er das Pendel über der jeweiligen Figur schwingen lässt.
Ein kreisendes Pendel bedeutet: „männlich“, ein hin- und herschwingendes Pendel: „weiblich“.

Macht mehrere Versuche mit mehreren Pendeln. Notiert die Anzahl der Treffer!

2. Ein Einfachblindversuch:
Bei einem Blindversuch verbindet man der Testperson (Pendler) die Augen. Diese Person darf die Testkarten vorher auf gar keinen Fall kennen.
Dem Pendler wird von einer zweiten Person je eine der abgebildeten Testkarten untergelegt. Notiert die Pendelreaktion zu den jeweiligen Karten! Nach ca. zehn Versuchen zählt ihr die Treffer.

3. Ein Doppelblindversuch:
Die Testkarten werden nun verdeckt gemischt. Die zweite Person legt dem Pendler die Testkarten mit der Bildseite nach unten vor, ohne sie selbst gesehen zu haben.
Notiert die Antwort und dreht erst dann die Karte um! Nach ca. zehn Versuchen zählt ihr wieder die Treffer.

(nach: Gefahren auf dem Psychomarkt, Handreichung zur Prävention an Bayerischen Schulen, S. 55 f.)

Aufgaben

1 Vergleiche die Ergebnisse des einfachen Versuchs mit denen der Blindversuche. Erläutere, worauf die unterschiedlichen Ergebnisse zurückzuführen sein könnten.

Warum ein Pendel schwingt

Erkenntnisse aus Physik, Biologie und Psychologie können erklären, warum im Gegensatz zur Behauptung des Okkultismus ohne Geisterunterstützung ein Pendel schwingt oder ein Glas auf dem Tisch von Buchstabe zu Buchstabe rückt. Am Beispiel des Pendelns sollen die Wirkmechanismen kurz erläutert werden:

Physikalische und biologische Aspekte
Ein Pendel, das an einem Stativ aufgehängt in Bewegung versetzt wird, folgt allein physikalischen Gesetzen: Nach einer gewissen Zeit hört die Bewegung auf. Beim Auspendeln wird jedoch ein Pendel zwischen Fingern gehalten oder über einen Finger gelegt. Es gerät nach einer gewissen Zeit in kreisförmige oder hin- und herschwingende Bewegung.
Das unterschiedliche Pendelverhalten ist leicht zu erklären: Es gibt keinen absoluten „Ruhezustand" der Muskeln. Selbst bei subjektiv völlig entspannter Haltung befinden sich einzelne Muskeln (durch messbare Erregungsimpulse nachweisbar) in ständiger Anspannung. Das Halten des Pendels ist somit ein aktiver Vorgang, der nach einiger Zeit wegen der Ermüdung der Muskeln zu Muskelzittern führt.
Neben dem Muskelzittern wirken auch die Atembewegungen des Brustkorbs, die über die Arme auf das Pendel übertragen werden, sowie der Pulsschlag, der selbst in den kleinsten Gefäßen der Fingerkuppen noch spürbar ist, als Anregung auf das Pendel. Der hierdurch erreichte Bewegungsimpuls des Pendels wird durch Resonanz verstärkt, indem der gleiche Schwingungsanstoß in immer gleichem Rhythmus die Pendelbewegung deutlich sichtbar werden lässt. Der Arm wirkt hierbei als Hebel, ein geringer Impuls am Drehpunkt wird am anderen Hebelende stark vergrößert.
So genügt bereits eine nicht bewusst wahrzunehmende minimale Bewegung, um das Pendel in große Schwingbewegungen zu versetzen.

Psychologische Aspekte
Die Art der Schwingungsbewegung wird durch den nach dem britischen Physiologen und Zoologen William B. Carpenter benannten Carpenter-Effekt verursacht: Jede Bewegungsvorstellung schließt einen Antrieb zum Vollzug dieser Bewegung mit ein. Carpenter beschreibt die Neigung von Personen, emotional betonte Vorstellungen von Bewegung nachzuvollziehen, ohne es bewusst zu wollen. Ein Fußballfan vor dem Fernseher kennt das Zucken im Fuß bei einer Torchance „seiner" Mannschaft. Ein Wunsch, aber auch eine Befürchtung, kann somit zum Auslöser einer unbewussten muskulären Reaktion werden! Diese Reaktion überträgt sich dann auf das Pendel. Das Pendel beginnt sich so zu bewegen, wie es der Benutzer wünscht oder befürchtet.
In einer Gruppe kommt es nicht selten zu einem Verstärkungseffekt: Die Teilnehmer befinden sich in einer gespannten Erwartungshaltung. Die emotionale Anspannung beschleunigt Puls und Atemfrequenz, unwillkürliche Muskelbewegungen werden stärker. Eine emotionsgeladene Gruppenatmosphäre führt deshalb zu einer Intensivierung der Reaktion des Pendels.

1 Menschen, die pendeln, geben oft eine Erklärung, die dem Carpenter-Effekt nicht widerspricht: Das Pendel mache unbewusste Wahrnehmungen (z. B. Schadstoffe in Materialien durch die Haut) und unbewusste Gefühle sichtbar. Beurteile diese Erklärung.

2 Projekt: Führe eine Umfrage zum Thema Esoterik durch. Entwickle dafür einen eigenen Fragebogen, mit dem du Menschen aus verschiedenen Lebensjahrzehnten befragen kannst. Erläutere mithilfe der Ergebnisse deiner Umfrage, welche menschlichen Bedürfnisse okkulte Praktiken wie Gläserrücken oder Pendeln attraktiv machen und wodurch diese gestillt werden.

Sekten und religiöse Gemeinschaften

Was ist eine „Sekte"?

Schätzungsweise 1,2 % der Bevölkerung Deutschlands gehören neuen religiösen Bewegungen an, das entspricht etwa 800.000 Mitgliedern. Wie viele solcher Gemeinschaften es gibt, ist schwer zu schätzen: Man geht von etwa 50 bis 100 religiösen Gruppierungen aus. Früher bezeichnete man alle diese Gruppierungen als „Sekten".

„Sekte" – ein problematischer Begriff
Der Begriff „Sekte" ist vom lateinischen Wort *secta* („Richtung") bzw. *sequi* („folgen") abgeleitet. Dabei wurde eine Gemeinschaft mit mehr oder weniger stark ausgeprägtem religiösem Charakter als „Sekte" bezeichnet, wenn sie einem anderen Weg folgte als die katholische Kirche. Die jeweilige Ansicht darüber, wie der Mensch zum Heil kommt, ist je nach Gemeinschaft durch biblische oder auch nichtbiblische Inhalte bestimmt. Diese werden auf zwei Weisen ausgelegt: erstens exklusiv, d.h., die Auslegung ist ausschließlich den Mitgliedern vorbehalten, und zweitens fundamentalistisch, d.h., die Auslegung hält kompromisslos an den eigenen Grundsätzen fest, die als nicht kritisierbar angesehen werden. Wesentliche Kennzeichen sind eine starke autoritäre Struktur und eine abgrenzende Grundhaltung gegenüber anderen Weltanschauungen.

Ein Beispiel für eine „Sekte": Scientology

Eine „Sekte" in diesem Sinn ist also eine geschlossene religiöse Gemeinschaft – im Unterschied etwa zum modernen Christentum, das sich zur Welt hin öffnet und traditionell bemüht ist, seine Glaubensgrundlagen mit den Mitteln der Vernunft zu durchdringen. Professionell erfolgt dies in der Theologie als Geisteswissenschaft.

Der Begriff „Sekte" ist stark negativ besetzt. Konflikte und negative Erfahrungen, die Menschen mit einigen Sekten gemacht haben, sind im alltäglichen Sprachgebrauch von dem Begriff nicht mehr zu trennen:

- totalitäre, d.h. das gesamte familiäre, gesellschaftliche, politische und kulturelle Leben sich total unterwerfende Struktur
- strenge Abgrenzung nach innen und außen
- starres Gebäude von Glaubenslehren
- psychischer Druck auf Mitglieder
- wirtschaftliche Ausbeutung von Mitgliedern
- Verbot von Beziehungen zu Nicht-Mitgliedern und Ausgestiegenen
- zielbewusstes Streben nach politischer und wirtschaftlicher Macht

Der Begriff „Sekte" ist oft ohne Unterscheidung für viele neuere religiöse Gemeinschaften verwendet worden, obwohl solche negativen Erfahrungen nicht für alle vorlagen. Und selbst wenn sie vorlagen, wurden sie kaum daraufhin überprüft, ob sie typisch waren. Vielen religiösen Gemeinschaften wird der Begriff also nicht gerecht. Daher ist es sinnvoller, von **„neuen religiösen Bewegungen"** oder von **„religiösen Gemeinschaften"** zu sprechen und im Einzelfall zu prüfen, ob die Mitgliedschaft in einer solchen Gemeinschaft unbedenklich ist – oder sogar gefährlich, wenn eine Gruppierung beispielsweise die oben genannten Kennzeichen aufweist.

Aufgaben

1 Wie lässt sich herausfinden, ob die Mitgliedschaft in einer religiösen Gruppierung bedenklich oder gar gefährlich sein könnte? Formuliere möglichst konkrete „Testfragen", die man Mitgliedern einer solchen Gruppe stellen könnte.

Universelles Leben

Jesus hat die Kirche nicht selbst gegründet. Die Mitglieder der Gemeinschaft „Universelles Leben" lehnen den Kirchenbesuch daher ab. Sie werfen den christlichen Kirchen vor, lediglich eine „äußere Religion" gegründet zu haben, anstatt wie Jesus eine „innere Reform" anzustreben. Das prophetische Wort Jesu Christi verstehen sie als Offenbarung des Reiches Gottes, das die Zehn Gebote, die Bergpredigt und das Vaterunser zur Grundlage hat. Die Nähe Gottes und damit Glück, Sicherheit und Freiheit gewinnt ihrer Auffassung nach, wer Jesus, dem Christus, folgt, ohne sich an Pfarrern und Priestern zu orientieren.

Die Kirche Jesu Christi der Heiligen der Letzten Tage (Mormonen)

Die Mormonen glauben, dass Jesus selbst eine Urkirche gegründet hat, die durch die „Kirche Jesu Christi der Heiligen der Letzten Tage" unmittelbar fortgeführt wird. Dies gilt sowohl in Fragen des Glaubens und der Lehre als auch dem Aufbau der Kirche nach und hinsichtlich ihrer Vollmachten. Nach dem Tod Jesu fand aus Sicht der Mormonen eine Abkehr von der Wahrheit statt, die den Verlust von Autorität und Inhalten zur Folge hatte. Gemäß der Prophezeiung des Apostels Petrus wird Jesus Christus seine Kirche jedoch wieder errichten. Die Gemeinschaft der Mormonen ist der Überzeugung, dass Jesus Christus im Jahr 1820 Joseph Smith als Propheten berufen hat, um durch ihn seine Kirche wieder aufzubauen. Heute gibt es ca. 13 Millionen Mormonen weltweit.

Die Vereinigungskirche Syn Myung Muns

Für die Vereinigungskirche gilt die Familie als Zentrum des Lebens. Darum verstehen ihre Anhänger die „Heilige Hochzeit" als eine Segnung, die im Leben eines jeden Menschen zentral ist. Das Eheversprechen, das sich die Partner dabei geben, bewirkt ewige Verbundenheit. Jeden Sonntag zu Monatsbeginn und an Feiertagen wird das „Familiengelöbnis" gesprochen. Darüber hinaus gehören der Sonntagsgottesdienst, die Feier alter und neuer kirchlicher Festtage, die Abgabe des Zehents und weitere lebensbegleitende Zeremonien zu den Traditionen der Vereinigungskirche.

Das Engelwerk

Gott hat mit der sichtbaren Welt zugleich die heiligen Engel erschaffen. Die Gemeinschaft „Engelwerk" möchte das Glaubenswissen über die Engel vertiefen und ausweiten. Die Gläubigen sollen in ihrer Bindung an die Engel und deren übernatürliche Hilfe gestärkt werden, um auf diese Weise Gotteserkenntnis, Gottesliebe und einen starken Glauben zu erlangen. Im Dienst der Kirche wirken die Gläubigen so am Aufbau des Reiches Gottes mit.

1 Erstelle eine Liste mit den religiösen Gemeinschaften und neuen religiösen Bewegungen, die es in deiner Umgebung gibt.

2 **a)** Recherchiere weitere Informationen über die Bewegungen auf dieser Seite.

b) Welche der hier dargestellten Bewegungen könnten für Jugendliche attraktiv sein? Begründe deine Antwort.

c) Erläutere, inwiefern es gefährlich sein kann, sich ihnen anzuschließen.

Jehovas Zeugen

Der Name ist Programm

Neue-Welt-Übersetzung der Bibel

Jehovas Zeugen wurden in den 1870er-Jahren von Charles Taze Russel (1852–1916) gegründet und nannten sich bis 1931 „Ernste Bibelforscher". Ihre wichtigste Richtschnur ist die Bibel, die sie als unmittelbare Offenbarung Gottes verstehen und daher eine historisch-kritische Interpretation ablehnen. Sie verwenden eine eigene Übersetzung, die sogenannte „Neue-Welt-Übersetzung". In der christlichen Bibelwissenschaft wird diese Übersetzung aufgrund ihres Umgangs mit den ursprachlichen Textquellen abgelehnt.

→ Über die historisch-kritische Methode kannst du dich auf S. 158 informieren.

Jehovas Zeugen sehen Jesus als den Messias, durch den die Welt erlöst worden ist. Sie verstehen ihn zwar als Gottes Sohn, er ist aus ihrer Sicht aber Gott untergeordnet. Daher nennen sie sich auch Jehovas Zeugen und nicht Christen. Da die hebräische Schrift ursprünglich ohne Vokale geschrieben wurde, lässt sich aus dem hebräischen Gottesnamen JHWH neben der Lesart, die sich im Christentum durchgesetzt hat (JaHWeH), auch JeHoVaH lesen. Dies geht auf eine alte Schreibtradition zurück: Im Judentum wird der Name Gottes aus Respekt nie ausgesprochen, sondern durch das hebräische Wort „Adonaj" ersetzt: „mein Herr". Dessen Vokale wurden später in JHWH eingesetzt, wobei das erste A zu einem E wurde.

Der Begriff „Zeugen" geht auf ein Wort des Propheten Jesaja zurück, in dem Gott sein auserwähltes Volk zu Zeugen für seine Größe und Gerechtigkeit nimmt (Jes 43,10).

Harmagedon

Russel verkündete, dass 1914 das Jahr der Wiederkunft Christi sei. Als stattdessen der 1. Weltkrieg ausbrach, waren seine Anhänger zunächst enttäuscht. Heute glauben sie, dass Jesus Christus 1914 tatsächlich wiedergekommen sei, indem er im Himmel den Herrscherthron bestiegen habe. Die endgültige Herrschaft wird er am Ende unserer Zeit in der Schlacht von Harmagedon übernehmen, die unmittelbar bevorsteht. In dieser Schlacht wird er als Weltenrichter alle Bösen vernichten. Nur die Menschen, die Gott lieben und seine Gebote halten, werden dabei nicht ausgelöscht und werden im Paradies auf Erden leben. Gott erscheint also als Gott der Strafe und der Belohnung, nicht als barmherziger Gott gegenüber den Sündern. Jesus Christus wird unerbittlich die Guten von den Bösen trennen.

Leben als Jehovas Zeugen

Was gut ist, ist eindeutig der Bibel zu entnehmen – daraus resultieren strenge Vorschriften für alle Bereiche des menschlichen Lebens.
Eine der wichtigsten Pflichten ist die Verkündigung der Botschaft von Gottes Liebe und vom drohenden Gericht (Harmagedon). Nach intensivem Bibelstudium besuchen Jehovas Zeugen dazu andere Menschen zu Hause oder bieten ein Gespräch in der Fußgängerzone an. Bekannte Zeitschriften, die sie dabei weitergeben, sind „Der Wachtturm" und „Erwachet!".
Das Familienleben und die Erziehung sind streng reglementiert, enge Beziehungen zu Außenstehenden werden kritisch gesehen.
Die christlichen Feste werden nicht gefeiert; auch der Umgang mit der Bibel im christlichen Religionsunterricht wird abgelehnt.

Aufgaben

1 Viele „Sekten-Informationsstellen" sind auch im Internet präsent. Dort findest du Berichte von sogenannten „Aussteigern". Fasse zusammen, welche Erfahrungen sie innerhalb der Gemeinschaft und nach ihrem Ausstieg gemacht haben.

2 Jehovas Zeugen gehen von einem Dualismus (von lat. duo = „zwei") aus, in dem sich die „Gute Welt" und die „Böse Welt" gegenüberstehen.
a) Arbeite aus dem Text heraus, welches Bild von Gott dahintersteht und welche Rolle dem Menschen zukommt.
b) Beschreibe die Erziehung von Kindern bei Jehovas Zeugen und versuche, sie zu beurteilen.

Ein Gerichtsverfahren

Der Antrag

Im Jahr 1990 stellten Jehovas Zeugen in Berlin den Antrag, als „Körperschaft des öffentlichen Rechts" anerkannt zu werden.

Mit diesem Status sind zahlreiche Vergünstigungen verbunden: Eine Körperschaft des öffentlichen Rechts darf z. B. Kirchensteuer erheben und kirchliche Beamte beschäftigen. Ihr stehen deutliche steuerliche Vergünstigungen zu. In der Öffentlichkeit wird eine Religionsgemeinschaft erst als „Kirche" wahrgenommen, wenn sie als Körperschaft des öffentlichen Rechts anerkannt ist.

Das Verfahren

Das Verwaltungsgericht (1993) und das Oberverwaltungsgericht Berlin (1995) gaben den Zeugen recht. Dagegen wurde der Antrag vor dem Bundesverwaltungsgericht 1997 abgelehnt. Entscheidend war dabei, dass die Mitglieder der Zeugen Jehovas prinzipiell nicht an demokratischen Wahlen teilnehmen. Das würde bedeuten, dass eine Körperschaft des öffentlichen Rechts den Staat, der ihm dieses Recht zuspricht, nicht loyal unterstützt.

Gegen dieses letztinstanzliche Urteil blieb den Zeugen nur der Gang zum Bundesverfassungsgericht in Karlsruhe. Dieses stellte 2000 fest, dass die innere Struktur einer Religionsgemeinschaft mit den Vorgaben des Vereinsrechts zwar in Konflikt liegen könne, dass aber der Körperschaftsstatus ein wichtiges Mittel zur Entfaltung der gesetzlich verbürgten Religionsfreiheit sei. Daher entschied das Gericht, dass von der Religionsgemeinschaft nicht verlangt werden könne, loyal zum Staat zu stehen, solange sie ihn nicht grundsätzlich bekämpft. Das Urteil des Bundesverwaltungsgerichts wurde daher aufgehoben.

Das Bundesverfassungsgericht in Karlsruhe

Die Streitpunkte

Das Land Berlin hatte bei seiner Ablehnung des Antrages eine Reihe von Vorwürfen erhoben. Dabei ging es darum, ob Bluttransfusionen bei Kindern verhindert würden, ob eine Gefährdung des Kindeswohls durch rigide Erziehungsvorgaben bestünde und ob durch psychischen Druck auf „Aussteiger" der Bestand von deren Ehe und Familie gefährdet würde.

Das Gericht kam zu dem Schluss, dass das Land diese Vorwürfe nicht mit Fakten wie etwa Entscheidungen von Familiengerichten, Jugendämtern oder anderen Institutionen belegen könne. Vielmehr habe sich das Land vor allem auf Berichte von „Aussteigern" gestützt, die naturgemäß in hohem Maße subjektiv sind. Dem Gericht kann es dabei nicht um das Verhalten einzelner Mitglieder gehen, sondern um die Vorgaben, die die Religionsgemeinschaft macht.

Das Urteil

Am 24. März 2005 stellte das Oberverwaltungsgericht Berlin fest, dass die Religionsgemeinschaft Jehovas Zeugen die Voraussetzungen für die Verleihung des Status' einer Körperschaft des öffentlichen Rechts erfüllt. Da sich das Urteil auf die deutsche Verfassung bezog, ist es nicht nur für Berlin von Bedeutung: Die meisten Bundesländer haben inzwischen die Anerkennung ausgesprochen.

1 Inszeniert einen eigenen Gerichtsprozess, in dem ihr die Frage verhandelt, ob Jehovas Zeugen in eurem Bundesland als Körperschaft öffentlichen Rechts anerkannt werden sollen. Bildet dafür Gruppen, die sich auf die Rolle des Klägers (Jehovas Zeugen), des Verteidigers (aus eurem Bundesland) und der Richter vorbereiten. Recherchiert für eure Positionen.

2 Erkundige dich, wie das Bundesland, in dem du lebst, zu dieser Frage steht.

Religion: Berührung des unberührbaren Geheimnisses

Religionen beurteilen

Oft ist es sehr schwierig, eine Religionsgemeinschaft zu beurteilen: Wie können wir herausfinden, ob es ihre Angehörigen ernst meinen mit ihrer Botschaft? Möchten Sie aus Überzeugung andere dafür begeistern oder sind sie darauf aus, Macht über andere Menschen zu gewinnen? Ist also die Kritik begründet, die über manche Gruppierungen zu hören ist?
Wenig sinnvoll ist es, bei der *Wahrheitsfrage* zu beginnen. Auch wenn eine Religion auf der Überzeugung beruht, die Wahrheit, *ihre* Wahrheit, durch göttliche Offenbarung empfangen zu haben – einen objektiven Beweis für diese „Wahrheit" kann es nicht geben. Religion bleibt immer eine Angelegenheit des Glaubens.

→ Um Propheten geht es auf S. 11–30.

Lehre und Handeln

Um eine begründete Position gegenüber einer Religionsgemeinschaft einnehmen zu können, müssen ihre offizielle Lehre und ihr Handeln als Religionsgemeinschaft betrachtet werden:

Wie ist die Religionsgemeinschaft entstanden und woran glauben ihre Mitglieder?
Diese Frage bezieht sich auf die **Lehre** einer Religionsgemeinschaft. Worauf beruht sie? Ist sie in sich stimmig? Welche Bilder von Gott und den Menschen setzt sie voraus? Ist sie mit den Menschenrechten vereinbar?

Wie verhält sich die Religionsgemeinschaft als Institution – und wie verhalten sich ihre Mitglieder?
Diese Frage bezieht sich auf das **Handeln** einer Religionsgemeinschaft. Dies ist oft nicht einfach zu beurteilen – vor allem dann, wenn es schwer ist, von außen überhaupt einen Einblick zu bekommen. Vielleicht ist der folgende Teil einer Predigt Jesu hilfreich. Jesus warnt darin vor Menschen, die vorgeben, im Namen Gottes zu handeln, in Wirklichkeit aber seinen Willen missachten. Er zeigt auf, dass das Handeln von Menschen immer am Maßstab dessen zu beurteilen ist, was es Gutes in die Welt bringt. Die Kirche hat sich deshalb den Grundsatz „ecclesia semper reformanda" (die Kirche muss sich immer reformieren, d.h. an der Botschaft Jesu neu ausrichten) zu eigen gemacht.

Von den falschen Propheten
15 Hütet euch vor den falschen Propheten; sie kommen zu euch wie (harmlose) Schafe, in Wirklichkeit aber sind sie reißende Wölfe.
16 An ihren Früchten werdet ihr sie erkennen. Erntet man etwa von Dornen Trauben oder von Disteln Feigen? 17 Jeder gute Baum bringt gute Früchte hervor, ein schlechter Baum aber schlechte. 18 Ein guter Baum kann keine schlechten Früchte hervorbringen und ein schlechter Baum keine guten. [...] 20 **An ihren Früchten also werdet ihr sie erkennen.** 21 Nicht jeder, der zu mir sagt: Herr! Herr!, wird in das Himmelreich kommen, sondern nur, wer den Willen meines Vaters im Himmel erfüllt. 22 Viele werden an jenem Tag zu mir sagen: Herr, Herr, sind wir nicht in deinem Namen als Propheten aufgetreten und haben wir nicht mit deinem Namen Dämonen ausgetrieben und mit deinem Namen viele Wunder vollbracht? 23 Dann werde ich ihnen antworten: Ich kenne euch nicht. Weg von mir, ihr Übertreter des Gesetzes!
(Mt 7,15–18.20–23)

Aufgaben

1 Fasse in eigene Worte, was Jesus über die „falschen Propheten" sagt.
2 Überlege, was das für „Früchte" sein könnten, an denen man „falsche Propheten" erkennt, und nenne Beispiele.
3 Trage mit deinem Banknachbarn/deiner Banknachbarin Beispiele zusammen, wo ihr heute „falsche Propheten" am Werk seht, die ähnlich wie religiöse Gruppierungen leere Glücks- und Heilsversprechungen machen.

Auf der Suche ...
Glaubensgemeinschaften, Religionen und auch Kirchen sind mitunter mit dem Anspruch aufgetreten, den Sinn des Lebens und der Welt entdeckt oder von Gott geoffenbart bekommen zu haben. Damit verbunden ist die Überzeugung, klar beurteilen zu können, was ein richtiges, gottgemäßes und menschengerechtes Leben und was Gottes Wille sei. Die Frage nach Gott und dem Sinn des Lebens wäre dann ein **Rätsel**, dessen Lösung nur sie alleine kennen.
Die Herausforderung des christlichen Glaubens ist demgegenüber, dass der Sinn und die letzte Wahrheit ihres Lebens in Gott verborgen liegt. Die Bibel berichtet von Erfahrungen, die Menschen mit diesem Gott gemacht haben. Darin scheint etwas von diesem unlösbaren **Geheimnis** auf, ganz fassbar ist es jedoch nicht. Nicht immer haben Christinnen und Christen dies eingestanden.

Religion als Berührung
Viele Erzählungen der Bibel zeugen davon, dass Menschen die Begegnung mit Gott als „Einbruch" in ihr Leben erlebt haben. Gott bleibt zwar das für den Menschen unfassbare Geheimnis, er wird in manchen Erfahrungen aber berührbar, weil – so wagt der Glaube zu hoffen – Gott die Menschen berührt. Für den Theologen Gottfried Bitter ist Religion daher „Berührung". Im Gebet, in Symbolen, in Sakramenten und sogar in alltäglichen Begegnungen versuchen wir, das unberührbare Geheimnis Gott zu berühren. Bitter formuliert dies in einem Gebet:

> Es berührt unser Herz, wenn wir in den Evangelien lesen, dass Du und wie Du die Menschen berührst: die Freunde und die Kranken, die Nahen und die Fremden, die Aussätzigen (die eigentlich unberührbar sind) und die Sünder, deren Berührung angeblich unrein macht. Herr, Jesus Christus, in Deinen Berührungen wird die verborgene Liebe Gottes sinnlich, konkret, greifbar, wohltuend, heilend, befreiend.

Wie schwer es ist, dieses Geheimnis auszudrücken, zeigen vielleicht die Bilder des Malers Arnulf Rainer. Seine „Übermalungen" entstehen in einem Prozess des Malens und Korrigierens durch Übermalung bis hin zu einer fast völlig zugedeckten Fläche. Rainer selbst sagt dazu: „Ich wollte nie zerstören, sondern vervollkommnen." Ein wichtiges Motiv seiner Übermalungen ist der gekreuzigte Christus.

→ Auch Metaphern sind eine Form, dieses Geheimnis auszudrücken. Lies dazu S. 34/35.

Arnulf Rainer, Christus-Übermalung, 1984

1 Versuche, das Bild und das Gebet miteinander zu verbinden. Zeige auf, wo im Bild sich die Idee der „Berührung" wiederfindet.
2 Schreibe das Gebet zu Ende. Beziehe dabei die Idee der „Berührung" erneut mit ein.
3 Nach christlichem Glauben wurde Gott in dem Menschen Jesus erfahrbar (vgl. S. 42). Erörtere, welche Bedeutung Jesus Christus für die Suche der Menschen nach Sinn haben kann.

Verbot von Kinobesuch aus religiösen Gründen?

Werbeplakat zum Film „Krabat"

Münster/B. – Schwarze Magie und Dämonen – damit darf unser Sohn nicht konfrontiert werden, meinen Anne und Werner Neumann[1] aus B. Im Oktober 2008 wollten sie ihren 13-jährigen Sohn deshalb von einem Kinobesuch mit seiner Deutschklasse befreien lassen. Der Schulleiter des Gymnasiums sagte Nein, und dagegen klagten die Eltern. Vor dem münsterschen Verwaltungsgericht wurde gestern verhandelt.

Kein Streit um des Kaisers Bart, meinen die Eltern. Den Siebtklässler haben sie während der Kinovorstellung des Films „Krabat" zu Hause betreut, das Bußgeldverfahren wegen Verletzung der Schulpflicht ist längst eingestellt, das Verhältnis zur Schule ist harmonisch. Aber dennoch: „Als Zeugen Jehovas waren wir in einem echten Gewissenskonflikt". Ihren Sohn vom Kinobesuch abzuhalten, dafür hätten sie tiefgehende Gründe gehabt. Die Bibel verbiete die Befassung mit spiritistischen Praktiken.

Eine Diskussion über Bibelstellen – nein, die habe er damals nicht führen wollen, erinnerte sich der Schulleiter in der Verhandlung. Das Buch von Otfried Preußler – mit Preisen überhäuft. Der Film – mehrfach ausgezeichnet. Die Lehrpläne – auf ihnen stand dieser Stoff. Der Unterricht habe gerade die Befreiung des Menschen von diesen dunklen, totalitären Mächten betont.

Dem widersprach der Rechtsanwalt der Familie nicht. Der Sohn habe ja auch teilgenommen, als Auszüge dieses Buches im Unterricht gelesen wurden. „Ein Film zieht den Betrachter aber viel stärker in den Bann. Die Schule hätte deshalb den Elternwillen respektieren sollen." Ihr Verhältnis zur Schule sei weiterhin entspannt, sagte die Mutter. Dass ihr Sohn zur Realschule gewechselt sei, habe andere Gründe.

Der Richter am Verwaltungsgericht sah das Anliegen der Eltern als möglichen Präzedenzfall: „In letzter Zeit scheinen Eltern häufiger aus religiösen Gründen mit Schulen in Konflikt zu geraten." Er lehnte die Klage der Eltern ab: Die Ablehnung der Befreiung sei nicht rechtswidrig gewesen. Das „Grundrecht auf religiöse Kindererziehung" verleihe den Eltern nicht „das Recht, ihre Kinder von bestimmten Unterrichtsinhalten fernzuhalten", so der Richter. „In dem Unterricht haben wir kein Haar in der Suppe gefunden."

Das hätten die Eltern auch nie behauptet, erwiderte ihr Rechtsanwalt. „Aber es ging nur um drei Stunden Kinobesuch." Eine Schule müsse einen solchen punktuellen Konflikt auch einvernehmlich lösen können. Der Anwalt der Eltern will Berufung einlegen.

(Beatrix Bohn, Westfälische Nachrichten Münster, 12. 02. 2010, mit Kürzungen)

1 Alle Namen wurden geändert.

Hauptweg und Nebenwege

Zu Beginn dieses Kapitels hast du das Bild von Paul Klee betrachtet und eine Erläuterung dazu verfasst. Nachdem du viel über die Suche nach Glück, Rettung und Heil nachgedacht hast und verschiedene Wege kennengelernt hast, die Menschen auf dieser Suche einschlagen, siehst du vielleicht einiges anders oder hast neue Aspekte entdeckt.
Schreibe eine Neuauflage deiner Erläuterung zu dem Bild, die erklärt, warum es auf der ersten Seite dieses Kapitels zu finden ist.

Wegbeschreibungen

Eine Straßenkarte verändert sich im Laufe der Zeit. Manchmal werden neue Straßen gebaut oder Routen anders geführt. Außerdem zeigt die Erfahrung, wo Staus und Sackgassen sind und welche Wege günstiger sind als andere.
Betrachte noch einmal eure Landkarten. Formuliere zu einer davon, die dir passend erscheint, eine Wegbeschreibung für den Lebensweg zum Glück.

Wegbegleiter

Betrachte noch einmal die Ergebnisse von Befragungen und Interviews, die ihr in diesem Kapitel durchgeführt habt. Erarbeite eine Infotafel, mit der du über die Sehnsucht nach Glück, Rettung und Heil informierst. Beziehe auch die verschiedenen Wege mit ein, die Menschen auf ihrer Suche beschreiten und weise ggf. auf ihre Gefahren hin.

→ Auch im Hinduismus und Buddhismus geht es um die Suche nach Erfüllung. Du kannst dich darüber auf S. 201–234 informieren.

→ Die biblische Schöpfungsidee gibt eine Antwort auf die Suche nach Sinn. Auf S. 175–200 kannst du sie nachlesen.

→ Erwachsenwerden heißt, Verantwortung für den eigenen Lebensweg zu übernehmen. Lies dazu S. 121–140.

→ Die christliche Hoffnung auf Heil drückt sich im Bild vom Reich Gottes aus. Mehr darüber erfährst du auf S. 31–54.

Abschlussaufgabe

Stelle dir vor, du arbeitest in einer Beratungsstelle. Zu dir kommen Eltern, die sich über Esoterik, Okkultismus und neue religiöse Gemeinschaften informieren wollen. Diese Phänomene sind sehr unterschiedlich, werden aber thematisch zusammen behandelt, weil sie auf menschliche Sehnsüchte antworten und daher unter bestimmten Umständen auch gefährlich sein können.
Deine Aufgabe ist es, einen Flyer mit den wichtigsten Informationen zusammenzustellen. Er muss auf eine Seite passen. Berücksichtige die folgenden Aspekte:

- Welche Sehnsüchte werden von diesen Phänomenen angesprochen?
- Wodurch sind Esoterik, Okkultismus und neue religiöse Gemeinschaften jeweils gekennzeichnet?
- Wo liegen Gefahren?
- Nach welchen Kriterien können sie beurteilt werden?

„Unruhig ist unser Herz, bis es ruhet in dir, o Herr."

(Augustinus von Hippo, 354–430 n. Chr.)

Menschen sind auf der Suche: Sie suchen nach Glück, Rettung und Heil. Es ist schwer, die Bedeutung dieser Begriffe in Worte zu fassen. Könnt ihr euch in der Klasse auf eine gemeinsame Erklärung einigen?

Rasch wird klar, dass diese Suche kein leichter Spaziergang ist. Reichtum, Wissen, Macht, Familie – das alles hilft, wichtige Grundbedürfnisse zu befriedigen. Zugleich kann alles das aber auch in einem einzigen Moment in sich zusammenbrechen, wenn ich z. B. verlassen werde, meinen Arbeitsplatz verliere oder schwer erkranke. Und manche von denen, die „alles" haben, stellen verwundert fest, dass sie trotzdem nicht ans Ziel ihrer Suche gekommen sind.

Ein solcher Mensch war **Kohelet**. Wir wissen über ihn: Kohelet war wohlhabend, es ging ihm gut. Dennoch (oder gerade deswegen?) ist er auf der Suche. Die Erkenntnis, zu der er am Ende seiner Suche kommt, ist ernüchternd und aufregend zugleich: Es gibt nichts, an dem man sich absolut sicher festhalten kann: „Alles ist Windhauch." Und: jeder Augenblick hat Kontakt mit der Ewigkeit.

Die Erzählung von der **Versuchung Jesu** durch den Teufel klingt heute sonderbar. Mit wem ringt Jesus? Die Versuchung wird in der Geschichte verallgemeinert als „das Böse", genauer: personifiziert als „der Böse", der Teufel. Jesus ringt mit der Versuchung – er ringt mit sich selbst. Wenn wir den „Teufel" auf diese Weise verstehen, werden **okkulte und satanische Praktiken** unsinnig, denn sie rufen etwas, das in uns steckt. Dazu bedarf es aber keiner Gläser und Pendel. Die Gefahr besteht, dass wir unser Inneres mit äußeren Dingen (Pendeln, Sternkonstellationen ...) verwechseln. Tatsächlich wirken hier viele Kräfte. Sie sind allerdings natürlich erklärbar, z. B. biologisch, psychologisch oder gruppendynamisch. Das gilt auch für die Gefahren, die mit ihnen verbunden sind.

Natürlich machen sich viele Menschen auch ernsthaft auf den Weg. Jedoch sehen viele ihren Weg nicht innerhalb der Kirche. Christinnen und Christen haben ihren Weg lange Zeit als den einzig richtigen angesehen. Im 2. Vatikanischen Konzil (1962–1965) brachte die katholische Kirche jedoch ihre Wertschätzung des Wahren und Heiligen in anderen Heilswegen zum Ausdruck: in der Überzeugung, dass letztlich Jesus, der Christus, der „Weg, die Wahrheit und das Leben" ist – aber auch in der Einsicht, dass Gottes Wege unser Wissen und unsere Vernunft übersteigen.

Letzte Wahrheiten entziehen sich unserem Wissen – und sind darum auf unseren Glauben angewiesen. Dass wir uns mit dem christlichen Glauben für einen richtigen Weg entscheiden, können wir niemandem beweisen. Unser einziger Maßstab ist ein Satz Jesu: „An ihren Früchten werdet ihr sie erkennen." Unsere Vernunft hilft uns, das zu überprüfen, wenn wir unseren Weg wählen müssen – auch wenn wir nicht immer zu einem eindeutigen Ergebnis kommen. Aber wer an einen liebenden und barmherzigen Gott glaubt, der kann nicht Hass predigen, unmenschliche Strafen im Namen Gottes vollziehen und sich in unterdrückenden und unmenschlichen Strukturen organisieren. Manche **esoterische Gruppen** sind dann eher harmlos, manche **Sekten** wie Scientology höchst gefährlich. Allerdings: Auch vieles, was Christinnen und Christen im Namen Gottes zu tun vorgaben, entpuppt sich als das direkte Gegenteil. Augustinus' Gebet ist darum zugleich eine Mahnung zur Gelassenheit, gegen religiösen Über-Eifer: **„Unruhig ist unser Herz, bis es ruhet in dir, o Herr."**

4 Mehr als Klöster und Kreuzzüge: Das Christentum prägt Europa

Im Namen des Kreuzes

Im Namen des Kreuzes hat Kaiser Konstantin für das Römerreich das Christentum angenommen. In diesem Zeichen waren die Missionare unterwegs zu den Germanen. Auch für die deutschen Kaiser war das Kreuz die Mitte ihrer religiösen Welt. Aber im Namen des Kreuzes wurden auch Kriege geführt, Andersgläubige bekämpft und Waffen gesegnet: Die Kreuzzüge gelten als dunkler Fleck in der Geschichte des Christentums. Betrachte das Bild auf S. 77. Es zeigt Reichskreuz, heilige Lanze und Kreuzpartikel in der Weltlichen Schatzkammer in Wien. Tragt in Kleingruppen zusammen, was ihr über das Kreuz und seine verschiedenen Formen und Verwendungsweisen wisst. Sammelt Kreuzesdarstellungen und erklärt, wofür sie stehen. Haltet eure Ergebnisse im Heft fest.

Aufbruchsstimmung in Jerusalem

„Darum geht zu allen Völkern und macht alle Menschen zu meinen Jüngern" (Mt 28,19): Auf dem Apostelkonzil in Jerusalem hatte sich die junge Christengemeinde zur weltweiten Mission entschlossen. Mit der Ausbreitung des Christentums begann ein Prozess, der die damalige Welt stark prägte. Vor allem im Mittelalter wurde das künftige Europa durch die christliche Kultur bestimmt. Halte in Stichworten fest, was du von den Kulturleistungen des Mittelalters schon kennst. Zeige auf, welche davon einen religiösen Hintergrund haben. Sucht dazu passende Bilder und erstellt in der Kleingruppe ein Plakat mit Themen aus der Zeit des Mittelalters.

Zeitreise

Zeichne den folgenden Zeitstrahl groß in dein Heft. Notiere darüber wichtige Ereignisse wie Jesu Tod und Auferstehung, das Apostelkonzil von Jerusalem, die Zeit der Christenverfolgung im Römischen Reich, die Krönung Kaiser Karls des Großen, die Zeit der Kreuzzüge und andere Daten aus diesem Zeitraum, die du kennst.

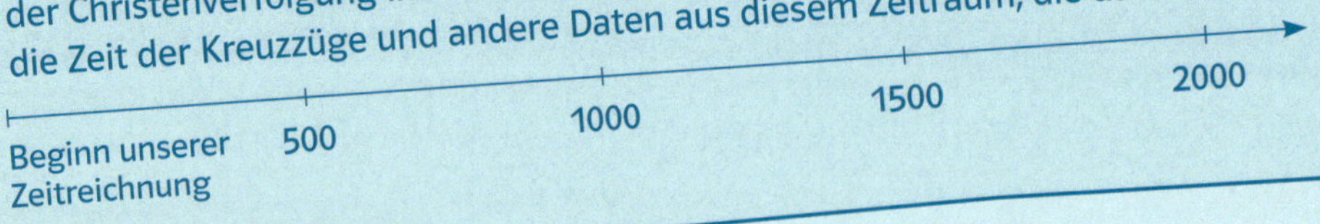

Eine Präsentation gestalten

Klosterpräsentation

Präsentieren heißt, anderen etwas nahezubringen, das ihnen noch fremd ist. Geschichtliche Themen eignen sich dafür besonders gut: Das, was in ihnen zur Sprache kommt, ist oft lange vorbei, vielen unbekannt – und doch wichtig, um unsere Gegenwart besser zu verstehen.

Hier soll dies am Beispiel einer Klosterpräsentation gezeigt werden: Manche Klöster, die im frühen Mittelalter gegründet wurden, haben heute eine über 1000-jährige Geschichte. Sie waren die Knoten, mit denen Europa geknüpft wurde: Machtzentren des Geistes und der Politik, Orte des gemeinschaftlichen Lebens, des Gebetes und der Arbeit. Bis heute suchen Menschen hier Zuflucht – übrigens nicht nur Mönche oder Nonnen!

Effektives Vortragen erfordert vier Schritte, gleichgültig, ob man „professionell" mit Power Point und Beamer arbeitet oder eher auf „klassische Weise" seinen Vortrag mit Folien und Overhead-Projektor oder Plakaten optisch unterstützt:

1. Informieren
Allgemein: Grundlage eines jeden Vortrags ist eine gründliche Information. Verschafft euch über Internet, Lexika und Fachbücher möglichst viel Wissen über euer Thema.

Klosterpräsentation: Wenn ihr über einzelne Aktivitäten genauer Bescheid wissen wollt, fragt ihr am besten per E-Mail beim Webmaster des betreffenden Klosters an. Formuliert eure Frage präzise und im Hinblick auf die Internetpräsenz des Klosters.

2. Planen
Allgemein: Bei der Planung ist vom Wissensstand und dem Interesse der Zuhörer auszugehen. Die gesammelten Informationen müssen entsprechend gesichtet werden. Manches muss dabei aussortiert werden. Als Faustregel gilt: Was euch interessiert, interessiert auch andere, was ihr selbst nicht versteht, könnt ihr auch nicht vermitteln. Weniger ist deshalb oft mehr.

Klosterpräsentation: Achtet besonders auf die Punkte, die „euer" Kloster von anderen unterscheidet. Konzentriert euch auf das Wesentliche.

3. Aufbereiten
Das Hauptaugenmerk ist auf Klarheit, optische Wirkung, Einprägsamkeit und natürlich die inhaltliche Korrektheit zu richten (sachlich und objektiv bleiben!). Vermeidet es, durch ein Zuviel an Informationen und/oder Gestaltung die Zuhörer vom eigentlichen Inhalt eures Vortrags abzulenken. Die einzelnen Folien/Plakatabschnitte/... dürfen nicht überladen sein. Achtet auf eine gut lesbare Schriftgröße und denkt daran: Es sollen nur die Kernpunkte eures Vortrags erscheinen, niemals der ganze wörtlich ausformulierte Vortrag. So verbindet man Anschaulichkeit mit der passenden Begrifflichkeit (Bild mit Begriff, Fachwort, Grafik ...).

Klosterpräsentation: Schön wäre es, wenn ein Bild/Symbol, das für „euer" Kloster kennzeichnend ist, immer wieder auftaucht und so den Zusammenhang des Ganzen schon rein optisch zum Ausdruck bringt.

4. Präsentieren
Grundsätzlich gilt: Der Vortragende zeigt durch sein ganzes Auftreten, seine Körpersprache und seine Ausdrucksweise, dass sein Referat interessant und wichtig ist. Er drückt sich klar aus und baut in seinen Vortrag Überraschungsmomente mit ein, z. B. optische Elemente. So wird die Präsentation für euch eine kleine Forschungsreise, weil ihr euch aktiv ein Thema erarbeitet und dabei grundlegende wie aktuelle Informationen recherchiert. Für eure Zuhörer wird sie eine Entdeckungsreise, weil ihnen mit dieser Methode und eurer Hilfe auf besonders anschauliche Weise ein neues Thema erschlossen wird.

Das Christentum breitet sich in Europa aus

Wandermönche und Klostergründungen

Es waren vor allem irische, schottische und angelsächsische Mönche, die nach der Völkerwanderung das Christentum nördlich der Alpen erneut verbreiteten. Seit der heilige Columban im Jahr 592 mit zwölf Gefährten von Irland aufgebrochen war, durchwanderten irische Mönche auch die unwegsamsten Gegenden. „Zieh weg aus deinem Land, von deiner Verwandtschaft und aus deinem Vaterhaus in das Land, das ich dir zeigen werde" (Gen 12,1): Diese alttestamentliche Weisung Gottes an Abraham verstanden junge Männer, die nach Sinnerfüllung und Unabhängigkeit suchten, genau wie die Aussendung der Jünger durch Jesus (Mt 28,15) als Aufforderung zum „weißen Martyrium".

Info

Während beim **roten Martyrium** das Leben geopfert wird, bezeichnet man als **weißes Martyrium** die (meist freiwillige) endgültige Trennung von allem, woran das Herz hängen konnte (Heimat, Familie, Freunde) um des Glaubens willen. Besonders die irischen Missionare sahen in der Peregrinatio (Pilgerfahrt) zum europäischen Festland eine gute Möglichkeit, ihren Glauben zu verbreiten.

Menschen wie Columban (gest. 615), sein Begleiter Gallus (gest. um 640/50) oder Willibrord (gest. 739), Pirmin (gest. 753) und Bonifatius (gest. 754) suchten nach Möglichkeiten, ihren Zeitgenossen die Botschaft des Evangeliums verständlich zu machen. Sie fühlten sich in Christus gestärkt, Menschen unterschiedlichster Prägung und Lebensformen anzusprechen. Von adliger Herkunft, wandten sie sich oft an die Führungspersönlichkeiten der Germanen, die sich dann mitsamt ihrem Clan taufen ließen.

Kaiser Karl der Große, der gewaltigste Herrscher des Mittelalters, führte auf politische Weise und in der Tradition der Franken seit Chlodwig diese Mission weiter. Er begründete in Verbindung mit dem Papsttum in Rom das christliche Europa. Der Schwerpunkt des Frankenreiches verschob sich von der Seine an den Rhein.

786 begann Karl der Große mit dem Bau der Pfalz zu Aachen. Ihre berühmte Kapelle wurde zum Symbol der christlich-abendländischen Reichsidee. Neben der königlichen Hofschule entwickelten sich Kloster- und Kathedralschulen. Wissenschaft, Kunst und Theologie blühten auf. Zur Verwaltung des riesigen Reiches waren gebildete Persönlichkeiten nötig. Prägender Kopf der Hofschule und des Bildungsprogrammes war der Priester und Gelehrte Alkuin aus Yorkshire.

Der Gelehrte Alkuin (753–804)

Nach blutiger Befriedung der Sachsen wurden Anfang des 9. Jh. im Norden wichtige Bistümer und Klöster gegründet: Münster, Osnabrück, Paderborn, Minden, Bremen, Verden an der Aller, Hildesheim, Halberstadt. Karl der Große beauftragte den Friesen Liudger mit der Mission der Westsachsen. Dieser errichtete ein Kloster in Münster und in Essen-Werden, wo er auch begraben liegt. Im Kloster Corvey (Höxter, 822 gegründet) entstand das **Heliand-Lied** (Heliand = Heiland, Heilsbringer), das in altsächsischer Sprache die Geschichte Christi erzählt.

Die Eingliederung der Sachsen in das Frankenreich hatte auch eine gewalttätige und intolerante Seite gegenüber der germanischen Kultur. Am Ende aber war das innere Leben dieser Völkergemeinschaft durch das Zusammenspiel von Kirche und Staat bestimmt. Die großen Klöster wurden zu Keimzellen der neuen europäischen Kultur.

Ein Kloster stiften

Ein Kloster zu gründen, galt als ein gottgefälliges Werk. Wer ein Kloster stiften wollte, musste Geld und Ländereien zur Verfügung stellen. Zur wirtschaftlichen Existenzabsicherung übertrug der Gründer umfangreichen Grundbesitz mitsamt den dort lebenden Tributpflichtigen und Leibeigenen an das Kloster. Außerdem finanzierte er den Bau von Kirche und Klosteranlagen. Nach der Berufung von (häufig zwölf) Mönchen setzte er den ersten Abt ein. Die nachfolgenden Äbte wurden von den Mönchen gewählt.

Bei den meisten Klostergründern standen die Sorge um das Seelenheil und der Wunsch nach Ausbreitung und Festigung des christlichen Glaubens im Vordergrund. Darüber hinaus bildete ein Kloster jedoch eine sichere Kapitalanlage, eine innerfamiliäre Versorgungsanstalt und ein Zentrum der Sippenherrschaft. Der Kirche übertragenes Gut war dank gesetzlicher Regelungen vor dem Zugriff anderer weitgehend sicher. Die Stifterfamilie erhielt einen Teil der Klostereinkünfte, für ihre Kinder bestand die Möglichkeit der Schulbildung, Familienmitglieder konnten ins Kloster eintreten und dort gegebenenfalls zum Abt bzw. zur Äbtissin gewählt werden.

Häufig wurden die Klöster nach strategischen Gesichtspunkten angelegt. Im Grenzgebiet dienten sie als politische Vorposten. An den großen Land- und Wasserstraßen zogen sie Handel und Gewerbe an und beherbergten Pilger und Boten. In früher unzugängliche Urwaldgebiete schlugen sie Siedlungsinseln und halfen so bei der Gewinnung und Kultivierung neuer Anbauflächen. Aus dem öffentlichen Leben war ihr von Gebet und Arbeit geprägter Lebensstil bald nicht mehr wegzudenken.

Besondere Bedeutung erlangten die Schreibstuben und Bibliotheken der Klöster. Die Heilige Schrift, Messbücher, Gesetzestexte, medizinische Abhandlungen, Besitzurkunden – alles wurde in den Schreibstuben in mühseliger Handarbeit abgeschrieben. Ohne diese Tätigkeit wäre ein großer Teil der heute bekannten antiken Kulturinhalte für immer verloren gegangen.

→ Mehr zum Klosterleben erfährst du auf S. 86/87.

Die Bücher bildeten einen wesentlichen Teil des Klosterschatzes. Ein kunstvoll verziertes Exemplar kam im Wert einem Gutshof gleich. Trotz manch schlechter Erfahrungen mit der Rückgabemoral wurden die Bücher zum Abschreiben auch an weit entfernte Bibliotheken verliehen. So erreichten wichtige Bücher eine weite Verbreitung, die Kataloge großer Bibliotheken zählen mehrere Hundert Bände.

Giotto di Bondone, Schreibender Mönch, um 1266–1337, Ausschnitt aus dem Fresko „Gregorius mit einem Schreiber", Assisi, S. Francesco, um 1290/95

Aufgaben

1 Christus und das Christentum wollen ein „Licht für die Völker sein". So hat es das Zweite Vatikanische Konzil für unsere Zeit formuliert. Halte in Stichworten fest, ob und wie das auch auf die Christianisierung der Germanen zutrifft.

2 Versetze dich in die Gestalt des „Bildungsministers" Alkuin. Welche Vorschläge zur Entwicklung eines Bildungsprogrammes würdest du Karl dem Großen unterbreiten? Formuliere ein „7 Punkte-Programm".

3 Stelle dir vor, du bist ein Reporter. Führe ein fiktives Interview mit einem sächsischen Adligen. Frage ihn nach Gründen, weshalb er ein Kloster stiften will und welche Vorteile er sich davon verspricht.

Missionare und Kirchenbauer

Christus trägt die Kirche

→ Wer Bonifatius war, kannst du auf S. 84/85 nachlesen.

Der Bonifatius-Schüler Sturmius gründete 744 das Kloster Fulda. Dort ist auch Bonifatius begraben. Auf dem Friedhofsgelände des Klosters wurde 822 die Michaelskirche als Grablege für Bischof Eigil erbaut. Ihr Untergeschoss ist darum eine **Krypta** (griech. „die Verborgene"), eine Grabkirche.

Die Architektur dieser ältesten Grabkirche Deutschlands ist einzigartig: Die Kirche war ursprünglich ein Rundbau und besaß eine Kuppel mit einem deutlich sichtbaren Schlussstein. Sie ruht auf acht Säulen. Das Gewölbe des Unterbaus, der Krypta, wird von einer Ringmauer und einer starken Mittelsäule getragen. Die Mittelsäule der Krypta und der Schlussstein im Gewölbe des Obergeschosses sind aufeinander bezogen. Brun Candidus von Fulda, ein Zeitgenosse und Biograf des Abtes Eigil, erklärt die Symbolik:

„Die Mittelsäule in der Krypta und der Schlussstein im Gewölbe bezeichnen Christus, der das Bauwerk trägt, krönt und zusammenhält. Ohne ihn würde diese Kirche in sich zusammenstürzen. Das gilt aber auch für die Kirche als Gemeinschaft der Gläubigen, die auf dem Werk Jesu Christi erbaut ist, die er durch die Zeiten trägt und am Jüngsten Tag vollendet. Die acht Säulen im Obergeschoss symbolisieren Menschen, die die acht Seligpreisungen der Bergpredigt (Mt 5,3–10) erfüllen und damit Stützen der Kirche sind. Die Kreisform versinnbildlicht Vollkommenheit und Ewiges Leben, das die Gläubigen im Himmel erhoffen dürfen."

→ Einige der Seligpreisungen der Bergpredigt findest du auf S. 95.

Aufgaben

1 Projekt „Kirchenerkundung": Kirchen sind nicht nur kunstgeschichtlich interessant. Ihr ganz besonderer Raum ist Ort des Gottesdienstes und kann den Kirchenbesuchern Ruhe und Besinnung schenken. Wer Kirchen besucht, erfährt viel darüber, wie Christen ihre Religion leben. Organisiert einen Besuch einer Kirche vor Ort. Informiert euch zur Vorbereitung darauf arbeitsteilig über z. B. Geschichte der Kirche, Architektur, Außengestalt, Innenraum, wichtige Elemente der Ausstattung, Bilder, Fenster usw. Fasst eure Arbeit in einer abschließenden Präsentation mithilfe der Methode von S. 79 zusammen. Kleiner Tipp: Kirchenerkundung lohnt sich auch in ökumenischer Kooperation!

2 Synagogen und Moscheen sind die Versammlungs- und Gottesdiensträume von Juden und Muslimen. Wenn ihr die Gelegenheit habt, erkundet gleichfalls die Gotteshäuser dieser mit dem Christentum verwandten Religionen.

→ Mehr über das Judentum und den Islam erfährst du auf S. 146–149.

Mit Gott unterwegs: die Spiritualität der irischen Missionare

„Stärke und segne mich, Christus"
Bei den Christen Irlands waren die sogenannten **Lorica-Gebete** (lat. „Panzer") beliebt: Gebete, die detailreich um Schutz für den Beter bitten. Viele der bekannten irischen Segenswünsche gehen auf diese Lorica-Gebete zurück.

Nicht immer soll dein Weg eben sein,
ohne Hindernisse und Schwierigkeiten
und ohne Regen und Stürme.
Gerade diese sind für dich bestimmt,
deinen Weg nachdenklicher zu gehen,
deine Nächsten und auch die Fremden
nicht zu vergessen.

Möge Gott auf euren Wegen Zeichen
des Neubeginns setzen, neue Wege
eröffnen, alte Wege in neuem Licht
euch zeigen. Er führe euch sanft
und öffne eure Augen.

Segne mich, o Herr, und die Erde
unter meinen Füßen. Segne mich
o Herr, und die Sache, für die ich
unterwegs bin. Du von Ewigkeit
zu Ewigkeit, segne mich auch bei
meiner Rast.

Möge der Abend nicht kommen,
bevor du nicht ein Lächeln
auf das Gesicht deines Nachbarn
zaubern konntest!

Christus sei im Mund eines jeden,
der von mir spricht.
Christus sei im Auge eines jeden,
der mich sieht.
Christus sei in jedem Ohr,
das mich hört.
Du mein Herr,
Du mein Erlöser!
(Hl. Patrick)

Als Columban um 590 von Irland nach Gallien aufbrach, trugen er und andere Wandermönche solche Gebete in ihren Herzen. 25 Jahre war Columban unterwegs, 20 davon in Gallien. Anschließend zog er über die Schweiz und den Bodensee nach Oberitalien.

Croagh Patrick, Heiliger Berg Irlands, Ort der vierzigtägigen Buße des heiligen Patrick im Jahre 441

Der heilige Patrick (385–461) wird auch als der Missionar Irlands bezeichnet. Er trug zur Organisation der iro-schottischen Kirche bei.

Aufgaben

1 Analysiere die Segensgebete.
a) Suche nach Leitmotiven und Beispielen für Details und den Wunsch der Betenden, sich ganzheitlich unter den Schutz Gottes zu stellen.
b) Erkläre eines der Gebete mithilfe des **Peregrinatio**-Motivs (das „Unterwegssein" der Mönche, vgl. S. 80).
c) Beschreibe die Gottesvorstellung, die die Texte ausdrücken.

2 Vergleiche die Gebete mit Psalm 23. Benenne Gemeinsamkeiten und Unterschiede.

Bonifatius: Apostel Deutschlands

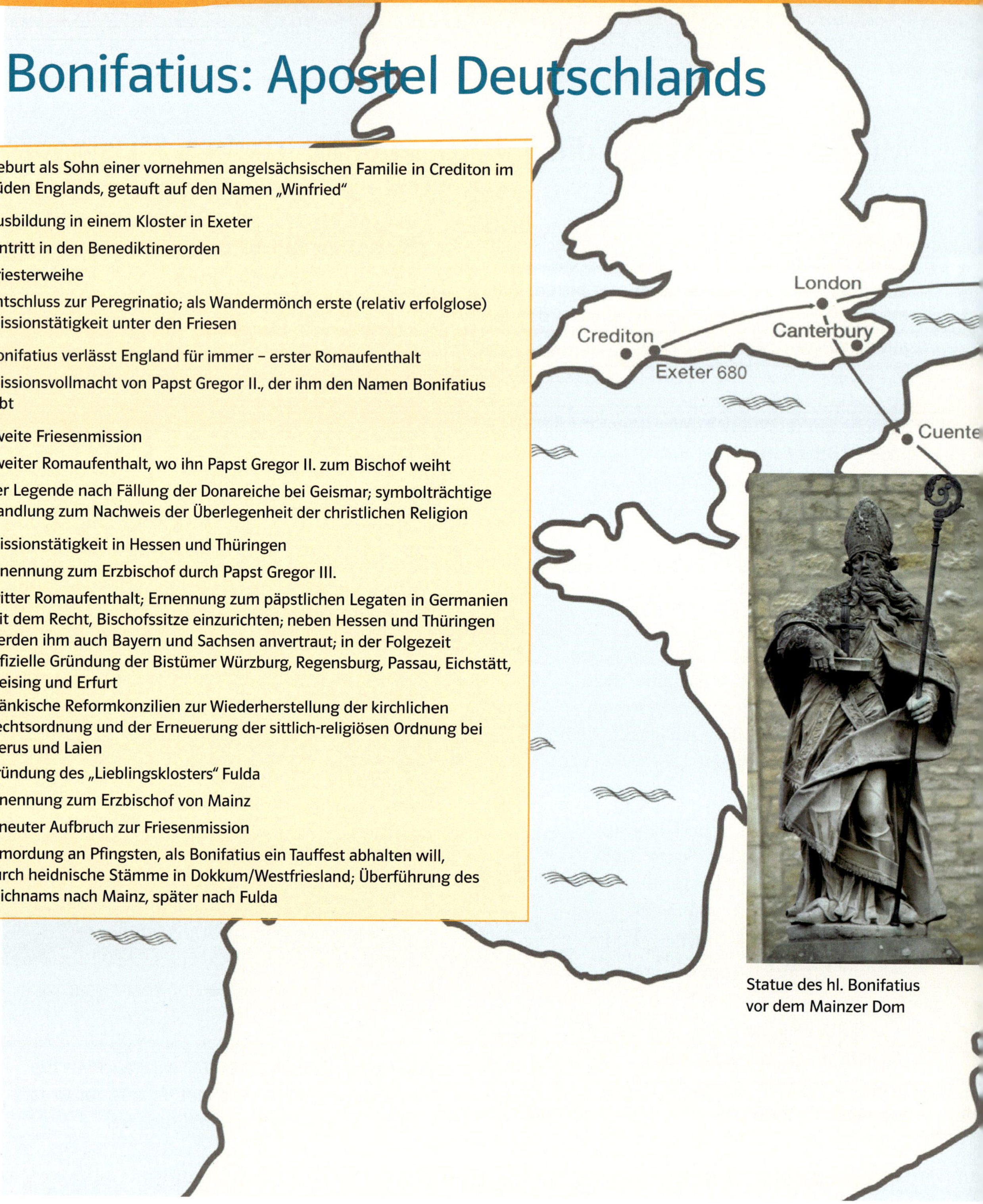

Info

ca. 672	Geburt als Sohn einer vornehmen angelsächsischen Familie in Crediton im Süden Englands, getauft auf den Namen „Winfried“
ab 680	Ausbildung in einem Kloster in Exeter
ca. 692	Eintritt in den Benediktinerorden
ca. 702	Priesterweihe
716	Entschluss zur Peregrinatio; als Wandermönch erste (relativ erfolglose) Missionstätigkeit unter den Friesen
718–719	Bonifatius verlässt England für immer – erster Romaufenthalt
719	Missionsvollmacht von Papst Gregor II., der ihm den Namen Bonifatius gibt
719–721	zweite Friesenmission
722–723	zweiter Romaufenthalt, wo ihn Papst Gregor II. zum Bischof weiht
723	der Legende nach Fällung der Donareiche bei Geismar; symbolträchtige Handlung zum Nachweis der Überlegenheit der christlichen Religion
bis 732	Missionstätigkeit in Hessen und Thüringen
	Ernennung zum Erzbischof durch Papst Gregor III.
738–739	dritter Romaufenthalt; Ernennung zum päpstlichen Legaten in Germanien mit dem Recht, Bischofssitze einzurichten; neben Hessen und Thüringen werden ihm auch Bayern und Sachsen anvertraut; in der Folgezeit offizielle Gründung der Bistümer Würzburg, Regensburg, Passau, Eichstätt, Freising und Erfurt
743/744	Fränkische Reformkonzilien zur Wiederherstellung der kirchlichen Rechtsordnung und der Erneuerung der sittlich-religiösen Ordnung bei Klerus und Laien
744	Gründung des „Lieblingsklosters“ Fulda
747	Ernennung zum Erzbischof von Mainz
753	erneuter Aufbruch zur Friesenmission
754	Ermordung an Pfingsten, als Bonifatius ein Tauffest abhalten will, durch heidnische Stämme in Dokkum/Westfriesland; Überführung des Leichnams nach Mainz, später nach Fulda

Statue des hl. Bonifatius vor dem Mainzer Dom

Aufgaben

1 Der Angelsachse Bonifatius wird „Apostel Deutschlands“ genannt. Nenne Gründe, die für bzw. gegen diese Bezeichnung sprechen.

2 Recherchiere, welche Bedeutung Bonifatius für die Kirche in Deutschland heute (noch) hat.

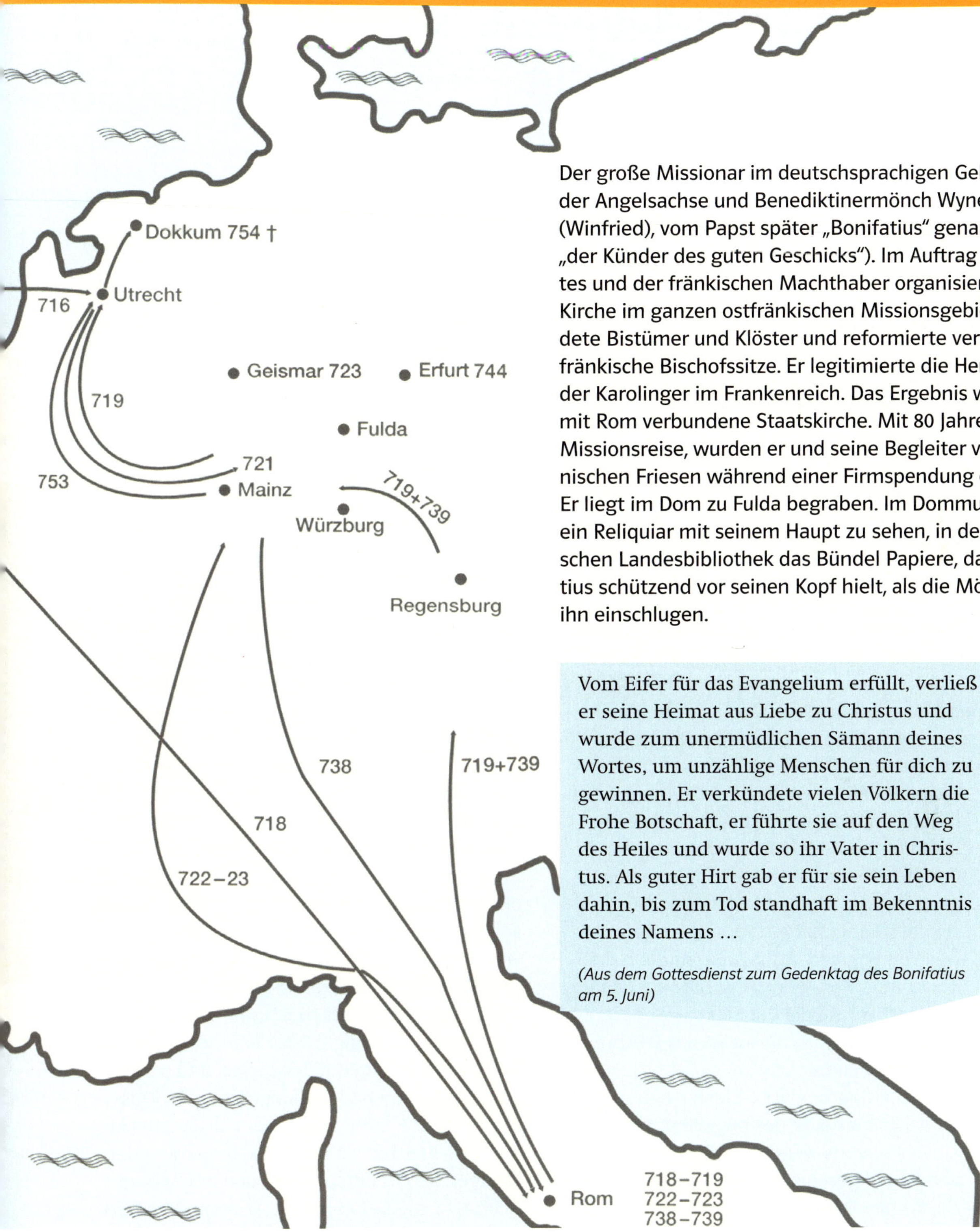

Der große Missionar im deutschsprachigen Gebiet war der Angelsachse und Benediktinermönch Wynefried (Winfried), vom Papst später „Bonifatius" genannt (lat. „der Künder des guten Geschicks"). Im Auftrag des Papstes und der fränkischen Machthaber organisierte er die Kirche im ganzen ostfränkischen Missionsgebiet, gründete Bistümer und Klöster und reformierte verweltlichte fränkische Bischofssitze. Er legitimierte die Herrschaft der Karolinger im Frankenreich. Das Ergebnis war eine mit Rom verbundene Staatskirche. Mit 80 Jahren noch auf Missionsreise, wurden er und seine Begleiter von heidnischen Friesen während einer Firmspendung erschlagen. Er liegt im Dom zu Fulda begraben. Im Dommuseum ist ein Reliquiar mit seinem Haupt zu sehen, in der Hessischen Landesbibliothek das Bündel Papiere, das Bonifatius schützend vor seinen Kopf hielt, als die Mörder auf ihn einschlugen.

Vom Eifer für das Evangelium erfüllt, verließ er seine Heimat aus Liebe zu Christus und wurde zum unermüdlichen Sämann deines Wortes, um unzählige Menschen für dich zu gewinnen. Er verkündete vielen Völkern die Frohe Botschaft, er führte sie auf den Weg des Heiles und wurde so ihr Vater in Christus. Als guter Hirt gab er für sie sein Leben dahin, bis zum Tod standhaft im Bekenntnis deines Namens …

(Aus dem Gottesdienst zum Gedenktag des Bonifatius am 5. Juni)

1 Informiere dich über den Dom in Fulda und seine Geschichte. Benenne das wichtige Treffen der katholischen Kirche, das dort regelmäßig stattfindet.

2 Erkläre, worin die besondere Stellung des Bonifatius für die Kirche in Deutschland zum Ausdruck kommt.

Benedikt von Nursia: Ordnung des Klosterlebens

Der geistige Vater des Mönchtums in ganz Europa war **Benedikt von Nursia**.
Um 480 geboren, entstammte er altrömischem Landadel. Er brach eine Ausbildung zum Juristen in Rom ab und wählte die weltabgeschiedene Lebensform des Eremiten. Seine Einsiedelei bei Subiaco (im südlichen Sabinergebirge, 70 km östlich von Rom) zog mit der Zeit immer mehr Menschen an.

→ Um Klostergründungen geht es auch auf S. 80/81.

Im Jahre 529 gründete Benedikt mit der Mönchsgemeinde von Subiaco auf dem Monte Cassino ein erstes Kloster. Seit dieser Zeit legen die 73 Kapitel der Ordensregel die Ordnung und den täglichen Lebensrhythmus jeder benediktinischen Klostergemeinschaft fest.
Durch Benedikt wurde das gemeinsame Leben in einem Einzelkloster unter einem auf Lebenszeit gewählten Abt das Modell des abendländischen Mönchtums schlechthin. Andere Klosterregeln wie etwa die des hl. Columban, verloren an Bedeutung.

Info

Das Wort **„Mönch"** (vom griechischen μοναχός – „monachos" = allein Lebender) betont ursprünglich das Allein-Sein. Für Benedikt bezieht es sich aber auf das ehelose, weltlich nicht gebundene Leben in einer Gemeinschaft, die miteinander betet und arbeitet. Dabei steht der Gottesdienst im Vordergrund.

Die erste Blüte erlebte das benediktinische Mönchtum im angelsächsischen Bereich. Dorthin waren Mönche auf Anraten Papst Gregors des Großen um 600 gekommen, nachdem das Stammkloster Monte Cassino den Langobarden zum Opfer gefallen war. Von England aus gelangten dann die iro-schottischen Mönche wieder auf das Festland, wo sie die **Benediktregel** bekannt machten und auch die Kunst des Bierbrauens mitbrachten.
Die für alle verbindliche Klosterregel schweißt bis heute das benediktinische Kloster zu einer neuen Familie ohne Blutsbande und geschlechtliche Beziehungen zusammen. In der Gemeinschaft geborgen, kann der Einzelne unter Führung des Abtes bzw. der Äbtissin in Armut, Gehorsam und Enthaltsamkeit die Nachfolge Christi antreten.
Das Leben des Mönchs bzw. der Nonne soll dabei beständiger Gottesdienst sein. Dies schließt körperliche Tätigkeit ausdrücklich mit ein. „Ora et labora" – Gebet und Arbeit strukturieren im Wechsel den Tag. Weltweit leben heute ca. 10.000 Männer und 20.000 Frauen nach dieser Regel. Ein Leben in Armut und Keuschheit sowie im Gehorsam gegenüber dem Abt soll unabhängig von der Welt und frei für Gott und den Dienst am Nächsten machen.

> „Keiner soll nach dem eigenen Nutzen streben, vielmehr soll jeder auf das bedacht sein, was für den anderen gut ist."
> *(Aus der Klosterregel des Benedikt)*

Die **Klosterregel** des Benedikt will das innere und äußere Leben der Mönche ordnen, ohne sie zu überfordern. Benedikt will *„nichts Hartes und nichts Schweres festlegen"* und mithelfen, *„Fehler zu bessern und die Liebe zu bewahren".* Letztlich will die Regel ein glückliches Leben ermöglichen: *„Wer aber im klösterlichen Leben und im Glauben fortschreitet, dem wird das Herz weit, und er läuft in unsagbarem Glück der Liebe den Weg der Gebote Gottes."* Auch körperliche Arbeit wird ausdrücklich empfohlen: *„Sie sind dann wirklich Mönche, wenn sie wie unsere Väter und die Apostel von ihrer Hände Arbeit leben."* Nichts soll man übertreiben: *„Alles aber geschehe maßvoll."* Dies gilt auch für Essen und Trinken, Reden und Schweigen, Arbeit und Ruhe.
Dem Ideal der christlichen Urgemeinde entsprechend sollen die Brüder alles gemeinsam besitzen, sich umeinander sorgen und achten. Eine herausragende Stellung nimmt im Kloster der Abt (= Vater) ein. Er vertritt Christus in der Gemeinschaft. Was er anordnet, muss der Heiligen Schrift entsprechen und er muss es in erster Linie selbst leben: *„Er zeige alles Gute mehr durch Taten als durch Worte"*, heißt es in der Regel. Besonders sollen sich die Mönche um die Alten und Kinder, die Kranken und die Gäste kümmern: *„Alle Fremden, die kommen, sollen aufgenommen werden wie Christus. Vor allem bei der Aufnahme von Armen und Fremden zeige man Eifer und Sorge, denn besonders in ihnen wird Christus aufgenommen."*

Das Leben im Kloster hält dazu an, nach dem **Rhythmus der Schöpfung** zu leben: Gebetszeiten, Gottesdienst, die Gesänge, die ritualisierte Arbeitseinteilung – der Mensch soll im Klosterleben zum Lob Gottes mit seiner ganzen Existenz in die Harmonie des Kosmos einstimmen.

Das gilt auch für die Sorgfalt, mit der die **Buchkultur** gepflegt, heilige Texte auf kostbares Pergament geschrieben und mit kunstvollen Bildern geschmückt wurden. Gleichzeitig wurden die Schreibstuben der Mönche zu damaligen „Medienzentren" und Ausbildungsstätten und der Unterricht zum Ort des Nachdenkens auf den Spuren der Wirklichkeit der Welt. Wie hat Gott die Welt in Weisheit erschaffen und welche Rolle spielt der Mensch in dieser Ordnung? Das Streben nach Wissenschaft und Bildung war „geistlich" geprägt. Das Verstehen der Welt sollte zum rechten Tun, dem Halten der Gebote und letztlich zum ewigen Leben führen. Aber die Strukturen dieses Unterrichtes führten auch zu einer stabilen Grundbildung und Methodik damaliger Wissenschaft, die schließlich in das Konzept der mittelalterlichen Universität einfloss.

Den Klöstern lag die Idee einer **Welt nach dem Willen Gottes** zugrunde; sie wollten den im christlichen Glauben erwarteten Zustand der Erlösung der Welt widerspiegeln und davon Zeugnis geben. Das Kloster sollte das „Himmlische Jerusalem" abbilden und im Einklang mit der Natur stehen. Das zeigt sich im Aufbau einer Klosteranlage und in der Anlage der Klostergärten. Die Kräuter mit ihren Heilkräften verweisen auf den positiven Charakter der Schöpfung. Viele pflanzen- und heilkundliche Werke sind in den Klöstern entstanden.

› Vorstellungen vom Himmlischen Jerusalem findest du auf S. 37 und S. 53.

Info

Eine bekannte Benediktinerin ist **Hildegard von Bingen** (1098–1179). Ihr Leben zeigt, dass der Weg ins Kloster für Frauen im Mittelalter oft ein Weg der Emanzipation oder Selbstverwirklichung in der Glaubensgemeinschaft Gleichgesinnter war: Hildegard war eine Universalgelehrte, sie wird heute als Heilige und Kirchenlehrerin verehrt. Sie korrespondierte mit den politisch und kirchlich Mächtigen und wurde von ihnen akzeptiert.

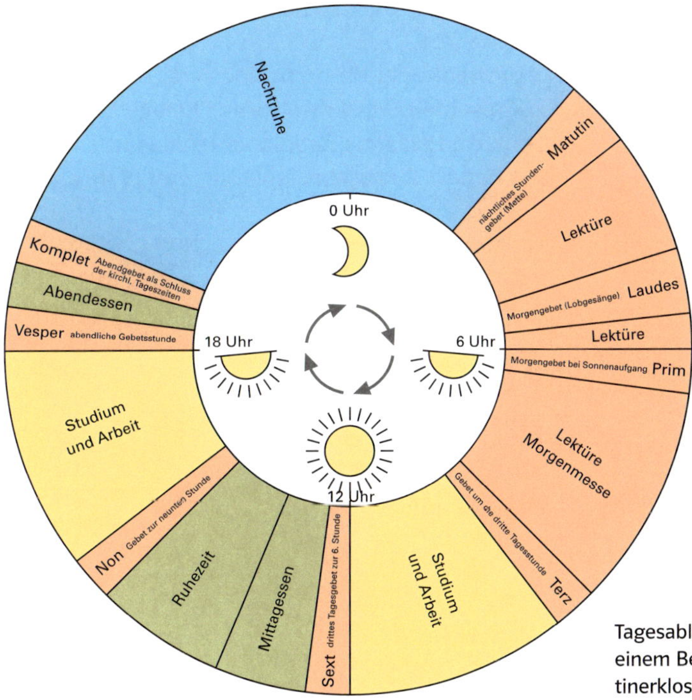

Tagesablauf in einem Benediktinerkloster

Aufgaben

1 Vergleiche einen Stundenplan, einen Terminkalender und den Tagesablauf im Benediktinerkloster. Halte Gemeinsamkeiten und Unterschiede in kurzen Definitionen fest: „Unter einem Terminkalender/Stundenplan versteht man …", „Der Tagesablauf im Benediktinerkloster …"

2 Wie ist dein Tag strukturiert: ein Schul-, ein Ferientag, das Wochenende? Überlege, wann eine Struktur für den Tag hilfreich ist und wann du dich eingeengt fühlen würdest.

3 Recherchiere die Benediktregel und verschaffe dir anhand des Prologs einen ersten Eindruck davon, welches Ziel Benedikt anstrebte. Formuliere in eigenen Worten ein Motto der Benediktiner.

4 Benedikt wird oft als „Vater Europas" bezeichnet. Umschreibe, was dieser Ehrentitel besagt.

5 **a)** Informiere dich über Hildegard von Bingen und sammle Material über sie für eine Klosterpräsentation (vgl. S. 79).
b) Informiere dich über das Leben von Benediktinern oder Benediktinerinnen heute. Du kannst dazu auch das nächstgelegene Kloster besuchen. Erstelle anschließend eine Präsentation. Dabei kann dir die Methode auf S. 79 helfen.

Im Namen Gottes? Kreuzzüge

Kreuzzüge: Krieg im Namen Gottes und der christlichen Wahrheit gegen Fremde, Feinde, Andersdenkende, Abweichler. Bis heute ist dieser von Christen geprägte Begriff aktuell als Bezeichnung für einen Vernichtungskampf gegen echte und vermeintliche Feinde. In der Kultur des Mittelalters sah man in abweichenden Lebensformen und in jeder Kritik an der Lehre der Kirche einen Angriff auf die gemeinsamen Werte und Ordnungen.

Kreuzritter aus dem Templerorden verfolgen fliehende Gegner, Buchminiatur, 14. Jh.

Ausgangspunkt der Kreuzzugsidee war der Kampf gegen die Muslime, die das heilige Land der Christen, Palästina-Israel und Jerusalem, besetzt hatten. Zudem besiedelten vom 11. Jh. an türkische Muslime Kleinasien (die heutige Türkei) und bedrohten damit die alten Herrschaftsgebiete des christlichen Ostrom mit seiner Hauptstadt Konstantinopel (heute Istanbul). Der Kaiser in Konstantinopel rief 1095 die westlichen Christen gegen die Muslime um Hilfe. Papst Urban II. und seine Berater sahen darin ein **europäisches Gemeinschaftsprojekt**, das helfen könnte, Probleme des Ritterstandes und soziale Spannungen in der damaligen Gesellschaft zu beseitigen.

Die Eroberung Jerusalems durch die Kreuzritter war so grausam, dass sie in der islamischen Welt noch heute unvergessen ist.

→ Mehr zum Ablass erfährst du auf S. 105.

Der Aufruf zum Kreuzzug und zum Krieg gegen die Ungläubigen fand begeisterte Zustimmung, sowohl in der adligen Elite als auch bei einfachen Leuten, die nichts zu verlieren, aber alles zu gewinnen hatten, zumindest das Ewige Leben im heiligen Krieg. „Kriegstheologisch" ging man von einer Rückeroberung ehemals christlicher Länder aus, sodass in dieser Hinsicht kein (christlich verbotener!) Angriffskrieg, sondern ein Verteidigungskrieg vorlag. Papst Urban brandmarkte die Entweihung von Kirchen und heiligen Stätten durch die Heiden und versprach nicht nur den Erlass aller Sündenstrafen **(Ablass)**, sondern auch reiche himmlische und irdische Belohnung.

Aufgaben

1 Untersuche die beiden Kreuzzugsdarstellungen auf dieser Seite. Beschreibe, wie die christlichen Illustratoren die Kreuzzüge deuten. Belege dies z. B. durch Farben, Größenverhältnisse und Körperhaltungen.

Die Zuhörer hefteten sich als Zeichen der Nachfolge Christi Stoffkreuze an die Schultern und gelobten, die „Pilgerfahrt" nach Jerusalem anzutreten. Ihr Kampfruf war: „Deus lo vult", „Gott will es." Als sich die Kreuzzugsheere formierten, gab es die ersten großen Massaker in den Städten mit jüdischer Bevölkerung. Die Juden galten jetzt als die Feinde Christi und wurden vielerorts erbarmungslos verfolgt.

Religiöse Begeisterung, Buße für Sünden, der Wunsch, an geweihter Stätte für Gott zu sterben, Flucht aus wirtschaftlicher Not und Perspektivlosigkeit, Abenteuerlust und Beutegier – die unterschiedlichsten Motive kamen zusammen. 1098 eroberten die Kreuzfahrer Jerusalem und richteten unter der Bevölkerung ein schreckliches Blutbad an. Sie errichteten nach europäischem Vorbild organisierte Kreuzfahrerstaaten, bauten Burgen und befestigten das Land. In der Folgezeit führten deutsche Kaiser, Könige von Frankreich, England und Ungarn, Fürsten und Grafen immer wieder Kreuzfahrerheere mit unterschiedlichem Erfolg Richtung Palästina. Dabei wurde aus Rivalitätsgründen sogar das christliche Konstantinopel von Kreuzfahrern eingenommen und zerstört: Christen des Westens kämpften gegen Christen des Ostens!

Entstehung der Ritterorden

Die abendländische Herrschaft ließ sich aber nicht auf Dauer halten. 1291 beendete der Fall der letzten Kreuzfahrerbastion ein Kapitel europäischer Expansionspolitik, das in arabischen Ländern bis heute als Trauma empfunden wird. Positiv zu vermerken ist der wechselseitige technische und kulturelle Austausch und damit verbunden ein gewaltiger Schub neuer Ideen, von denen vor allem das Abendland profitierte. Dazu gehört auch die Bildung der Ritterorden: Aus einer früher undenkbaren Verbindung von Mönch- und Rittertum gingen die geistlichen Ritterorden der Templer, Johanniter und der Deutsche Orden hervor. Sie spezialisierten sich zunächst auf den Schutz der Pilger im heiligen Land und auf karitative Tätigkeiten wie die Einrichtung von Herbergen und Hospizen für Kranke. Sie stellten aber auch schlagkräftige Heere gegen die Muslime. Nach ihrer Vertreibung aus Palästina spielten die Deutschordensritter eine große Rolle bei der Eroberung und Missionierung Preußens und Livlands. Die Johanniter hatten Ordensstaaten auf Rhodos und Malta gegründet und widmen sich heute als Johanniter und Malteser sozialen Aufgaben (z. B. die Johanniter-Unfallhilfe).

Ideal des weltlichen Ritters

Doch auch das Ideal des „weltlichen" Ritters hatte im Mittelalter Anteil am religiösen Menschenbild. Dafür steht die berühmte Reiterfigur im Bamberger Dom. Sie verkörpert die ritterlichen Tugenden wie „Ehre", „Treue", „Beständigkeit", „Großherzigkeit". Es ist ein edler Mensch, dem wir hier begegnen, der in Maß und Gelassenheit seine Ritterlichkeit bezeugt, das Idealbild eines Menschen, der weder kriegerische Aggression noch zügellose Leidenschaft zu kennen scheint. Königliche Friedfertigkeit und innere Selbstbeherrschung zeichnen ihn aus. Über ihm schwebt die Stadt Jerusalem mit ihren Türmen, die die christliche Hoffnung auf die von Gott vollendete Welt symbolisiert – das endgültige Ziel aller Ritterschaft. Interessant aber, dass der Bamberger Reiter nicht nach oben blickt, sondern in horizontaler Weise die Welt ausmisst. Positiv die Welt zu gestalten und Gottes Ordnung zu dienen, das ist seine Aufgabe als Herr der Schöpfung. Er ist ein Sinnbild für die herrscherliche Schönheit und Würde des Menschen. Wir alle sind dazu berufen, auf solche Weise „ritterlich" zu leben.

Der Bamberger Reiter, Steinskulptur, 13. Jh.

1 Welche Einstellung zu den Kreuzzügen könnte der „Bamberger Reiter" haben? Bringe die Figur zum Sprechen, indem du ihre Haltung und ihren Ausdruck in wörtliche Rede „übersetzt".

Kritik an den Kreuzzügen im Mittelalter

„Erzwungene Verehrung entspricht nicht dem Willen Gottes. Ein jeder, der den Glauben gewaltsam verbreitet, überschreitet die vom Glauben gesetzten Grenzen."
(Ralph Niger, 1187)

„Es ist nicht sinnvoll, Krieg gegen die Sarazenen zu führen; die Überlebenden werden zusammen mit ihren Kindern mehr und mehr gegen den christlichen Glauben erbittert."
(Roger Bacon, 1260)

„Einige dieser Kritiker sagen, dass es nicht im Einklang mit dem christlichen Glauben stünde, Blut auf diese Weise zu vergießen, selbst wenn es das Blut der verruchten Ungläubigen ist. Denn Christus selbst habe nicht in dieser Weise gehandelt."
(Humbert v. Romans, 1274)

Im mittelalterlichen Epos **„Willehalm"** des **Wolfram von Eschenbach** lässt der Dichter die getaufte Heidin Gyburc, die Frau des Markgrafen Willehalm, den Religionskrieg als „große Sünde" charakterisieren:

„Hört den laienhaften Rat einer Frau, schont die Menschengestalt, die Gott gemacht hat. Der erste Mensch, den Gott machte, war ein Heide. Denkt auch an die Hl. Drei Könige, Kaspar, Melchior und Balthasar. Wir müssen zugeben, dass sie Heiden sind. Außerdem ist uns klar, dass jede Mutter, seit Eva, ein Kind gebiert, das als Heide geboren wird, obgleich der Leib, der es umschloss, getauft war. Wer der Erlösung teilhaftig geworden ist, den muss es sehr schmerzen, wenn der Vater einige seiner Kinder zur Verdammnis bestimmt haben könnte: Er kann sie vielmehr durchaus erlösen, er, der seit je Mitleiden mit den Menschen getragen hat …"

Die Friedensmission des Franziskus von Assisi in Ägypten

Franziskus von Assisi (1182–1226) stammte aus einer reichen oberitalienischen Kaufmannsfamilie. In einer Zeit der Verweltlichung und Reformbedürftigkeit der christlichen Kirche bekehrte er sich um das Jahr 1209 nach etlichen Anläufen zur Armuts- und Bußbewegung in der Lebensweise des Evangeliums. Er gab alles auf, um in der Nachfolge Jesu zu leben und für die Menschen da zu sein. Auf ihn geht der Franziskanerorden zurück. Nicht als kriegerischer Ritter, der er noch in seiner Jugend hatte werden wollen, sondern als Wanderprediger verkündete er das Kreuz Christi als Friedenskreuz. „Frei wie die Vögel" wollen die Franziskaner die Botschaft Jesu predigen, sein Kreuz tragen helfen und versöhnt mit allen leben, auch mit der Natur, der sie sich geschwisterlich verbunden fühlen. Wer arm ist, der muss sich vor Gott nicht durch Leistung „beweisen", der braucht Gott nichts vorzuweisen, außer sich selber. Der muss sich nicht „panzern" und schützen, sondern lebt von Tag zu Tag neu aus der Fürsorge Gottes.

In dieser Gesinnung war Franziskus anlässlich des fünften Kreuzzuges 1219 nach Ägypten gekommen. Er hatte die Vision, dass sich Christen und Sarazenen einigen könnten und der Sultan Al Kamil vielleicht sogar die Christenbotschaft annehmen würde. Beide Seiten wollte er zur Friedensbereitschaft aufrufen. Er sah in den gegnerischen Muslimen Brüder, die er mit Christus bekannt machen wollte.

Damiette ist heute eine ägyptische Kleinstadt am rechten Ufer des Nils, 10 km vom Meer entfernt, mit einem kleinen Flusshafen. Dort hat Franziskus den Sultan Al Kamil getroffen. Die Legende hat diese Begegnung ausgeschmückt, ist aber im Kern realistisch:

„Dieser Fürst fragte sie, wer sie seien, in welcher Absicht und mit welchem Auftrag sie geschickt worden seien. Franz antwortete, dass sie nicht von den Menschen, sondern vom allerhöchsten Gott geschickt worden seien, um ihm und seinem Volk den Weg des Heils zu weisen und ihm die Wahrheit des Evangeliums zu bringen. Der Sultan, der das Feuer des Geistes und die Tugend des Gottesmannes erkannte, hörte ihn gern an und bat ihn, bei ihm zu bleiben, jedoch der Diener Christi erwiderte: Wenn du dich mit deinem

Volk zum Christentum bekehren willst, so bleibe ich sehr gerne bei euch. Falls ihr hingegen dem Gesetz Mohammeds nicht abschwört, um zum christlichen Glauben überzutreten, so bitte ich euch, ein großes Feuer entzünden zu lassen. Ich werde mit deinen Priestern mitten hineingehen, sodass du mit deinen eigenen Augen sehen kannst, welcher Glaube als gewisser und heiliger anzusehen ist."

Berlinghieri, Franziskus vor dem Sultan, 1250

Der Sultan lehnte diese „Feuerprobe" ab, respektierte aber Franziskus und wollte ihn beschenken, da er in ihm einen „Derwisch" oder „Sufi" sah, einen Gottesmann und Mystiker, wie es ihn auch im Islam gibt:

„Er bot ihm dennoch viele Gaben und Geschenke an, jedoch der Gottesmann lehnte sie sämtlich ab. Als er sah, dass der Heilige die Sachen der Welt gänzlich verabscheute, war der Sultan erstaunt und brachte ihm noch größere Achtung entgegen. Und da er nicht zum Christentum übertreten wollte, bat er den Diener Christi inständig, die Gaben anzunehmen und sie in den Kirchen zum Heil seiner Seele an die armen Christen zu verschenken. Der Heilige jedoch, der sich nicht mit Geld belasten wollte, wollte absolut nichts davon wissen."

(Auszüge aus der Franziskus-Legende des Bonaventura)

Im Umgang mit den Muslimen vor Ort lernte Franziskus, dass sie keine wilden Tiere sind, wie es die Kriegspropaganda in Europa weismachen wollte, sondern vornehme Sitten hatten und eine tiefe Ehrfurcht vor Gott.

Nach einer anderen Legende hat der Sultan am Ende seiner Begegnung mit Franziskus zu ihm gesagt: „Bete für mich, dass Gott mir das Gesetz und den Glauben, der ihm mehr gefällt, offenbaren möge." Bei seiner eigenen ersten Bekehrung hatte Franziskus in ähnlicher Weise zu Gott gebetet, „ihm seinen Weg zu zeigen und ihn zu lehren, seinen Willen zu tun".

Damiette war noch mehrfach Schauplatz kriegerischer Auseinandersetzungen. Während des sechsten Kreuzzuges wurde dort König Ludwig IX. von Frankreich, gefangen genommen und erst nach Zahlung eines hohen Lösegeldes wieder freigelassen.

Aufgaben

1 Gestaltet in der Kleingruppe eine Spielszene: „Franziskus und der Sultan". Überlegt dazu, durch welche Handlungen und/oder Symbole ihr die Haltung der beiden Gesprächspartner verdeutlichen wollt. Entwickelt aus den Materialien dieser Doppelseite ein Storyboard und entwerft Dialoge. Stellt euer Ergebnis in der Klasse vor.

2 Gib die Gründe wieder, mit denen die Kritiker der Kreuzzüge diese ablehnen. Zeige dann auf, was ihnen Verfechter der Kreuzzüge entgegnen würden.

3 Nenne Argumente, die auch heute noch zur Begründung „religiöser" Kriege verwendet werden. Kläre, in welchem Zusammenhang dies geschieht und ob Parallelen zur Kreuzzugszeit gezogen werden können.

Ketzer, Hexen, Inquisition

→ Mehr über diese religiösen Gruppen des Mittelalters kannst du auf S. 105 nachlesen.

Inquisition

Die Kreuzzugsidee beschränkte sich nicht auf die Eroberung Palästinas. Die Vorstellung, die Wahrheit des christlichen Glaubens notfalls mit staatlicher Gewalt durchsetzen zu müssen, führte auch zu regelrechten Feldzügen gegen verschiedene „Ketzerbewegungen". Es handelte sich dabei vor allem um Gruppierungen, die den Reichtum der Kirche, ihre weltliche Machtausübung und teilweise moralische Verwahrlosung anprangerten. Die bedeutendste unter ihnen waren die **Katharer** (= die „Reinen", davon abfällig „Ketzer"; sie selbst nannten sich „Boni homines", „Gutmenschen"), in Frankreich auch **Albigenser** genannt, und die **Waldenser** (von Petrus Waldus in Lyon gegründet).

Peyrepertuse. Diese Burg im Süden Frankreichs wurde um 1241 von den Katharern erbaut und während der Ketzerverfolgungen zerstört.

Katharer und Waldenser verwarfen die kirchliche Lehrautorität und lehnten Heilige, Bilder- und Reliquienverehrung sowie die Sakramente genauso ab wie Ablass, Eid, Zehnt, Kriegsdienst und Todesstrafe. In manchem nahmen sie positive Anliegen der späteren Reformation vorweg. Der „Ketzerkreuzzug" gegen die Katharer 1181 war auch politisch begründet und hatte mit den Machtinteressen des französischen Königs in Südfrankreich zu tun, der religiöse Anliegen für seine Zwecke missbrauchte.

„Ketzer" mussten sich seit dem 13. Jahrhundert vor der Inquisition, einem geistlichen Gericht zur Reinhaltung des Glaubens, verantworten. Der lateinische Begriff „Inquisition" („Untersuchung") beinhaltet zwar eine für die damalige Zeit neue und geregelte Prozessordnung, die Anklage durfte sich aber auf anonyme Denunzianten und bloße Verdachtsmomente beschränken und schloss die Anwendung der Folter mit ein, die damals als legitimes Mittel der Rechtsfindung galt. Bei einem Schuldspruch wurden die Verurteilten der staatlichen Gewalt zur Hinrichtung übergeben (Strafe der Verbrennung, um die unsterbliche Seele zu retten). Der Versuch, gesellschaftliche und geistige Geschlossenheit mit Zwang und Verfolgung zu erreichen, wirkte sich später auch auf das kirchliche Verhältnis zum wissenschaftlichen Weltbild aus. Der Fall Galileo Galilei ist besonders bekannt geworden.

Hexenprozesse

Die Prozesse der Inquisition als geistlichem Gericht bezogen sich vor allem auf Abweichungen im Glauben und in der christlichen Lebensform. Im Unterschied dazu wurden „Hexenprozesse" in der Regel von weltlichen Gerichten durchgeführt. Für sie galten keine normalen Prozessbedingungen. Im Zuge der Hexenverfolgung verloren sehr viele Menschen ihr Leben – nach vorsichtigen Schätzungen ca. 50.000 bis 80.000, vorwiegend Frauen – besonders solche, die durch Wissen (z. B. Hebammen), Eigenständigkeit oder Erotik auffällig wurden. Päpstliche Stellungnahmen (1484 durch Innozenz VIII.) und andere Kommentare dazu („Hexenhammer" von 1487) sahen in der Hexerei eine massive Bedrohung der bestehenden Weltordnung. Teufelsvorstellungen, Sündenangst und Pestepidemien verstärkten das Gefühl allgemeiner Unsicherheit in der Epoche des Übergangs zur frühen Neuzeit. Diese Verunsicherung wurde auf Hexerei und böse Mächte projiziert. Der Hexenglaube reichte weit in die Barockzeit hinein. Seinen Höhepunkt hatte er im 17. Jahrhundert. Die letzte Hexenhinrichtung fand 1793 in Posen statt.

Info

Die **römische Inquisition** war ein reines Disziplinargericht für innerkirchliche Belange und Fragen der Lehre. Sie wurde 1965 aufgelöst. Der Index verbotener Bücher wurde 1966 abgeschafft.

Das Schuldbekenntnis des Papstes

Papst Johannes Paul II. (1920–2005) hat im Jahr 2000 in einer historischen Geste sieben Bitten um Vergebung für die Fehler von Christen in der 2000-jährigen Kirchengeschichte vorgetragen. Er nahm dabei insbesondere auch auf die Kreuzzüge und die Inquisition Bezug, ohne sie allerdings direkt beim Namen zu nennen.

Bekenntnis der Schuld im Dienst der Wahrheit

Papst Benedikt XVI.
(im Jahr 2000 als Kardinal Joseph Ratzinger, Vorsitzender der Glaubenskongregation):
Lass jeden von uns zur Einsicht gelangen, dass auch Menschen der Kirche im Namen des Glaubens und der Moral in ihrem notwendigen Einsatz zum Schutz der Wahrheit mitunter auf Methoden zurückgegriffen haben, die dem Evangelium nicht entsprechen. Hilf uns, Jesus Christus nachzuahmen, der mild ist und von Herzen demütig.

Papst Johannes Paul II. (Papst von 1978 bis 2005):
Herr, du bist der Gott aller Menschen. In manchen Zeiten der Geschichte haben die Christen Methoden der Intoleranz zugelassen. Indem sie dem großen Gebot der Liebe nicht folgten, haben sie das Antlitz der Kirche, deiner Braut, entstellt. Erbarme dich deiner sündigen Kinder und nimm unseren Vorsatz an, der Wahrheit in der Milde der Liebe zu dienen und sich dabei bewusst zu bleiben, dass sich die Wahrheit nur mit der Kraft der Wahrheit selbst durchsetzt. Darum bitten wir durch Christus, unseren Herrn.

Aufgaben

1 „Inquisition" ist bis heute ein Reizthema. Oft hört man einseitige Schuldzuweisungen und Vorwürfe an die Kirche. Historische Fakten und die gesellschaftlichen Wandlungsprozesse der damaligen Zeit bleiben unberücksichtigt. Plant mit euren Lehrerinnen und Lehrern ein gemeinsames Projekt von Religions- und Geschichtsunterricht, in dem ihr verschiedene Aspekte der Inquisition genauer untersucht. Schließt euer Projekt mit einer Präsentation ab.

2 Erläutere, warum Versuche, religiös Andersdenkende gewaltsam zu unterdrücken, mit dem christlichen Menschenbild nicht vereinbar sind.

3 Manchen Kritikern ging diese Bitte des Papstes nicht weit genug. Sie sprachen von Verharmlosung und Verhöhnung der Opfer. Erläutere, warum sie dieser Meinung sein könnten.

Kirche und staatliche Gewalt

→ Über das Verhältnis von Kirche und Staat in der Zeit des Nationalsozialismus und in der Moderne kannst du dich auf S. 235–258 informieren.

Im Mittelalter ...

Für die meisten mittelalterlichen Menschen waren Gewalt und Gewaltanwendung in religiöser Hinsicht viel selbstverständlicher als für uns heute. Kaiser und Papst, weltliche und geistliche Macht, rangen miteinander und steckten ihre Grenzen ab. Wie viel Religion braucht ein Staat? Wie ist die Kirche organisiert? Viele der Fragen, die uns auch heute beschäftigen, wurden schon im Mittelalter diskutiert und „ausprobiert".

Andersgläubige oder Andersdenkende wurden ausgegrenzt, weil man hinter ihnen das Werk böser Mächte vermutete, die die christliche Ordnung zerstören wollten. Man lebte in einer einheitlichen, „geschlossenen" Welt. Alles „Fremde" schien verdächtig. Minderheiten wurden sehr oft an den Rand gedrängt und verfolgt. Besonders die jüdische Bevölkerung hat darunter schwer gelitten. Die christliche Religion allein galt als Maßstab in allen Lebensbereichen.

Judenverbrennung im Mittelalter. Holzschnitt aus der 1493 in Nürnberg erschienenen Weltchronik des Hartmann Schedel. Im Zusammenhang der großen Pestepidemien Mitte des 14. Jh. wurden in vielen deutschen Städten die Juden verdächtigt, dieses Unglück verschuldet zu haben. Juden wurden von Christen hingerichtet, verbrannt oder aus den deutschen Städten vertrieben.

→ Zur Verfolgung der Juden unter den Nationalsozialisten („Schoah") findest du Informationen auf S. 244–255.

Christliche Einheitskultur bedeutete, dass auch Päpste und Fürstbischöfe Krieg führten und ihre politischen Interessen mit Gewalt durchsetzten. Außerdem wurden die christlichen Länder Europas auch von äußeren Feinden bedrängt, z. B. von Hunnen, Wandalen, Muslimen, (heidnischen) Ungarn und Normannen, gegen die man sich an den Grenzen verteidigen musste.

... und heute

Genau wie die Menschen im Mittelalter für ihre Zeit müssen wir uns heute für unsere Zeit ein eigenes Urteil darüber bilden, wann Gewaltanwendung gerechtfertigt sein könnte und wie wir von der prinzipiell friedlichen Botschaft von der Liebe Gottes zu allen Menschen Zeugnis geben können. Dazu gehören auch die Erinnerung an die Vergangenheit und das Nachdenken über begangene Fehler: Nur so ist ein versöhntes Miteinander möglich, bei dem Interessen gewaltlos vertreten werden. Das ist eine Aufgabe, die sich auch im Umgang mit anderen Religionen unserer Zeit stellt: „Kein Friede unter den Nationen ohne Frieden unter den Religionen" (Hans Küng).

Aufgaben

1 Im Gegensatz zur früheren großen kulturellen Einheit spricht man heute in Deutschland gerne von einer „offenen" Gesellschaft.
a) Setzt euch im Klassengespräch damit auseinander, was eine „offene" Gesellschaft ausmacht.
b) Benennt Einstellungen, Werte und Normen, die zum Aufbau einer offenen Gesellschaft beitragen. Haltet eure Ergebnisse in einem Tafelbild fest.
c) Zeigt an Beispielen auf, welche Gruppen und/oder Minderheiten es bis heute schwer haben, in unserem Staat gleichrangig und gleichwertig zu leben.

Die Frage nach dem Gewaltverzicht

Selig, die keine Gewalt anwenden;
denn sie werden das Land erben.
Ihr habt gehört, dass gesagt worden ist:

Auge für Auge und Zahn für Zahn.

Ich aber sage euch: Leistet dem, der euch etwas Böses tut, keinen Widerstand, sondern wenn dich einer auf die rechte Wange schlägt, dann halt ihm auch die andere hin.

Selig, die den Frieden stiften; denn sie werden Söhne Gottes genannt werden.

Ihr habt gehört, dass gesagt worden ist:

Du sollst deinen Nächsten lieben und deinen Feind hassen.

Ich aber sage euch: Liebt eure Feinde und betet für die, die euch verfolgen […]

(Mt 5,5.9.38–39.43–44)

Otto Pankok, Christus zerbricht das Gewehr, Holzschnitt, 1950

→ Informationen zum hinduistischen Ideal der Gewaltlosigkeit findest du auf S. 222.

Info

„Auge um Auge, Zahn um Zahn" – die Bergpredigt zitiert Ex 21,23 f. Dabei geht es nicht etwa um Rache, sondern um gerechte Entschädigung für erlittenen Verlust. Aber selbst darauf soll man nach der Weisung der Bergpredigt verzichten können (vgl. auch Mt 5,40 f.).

50[…] Da gingen sie auf Jesus zu, ergriffen ihn und nahmen ihn fest. 51Doch einer von den Begleitern Jesu zog sein Schwert, schlug auf den Diener des Hohenpriesters ein und hieb ihm ein Ohr ab. 52Da sagte Jesus zu ihm: Steck dein Schwert in die Scheide; denn alle, die zum Schwert greifen, werden durch das Schwert umkommen. (Mt 26,50–52)

→ Über das richtige Verständnis der Bibel kannst du dich auf S. 155–174 informieren.

Für den antiken Theologen und Bischof Augustinus (354–430) ist Krieg grundsätzlich ein Werk des Teufels. Er gehört zum irdischen, immer auch widergöttlichen Bereich, der zu dem verheißenen Gottesreich in Spannung steht.
Um im irdischen Bereich aber wenigstens die staatliche Ordnung aufrechtzuerhalten, ohne die auch die Kirche ihren Heilsauftrag nicht erfüllen könnte, sieht Augustinus unter gewissen Voraussetzungen einen Krieg als letztes Mittel für gerechtfertigt an, und zwar wenn er

- den Frieden als Ziel hat,
- sich gegen begangenes Unrecht wendet,
- von einer legitimen Autorität angeordnet ist,
- in seiner Ausführung nicht gegen Gottes Weisungen verstößt.

Aufgaben

1 Jesus steht mit seinem Liebesgebot in der Tradition des Alten Testaments. Lies dazu Lev 19,18 und 19,33 f. Vergleiche die Texte mit Lk 6,36, indem du die Bibelstellen nebeneinander schreibst. Erarbeite die Vorstellung Jesu von Gott, auf Grundlage derer er so nachdrücklich friedfertiges Verhalten einfordert.

2 Augustinus hält einen Krieg unter bestimmten Bedingungen für gerechtfertigt. In welchen Punkten kannst du seiner Auffassung zustimmen? In welchen Punkten ist sie kritikbedürftig? Führt dazu in Partnerarbeit ein Streitgespräch, nachdem ihr vorher Pro- und Kontra-Argumente formuliert habt.

Aufräumen in der Geschichte

Manchmal begegnet uns die Geschichte auf eigenwillige Weise – zum Beispiel im Gemeinderat. Artikel wie der über die Hexenrehabilitation durch die Stadt Rüthen sind in den letzten Jahren vielerorts erschienen. Nicht nur die Opfer der Hexenverfolgungen finden neue Beachtung, auch an andere Verfolgte der Geschichte erinnern sich Städte und Gemeinden. Wieso beschäftigen sie sich heute mit Ereignissen, die so lang zurückliegen?

Das Kommunalparlament der Stadt Rüthen rehabilitierte Hexen und Zauberer

In Rüthen im Sauerland wurden im Mittelalter, wie anderswo auch, Dutzende Menschen als Hexen und Zauberer diffamiert und getötet. Jetzt hat sie der Rat der Stadt rehabilitiert.

Von Andreas Otto

Auf den ersten Blick mutet es wie ein Aprilscherz an – doch die Initiative ist ernst gemeint. Der Rat der sauerländischen Stadt Rüthen hat einstimmig beschlossen, die einst auf dem heutigen Gebiet der Stadt als Hexen und Zauberer verurteilten und getöteten Frauen und Männer zu rehabilitieren. Diese „sozialethische Rehabilitation" per Stadtratsbeschluss ist in Deutschland eine Seltenheit.
Bürgermeister Peter Weiken (parteilos) spricht von einem „symbolischen Akt". Er räumt ein, dass der Ratsbeschluss kurios anmutet. Andererseits pocht er auf die Seriosität des Anliegens. Denn unter anderem ragt aus den historischen Stadtmauern von Rüthen der so genannte „Hexenturm" hervor. „Jedes Kind in Rüthen weiß, dass es das gab".
Auch die Klasse 8a des ortsansässigen Gymnasiums hatte sich eingehend mit Schicksalen wie der „Scheipperschen", der ersten dokumentierten Hexe befasst – und mit Heimatforschern den Antrag gestellt, diese Opfer zu rehabilitieren. Nicht zuletzt, um den Schülern zu signalisieren, dass sich politisches Engagement lohnt, hat der Bürgermeister die Initiative aufgenommen.
Weiken weist aber auch darauf hin, dass in der Stadt zahlreiche Straßen und Einrichtungen nach Persönlichkeiten benannt sind, die mutig gegen den Hexenwahn ankämpften – darunter Friedrich Spee (1591–1635). Nach dem Jesuitenpater ist das Gymnasium benannt, zu dem die 8a gehört.
Bürgermeister Weiken sieht denn auch einen aktuellen Bezug in dem Ratsbeschluss: Es gehe nicht nur darum, die Ehre von zu Unrecht Verurteilten nach Jahrhunderten wiederherzustellen. Vielmehr müsse man lernen, dass Mitmenschen nicht einfach verunglimpft und ihrer Menschenwürde beraubt werden dürften.

Auf den Spuren von Friedrich Spee gingen Schüler in Rüthen. Sie setzten durch, dass der Stadtrat Menschen, die in der Hexenverfolgung umkamen, rehabilitierte.

(in: Konradsblatt 15/2011)

Info

Jemanden zu **rehabilitieren**, bedeutet, seine Ehre bzw. seinen guten Ruf wiederherzustellen.

Im Namen des Kreuzes
Das Kreuz ist das zentrale Symbol der Christen. Du hast Kirchenbauten und Kirchenräume kennengelernt. Die meisten Kirchen sind in Kreuzform gebaut und Kreuze schmücken zentrale Stellen der Gotteshäuser.
Wie beurteilst du heute die Rolle des Kreuzes in der modernen Öffentlichkeit? Gehört es in einer offenen Gesellschaft zu Recht in Klassenzimmer und Krankenhäuser? Bilde dir im Klassengespräch ein Urteil. Organisiert anschließend eine Podiumsdiskussion.

Keltenkreuze aus frühmittelalterlicher Zeit verbinden oft vorchristliche Traditionen (z.B. reiche Ornamente) mit christlichen Motiven.

Aufbruchsstimmung in Jerusalem
Du hast dich mit den kulturellen Leistungen des Mittelalters beschäftigt und dich über Klöster, frühchristliche Missionare, Arbeit und Spiritualität der Mönche informiert. Die Christen brachten nicht nur eine neue Religion und Kultur nach Europa, sondern auch eine neue Form sozialen Dienstes, die religiös motiviert war (**Caritas**). Sie knüpften am Leben Jesu und am Vorbild der Jerusalemer Gemeinde an (vgl. Apg. 2,44 ff.; 4,32 ff.).
Prüfe deine Beschäftigung mit dem Mittelalter auch im Hinblick auf den Beitrag der Kirche im sozialen Dienst. Zeige auf, ob bzw. inwiefern die Klöster die Ideale der Jerusalemer Urgemeinde weitergeführt haben.

→ Religiöse Motivation für den sozialen Dienst ist Jesu Reich-Gottes-Botschaft. Mehr darüber erfährst du auf S. 31–54.

→ Ein wichtiges Ereignis in der Kirchengeschichte war die Reformation. Darüber informieren dich S. 99–120.

→ Um die jüngere Geschichte der Kirche geht es auf S. 235–258.

Zeitreise
Ergänze den Zeitstrahl, den du zu Beginn des Kapitels gezeichnet hast, um die Daten und Ereignisse, die du neu kennengelernt hast. Erweitere ihn um aussagekräftige Bilder, die du mit Erläuterungen versiehst. Als Hilfe kannst du auf S. 98 noch einmal nachsehen, worum es in diesem Kapitel ging.

Abschlussaufgabe

Dokumente des mittelalterlichen Christentums finden sich in Deutschland überall – manchmal muss man nur ein wenig genauer hinsehen. Recherchiert geschichtliche Denkmäler (Kirchen, besondere Gebäude, alte Handschriften in Bibliotheken, Kunstgegenstände in Museen und Kirchen usw.) im Umfeld eures Wohn- oder Schulortes. Wählt einige der Dokumente oder Denkmäler aus und untersucht sie genauer: Welche Geschichte(n) erzählen sie? Welche Kennzeichen des Christentums werden an ihnen deutlich?
Präsentiert eure Ergebnisse in der Klasse. Besonders spannend wird es, wenn ihr über eure Recherchen einen kurzen Dokumentarfilm erstellt. Darin könnt ihr auch Experteninterviews (Pfarrer, Angestellte eines Museums, Bibliothekare) zeigen.

Prägung durch das Christentum: Umbruchszeiten für das werdende Europa

Das **„Mittelalter":** Die Zeit zwischen Altertum (Antike) und **früher Neuzeit**, die mit Reformation, Humanismus, Renaissance und den großen Entdeckungen beginnt (Buchdruck, Kolumbus und Amerika ...). Eine Zeitspanne von ca. 1000 Jahren (500 – 1500). Du hast einen kleinen Ausschnitt daraus kennengelernt.

Kreuzzüge und Kriege gegen **„Ketzer"** oder die **Inquisition**, das sind Themen, mit denen wir Schwierigkeiten haben. Aber muss man deshalb vom „finsteren Mittelalter" sprechen? Nein! Lass an dir vorüberziehen, was diese Zeit alles zu bieten hat: Lichtdurchflutete **Kathedralen** mit farbenprächtigen Glasfenstern, kostbare Bücher, Malerei, höfisches **Rittertum**, Burgen und Minnesang, die Kulturleistungen der **Klöster**, neue philosophische und theologische Ideen, Entdeckung individueller Frömmigkeit und Mystik, Entwicklung der Städte, Ordnung der Gesellschaft, Gründung der Universitäten und viele **technische Erfindungen**.

Wissenschaft, Bildung, Religion und Vernunft, das **Verhältnis von Staat und Kirche**: Viele der damaligen Themen sind auch heute aktuell. Viele Aufbrüche wurden in dieser Zeit möglich – wenn auch manchmal erst nach harten Kämpfen. Nur so konnte sich Europa formen bzw. das, was wir heute „christliches Abendland" nennen. Dazu gehören auch die neuen Formen christlichen Sozialdienstes und caritativer Einrichtungen.

Woher nahmen die Menschen im Mittelalter ihre Kraft? Ganz bestimmt auch aus ihrem Glauben und von der Kirche mit ihrem Begriff der menschlichen Würde und der Freiheit, sich für Gott zu entscheiden, wie es z. B. **Franziskus von Assisi** getan hat.

Ein Schulbuchkapitel kann nur ein kleines Fenster auf diese Welt hin öffnen. Aber vielleicht bist du jetzt neugierig, Spuren und Zeugnisse dieser Epoche in deiner Umgebung zu entdecken. Dann verstehst du mehr von der europäischen Kultur – und davon, wie wir wurden, was wir sind!

Rosette aus der Kathedrale Notre-Dame de Paris

5 Selbstbewusst glauben: Martin Luther und die Reform der Kirche

Martin Luther und die Reformation
Du hast bestimmt schon von Martin Luther und der Reformation gehört. Schreibe auf, was du darüber weißt. Notiere dir auch Fragen zu Bereichen, über die du mehr wissen möchtest.

Die Wartburg
Schaue dir das Bild der Wartburg auf S. 99 an. Sie hat im Leben Martin Luthers eine wichtige Rolle gespielt, indem sie ihm Schutz geboten hat. Überlegt in Kleingruppen, wovor Menschen im 16. Jahrhundert in einer Burg Schutz gesucht haben könnten. Sammelt auch Bedrohungen, vor denen eine Burg keinen Schutz bieten konnte.
Vergleicht die Gefahren und Ängste, die die Menschen damals betrafen, mit der Situation von Menschen heute.

Ein feste Burg
Luther hat das Lied „Ein feste Burg ist unser Gott" geschrieben. Der Text bringt gut zum Ausdruck, was ihm wichtig gewesen ist. Erarbeite mithilfe des Textes eine Charakterisierung Martin Luthers.

Ein feste Burg ist unser Gott,
ein gute Wehr und Waffen.
Er hilft uns frei aus aller Not,
die uns jetzt hat betroffen.
Der alt böse Feind
mit Ernst er's meint;
groß Macht und viel List
sein grausam Rüstung ist,
auf Erd ist nicht seinsgleichen.

Mit unsrer Macht ist nichts getan,
wir sind gar bald verloren;
es streit' für uns der rechte Mann,
den Gott hat selbst erkoren.
Fragst du, wer der ist?
Er heißt Jesus Christ,
der Herr Zebaoth,
und ist kein andrer Gott,
das Feld muss er behalten.

Einen Zeitungsartikel schreiben

Durch die Reformation hat sich im 16. Jahrhundert vieles in Europa verändert. Martin Luther hatte diese Entwicklung angestoßen, in der später auch ohne sein Zutun neue Bewegungen und Richtungen entstanden. Manchmal stand eine Person für einen neuen Zweig der Reformation, wie z. B. Johannes Calvin für die Begründung des Calvinismus. In anderen Fällen sind die Personen, die am Anfang standen, in Vergessenheit geraten, die bestimmte Bewegung, die das Gedankengut der Reformation aufgegriffen hat, ist jedoch noch gut bekannt.

Eine solche Bewegung war die der Täufer in Münster/Westfalen. Früher nannte man sie „Wiedertäufer". Ihre Geschichte begann mit der Idee der Reformation und endete mit der Belagerung der Stadt Münster, einer Hungersnot und einem Blutbad. Was lag dazwischen? Was war geschehen? Ihr könnt versuchen, den Täufern auf die Spur zu kommen.

Eine Möglichkeit, eure Arbeitsergebnisse der Klasse vorzustellen, ist das Verfassen von Zeitungsartikeln über das, was ihr herausgefunden habt. Wenn ihr einen größeren Kreis an Lesern erreichen möchtet (z. B. bei Projekttagen), könnt ihr die Zeitungsartikel auch zu einer Zeitung zusammenfassen und drucken. Falls ihr über die Täuferbewegung schreibt, könntet ihr also z. B. eine Sonderausgabe der Westfälischen Nachrichten für 1534/35 drucken.

1. Entscheidung für ein Thema
Was möchtet ihr untersuchen? Soll es um eine einzelne Person gehen oder um eine geschichtliche, politische oder religiöse Entwicklung oder Bewegung? Oder wollt ihr über ein Ereignis schreiben?

Falls ihr über die Täuferbewegung schreiben wollt, könnt ihr z. B. einen der folgenden Aspekte auswählen: Wer waren die Täufer? Was haben sie geglaubt? Wie haben sie gelebt? Warum kam es zu einem gewaltsamen Ende?

2. Vorbereitung und Arbeitsaufteilung
Überlegt, wo ihr Informationen zu eurem Thema finden könntet. Wer sucht an welchem Ort nach Informationen? Wer wertet welche Informationen aus? Wie werden die Ergebnisse der Recherchen festgehalten und an alle Teilnehmenden der Arbeitsgruppe weitergegeben?

→ Über Johannes Calvin kannst du dich auf S. 113 informieren.

3. Sichtung des Materials
Lest das Material einmal, um einen Überblick zu bekommen. Markiert beim zweiten Lesen wichtige Punkte oder macht euch Notizen. Findet heraus, ob unterschiedliche Texte unterschiedliche Meinungen vertreten und überprüft diese Unterschiede.

4. Ordnung des Materials
Reiht nicht einfach alle Notizen aneinander, sondern bildet Schwerpunkte. Wählt für euer Thema zentrale Aussagen aus und formuliert Übergänge zwischen den verschiedenen Aspekten.

5. Den Artikel verfassen
Formuliert zunächst eine Schlagzeile, die auf euer Thema aufmerksam macht. Verfasst anschließend eine knappe Einleitung, die bereits die wichtigsten Fragen (Wer?, Wo?, Wann?, Was?, Warum?) beantwortet. Bereitet die Informationen im Hauptteil des Artikels so auf, dass auch Leser ohne Vorwissen die Zusammenhänge verstehen können. Sortiert sie logisch und macht möglichst genaue Angaben. Verwendet eine klare und sachliche Sprache. Eure eigene Meinung sollte nicht geäußert werden. Ihr könnt sie allerdings zwischen den Zeilen andeuten.

Zeiten ändern sich – damals wie heute

Maschinelle Autoproduktion durch Roboter

Kühltürme eines Kernkraftwerks

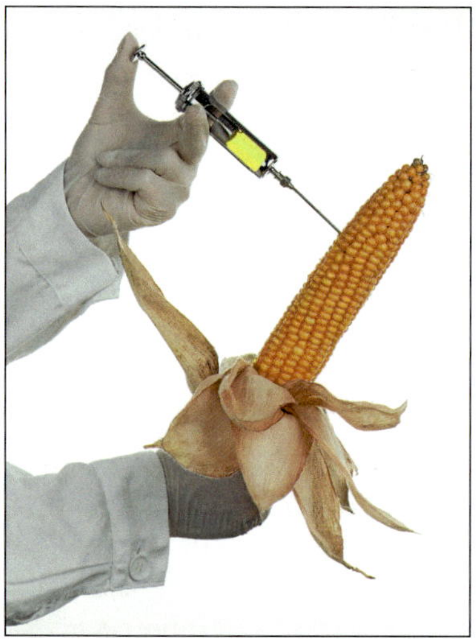

Gentechnik: Positiver Fortschritt oder Gefahr?

„Die Natur ist nicht unantastbar, sie kann und soll vom Menschen gestaltet werden. Sonst stünde ja der Mensch der Natur völlig handlungsunfähig gegenüber. Es ist ein Kennzeichen des Menschen als Kulturwesen, dass er die Schöpfung mitgestaltet, sie durch Vernunftgebrauch formt und verantwortlich nutzt."
(Die deutschen Bischöfe)

Das Zeitalter des Humanismus

Das 15. Jahrhundert läutete auf vielen Gebieten ein neues Zeitalter ein. Man nennt es das Zeitalter des Humanismus, weil es den Menschen und seine schöpferischen Kräfte in den Mittelpunkt stellte (lat. humanus = menschlich). Dem Humanismus lag das Ideal des umfassend gebildeten Menschen zugrunde, der kraft seiner Vernunft zur Verbesserung der Welt beitragen sollte. Damit verband sich die Hoffnung, die Gesellschaft auch „menschlicher" im Sinne eines besseren Miteinanders machen zu können. Der damals einsetzende gesellschaftliche Wandel erfasste nahezu ganz Europa und vollzog sich in allen Bereichen des Lebens.

Eine umwälzende Erfindung machte der Mainzer Johannes Gutenberg (um 1400–1468), dessen **Druckverfahren** mit beweglichen Lettern die Voraussetzung für eine schnelle Vervielfältigung und damit Verbreitung von Büchern und Schriften schuf.

In Preußen entdeckte der Domherr Nikolaus Kopernikus (1473–1543), dass die Sonne (und nicht – wie lange geglaubt – die Erde) das Zentrum des damals bekannten Universums ist, um das sich die anderen Planeten drehen (sogenanntes **heliozentrisches Weltbild**).

Die durch die Weiterentwicklung der Navigation (Kompass) erleichterte **Seeschifffahrt** erweiterte auch die Vorstellung, die die Europäer von der Erde hatten (Christoph Kolumbus: 1492 Fahrt nach Amerika; Vasco da Gama: 1498 Seeweg nach Indien) und führte in der Folge zu einer Ausweitung des Übersee-Handels.
Zugleich kam es zur Auflösung der mittelalterlichen Lebensordnung: Schon während der Kreuzzüge (12. Jh.) war der Handel mit dem Orient aufgeblüht und hatte die wirtschaftliche Kraft des Bürgertums gefördert. Große Bankhäuser entstanden (Fugger, Medici), die Geld an alle wichtigen Herrscher Europas (einschließlich des Papstes) verliehen. Auf diese Weise vollzog sich der **Wandel von der Natural- zur Geldwirtschaft**. Gleichzeitig verlor der Ritterstand (Adel) nicht

zuletzt wegen der Einführung des Schießpulvers und des aufkommenden Söldnerwesens an Bedeutung.

Dem **wachsenden Wohlstand** entsprach ein steigender Lebensmittelbedarf in den Städten, der trotzdem nicht zu einer Verbesserung der Situation der Landbevölkerung führte. Im Gegenteil: Überproduktion, Importe, Teuerung oder Missernten ließen die Bauern zu den Verlierern des oben beschriebenen Wandels werden.

Der gesellschaftlichen Spaltung versuchten die Herrscher durch eine Bündelung ihrer Macht entgegenzuwirken; der **Nationalstaat** entstand. Ihrem neuen, durch Kriege und Expansion geschürten Selbstbewusstsein verliehen die Fürsten durch Prachtbauten und ein ausgeprägtes höfisches Zeremoniell Ausdruck. So wurde diese Epoche auch zu einer architektonischen und **künstlerischen Blütezeit**: Raffael, Bernini, Michelangelo, Leonardo da Vinci, Palestrina oder Orlando di Lasso sind nur einige Namen, die hier zu nennen sind.

Mit all diesen Entwicklungen markierte das 15. Jahrhundert den **Übergang vom Mittelalter zur Neuzeit**. Die geistigen und wissenschaftlichen Errungenschaften dieser Zeit lieferten zugleich den Konfliktstoff für die folgenden Jahrzehnte, in denen sich der Mensch auch in Fragen des Glaubens von seinen bisherigen Bindungen befreien sollte.

Weltkarte des Gerhard Mercator, 1569

Das heliozentrische Weltbild, 1510

Aufgaben

1 **a)** Trage in einer Tabelle die geistigen, technischen, politischen und wirtschaftlichen Veränderungen zur Zeit des Humanismus zusammen.
b) Beschreibe die Auswirkungen dieses Wandels auf das Leben der Menschen damals. Was war positiv? Wo siehst du Schattenseiten?

2 Humanismus – auch eine Bezeichnung für unsere Zeit?
a) Sammelt aus Zeitungen und Zeitschriften Berichte über technologische Veränderungen. Arbeitet heraus, inwiefern diese Veränderungen Auswirkungen auf unser Menschenbild haben können.
b) Diskutiert, ob auch unsere Zeit eine Zeit des Humanismus ist.

3 Ein Gedankenexperiment: Unternehmt in kleinen Gruppen eine Zeitreise in das ausgehende 15. Jahrhundert: Was ist euch vertraut? Was könnte euch befremden? Wie nehmen die Menschen des 15. Jahrhunderts euch wahr? (Wenn ihr weitergehende Informationen benötigt, fragt im Geschichtsunterricht nach.) Stellt eure Ergebnisse als Rollenspiel in der Klasse vor.

Die Situation der Kirche

Die Veränderungen, die die Menschen um 1500 oft verunsicherten, betrafen die Kirche auf besondere Weise: Sie war selbst der Schauplatz wichtiger Auseinandersetzungen. Es ging um die Kirchenorganisation, aber auch um den Glauben der Menschen. Beides rief neue Unsicherheit hervor.

→ Was eine Bulle ist, kannst du auf S. 111 nachlesen.

Michaelis: Doctor Raimundus! Habt Ihr schon gehört? Der Papst hat eine **Bulle** erlassen, in der er die Stadt Köln mit der Zahlung von 50.000 Goldddukaten belegt, weil sich die Stadtherren geweigert haben sollen, die Dominikaner einzulassen.

Raimundus: Verschont mich mit dem albernen Pfaffengezänk, Michaelis! Der Papst möge vor seiner eigenen Türe kehren, bevor er der ehrbaren Kölner Bürgerschaft irgendwelche Vorwürfe macht. Sollen die Dominikaner doch in Rom predigen – dort scheint man es nötiger zu haben als hier.

Michaelis: Spielt Ihr vielleicht auf den Lebenswandel des römischen Klerus an?

Raimundus: Ganz recht, Michaelis. Doch nicht genug, dass es die hohen Herren mit der Keuschheit nicht so genau nehmen – auch sonst liegt einiges im Argen. Nehmt nur den Handel mit Reliquien: Da wird den Leuten für ein faules Stück Holz aus dem Tiber der Himmel versprochen und behauptet, es sei vom Kreuz Christi daselbst …

Michaelis: Nehmt es nicht so genau, gelehrter Mann. Die einfachen Leute brauchen eben Dinge zum Anfassen. Was wäre der Glaube ohne diese Äußerlichkeiten?

Raimundus: Sie sagen es, geschätzter Freund. Er wäre endlich das, was er sein soll: Hören auf das Wort Gottes und ein Leben nach seinen Geboten!

Michaelis: Gewiss. Aber Ihr werdet doch zugestehen, dass Auslegung und Predigt der Heiligen Schrift Sache des kirchlichen Lehramtes ist und nicht dem gemeinen ungebildeten Gläubigen überlassen werden darf.

Raimundus: Warum denn nicht? Dann könnte sich jeder selbst ein Bild darüber machen, was er von Gott zu erwarten hat. Und jedermann würde leicht einsehen, dass der sich auf leichtfertige Handel gar nicht einlässt.

Michaelis: Wenn Ihr die Sache mit dem **Ablass** meint, so verstehe ich die Aufregung ohnehin nicht. Hat nicht Christus selbst dem Apostel Petrus die Vollmacht übertragen, den Gnadenschatz hier auf Erden zu verwalten?

Raimundus: Der Papst verwaltet ganz andere Schätze. Am liebsten richtet er teure Jagden und Turniere für seine illustren Gäste aus aller Welt aus. Und die jährlichen Maskenbälle im Lateranpalast sind weit über die Grenzen Italiens hinaus berüchtigt. Ganz nebenbei richtet er noch die Hochzeit seines Bruders mit der Tochter Philipps von Savoyen aus. Doch damit nicht genug: Jetzt glaubt er auch noch, St. Peter zu Rom neu bauen zu müssen.[1]

Michaelis: Ihr wisst selbst am besten, dass vieles davon ein allgemeines Konzil schon im Jahr 1215 verboten hat. Aber was wäre der Papst ohne seinen Hofstaat? Als Herrscher über die Kirche und geistliches Oberhaupt der Christen braucht er eben ein gewisses Ansehen.

Raimundus: Das soll er sich durch die Autorität seines Amtes erwerben und nicht durch eine Prachtentfaltung, die die des Kaisers bei Weitem übertrifft. Allein das päpstliche Personal, vom Erzbischof bis zum Hofnarren, verschlingt Unsummen. Und all das finanziert mit den Ängsten der Gläubigen.

Michaelis: Ich finde, man kann niemandem einen Vorwurf machen, der um sein Seelenheil besorgt ist! Ist es nicht vielmehr tröstlich, dass wir uns das Himmelreich schon in diesem Leben verdienen können? Das Fegefeuer ist eben für viele Gläubige eine reale Angst.

1 Der Petersdom wurde von 1506 bis 1626 gebaut.

Raimundus: Wenn ich mir die Scheiterhaufen ansehe, die im ganzen Land brennen, so glaube ich das gerne …

Michaelis: Ohne die heilige Inquisition laufen wir Gefahr, von Irrlehren überrannt zu werden. Würde Mutter Kirche nicht darüber wachen, was zu glauben sei, wäre der Ketzerei Tür und Tor geöffnet. Denkt nur daran, welche Unruhe die **Hussiten, Katharer** oder **Waldenser** seinerzeit unter dem Volk gestiftet haben.

Raimundus: Ihr Einfaltspinsel! Um den Glauben der Menschen zu stärken, brauchen wir gut ausgebildete Seelsorger und keine Höllenprediger! Doch schaut nur den hiesigen Klerus an: Weil ihre Pfründe zum Leben nicht ausreichen, gehen die Priester betteln oder anderen Nebenberufen nach. Sie lesen möglichst viele Messen, weil das Geld bringt. Viele leben mit Frauen zusammen und setzen alles daran, ihre Posten ihren Söhnen zu vererben. Wie sollen sie da den Gläubigen ein Vorbild sein?

Michaelis: Vielleicht habt Ihr recht, lieber Doctor. Gewiss gibt es einige offene Wunden am Leib der Kirche. Aber seht ihr nicht, welche Reformen die Kirche schon auf den Weg gebracht hat? Nicht nur die Predigt in der Muttersprache, auch die jährliche Beichte und der regelmäßige Empfang der heiligen Kommunion sind ein Schritt in die richtige Richtung. Und leben uns nicht die allerorts entstehenden neuen Orden vor, was Nachfolge Christi bedeuten kann?

Raimundus: Euer Wort in Gottes Ohr! Ich für meinen Teil zweifle daran, dass sich die Kirche erneuern wird. Und wenn, dann bedarf es dazu eines Anstoßes von außen …

Info

Ablass: Nach katholischer Lehre kann jeder Getaufte durch gute Werke oder vorgeschriebene Gebete erreichen, dass ihm die Kirche zeitliche Sündenstrafen erlässt. Sündenstrafen müssen nach der Vergebung der Sündenschuld in der Beichte entweder auf Erden abgebüßt oder nach dem Tod im Fegefeuer gesühnt werden. Hinter der Lehre vom Ablass steht die Auffassung, dass Jesus und die Heiligen durch ihr Leben Verdienste erworben haben, welche die Kirche wie einen Schatz verwaltet. Mit diesem „Kirchenschatz" kann Sündern ein Teil ihrer Strafe erlassen werden. Die Missstände, die im späten Mittelalter durch die immer stärker von finanziellen Interessen geleitete Ablasspraxis hervorgerufen wurden (Ablass gegen Bezahlung), führten zum Protest Luthers und zur Reform des Ablasswesens auf dem Konzil von Trient (1545–1563). Heute spielt der Ablass in der katholischen Kirche eine untergeordnete Rolle.

Hussiten, **Katharer** und **Waldenser** sind nur einige der religiösen Gruppen, die im Mittelalter versuchten, die christliche Botschaft auf ganz radikale Weise zu leben. Es gelang ihnen dabei allerdings nicht, den Kontakt mit der römischen Kirche zu halten. In der Folge radikalisierten sie sich mehr und mehr und wurden oft auch von staatlichen Stellen als Unruhestifter verfolgt. Im Unterschied dazu war die Reformbewegung des Franziskus von Assisi (siehe S. 90/91) eine innerkirchliche Bewegung.

→ Mehr über die heutige Form der Beichte erfährst du auf S. 137.

→ Das Konzil von Trient ist Thema auf S. 114.

Aufgaben

1 **a)** Stelle die im Streitgespräch genannten Probleme zusammen und prüfe, welche eher den Glauben der einzelnen Menschen, welche eher die Kirche insgesamt betrafen. Stelle deine Ergebnisse in einem geeigneten Schaubild dar.
b) Welche Position vertritt Michaelis, was liegt Raimundus am Herzen? Fasse ihre Meinungen in je einer These zur Reform der Kirche zusammen.

2 Recherchiere in Zeitungen und im Internet, vor welchen Herausforderungen die Kirche heute steht. Du kannst auch Menschen fragen, die sich in der Kirche engagieren. Erarbeite mithilfe der Informationen ein Streitgespräch über die Kirche, das zwei Menschen heute führen könnten.

3 Sammelt in der Klasse, was Jugendliche heute von der Kirche erwarten. Prüft, ob die Kirche diese Erwartungen erfüllen kann, ohne ihren Auftrag aufzugeben. Zur Erinnerung: Dieser besteht in Martyria (Zeugnis geben), Diakonia (Dienst am anderen), Leiturgia (Gottesdienst feiern) und Koinonia (Gemeinschaft halten).

Auf der Suche nach dem gerechten Gott: Martin Luther

Stephan Lochner, Weltgericht, um 1435

Lucas Cranach d. J., Die falsche und die rechte Kirche, Holzschnitt um 1546, spätere Kolorierung

→ Über die christliche Vorstellung von Himmel, Hölle und Jüngstem Gericht informiert S. 195.

Info

Nach heutiger Vorstellung ist die **Hölle** kein Ort, an dem etwa die Seelen böser Menschen dem Feuer ausgesetzt werden, sondern eine bleibende Erfahrung der Gottesferne.

Für den Menschen am Ausgang des Mittelalters war die Vorstellung von der **Hölle** als Ort der Strafe Gottes für im Diesseits begangene Sünden allgegenwärtig. Darum stellten sich viele Menschen die Frage, wie ihr irdisches Leben von Gott bewertet werden würde und wie sein Urteil im sogenannten „Jüngsten Gericht" über sie ausfallen würde.

Einer von ihnen war der Augustinermönch **Martin Luther**, der 1483 in Eisleben (Thüringen) geboren wurde. Luthers Vater, der als Bergmann durch den Besitz mehrerer Schmelzöfen zu einem gewissen Wohlstand gekommen war, wollte eigentlich, dass sein Sohn Jurist würde. Er schickte ihn deshalb in die entsprechenden Schulen und im Jahr 1501 begann Martin in Erfurt Jura zu studieren. Mehr als das Studium beschäftigte ihn jedoch die Frage nach dem Seelenheil. Höllenängste plagten ihn. Als ihn auf einer Wanderung ein schreckliches Gewitter überraschte, gelobte er in Todesangst, dass er im Fall seiner Rettung in ein Kloster eintreten würde. Gegen den Widerstand seines Vaters löste er dieses Gelübde bereits wenige Monate später ein, indem er bei den Augustiner-Chorherren in Erfurt um Aufnahme bat. Auf Wunsch seiner Ordensoberen begann er mit dem Studium der Theologie. Sie hofften, dass er so am ehesten seine Höllenängste überwinden könnte. 1507 wurde Luther zum Priester geweiht. 1512 schloss er sein Theologiestudium mit dem Doktorgrad ab, bald darauf übernahm er eine Professur für Theologie an der Universität Wittenberg.

Immer noch von Selbstzweifeln und Seelenängsten geplagt, suchte Luther in der Bibel nach einer Antwort auf die Frage: **„Wie bekomme ich einen gnädigen Gott? Wie kann der Mensch vor Gott bestehen?"** Er stieß dabei auf eine Stelle im Brief des Apostels Paulus an die Römer:

Der aus Glauben Gerechte wird leben.
(Röm 1,17)

Lucas Cranach d. Ä.,
Martin Luther, 1528

Anfangs war Martin Luther wie die meisten seiner Zeitgenossen davon überzeugt, Gott durch gute Werke gefallen zu können. Über seine Zeit im Kloster schreibt er darum:

„Wahr ist's, ein frommer Mönch bin ich gewesen, und ich habe so streng meinen Orden gehalten, dass ich sagen darf: Ist je ein Mönch in den Himmel gekommen durch Möncherei, so wäre ich auch hineingekommen, das werden mir alle meine Klostergesellen bezeugen, die mich gekannt haben. Denn ich hätte mich (beinahe) zu Tode gemartert mit Wachen, Beten, Lesen und anderer Arbeit."

Luther gelangte zu der für ihn maßgeblichen Erkenntnis, dass er sein Ziel, Gott gnädig zu stimmen, aus eigener, menschlicher Kraft nicht erreichen konnte:

„Ich fühlte, dass ich trotz allem untadeligen Mönchsleben vor Gott ein Sünder sei. Ich konnte nicht darauf vertrauen, Gott in meinen frommen Werken zu versöhnen. Ich liebte diesen gerechten, die Sünde strafenden Gott nicht."

Darum brachte ihn die Rede von der Gerechtigkeit Gottes in Röm 1,17 zur Verzweiflung:

„Ich war von dem hartnäckigen Drang gepackt, Paulus' Wort von der Gerechtigkeit zu verstehen. Ich hasste dieses Wort. Wie alle verstand ich darunter Gottes aktive Gerechtigkeit, durch die Er selbst gerecht ist und die Sünder bestraft ..."

Eine Wende in Luthers Denken trat ein mit seiner 1515 in seinem Arbeitszimmer im Turm der Wittenberger Universität gefundenen Erkenntnis über die Barmherzigkeit Gottes. Dieses sogenannte „Turmerlebnis" schildert Luther so:

„So raste ich wie wild und verstört. Zugleich aber pochte ich immer wieder bei Röm 1,17 an. Ich wollte unbedingt wissen, was der heilige Paulus meinte. Unablässig sann ich, Tag und Nacht. Da erbarmte Gott sich meiner. Ich beachtete den Zusammenhang jener Worte des Römerbriefes und fing an, Gerechtigkeit neu zu begreifen als eine, durch die der barmherzige Gott uns rechtfertigt durch unseren Glauben."

Dank dieser neuen Erkenntnis, die zu Luthers wichtigster Überzeugung wurde, konnte er endlich zu Gott und zu sich selbst finden:

„Nun fühlte ich mich ganz und gar neugeboren: Die Tore hatten sich mir aufgetan; ich war in das Paradies selber eingegangen ... Wie ich zuvor das Wort ‚Gerechtigkeit Gottes' mit allem Hass hasste, so erhob ich nun mit heißer Liebe das gleiche Wort als süß und lieblich über andere."

Aufgaben

1 Vergleiche das Gerichtsbild Lochners mit dem Holzschnitt von Lucas Cranach. Ordne jedem Bild Erfahrungen oder Ansichten Luthers zu und begründe deine Zuordnung.

2 Luther fragt: „Wie bekomme ich einen gnädigen Gott?" Wie hat er vor dem sogenannten Turmerlebnis versucht, Gott gnädig zu stimmen? Trage Informationen aus dem Text zusammen.

3 In Röm 1,17 findet Luther die Antwort auf die Frage nach dem gnädigen Gott. Erläutere sie.

4 Luthers Erkenntnis hat Auswirkungen darauf, wie er sich als Mensch versteht und wie er sein Verhältnis zu Gott sieht. Wie könnte sich Luther vor dem Turmerlebnis gesehen haben? Wie sah er sich danach? Formuliere zwei Beschreibungen aus Luthers Sicht: „Ich bin ...".

Luther geht an die Öffentlichkeit

Seit Anfang 1517 verkaufte der Dominikanermönch Johann Tetzel **Ablassbriefe** im Auftrag des Erzbischofs Albrecht von Mainz. Dieser war von Papst Leo X. gegen Zahlung von über 20.000 Dukaten in Ämtern, die er nach kirchlichem Recht nicht gleichzeitig hätte bekleiden dürfen, bestätigt worden. Da er das Geld nicht aufbringen konnte, lieh er es sich bei den Fuggern in Augsburg. Damit Albrecht seine Schulden zurückzahlen konnte, erlaubte der Papst ihm, Ablassbriefe zu verkaufen. Der Ertrag sollte geteilt werden: eine Hälfte für Bischof Albrecht, die andere für den Papst für den Neubau des Petersdoms.

Lucas Cranach d.Ä., Ablasshandel, Holzschnitt, auf dem der Papst im Zuge reformatorischer Polemik als „Antichrist" dargestellt wird, der Ablassbriefe gegen Bezahlung ausstellt, 1521

Aufgrund von Tetzels Predigten wollten immer weniger Menschen die ihnen von Luther im Beichtstuhl aufgetragene Buße akzeptieren. Sie glaubten, der Kauf von Ablassbriefen mache ein bußfertiges Leben überflüssig. Manche gingen so weit, sich im Voraus mit Ablassbriefen einzudecken.

Solche Ansichten, die nie offizielle Glaubenslehre waren, standen in krassem Gegensatz zu Luthers Überzeugung, dass der Mensch nicht aufgrund noch so guter Werke, sondern allein durch seinen vertrauenden Glauben von Gott gerecht gemacht wird. Deshalb entschloss sich Luther, seine Kritik in **95 Thesen** zu formulieren und öffentlich zur Diskussion zu stellen.

→ Über den Ablass kannst du dich auf S. 105 informieren.

→ Das Buß-Sakrament in seiner heutigen Form ist Thema auf S. 137.

„Wisse, dass ein jeder, der gebeichtet, bereut und Geld in den Schrein getan hat, so viel ihm der Beichtvater geraten hat, eine volle Vergebung seiner Sünden haben wird.
Habt ihr nicht die Stimmen eurer Verstorbenen gehört, die rufen: ‚Erbarmt euch, denn wir leiden unter harten Strafen und Foltern, von denen ihr uns durch eine geringe Gabe loskaufen könnt.'"
(Auszug aus einer Predigt Tetzels)

1) Wenn unser Herr und Meister Jesus Christus sagt: „Tut Buße", so will er, dass das ganze Leben seiner Gläubigen auf Erden eine stete Buße sein soll …
21) Daher irren alle Ablassprediger, die da sagen, dass durch des Papstes Ablass der Mensch von aller Strafe los werde …
27) Die predigen Menschenverstand, die da vorgeben, dass, sobald der Groschen in den Kasten geworfen klingt, die Seele aus dem Fegefeuer auffahre …
32) Wer durch Ablassbriefe meint, seiner Seligkeit sicher zu sein, der wird ewiglich verdammt mitsamt seinen Lehrmeistern …
43) Man soll die Christen lehren, dass der, der dem Armen gibt oder dem Dürftigen leiht, besser tut, als wenn er Ablass löst …
62) Der wahre Schatz der Kirche ist das allerheiligste Evangelium …
86) Warum erbaut der Papst, dessen Vermögen heutigen Tages fürstlicher ist als das der reichsten Geldfürsten, nicht lieber die Peterskirche von seinen eigenen Geldern als von dem Geld armer Gläubiger?
(Thesen Martin Luthers)

Dank der eben erst erfundenen Kunst des Buchdrucks verbreiteten sich die Thesen Luthers rasch in ganz Deutschland.

Aufgaben

1 Gib Luthers Thesen mit eigenen Worten wieder.
2 Stelle dir vor, dass Luther versucht, einem Menschen auf dem Marktplatz zu erklären, warum er keinen Ablass kaufen soll. Verfasse einen Dialog zwischen den beiden.

Legenden um Luther: Der Thesenanschlag

Hugo Vogel, Luthers Thesenanschlag an der Schlosskirche zu Wittenberg, Ende 19. Jh.

31. Oktober 1517: Luther nagelt mit Hammerschlägen, die durch ganz Europa hallen, die 95 Thesen an die Tür der Schlosskirche zu Wittenberg: Dies wurde bis weit ins 20. Jahrhundert hinein als Tatsache anerkannt. Es ist ein Bild, das – wie kaum ein anderes – zum Symbol der Reformation geworden ist.

So wurde es durchaus als Sensation empfunden, als 1961 ein Lutherforscher mit der Behauptung an die Öffentlichkeit trat, der Thesenanschlag sei reine Legende.

Die von ihm angeführten Fakten waren einleuchtend: Zum einen stammt die erste schriftliche Darstellung dieses Ereignisses von Philipp Melanchthon, der kein Augenzeuge gewesen sein kann, da er erst 1518 als Professor an die Wittenberger Universität berufen wurde. Auch wird erst nach Luthers Tod von diesem Ereignis berichtet, sodass von ihm selbst kein Kommentar dazu überliefert ist. Zwar wurden an der Tür der Schlosskirche regelmäßig Ankündigungen für öffentliche Streitreden, sogenannte Disputationen, angebracht, jedoch wäre das Anbringen von Thesen, ohne eine vorherige Reaktion der Bischöfe abzuwarten, eine klare Provokation gewesen. Dies ist jedoch Luther, der zunächst ja nur Missstände beseitigen wollte, damals noch nicht zuzutrauen. Zudem fand in Wittenberg nie eine öffentliche Disputation über Luthers Thesen statt und bis heute konnte auch kein Urdruck seiner Thesen gefunden werden.

Als gesicherte Tatsache bleibt damit nur: Luther schrieb am 31.10.1517 Briefe an seine Vorgesetzten, in denen er die Praxis des Ablasshandels anprangerte und die Behebung der Missstände anmahnte. Den Briefen legte er 95 Thesen bei, die als Grundlage für eine Disputation über das Thema dienen sollten.

Heute wird von den meisten Lutherforschern angenommen, dass Luther an dem besagten Tage nicht mit dem Hammer zu Werke ging. Trotzdem ist das Bild des Thesenanschlags auch heute noch eines der gebräuchlichsten im Umgang mit Luther und der Reformation.

Anstelle der ursprünglichen Kirchentür, die im Siebenjährigen Krieg (1756–1763) zerstört wurde, steht in der Wittenberger Schlosskirche heute eine Bronzetür mit den 95 Thesen.

→ Mehr zu Philipp Melanchthon erfährst du auf S. 115.

1 „Hammerschläge, die durch ganz Europa hallen“: Erkläre, wie das Bild des Thesenanschlags Luthers Ideen deutet.

Der Reichstag zu Worms

Aufgrund seiner Kritik am Ablasswesen und am Papsttum erhielt Luther Anfang März 1521 eine Vorladung, auf einem Reichstag vor dem Kaiser zu seinen Lehren Stellung zu nehmen. Papst Leo X. hatte Luther schon im Januar mit der härtesten Kirchenstrafe, der Exkommunikation, belegt. Nach damaligem Recht hätte der Kaiser ihn umgehend **ächten** müssen. Dies hätte bedeutet, dass Luther sämtliche Rechte eines freien Bürgers verloren hätte und letztlich **vogelfrei** gewesen wäre. Doch Karl V. sicherte Luther für 21 Tage freies Geleit zu.

Info

Jeder, über den der König oder Kaiser im Mittelalter die **Reichsacht** verhängte, galt als **vogelfrei**. Der Vogelfreie hatte keinen Rechtsschutz mehr und durfte von jedem getötet werden.

Ein unglaubliches Gedränge herrschte, als Luther am 16. April in Worms eintraf. Alle wollten den berühmten „Doctor Martinus" sehen. Über Hintertreppen musste er in den Sitzungssaal geführt werden, in dem der Kaiser als Hauptrichter und die sechs Kurfürsten, der päpstliche Nuntius, ferner Herzöge, Markgrafen, Bischöfe, Ritter und Gesandte aus anderen Ländern versammelt waren. Um was ging es?
In drei wichtigen Schriften hatte Luther 1520 zusammengefasst, wie er den christlichen Glauben nun versteht. Seine Kritik betrifft sowohl die Kirche insgesamt als auch das Leben der einzelnen Gläubigen.

„Alle Christen sind geistlichen Standes. Unter ihnen ist kein Unterschied, es sei denn wegen eines Amtes. Alle sind wahrhaftig Priester, Bischöfe und Päpste. Das macht, dass alle eine Taufe, ein Evangelium, einen Glauben haben. Nicht nur der Papst kann die Bibel auslegen."

„Vor allem muss ich die Siebenzahl der Sakramente ablehnen.
Nur Taufe und Abendmahl sind Sakramente, denn sie sind nach der Heiligen Schrift von Christus gestiftete Zeichen und sie verheißen die Vergebung der Sünden. Das ganze Sakrament des Brotes – auch der Kelch – ist den ‚Laien' zu reichen."

„Ein Christ ist durch den Glauben ein freier Herr über alle Dinge und niemandem untertan. Die Obrigkeit kann nur regeln, was den ‚äußeren' Menschen betrifft. Innerlich ist der Mensch frei und niemand außer Gott untertan. Allein wegen der Liebe ist ein Christ ein Knecht aller Dinge und jedermann untertan."

Aufgaben

1 Fasse Luthers neue Lehren zusammen. Erstelle dazu eine Tabelle, trage darin die Titel der drei großen reformatorischen Schriften ein und gib ihnen ein treffendes Motto.

2 Luther gilt als großer Prediger und Redner. Entwirf eine Rede, in der Luther seine Auffassung darstellt (vgl. S. 106–109). Achte besonders auf die Stellen, in denen Luther gegen die traditionelle („katholische") Auffassung argumentiert.

3 Erläutere, worin im 16. Jahrhundert die politische Sprengkraft von Luthers Thesen lag.

Ludwig Rabe, Luther verbrennt die **Bannbulle**, um 1557

Info

Eine **Bulle** ist ein päpstliches Schreiben. Mit einer **Bannbulle** verhängt der Papst eine Strafe. Dies kann z. B. eine **Exkommunikation** sein, d. h. der Ausschluss eines Christen aus der Gemeinschaft der katholischen Kirche. (**Kirchenbann**).

Auszüge aus der Anklagerede des päpstlichen Gesandten Aleander

„Eure kaiserliche Majestät möge einige Artikel Martin Luthers hören, die allein würdig wären, dass man hunderttausend Ketzer darum verbrenne. Luther sündigt wider die Geistlichkeit, wenn er sagt, dass alle Laien durch die Taufe Priester seien. Insbesondere verwirft er die Gelübde der geistlichen Orden und lehnt die Heiligen ab. Weil sein Irrtum so offenbar geworden, hat seine päpstliche Heiligkeit etliche seiner Artikel als ketzerisch und aufrührerisch verdammt. Aber Luther hat gegen den Beschluss des päpstlichen Stuhles an ein Konzil appelliert und glaubt, des Papstes Urteilsspruch nicht anerkennen zu müssen. Deshalb wolle Eure kaiserliche Majestät gebieten, Luthers Bücher alle zu verbrennen."

Aus einem Bericht über Luthers Verteidigungsrede (18.4.1521)

„Weil Eure geheiligte Majestät und Eure Herrlichkeiten es verlangen, so will ich eine schlichte Antwort geben. Sofern ich nicht durch das Zeugnis der Heiligen Schrift oder vernünftige Gründe widerlegt werde, bin ich gebunden durch die Texte, auf die ich mich gestützt, und ist mein Gewissen in Gottes Wort gefangen. Weder dem Papst noch den Konzilien allein vermag ich zu glauben, da es feststeht, dass sie wiederholt geirrt und sich selbst widersprochen haben. Darum kann und will ich nichts widerrufen, weil gegen das Gewissen zu handeln verboten ist. Ich kann nicht anders – Gott helfe mir! Amen."

Aus der Erklärung Kaiser Karls V. vom 19.4.1521

„Meine Vorfahren haben mir die heilige katholische Religion hinterlassen, damit ich in ihr lebe und sterbe. Deshalb bin ich entschlossen, alles zu halten, was meine Vorgänger und ich bis zum gegenwärtigen Augenblick gehalten haben. Denn es ist sicher, dass ein einzelner Mensch in seiner Meinung irrt, wenn diese gegen den ganzen christlichen Glauben steht, wie er seit mehr als tausend Jahren gelehrt wird. Denn sonst hätte ja die ganze Christenheit heute und immer geirrt. Es reut mich, dass ich so lange aufgeschoben habe, gegen diesen Luther und seine falsche Lehre vorzugehen. Ich bin entschlossen, ihn nicht weiter anzuhören, sondern ich will, dass er unverzüglich nach Hause geschickt wird. Das freie Geleit soll ihm, wie gesagt, gehalten werden, aber er soll nicht predigen noch seine böse Lehre dem Volk vortragen."

1 Stelle zusammen, in welchen Punkten Luther von Aleander angeklagt wird und mit welchen Argumenten er sich dagegen verteidigt. Wie begründet der Kaiser seine Entscheidung?

2 Trage die Reden so überzeugend wie möglich vor. Achte darauf, die wichtigen Punkte auch im Vortrag hervorzuheben.

Die Reformation nimmt ihren Lauf

Angefangen hatte alles mit der Frage Martin Luthers, wie Gnade und Gerechtigkeit Gottes zusammenpassen. Mit der Zeit war aus den Glaubensnöten eines unbedeutenden Mönchs ein Vorgang von politischer Bedeutung geworden. Kaiser und Papst hatten lange geglaubt, mit Reichsacht und Kirchenbann das Problem lösen zu können. Stattdessen wurden sie von den sich überstürzenden Ereignissen überrollt. Gesellschaftliche Strukturen veränderten sich, die Rechte der Herrscher wurden hinterfragt, es kam zu Kriegen. Vieles von dem war nicht im Sinne Martin Luthers. Hätte es damals schon Tageszeitungen gegeben, wären vielleicht Artikel wie die folgenden erschienen:

Der Reichskurier

Massaker an Bauern

Freiheitsträume grausam zerplatzt

Der närrische Traum vieler Bauern, Luthers Schrift „Von der Freiheit eines Christenmenschen“ würde sie der lang ersehnten Freiheit von grundherrlicher Gewalt näherbringen, ist ausgeträumt. In Thüringen wurde der Großteil der aufständischen Bauernhorden vernichtend geschlagen.
Besonders bitter muss es für die Überlebenden sein, vor ihrer Hinrichtung ausgerechnet von Luther als „treulose, meineidige und lügenhafte Bösewichter“ bezeichnet zu werden. In ihrem Kampf gegen die ihrer Ansicht nach ständigen Beschneidungen ihrer althergebrachten Rechte und die steigende Abgabenlast hatten sie sich gerade von ihm Rückendeckung erhofft!

→ Dass innere und äußere Freiheit nicht immer übereinstimmen müssen, zeigt das Beispiel vieler Propheten auf S. 11–30.

Deutsches Tagblatt

Wo ist Martin Luther?

Untergetaucht? – Verhaftet? – Ermordet?

Auf der Rückreise vom Reichstag in Worms ist Martin Luther spurlos verschwunden. Zu Hause in Wittenberg ist er nie angekommen, kurz hinter der Landesgrenze nach Sachsen verliert sich seine Spur. Sollte der Kaiser sein Versprechen des freien Geleits gebrochen haben? Stehen wir vor einem zweiten Fall „Hus“? Ist Martin Luther überhaupt noch am Leben oder wurde er bereits heimlich als Ketzer verbrannt? Ist er verhaftet und wartet auf seine Aburteilung? Oder ist er schlicht untergetaucht, bis sich die Aufregung um seine Person gelegt hat?

Paderborner Anzeiger

Klöster vor dem „Aus“?

Worauf bis vor Kurzem in den Klöstern noch hohe Haftstrafen standen, ist mittlerweile schon beinahe zur Alltäglichkeit geworden: Angestachelt von Luthers Schrift gegen die Mönchsgelübde, verlassen zahlreiche Nonnen und Mönche ihre Klöster. Seit sich die deutsche Provinz des Augustinerordens aufgelöst hat, kommt es dabei nicht mehr nur zum Austritt einzelner Ordensangehöriger, sondern immer häufiger zur Schließung ganzer Klöster.

Aufgaben

1 Recherchiere den tatsächlichen Verbleib Luthers und die Hintergründe seines Verschwindens sowie wichtige Ereignisse seines weiteren Lebens.

2 **a)** Der Begriff „Freiheit“ hat viele Facetten. Fertige eine Mindmap an.
b) Luther verstand unter der „christlichen Freiheit“ die innere Freiheit, durch die Gott dem Menschen Würde und Gleichheit verleiht (vgl. S. 111). Erläutere, inwiefern die Bauern Luthers Lehre missverstanden haben.

3 Erkunde das Schicksal einzelner Klöster in der Reformationszeit und stelle deine Ergebnisse mithilfe eines „Zeitungsartikels“ dar, der auch auf die Hintergründe eingeht.

Der Reichskurier

Ketzer gegen Ketzer

„Reformierte" auf dem Vormarsch

Ulrich Zwingli

Johannes Calvin

Die Reformatoren Zwingli und Calvin haben vor allem in schweizerischen Landen enormen Zulauf, obwohl selbst der ketzerische Luther die Lehren der sogenannten „Reformierten" ausdrücklich als Irrlehren brandmarkt! So meint Calvin, dass für jeden Menschen das ewige Leben oder die Verdammnis von Gott schon vorherbestimmt sei. Ob man zu den aus Gnade von Gott erwählten Menschen gehöre, könne man bereits auf Erden erkennen, wirtschaftlicher Erfolg sei ein sicheres Zeichen dafür. Dieser Unsinn wird von Luther genauso verdammt wie Zwinglis unsägliche Lehre, dass beim Abendmahl Brot und Wein nur an Christi Opfertod erinnern, ohne selbst zu Leib und Blut Christi zu werden.

Osnabrücker Nachrichten

„Katholisch nach Art des Landes"

Mit diesen Worten soll Generalvikar Albert Lucenius nach seinem Besuch der Gemeinden im Hochstift Osnabrück die dortigen Verhältnisse beschrieben haben. Es herrscht einige Unklarheit, was „katholisch" und was „protestantisch" ist. Selbst die Pfarrer haben damit Schwierigkeiten. Albert Lucenius traf einen katholischen Pfarrer, der mit seinen zwei Kindern zusammenlebt und selber Sohn eines Pfarrers ist. Ein vermeintlich evangelischer Pfarrer liest seine Messen auf Latein – und nicht im Sinne Martin Luthers auf Deutsch.

→ Zur Bedeutung der Klöster geben S. 80/81 und S. 86/87 weitere Informationen.

Deutsches Tagblatt

Verkaufsschlager Bibel

Luthers Übersetzung des Neuen Testaments bricht alle Verkaufsrekorde

Martin Luther hat die Zeit seines Untertauchens auf der Wartburg gut genutzt. Die Übersetzung des Neuen Testaments, die er dort anfertigte, entwickelt sich zum absoluten Verkaufsschlager. Im Gegensatz zu früheren deutschen Bibelübersetzungen ist es Luther gelungen, theologische Exaktheit und allgemein verständliche Ausdrucksweise harmonisch zu verbinden.

Nach Luthers Auffassung soll möglichst jeder Christ die Bibel lesen; dem Gläubigen erschließt sich seiner Meinung nach die Bibel selbst. Im Gegensatz dazu wird von den romtreuen Priestern die Notwendigkeit der Bibelauslegung durch kirchlich autorisierte Experten betont. „Das einfache Volk ist mit der Bibelauslegung überfordert. Es besteht Gefahr, dass unautorisierte Leser mehr hinein- als herauslesen", meinte gestern der päpstliche Gesandte.

1 Zur Zeit der Reformation war noch nicht eindeutig geklärt, was zur katholischen und was zur evangelischen Konfession gehört. Erstellt in Partnerarbeit eine Tabelle mit den wesentlichen heutigen Merkmalen.

2 Luther und Zwingli haben 1529 in Marburg ein Streitgespräch geführt. Vor allem ging es um das Abendmahl. Sucht nach Argumenten beider Gesprächspartner und spielt die Szene nach. Welche Informationen fehlen euch, die ihr noch zusätzlich recherchieren müsst? Vielleicht könnt ihr euch mit der evangelischen Religionsgruppe darüber austauschen.

Info

Das **Konzil von Trient** („Tridentinum") wurde 1545 einberufen, um die Missstände in der katholischen Kirche zu diskutieren. Für eine Einigung mit den Anhängern der Reformatoren war es zu spät. Dennoch kam es zu wichtigen Reformen: der Abschaffung des Ablasses gegen Geld, sorgfältigerer Ausbildung der Priester, Regeln für die Lebensführung der Priester, Verpflichtung der Pfarrer zu Predigt und Jugenderziehung. Gegen die Meinung der Reformatoren wurde festgeschrieben, dass nicht nur die Bibel (**„sola scriptura"**), sondern auch die kirchliche Tradition für den Glauben verbindlich ist. Auch die Bedeutung menschlicher Werke gegen das reformatorische **„sola gratia"** wurde betont.

Die katholische Reform: neuer Schwung für die alte Kirche

Dass die Anliegen der Reformatoren nicht aus der Luft gegriffen waren, wurde auch auf katholischer Seite gesehen. Papst Hadrian VI. erklärte zum Beispiel 1523:

„Wir wissen wohl, dass auch bei diesem Heiligen Stuhl schon seit manchem Jahr viel Verabscheuungswürdiges vorgekommen ist: Missbräuche in geistlichen Dingen, Übertretungen der Gebote, ja dass alles sich zum Argen verkehrt hat. So ist nicht zu verwundern, dass die Krankheit sich vom Haupt auf die Glieder, von den Päpsten auf die Priester und Prälaten verpflanzt hat. Wir alle sind vom Weg des Rechts abgewichen, und es gab schon lange keinen Einzigen, der Gutes tat. Deshalb versprechen wir, dass wir allen Fleiß anwenden wollen, damit zuerst der römische Hof, von dem vielleicht all die Übel ihren Anfang genommen haben, gebessert werde; wie von hier die Krankheit ausgegangen ist, wird dann auch von hier die Gesundung beginnen."

Doch als die Kirche endlich Reformschritte unternahm, war es zu spät.

Philipp Neri (1515–1595): Als Sohn eines florentinischen Notars war er dazu bestimmt worden, als Kaufmann das Erbe seines Onkels anzutreten. Er ging jedoch nach Rom, wo er mit 36 Jahren zum Priester geweiht wurde. Er widmete sich der Beichtseelsorge, trat als Prediger hervor und kümmerte sich um Jugendliche. Mit einigen seiner Anhänger traf er sich regelmäßig zu Austausch, Gebet und Frömmigkeitsübungen. Diesen Versammlungen gab er den Namen „Oratorium", woraus eine gleichnamige Priestergemeinschaft hervorging, die sich einem vorbildlichen Glaubensleben verpflichtet fühlte. Neri zeichnete sich durch Bescheidenheit, Demut, Güte und Humor aus, weshalb er auch als der „lachende Heilige" bezeichnet wurde.

Karl Borromäus (1538–1584): Schon als junger Mann am päpstlichen Hof zu Amt und Ehren gekommen, widmete sich der aus dem Adelsgeschlecht der Medici stammende Borromäus ganz der inneren Reform der Kirche. Als Erzbischof von Mailand kümmerte er sich persönlich um die Neuordnung seiner Diözese. Insbesondere die sorgfältige Ausbildung der Priester lag ihm am Herzen. Er unternahm zahllose Visitationsreisen, um die Reformbeschlüsse des Konzils von Trient in den Pfarreien seines Bistums durchzusetzen. Als enger Freund Philipp Neris machte er sich dessen Geisteshaltung zu eigen, gründete Schulen und Waisenhäuser und bemühte sich um die rechte Unterweisung der Gläubigen. Man sagte von ihm, wären alle Priester so gewesen wie er, wäre es nie zur Glaubensspaltung gekommen.

Ignatius von Loyola (1491–1556) brachte eine schwere Kriegsverletzung dazu, über sein Leben nachzudenken. Nach seiner Genesung legte er seine Waffen am Altar der Klosterkirche von

Aufgaben

1 Wie reagierte die Kirche auf die durch die Reformatoren vorgebrachte Kritik? Recherchiert in Kleingruppen mithilfe eurer evangelischen Mitschülerinnen und Mitschüler weitere Details über die auf dieser Doppelseite vorgestellten Personen und präsentiert sie in der Klasse, indem ihr die Personen sich in einer Rede vorstellen lasst.

Montserrat nieder und widmete sich dem religiösen Leben. Ignatius gründete einen neuen Orden, die „Gesellschaft Jesu", der nach dem Vorbild militärischer Ordnung organisiert war. Ihre Hauptanliegen waren die Jugenderziehung und die Ausbildung tüchtiger Priester mit moralisch einwandfreiem Lebenswandel. In den Schulen der „Jesuiten" wurde eine katholische Elite geformt, die gegen die Lehren der Reformatoren gefeit sein sollte und die ihre Umwelt nach römisch-päpstlichem Vorbild prägen sollte.

Ein Vermittler aufseiten der Reformation: Philipp Melanchthon (1497–1560) wurde in Bretten (Baden-Württemberg) geboren. Nach dem Studium war er Universitätslehrer für alte Sprachen in Tübingen und später in Wittenberg, wo er Martin Luther kennenlernte. Er schloss sich der Reformation an und wurde bald zu deren Vordenker. Im Unterschied zu Luther strebte er Reformen an, ohne die Einheit der Kirche infrage zu stellen. Wegen seiner Kompromissbereitschaft wurde er von Luther auch als „Bruder Leisetritt" tituliert. Er gilt als Verfasser der „Confessio Augustana", der Hauptbekenntnisschrift des Protestantismus. Melanchthon arbeitete im Geist eines christlichen Humanismus auch an der Reform der Schulen und verfasste Schriften zur Ethik und zur Staatslehre.

Der Streit der Konfessionen kam nicht zur Ruhe. 1530 legten die lutherischen Reichsstände förmlich Protest gegen den Beschluss ein, die Reichsacht gegen Luther zu vollziehen. Nachdem Kaiser Karl V. mit seinem Erzfeind Frankreich Frieden geschlossen hatte (1529), wollte er sich der drohenden Gefahr durch die Osmanen widmen. Voraussetzung dafür war, dass die innerdeutschen Querelen um Martin Luther beigelegt würden. Zu diesem Zweck berief er 1530 einen weiteren Reichstag, diesmal nach Augsburg ein, der eine Einigung in der Religionsfrage herbeiführen sollte. Vorausgegangen war ein förmlicher Protest der lutherischen Reichsstände gegen die 1529 mehrheitlich beschlossene Durchführung des Wormser Edikts (= Verhängung der Reichsacht gegen Luther); daher auch die Bezeichnung **„Protestanten"**.
In Augsburg waren die Streitparteien zur Stellungnahme aufgefordert. Daraufhin legte die protestantische Seite ein maßgeblich durch Luthers Freund und Weggefährten Philipp Melanchthon erarbeitetes Glaubensbekenntnis vor, die sogenannte **Confessio Augustana**. Dieses wurde trotz seines versöhnlichen Stils vom Kaiser und der katholischen Partei abgelehnt. Die protestantischen Fürsten verließen daraufhin den Reichstag und schlossen sich im Schmalkaldischen Bund zusammen.

In der Folgezeit kam es zu kriegerischen Auseinandersetzungen zwischen Katholiken und Protestanten, die erst im **„Augsburger Religionsfrieden"** von 1555 beendet werden konnten. Dieser sah die Anerkennung des lutherischen Glaubens vor und räumte den Fürsten das Recht ein, die Konfession ihrer Untertanen zu bestimmen (**ius reformandi**):

→ Mehr zum Prinzip „Cuius regio, eius religio" kannst du auf S. 118 lesen.

Cuius regio, eius religio

1 Geschichte konkret: Wie war das mit der Reformation in eurer Region? Recherchiert – wenn möglich gemeinsam mit der evangelischen Religionsgruppe und ihrem/r Religionslehrer/in – die Kirchengeschichte eures Heimatortes im 16. Jahrhundert.
2 Kircheneinigung heute? Befrage evangelische und katholische Christinnen und Christen zu Chancen und Schwierigkeiten einer Kircheneinigung. Kläre bei der Vorbereitung des Interviews, wie die großen Konfessionen die Möglichkeit der Kircheneinheit beurteilen.
3 Informiere dich, seit wann die Gegend, in der du lebst, katholisch/evangelisch ist. Suche in deinem Dorf/deiner Stadt nach Hinweisen, an denen man dies erkennt.

Gemeinsam glauben

Einheit in versöhnter Verschiedenheit

[21]Alle sollen eins sein, [23]damit die Welt erkennt, dass du mich gesandt hast.
(Joh 17,21.23)

Info

Das griechische Wort **Ökumene** (οἰκουμένη = Erdkreis) bezeichnete ursprünglich die zivilisierte (durch Recht und Sitte geordnete) Welt (in Abgrenzung zu den Barbarenvölkern). Im religiösen Sinn zielt der Begriff auf die gemeinsamen Beziehungen zwischen den christlichen Konfessionen.

→ Mehr zum Schuldbekenntnis des Papstes erfährst du auf S. 93.

Seit Beginn des 20. Jahrhunderts verstärkte sich das Bemühen, die von Jesus selbst geforderte Einheit der Christen zu verwirklichen und die konfessionellen Auseinandersetzungen beizulegen. Dieser (bis heute andauernde) Versöhnungsprozess wird auch als „ökumenische Bewegung" bezeichnet. Man hat erkannt, dass eine gespaltene Christenheit nicht im Sinne Jesu ist und darum unglaubwürdig erscheint. Stattdessen soll die Zusammengehörigkeit zwischen Katholiken, Protestanten und Orthodoxen betont werden, um über die Unterschiede in Glaubenslehre und Tradition hinweg ein gemeinsames Zeugnis für den Glauben an Jesus Christus zu geben. Seit der Mitte des 20. Jahrhunderts hat sich auch die katholische Kirche diesem Anliegen geöffnet. Statt eine „Rückkehr" der von der Wahrheit „abgefallenen" Christen in den Schoß der Kirche zu fordern, wird seitdem die Vielfalt des Christseins anerkannt und als Bereicherung erfahren.

„Es gibt keine echte Ökumene ohne innere Bekehrung."
(II. Vatikanisches Konzil)

Auf dem Weg zur Einheit

1960: Papst Johannes XXIII. richtet ein päpstliches „Sekretariat zur Förderung der Einheit der Christen" ein, das die Beziehungen zu den nichtkatholischen Christen fördern soll.

1965: Das II. Vatikanische Konzil anerkennt in seinem Ökumenismus-Dekret die anderen christlichen Glaubensgemeinschaften als „Kirchen" und „kirchliche Gemeinschaften" und erklärt u. a. die gemeinsame Eucharistiefeier zum Ziel der Einheit.

1995: Die Enzyklika Johannes Pauls II. „Ut unum sint" formuliert ein zeitgemäßes Verständnis des Petrusamtes. Er betont: der Papst dient der Einheit der Kirche.

1999: Die Katholische Kirche und der Lutherische Weltbund unterzeichnen eine gemeinsame Erklärung zur Rechtfertigungslehre. 2006 schloss sich der Weltrat methodistischer Kirchen an.

2000: Papst Johannes Paul II. verurteilt im Rahmen eines umfassenden kirchlichen Schuldbekenntnisses die Spaltung der Kirche.

In der römischen Erklärung „Dominus Iesus" wird von den Kirchen der Reformation nur als „kirchliche Gemeinschaften" gesprochen; der Titel „Kirchen" wird ihnen nicht zuerkannt.

2003: erster „Ökumenischer Kirchentag" in Berlin

2010: zweiter „Ökumenischer Kirchentag" in München
Die Leitungen beider Kirchen lehnen eine gemeinsame Abendmahlsfeier weiterhin ab.

Offene Fragen:
- päpstliches Lehramt
- Verständnis von der Kirche
- gemeinsames Abendmahl
- die Lehre von den Sakramenten
- Priesteramt und Priesterweihe
- Zölibat
- Pfarrerinnen

Aufgaben

1 Stellt gemeinsam mit den evangelischen Schülerinnen und Schülern eurer Klassen zusammen, wie vielfältig die ökumenische Zusammenarbeit der Kirchen in Deutschland und vor Ort ist.

Das Wagnis von Taizé

Frère Roger Schutz (1915–2005)

Frankreich 1940: In dem heruntergekommenen, fast entvölkerten Dorf Taizé im Süden Burgunds entdeckt der protestantische Schweizer Theologiestudent Roger Schutz ein wenig einladendes Schild: „Haus zu verkaufen". Eine alte Frau bat ihn: „Kaufen Sie es und bleiben Sie hier. Wir sind so allein!" Das überzeugte ihn …
Schon während des Studiums war in Roger Schutz der Wunsch gereift, die Vereinsamung und die Rivalität der Menschen durch ein Leben in Gemeinschaft zu überwinden. Vorbild waren für ihn die Mönchsorden des Mittelalters. „Ich habe Taizé gewählt, weil die Frau arm war", erinnerte sich Frère Roger. „Christus spricht durch die Armen und es ist gut, auf sie zu hören!" Nach den Wirren des Krieges kehrte er mit einigen Freunden nach Taizé zurück und baute in ärmlichsten Verhältnissen die erste evangelische Ordensgemeinschaft (*Communauté*) auf, deren Mitglieder sich zu einem Leben in Armut, Ehelosigkeit und Gehorsam verpflichteten. An Ostern 1949 legten sieben Brüder ihre Profess ab, die sie zu lebenslangem Engagement verpflichtet. Dies war ein unerhörtes Ereignis für die Kirchen der Reformation, die das Mönchsleben jahrhundertelang abgelehnt hatten. „Möncherei" habe nichts mit Glauben zu tun, hatte der enttäuschte Mönch Martin Luther erklärt …
Der Gemeinschaft von Taizé gehören heute über 100 Brüder aller christlichen Konfessionen an. Jährlich besuchen über 200.000 Menschen aus aller Welt Taizé, um einige Zeit in Gebet und Besinnung zu verbringen. Die internationalen Jugendtreffen an Ostern erreichen eine Besucherzahl von bis zu 20.000. Bekannt geworden sind v.a. die Gesänge aus Taizé, die Eingang in viele Jugendliederbücher gefunden haben.

Info

Ein Tag in Taizé

8.15 h	Morgengebet, Frühstück
10.00 h	Einführung durch einen Bruder der Communauté, anschließend Zeit zum persönlichen Nachdenken bzw. Gespräch in Gruppen
12.20 h	Mittagsgebet, danach Mittagessen
14.00 h	Einüben der Gesänge
nachmittags	Gesprächsgruppen bzw. praktische Arbeiten
17.15 h	Tee
17.45 h	Thementreffen
19.00 h	Abendessen
20.30 h	Abendgebet, danach Nachtruhe

→ Auch die Katholische Integrierte Gemeinde ist ein Versuch, konfessionelle Grenzen zu überwinden. Lies nach auf S. 256.

Ein 16-jähriges Mädchen aus Dänemark berichtet:
„Ich bin seit Palmsonntag auf dem Hügel; meine erste Karwoche in Taizé. Jeder Tag ist beeindruckend! Wie die Natur um uns herum, die nach dem kalten Winter wieder aufblüht, bereiten wir uns im Herzen darauf vor, vom Licht der Auferstehung verwandelt zu werden.
Die Gebete in der Kirche sind wunderschön. Jeden Tag wird ein Abschnitt aus der Leidensgeschichte gelesen und es werden die letzten Worte Jesu vor seinem Tod gesungen. Es wird mir klar, dass Christus nicht nur seine Jünger bat, mit ihm zu wachen und zu beten, sondern auch uns heute zur Solidarität aufruft.
Den Weg auf Ostern gemeinsam mit Christen der verschiedenen Kirchen und aus der ganzen Welt zu feiern, erinnert mich daran, dass die Freude der Auferstehung allen Menschen zugedacht ist. Und wenn wir dieses Licht weiterhin in uns wohnen lassen, können wir es auch nach dieser Woche hier anderen durch die Liebe, die wir ihnen entgegenbringen, weitergeben."

1 Erläutere, warum die Gemeinschaft von Taizé etwas Besonderes ist. Denke dabei auch an das, was du über die Reformation und ihre Folgen gelernt hast.

2 Sammle Lieder aus Taizé und stelle sie in geeigneter Weise vor. Wenn ihr möchtet, könnt ihr in der Klasse eine Taizéandacht gestalten.

Zwei Konfessionen unter einem Dach

Stiftskirche St. Juliana in Mosbach

Wenn heute zum katholischen Gottesdienst in St. Juliana die evangelischen Glocken der Stiftskirche läuten, so ist das für die Mosbacher Bevölkerung Alltag: Die Kirche wird sowohl von der katholischen als auch der evangelischen Gemeinde genutzt. Der evangelische Teil wird als *Stiftskirche* bezeichnet, die Katholiken sprechen von der *Kirche St. Juliana*. Im Zuge der Reformation wurde die ursprünglich katholische Stiftskirche „umfunktionalisiert": Kurfürst Ottheinrich, ein überzeugter Anhänger des Luthertums, befahl 1556 entsprechend dem Prinzip „cuius regio, eius religio" (wessen Gebiet, dessen Religion) die Abschaffung des katholischen Gottesdienstes.

1698 wurde eine simultane, d. h. gleichzeitige Nutzung des Kirchenraums durch Protestanten und Katholiken eingeführt. Doch dies sorgte für Unmut und Konflikte zwischen den Konfessionen. Kurfürst Wilhelm verfügte darum im Jahr 1706, dass die Katholiken den Chorraum nutzen durften und den Protestanten das Kirchenschiff zugesprochen wurde. Zwei Jahre später wurde durch einen „Mauerbau" der katholische vom evangelischen Teil der Kirche abgetrennt und ein neuer katholischer Eingang gebaut.

Bis heute existiert die Stiftskirche St. Juliana in dieser Form als Simultankirche: Es gibt zwei völlig unterschiedliche Kirchenräume, die jedoch durch ihre Bestuhlung flexible Möglichkeiten bieten, Gottesdienste zu feiern. Dabei kann es z. B. auch passieren, dass im evangelischen Teil der Posaunenchor den Gottesdienst gestaltet und im katholischen Teil zur gleichen Zeit eine Orchestermesse gefeiert wird. Eine gute Isolierung durch die Trennwand macht dies möglich.

Trotzdem bezieht sich diese Isolierung nicht auf das Miteinander der beiden Konfessionen: Die vor über 300 Jahren errichtete Trennwand zwischen Katholiken und Protestanten ist heute ein Denkmal der Vergangenheit, zugleich aber auch die dauernde Mahnung, aus dem konfessionellen Gegeneinander ein christliches Miteinander werden zu lassen. Unter dem Dach der Stiftskirche St. Juliana sind schon viele gemeinsame Ideen der beiden Konfessionen dazu entstanden. Symbol dazu kann die „Ökumenische Tür" sein, die 2008 in die Trennwand eingebaut wurde.

Altarbereich der ev. Stiftskirche vor der Trennmauer

Chorraum der kath. Kirche St. Juliana

Martin Luther und die Reformation
In diesem Kapitel hast du einiges über Martin Luther und die Reformation erfahren. Zeichne einen Zeitstrahl und trage die wichtigsten Ereignisse im Leben Luthers sowie die wichtigsten Ereignisse im Laufe der Reformation ein. Verwende dazu zwei unterschiedliche Farben. Füge zu deinem Zeitstrahl auch Bilder zu diesen Ereignissen oder von Personen hinzu, die für die Reformation wichtig waren. Vergiss nicht, einen kurzen Kommentar zu jedem Bild zu verfassen. Kontrolliere am Ende mithilfe des Buches und deiner Unterlagen, ob du alles richtig aufgezeichnet hast.
Vergleiche den Zeitstrahl mit den Notizen, die du am Anfang der Reihe zu Martin Luther und zur Reformation gemacht hast. Prüfe, welche deiner Gedanken richtig waren und ob deine Fragen jetzt beantwortet sind.

→ Um Propheten, die wie Martin Luther aus dem Glauben heraus Missstände angeklagt haben, geht es auf S. 11–30.

Die Wartburg
Eine Burg bietet Schutz. Martin Luther hat auf der Wartburg Schutz gefunden. Aber auch bei Gott hat er sich sicher aufgehoben gewusst.
Am Anfang dieses Kapitels hast du überlegt, welchen Gefahren der moderne Mensch ausgesetzt ist und mit welchen Ängsten er zu kämpfen hat. Überlege, ob Gott ihm in dieser Situation eine „Burg", ein Schutz sein kann.
Ist Gott auch für dich eine solche „Burg"? Schreibe in deinem Lerntagebuch einen Brief an dich selbst, in dem du diese Frage beantwortest. Du musst den Brief niemandem zeigen.

→ Viele Burgen wurden im Mittelalter gebaut. Über die Rolle des Christentums in dieser Zeit kannst du dich auf S. 77–98 informieren.

Ein feste Burg
Martin Luther hat das Lied „Ein feste Burg ist unser Gott" geschrieben. Wer und wie war der Mann, der Gott als seinen Schutz, als seine Burg sehen konnte? Du hast in den letzten Stunden viel über ihn gelernt. Stelle dir vor, du hättest Martin Luther getroffen und mit ihm gesprochen. Schreibe einen Zeitungsartikel mit dem Titel „Ein feste Burg ist unser Gott" über ihn.

Abschlussaufgabe

Du hast dich damit beschäftigt, was Martin Luther an der Kirche des 16. Jahrhunderts kritisiert hat und was zu der Trennung von katholischer und evangelischer Kirche führte. Die Kirchen sind heute immer noch voneinander getrennt. Aber sie haben sich an der einen oder anderen Stelle auch wieder ein wenig aufeinander zu bewegt.
Stell dir vor, dass du für eine Fernsehdokumentation zu einem der Gedenktage rund um das Reformationsjubiläum 2017 weitere Episoden des Gesprächs von Michaelis und Dr. Raimundus von S. 104/105 verfassen sollst. Eine solche Episode soll nach der Darstellung des Lebens Luthers eingespielt werden, eine weitere, nachdem des Konzil von Trient vorgestellt worden ist. Eine letzte Episode zeigt Raimundus und Michaelis heute. Vielleicht gelingt es euch ja sogar, so eine Dokumentation insgesamt zu erarbeiten und in den Gemeinden bei Euch aufzuführen?

→ Um die jüngere Geschichte der Kirche geht es auf S. 235–258.

Wir glauben All' an einen Gott

Das Mittelalter endet, so liest und lernt man oft, etwa um 1500. Es beginnt etwas Neues. Oft nennt man dieses Neue die **Neuzeit**. Die Entdeckung Amerikas für die Europäer, wissenschaftliche und wirtschaftliche Neuerungen verändern die Vorstellung ebendieser Europäer von der Welt. Viele sind verunsichert. Die alten religiösen Vorstellungen geben ihnen keinen Halt mehr.

Martin Luther ist einer von ihnen. Ein Gelübde führt ihn ins Kloster. Doch das Kloster bietet Luther nicht den erhofften Seelenfrieden. Ganz im Gegenteil: Je intensiver er sich um ein Leben bemüht, das Gott gefällt, umso deutlicher wird ihm, dass er vor Gott nur versagen kann. Die Gnade Gottes kann er sich nicht verdienen.

Luther begegnet der Gnade Gottes im **Römerbrief**. Seine große, aber deshalb gar nicht so neue Idee: Diese Gnade gibt Gott ganz umsonst, als Geschenk. Nichts muss man dafür tun. Gott liebt die Menschen „gratis", umsonst. Gratis, das Wort kommt vom lateinischen Wort gratia. Gratia heißt Gnade.

Es hat lange gedauert, bis Katholiken und Protestanten verstehen konnten, dass beide Kirchen von Gottes Gnade nur unterschiedliche Aspekte betonen und im Kern das Gleiche, nur mit anderen Worten, aussagen. Der Lauf der **Reformation** wurde auch von Hitzköpfen und Politikern bestimmt. Rasch ging es nicht um Gottes Liebe, sondern um menschlichen Einfluss. Viele Verletzungen und Unversöhntheiten entstanden, die sich nicht leicht aus der Welt schaffen ließen. Der **Augsburger Religionsfriede** ermöglichte wenigstens etwas politische Ruhe.

Die dringend notwendige **Kirchenreform**, die Suche nach Antworten auf die Herausforderungen einer neuen Zeit, kam für die Kircheneinheit zu spät. Auch eine Einigung mit den Protestanten kam auf dem **Konzil von Trient** nicht mehr zustande. Die Mauern zwischen den Konfessionen waren zu hoch geworden.

Heute bewegen sich die Konfessionen wieder aufeinander zu. Man hat erkannt, dass eine Trennung der Kirche nicht das sein kann, was Jesus gewollt hätte. Darum ist der ökumenische Prozess eine wichtige Aufgabe für alle Christen.

Wir glauben All' an einen Gott,
Schöpfer Himmels und der Erden,
Der sich zum Vater geben hat,
Dass wir seine Kinder werden.
Er will uns allzeit ernähren,
Leib und Seel' auch wohl bewahren,
Allem Unfall will er wehren,
Kein Leid soll uns widerfahren,
Er sorget für uns, hüt't und wacht,
Es steht Alles in seiner Macht.
Wir glauben auch an Jesum Christ,
Seinen Sohn und unser'n Herren,
Der ewig bei dem Vater ist,
Gleicher Gott von Macht und Ehren,
Von Maria der Jungfrauen
Ist ein wahrer Mensch geboren
Durch den heil'gen Geist im Glauben,
Für uns, die wir war'n verloren,
Am Kreuz gestorben, und vom Tod
Wieder auferstanden durch Gott.
Wir glauben an den heil'gen Geist,
Gott mit Vater und dem Sohne,
Der aller Blöden Troester heisst
Und mit Gaben zieret schöne
Die ganz' Christenheit auf Erden,
Hält in einem Sinn gar eben,
Hie all' Suend' vergeben werden,
Das Fleisch soll auch wieder leben.
Nach diesem Elend ist bereit.

(Martin Luther, 1524)

6 Können – dürfen – müssen: erwachsen werden

Bildspaziergang

Betrachte das Bild „Fons Forma" von Antoni Tàpies auf S. 121. Sein Aufbau lädt dazu ein, das Bild zu besuchen. Unternimm einen solchen Bildspaziergang: Schlüpfe in Gedanken in die ausgetretenen Pantoffeln und durchwandere das Bild. Schaue dich sorgfältig um. Was siehst du, wenn du hinter den grauen Vorhang blickst?

Halte anschließend deine Beobachtungen und Empfindungen auf deiner Bilderreise fest – zum Beispiel in deinem Lerntagebuch. Tauscht euch zum Schluss darüber aus, was ihr gesehen und erlebt habt.

Ich – Du

Wähle einen Partner oder eine Partnerin, mit dem/der du gut zusammenarbeiten kannst. Porträtiert euch gegenseitig durch eine Zeichnung oder ein Foto. Achtet genau darauf, wie ihr euch jeweils präsentieren wollt: Nicht nur die Körperhaltung und die Mimik sind wichtig, sondern auch der Hintergrund oder wichtige Utensilien, die du z. B. in der Hand hältst oder am Körper trägst.

Entscheiden können – dürfen – müssen

Stelle dir folgende Situation vor: Eine wichtige Klassenarbeit steht vor der Tür. Alle in der Klasse sind sehr aufgeregt. Für einige geht es sogar um die Versetzung! Am Tag vor der Klassenarbeit verlässt du als Letzte/r die Klasse – und bemerkst im Vorübergehen, dass die Kopiervorlage der Klassenarbeit auf dem Pult liegengeblieben ist. Überlege dir mindestens zwei mögliche Szenarien, wie du dich in dieser Situation verhalten könntest. Schreibe sie auf.

Ein Schreibgespräch führen

Wenn wir im Alltag – auch im Unterricht – miteinander sprechen, erfolgen gewöhnlich schnelle Wortwechsel. Oft hören wir Argumente der anderen gar nicht richtig an oder lassen sie an uns abprallen, ohne auf sie einzugehen.

Das Schreibgespräch ist eine Methode, die Kommunikation **verlangsamt**. Dadurch wird es leichter, einander aufmerksam zuzuhören. Wer das tut, zeigt damit, dass er seinen Gesprächspartner und dessen Äußerung ernst nimmt und wertschätzt.

Ein Schreibgespräch eignet sich besonders gut für Themen, die tabubehaftet und eher unangenehm sind. Es ist auch eine gute Hilfe bei komplexen Themen, die erst greifbar gemacht werden wollen.

Das Schreibgespräch erfordert von allen Beteiligten Disziplin und Aufgeschlossenheit. Ihr werdet merken, dass nach einem vielleicht noch etwas zögerlichen Anfang meist eine intensive Phase der Auseinandersetzung in Form eines **verzögerten Dialogs** entsteht.

- Bildet Kleingruppen von drei bis fünf Mitgliedern. Setzt euch in der Kleingruppe rund um einen eigenen Tisch.
- Sprecht in den nächsten 15–30 Minuten kein Wort mehr. Kommuniziert während des gesamten Schreibgesprächs nur schriftlich.
- Legt in die Mitte des Tisches ein großes, leeres Blatt. Eine/r von euch schreibt in die Mitte dieses Blattes euer Gesprächsthema. Lasst diesen Impuls zunächst auf euch wirken.
- Nehmt jede/r einen eigenen Stift in die Hand. Alternativ könnt ihr auch nur einen einzigen Stift für die gesamte Kleingruppe verwenden, den ihr nacheinander benutzt. Dadurch wird das Gespräch noch stärker verlangsamt.
- Wer möchte, darf seine Gedanken zum Gesprächsthema aufschreiben.
- Dreht das Blatt weiter. Die anderen Gruppenmitglieder können sich nun schriftlich zu den Beiträgen äußern. Möglich sind: Ergänzungen, Rückfragen, Anmerkungen usw. Pfeile oder Linien können das Gespräch strukturieren. Einigt euch vorher, ob Abkürzungen und Emoticons, die ihr bspw. aus dem Internet kennt, erlaubt sein sollen.

Eine Schülergruppe führt ein Schreibgespräch.

Im Spiegel: Ich?

Wenn mir danach ist
hüpfe ich
zwei links, zwei rechts
durch leere Straßen.

Wenn mir danach ist
stürze ich
in eine Sofa-Ecke
und fühle mich geborgen.

Wenn mir danach ist
singe ich
Maikäfer flieg
und habe
Tränen in den Augen.

Wenn mir danach ist
mache ich alles –
solange mich keiner sieht.

(Jörn Pfennig)

Ich

Ich habe viele Vornamen
alle enden auf „l“:

männl	eigentl
menschl	wesentl
unerträgl	sterbl
unmögl	hoffentl
ängstl	vergebl
lästerl	

(Erich Fried)

11Als ich ein Kind war, redete ich wie ein
Kind, dachte wie ein Kind und urteilte wie
ein Kind. Als ich ein Mann wurde, legte ich
ab, was Kind an mir war.
12Jetzt schauen wir
in einen Spiegel und sehen nur rätselhafte
Umrisse, dann aber schauen wir von Angesicht zu Angesicht. Jetzt erkenne ich unvollkommen, dann aber werde ich durch und
durch erkennen, so wie ich auch durch und
durch erkannt worden bin.
(1 Kor 13,11f.)

Der Himmel über Berlin

Als das Kind Kind war,
ging es mit hängenden Armen,
wollte, der Bach sei ein Fluß,
der Fluß sei ein Strom
und diese Pfütze das Meer.
Als das Kind Kind war,
wusste es nicht, dass es Kind war,
alles war ihm beseelt,
und alle Seelen waren eins.

Als das Kind Kind war,
hatte es von nichts eine Meinung,
hatte keine Gewohnheit,
saß oft im Schneidersitz,
lief aus dem Stand,
hatte einen Wirbel im Haar
und machte kein Gesicht beim Fotografieren.

Als das Kind Kind war,
war das die Zeit der folgenden Fragen:
Warum bin ich Ich und
Warum nicht Du?
Warum bin ich hier und
Warum nicht dort?
Wann begann die Zeit
Und wo endet der Raum?
Ist das Leben unter der Sonne
Nicht bloß ein Traum?
Ist, was ich sehe und höre und rieche,
nicht bloß der Schein
einer Welt vor der Welt?
Gibt es tatsächlich das Böse
Und Leute, die wirklich die Bösen sind?
Wie kann es sein, dass ich, der Ich bin,
bevor ich wurde, nicht war
und dass einmal ich,
der Ich bin, nicht mehr der,
der Ich bin, sein werde.

(Wim Wenders / Peter Handke)

Pablo Picasso, Mädchen vor dem Spiegel, 1932

Aufgaben

1 **a)** Besprecht arbeitsteilig in Kleingruppen einen der vier Texte: Was drückt das Ich jeweils von sich aus? Wie nimmt es zu sich selbst Stellung? Welche Rolle spielen die anderen?
b) Suche dir einen der Texte aus, der dich besonders anspricht. Verfasse ein eigenes Gedicht, das eine dieser Zeilen aufnimmt. Stellt euch eure Texte in der Klasse vor und besprecht sie gemeinsam.
c) Projekt: Sammle weitere Ich-Gedichte. Besprecht sie gemeinsam.

2 Besprecht in einem Schreibgespräch, was ein Kind von Jugendlichen und Erwachsenen unterscheidet.

3 **a)** Untersuche das Bild von Picasso. Achte besonders auf die Bedeutung des Spiegels. Tauscht euch anschließend über eure Beobachtungen und Deutungsansätze aus.
b) Versetze dich in die Rolle des Mädchens vor dem Spiegel. Verfasse einen Monolog aus ihrer Perspektive oder einen Dialog des Mädchens mit ihrem Spiegelbild.

4 Der Philosoph Ernst Bloch hat einmal sinngemäß geschrieben, dass Erwachsene sich danach sehnen, endlich Kind sein zu dürfen, ohne es zu können. Diskutiert diese Auffassung in der Klasse.

Mich selbst akzeptieren: stark sein können – schwach sein dürfen

„Wer braucht schon Seilspringen"

Alice Sievers, die Ich-Erzählerin in Anne C. Voorhoeves Roman „Unterland", hat bei einem Luftangriff gegen Ende des Zweiten Weltkriegs ein Bein verloren und geht seitdem an Krücken. Seit der Flucht von ihrer Heimatinsel Helgoland verbirgt sie ihre Beinprothese selbst vor den Mitbewohnern in dem Flüchtlingshaus, in dem sie mit ihrer Mutter, ihrer Großmutter und ihrem Bruder untergekommen ist. Das geht gut, bis Nora, die Mutter ihres Freundes Wim, Alice anlässlich einer Hochzeit ein Kleid schenkt.

Dem Kleidertragen habe ich nie hinterher geweint. Bis ich aus dem Krankenhaus kam, war es Herbst geworden und das Hosentragen empfohlen, weil ich den Stumpf warm halten sollte. Im folgenden Frühjahr passten meine Kleider nicht mehr, Mem verschenkte sie in der Nachbarschaft und ich fragte nie mehr danach. Ich war das einzige Helgoländer Mädchen, das ausschließlich Hosen trug und von deren Vorteil inzwischen restlos überzeugt.

Daran änderte auch ein hübsches Kleid aus blaugrüner Fallschirmseide nichts. Es war so leicht, dass ich mich nahezu nackt fühlte; schaudernd blickte ich auf die Gänsehaut an Armen und Beinen und sah mich wieder einmal darin bestätigt, dass Kleidertragen überschätzt wird. Innerhalb von Sekunden besaß ich nur noch ein einziges Körperteil, das nicht fror, und das war mein Kunstbein, dessen Schnallen überrascht unter dem Saum ins Freie schauten.

Das Kunstbein selbst sah indes nicht halb so befremdlich aus wie meine Füße. Orthopädische Schuhe sind eindeutig nicht der passende Begleiter zu einem Festkleid und ich fühlte, dass ich den zweiten Trümmerhaufen in meinem Leben besser ganz schnell in Angriff nahm, bevor ich anfing nachzudenken. Offenbar sollte dies der Tag der Wahrheiten werden.

Nora enttäuschte mich. Sie ließ mich komplett im Stich. Es mag ein Schock sein, jemanden unversehens mit einer Beinprothese zu erblicken, von der kein Mensch zuvor ein Sterbenswörtchen erwähnt hat. Aber ist das ein Grund, die Hand vor den Mund zu schlagen? Tränen schossen ihr in die Augen und ich musste wegsehen; es tat fast so weh wie damals, als Foor mich zum ersten Mal mit meinen Krücken erblickte und heulen musste, obwohl ich wie verrückt geübt hatte, um ihm zu zeigen, dass ich schon ein ganzes Stück laufen konnte.

Im Gegensatz zu damals wurde ich diesmal allerdings ziemlich wütend. Es gibt ein paar Dinge, die wir Kunstbeinträger nicht mehr können oder für die wir länger brauchen als früher, aber na und? Wer braucht schon Seilspringen! Wenn ich alles versuche, was ich vielleicht kann, dann bleiben immer noch eine ganze Menge Möglichkeiten übrig, auf die mancher andere nicht einmal kommen würde – ob mit zwei, drei oder vier Beinen.

Der Anblick einer Prothese ist kein Grund zu heulen! Das hätte ich Nora am liebsten gesagt, aber ich brauchte es nicht.

„Also, die Schuhe gehen gar nicht", sagte Wim in die Stille hinein. „Mit dem Rest …"

Ich sah ihn streng an. Ein schiefes Grinsen und das war's, dachte ich.

„Mit dem Rest könnte ich mich anfreunden", meinte Wim und errötete leicht, und Wärme durchschoss mich bis in die Spitzen meiner orthopädischen Schuhe; Schwester Angela wäre begeistert gewesen.

(Anne C. Voorhoeve, Unterland, 2012)

Walter Habdank, Paulus im Gefängnis, Holzschnitt, 1960

Der Apostel Paulus hat eine ganz besondere Erfahrung in Bezug auf das Stark- und Schwachsein gemacht: „Er (Paulus) könne noch so schwach und müde sein, so schrieb er einmal sinngemäß, es gebe eine Kraft in ihm, die ihn jeden Tag erneuere. Es ist eine Kraft, von der er weiß, das sie nicht von ihm kommt, die ihn aber so stark macht, wie er es aus sich allein nie sein könnte. Und paradoxerweise ist es so, dass diese Kraft am wirksamsten wird, wenn es Paulus schlecht geht, wenn er krank, erschöpft, überfordert ist, wenn er verfolgt, misshandelt, gefangen, beschimpft wird. In solchen Situationen bewirkt die ‚Liebe von oben' in ihm eine wunderbare Stärke, sodass Paulus sagen kann: Wenn ich schwach bin, dann bin ich stark. Diese Stärke meint Paulus, wenn er vom Gott in mir redet."

(Alois Prinz, Der erste Christ. Die Lebensgeschichte des Apostels Paulus, 2008)

Aufgaben

1 Haltet zu dem Romanausschnitt in Gruppenarbeit eine Lesekonferenz.
a) Suche dir Sätze aus dem Text aus, die deiner Meinung nach besonders gut zum Ausdruck bringen, worum es geht. Lest euch gegenseitig diese Sätze vor und sprecht über eure Auswahl.
b) Analysiert das Verhältnis von Alice und Wim. Berücksichtigt dabei besonders Wims Reaktion, als er bemerkt, dass Alice eine Prothese trägt.
c) Sammelt Vermutungen, warum Alice ihre Prothese verschwiegen hat. Diskutiert die Tragfähigkeit eurer Vermutungen.
d) Fasst die Ergebnisse eurer Lesekonferenz in einem Tagebucheintrag zusammen, in dem Wim von seinen Erlebnissen erzählt.

2 Das Bild von Walter Habdank zeigt Paulus im Gefängnis (vgl. z. B. Phlm 9). Zeige in einem inneren Monolog des Paulus, wie er in dieser Situation den Satz „Wenn ich schwach bin, dann bin ich stark!" (2 Kor 12,10) gemeint haben könnte.

3 „Wenn ich schwach bin, dann bin ich stark" – sammle Beispiele für Schwächen, die zugleich Stärken sein können.

Wo ist mein Platz im Leben? Erwachsen werden

→ Geschichten von der Suche nach dem eigenen Platz im Leben findest du auch auf S. 62.

Drei Erlebnisse

1. Sonja schlägt die Tür zu. „Dass es immer so enden muss!", denkt sie. „Ich habe doch gar nichts gesagt." Dabei ist ihr doch das Festival so viel wichtiger als die Geburtstagsparty ihrer Freundin Tanja, die sie schon seit der Grundschule kennt. Die meisten ihrer Freundinnen aus der Clique sind ja ohnehin beim Geburtstag dabei. Und der Geburtstag ist schließlich nächstes Jahr wieder. Diesmal kann Tanja auch ohne sie feiern. Das Festival ist ein Erlebnis, auch, weil viele aus der Neunten und Zehnten dort hingehen und sie unbedingt dabei sein will. Dass ihre Eltern auch immer solche Prinzipienreiter sein müssen. Klar, Tanja wird enttäuscht sein. Aber jetzt ist Sonja 14 und weiß, was für sie richtig und wichtig ist. Da müssen ihre Eltern sich doch nicht mehr einmischen!

2. Daniel ist 13 Jahre alt. Seine Freunde Tobias und Flo sind zwei Jahre älter als er. Oft trifft er sich mit ihnen an der Bushaltestelle. Nachmittags erzählen sie sich oft Geschichten und chillen. Seine Mutter will nicht, dass er sich nachmittags mit diesen Jungen trifft. Daniel ist das aber sehr wichtig. Er geht dennoch jeden Mittag zur Bushaltestelle. Seine Hausaufgaben kann er auch abends machen, denkt er.

3. Nina ist 14 und hat jetzt einen Freund, der 16 Jahre alt ist. Ihre Eltern wollen nicht, dass Ninas Freund länger als bis zum Abendessen bei Nina ist. Matthias, so heißt Ninas Freund, kann das verstehen. Er hat viel und lange mit Nina darüber gesprochen. Nina darf bei Matthias zu Hause nicht einmal mit ihm allein in sein Zimmer gehen. Deswegen ist Matthias oft bei Nina. So wie heute, wo Ninas Eltern nicht zu Hause sind. Jetzt überlegt Nina, ob Matthias wohl gehen wird, obwohl ihre Eltern nicht da sind.

Meret Oppenheim, La condition humain (Da stehen wir), 1973

Aufgaben

1 Teilt euch in drei Gruppen auf. Jede Gruppe diskutiert für sich eine der Beispielgeschichten. Welche Lösung schlagt ihr jeweils vor? Vergleicht eure Lösungen in der Klasse und diskutiert sie.

2 Versetze dich in die Rolle des Vaters/der Mutter von Sonja, Daniel und Nina. Begründe, wieso du Verbote für deine Kinder aufgestellt hast.

3 Überlegt euch für jede der drei Geschichten eine charakteristische Szene und stellt sie nach. Fotografiert euch. Als Projektarbeit könnt ihr eine Kurzgeschichte dazu schreiben und einen Fotoroman zum Thema „Frei werden!" für euer Lerntagebuch daraus machen.

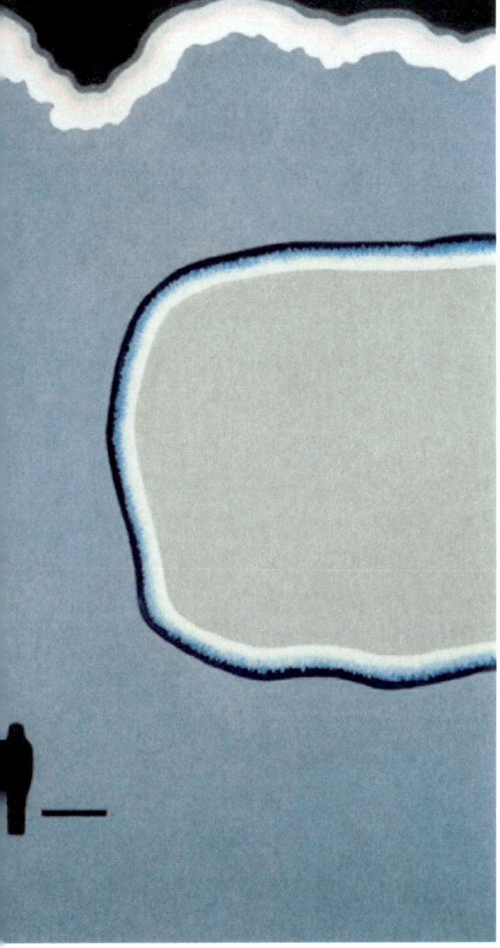

Erziehungsstile

Forscher haben im Umgang von Erziehenden mit Kindern und Jugendlichen charakteristische Unterschiede festgestellt: die verschiedenen Erziehungsstile.

Demokratischer Erziehungsstil
Der demokratische Erziehungsstil zeichnet sich dadurch aus, dass der Erzieher klare Regeln aufstellt und darauf achtet, dass sie eingehalten werden. Diese Regeln sollen den zu Erziehenden jedoch unbedingt auch einleuchten. Darum werden sie mit ihnen ausgehandelt bzw. ihnen durch Argumente verständlich gemacht. Werden Regeln verletzt, spricht der Erzieher ausführlich mit den Betroffenen.

Autoritärer Erziehungsstil
Auch beim autoritären Erziehungsstil spielen Regeln und deren Einhaltung eine wichtige Rolle. Sie dienen dem Erzieher vor allem dazu, Disziplin zu schaffen und die Kontrolle über die zu Erziehenden zu haben. Autoritäre Erzieher arbeiten mit Bestrafung und Belohnung. Wer die festgelegten Regeln einhält, wird gesondert belohnt, zum Beispiel durch ein Lob, wer sie verletzt, muss mit einer Strafe rechnen.

Laissez-faire-Erziehungsstil
Der Begriff „laissez-faire" kommt aus dem Französischen und bedeutet soviel wie „einfach machen lassen". Dieser Erziehungsstil beruht auf der Überzeugung, dass die zu Erziehenden immer genau dasjenige tun, was ihre Entwicklung gerade fordert. Der Erzieher soll möglichst wenig in diese natürliche Entwicklung eingreifen, zum Beispiel durch das Aufstellen von Regeln, das aktive Einfordern von Disziplin oder dadurch, dass er ihnen andere Vorgaben macht.

1 **a)** Analysiere das Bild von Meret Oppenheim. Was siehst du? Welche Hinweise zur Deutung gibt der Bildtitel?
b) Prüfe, wie sich das Bild und seine Deutung ändern, wenn die Figur im Vordergrund einen anderen Platz im Bild erhält. Probiere unterschiedliche Positionen aus. Erklärt euch gegenseitig eure Deutungen.

2 **a)** Entwirf Beispielszenen für die drei Erziehungsstile: Ein Leiter einer Jugendgruppe will in einer Gruppenstunde mit Gruppenkindern eine Bastelarbeit anfertigen.
b) Diskutiert in der Klasse, wie ihr erzogen werden möchtet. Sammelt anschließend die wichtigsten Argumente für und gegen jeden Erziehungsstil und haltet sie tabellarisch fest.

3 Auch das Verhältnis von Gott und Menschen wird manchmal als Erziehungsverhältnis beschrieben. Erörtere, ob einer oder mehrere der Erziehungsstile dazu geeignet sind, das Verhältnis von Gott und Mensch zu beschreiben. Belege deine Überlegungen mit Hinweisen auf Beispieltexte aus der Bibel (vgl. z. B. S. 18/19, S. 36/37 und S. 162/163).

Woran du dein Herz hängst …

„Woran du dein Herz hängst, das ist dein Gott“
Wenn uns etwas sehr wichtig ist, dann „hängen wir unser Herz daran“. Meist sind es Menschen, oft aber auch Sachen, an denen wir hängen. Jeder Mensch hat ganz eigene Herzensangelegenheiten, die ihm wichtig sind: Viele machen Sport, haben bestimmte Hobbys, wie zum Beispiel Reiten oder Fußball spielen. Andere treffen sich unheimlich gerne mit Freundinnen und Freunden. Wieder andere schwärmen für eine bestimmte Musik oder die Werke eines bestimmten Künstlers. Das Herz an etwas hängen – für viele Menschen ist das Ausdruck ihrer Freiheit, ihr Leben gestalten zu können.

Dana Schutz, Google, 2006

„Ins Herz geschrieben“ (Röm 2,15)
Mit diesen Worten beschreibt Paulus es, wenn ein Mensch genau weiß, dass etwas gut und richtig ist. Das Herz ist für Paulus ein Symbol der Begegnung mit Gott. Es ist ein anderes Wort für „Gewissen“. Für Paulus ist klar: Jeder Mensch hat eine gewissermaßen angeborene Möglichkeit, Gott in seinem Herzen zu entdecken.

→ Das Gewissen ist Thema auf S. 134/135 und S. 138.

Wer bin ich – wer ist mein Gott?
Luther ist ein wenig skeptischer. Nicht nur der Gott der Bibel kann eine Herzensangelegenheit von Menschen sein. Vielmehr kann etwas anderes im Herzen eines Menschen zu dessen Gott werden. Man kann Sachen „vergöttern“. Sogar andere Menschen können zum „Gott“ werden, der „angebetet“ wird.

Aufgaben

→ Wer Martin Luther war, kannst du auf S. 106–113 nachlesen.

1 Untersuche das Bild von Dana Schutz. Die Person, die auf dem Bild dargestellt wird, könnte die Künstlerin selbst sein. Beschreibe das Bild sorgfältig und versuche anschließend eine Deutung.

2 **a)** Sein Herz kann man an vieles hängen. Sammele Beispiele und verfasse zu einem dieser Beispiele eine Kurzgeschichte.
b) Die Aussage, dass das, woran man sein Herz hängt, zum Gott wird, stammt von Martin Luther. Besprecht diese Behauptung. Erläutert, wie sich die verschiedenen Götter voneinander unterscheiden.
c) Wer oder was ist es deiner Meinung nach wert, dass man sein Herz daran hängt? Halte das Ergebnis deiner Überlegungen mit einer kurzen Begründung in deinem Lerntagebuch fest.

Sehnsucht

Glücklich wollen alle Menschen sein. Wir suchen nach Situationen, die uns glücklich machen. Wir umgeben uns gerne mit Menschen, mit denen wir uns verstehen. Wir probieren auch oft Tätigkeiten aus, von denen wir denken, dass sie uns glücklich machen könnten. Auch verschiedene Genussstoffe probieren wir aus: Schokoladenarten, verschiedene Fruchtsäfte, verschiedene Mahlzeiten. Aus der Vielfalt finden wir mit der Zeit „unser" Leibgericht, „unser" Lieblingsgetränk, „unsere" Sportart heraus.

Der Drogen- und Suchtbericht 2009 der Bundesregierung hat folgende Drogen- und Suchtstoffe zum Thema: Tabak, Alkohol, Medikamente, Cannabis, Heroin und andere Drogen, pathologisches Glücksspiel sowie Computerspiel- und Internetsucht. Die Bundesregierung unterstützt verschiedene Vereine und Organisationen, die Suchtprävention betreiben und Süchtigen helfen, aus der Suchtspirale auszusteigen.

Eine Sucht unterscheidet sich rein biologisch nicht von anderem Verhalten, bei dem wir glücklich werden, wie z. B. das Treffen mit Freunden, das Glück beim gemeinsamen Spielen oder dem Appetit auf ein gutes Essen. Das liegt daran, dass sowohl bei der Sucht als auch bei anderem Verhalten, das glücklich macht, das Belohnungssystem im Gehirn aktiv wird und so positive Stimmung erzeugt.

Von „Sucht" spricht man dann, wenn das, was einem Freude bereitet, zum zwanghaften Verlangen wird. Für Süchtige ist der Alkohol, die Zigaretten, das Onlinespiel oder das Chatten im Netz nicht mehr nur eine Möglichkeit, Freude und Geborgenheit zu empfinden, sondern eine Notwendigkeit. Andere Tätigkeiten, wie zum Beispiel Freunde besuchen, wichtige Arbeit erledigen, seinen Körper pflegen, lesen oder Sport treiben, sind in den Augen der Süchtigen überhaupt nicht mehr wichtig. Die Drogen- und Suchtstoffe erzeugen bei Süchtigen ein zwanghaftes Verlangen, das dazu führt, dass sie andere wichtige Lebensbereiche völlig vernachlässigen.

Von ganz normalen Probehandlungen, die Dinge ein- oder zweimal ausprobieren, ist es also ein Schritt weiter zum Genuss, den man verspürt, wenn man Dinge tatsächlich gerne macht, weil man deren Wirkung kennt. Beim Genuss konsumiert man mäßig. Der Übergang zur Sucht ist aber fließend und deswegen tückisch; Süchtige genießen nichts mehr und sind nur noch auf die Wirkung von Handlungen oder Suchtstoffen aus.

Info

Suchtkriterien

Kontrollverlust: Der Konsum des Suchtmittels kann nicht mehr kontrolliert werden.

Entzugserscheinungen: Zittern, Schweißausbrüche, Ängste, Wutausbrüche – Psyche und Körper verlangen nach dem Suchtmittel.

Abstinenzunfähigkeit: Ein Leben ohne Suchtmittel scheint nicht mehr möglich.

Dosissteigerung/„more effect": Um den gleichen angestrebten „Glückszustand" herbeizuführen, muss die Dosis des Suchtmittels kontinuierlich gesteigert werden.

Zentrierung: Das Leben konzentriert sich immer mehr auf das Suchtmittel. Andere Interessen werden unwichtig.

→ Andere (Irr-)Wege der Sehnsucht findest du auf S. 62–70.

1 Erstelle ein Sucht-ABC, indem du für jeden Buchstaben des Alphabets eine Sucht findest.

2 In der Regel werden Jugendlichen Drogen, z. B. Alkohol, das erste Mal von Freunden angeboten. Entwickelt ein Rollenspiel, in dem dies dargestellt wird. Übt ein, wie man als Betroffene/r mit dieser Situation umgehen soll.

3 Informiere dich, welche Hilfsangebote euer Wohnort suchtgefährdeten Menschen bietet.

Muss man an irgendetwas glauben?

Der „Hechtsommer", der Jutta Richters Buch den Namen gegeben hat, ist der Sommer, in dem Daniels Mutter an Krebs erkrankt und Daniel versucht, den Hecht zu fangen. Er hofft nämlich, dass seine Mutter gesund wird, wenn ihm dies gelingt. Anna, die Ich-Erzählerin, glaubt nicht, dass das eine mit dem anderen zu tun hat. Beide suchen Wege, um mit dem nahenden Tod der Mutter umgehen zu können.

Es war Daniel, der als Erster wieder anfing zu reden. Er stand immer noch mit dem Rücken zu mir.
„Erinnerst du dich an den Grillabend?", fragte er.
„Ja", sagte ich.
„Weißt du noch, wie wir da über Gott geredet haben?"
„Warum?"
„Weil ich darüber nachgedacht habe!"
„Und?"
„Wenn es Gott nicht gibt, dann ist es ihm auch egal, ob wir an ihn glauben oder nicht. Dann kann er auch nicht sauer werden und uns bestrafen, wenn wir nicht an ihn glauben. Aber er kann uns auch nicht helfen, wenn es ihn nicht gibt."
„Du meinst, dann wäre das Beten völlig umsonst?"
„Ja, ganz umsonst und es kann auch nicht helfen!"
Ich hatte plötzlich das Gefühl, der Boden unter mir würde schwanken. Wenn das richtig war, was Daniel sagte, dann war alles, was ich bisher geglaubt hatte, falsch. Alles, was meine Mutter mir erzählt hatte, alles, was meine Großmutter mich glauben gemacht hatte, war falsch. Wenn das richtig war, was Daniel sagte, dann würde es keine Schutzengel mehr geben und keine Wunder. Natürlich hatte ich manchmal an Gott gezweifelt, aber ich hatte mich so verloren dabei gefühlt, dass ich versuchte, ganz schnell etwas anderes zu denken.
So wie Daniels Gedanken waren meine Gedanken nie gewesen. Und ich wehrte mich, weil jetzt schon wieder etwas anders wurde.
„Und was ist mit den Schutzengeln und den Wundern?", fragte ich. „An irgendwas muss man doch glauben! Sonst hält man das alles ja gar nicht aus!"
Daniel lachte kurz auf. Es war kein echtes Lachen, es klang wie ein Schluchzen.
„Wunder kannst du vergessen, Schutzengel auch! Das ist doch alles Babykacke! Aber ich glaube an was: Ich glaube an den Hecht! Ich glaube, wenn ich ihn fange, wird meine Mama wieder gesund."

(Jutta Richter, Hechtsommer, 2004)

Aufgaben

1 „Weißt du noch, wie wir über Gott geredet haben?" Arbeite aus dem Text heraus, wie der Glaube an Gott beim „Grillabend" ausgesehen hat, und vergleiche diesen Glauben mit demjenigen, der bei Daniel jetzt vorherrscht. Charakterisiere die Entwicklung dieses Glaubens.

2 „An irgendwas muss man doch glauben", meint Anna. Nimm Stellung zu dieser Aussage. Beziehe in deine Überlegung den berühmten Satz von Martin Luther ein, der gesagt an: „Woran du dein Herz hängst, das ist dein Gott."

3 Fasse die Ergebnisse deiner Überlegungen in einem ausführlichen Tagebucheintrag zusammen, wie ihn Anna nach diesem Gespräch aufschreiben könnte.

Glaube und Lebensgestaltung

Don Bosco (1815–1888)

Der Fürsorge für die Jugend galt das Leben von Johannes Bosco, der in Turin als „Don Bosco“ daran arbeitete, verwahrlosten Jugendlichen ein menschenwürdiges Leben zu ermöglichen. Er richtete in benachteiligten Stadtvierteln Schulen ein, dazu Heime und Ausbildungsstätten, nutzte die Möglichkeiten der Presse und gab Zeitschriften und Bücher heraus.

Don Bosco hatte eine großartige Begabung, auf Menschen zuzugehen und sie für sich und über sich für den Glauben zu gewinnen. Er wird als fröhlich, witzig, heiter und immer wohlwollend geschildert. Bei Gefängnisexerzitien erwirkte er die ministerielle Sondererlaubnis, mit 300 Gefangenen einen unbewachten Ausflug zu machen. Keiner nutzte die Gelegenheit zur Flucht.

Die von Don Bosco gegründete religiöse Vereinigung der Salesianer eröffnete zahlreiche Häuser für arme und benachteiligte Jugendliche in Europa und Lateinamerika. 130.000 Jungen fanden darin ein Zuhause, jährlich wurden 18.000 Lehrlinge ausgebildet; 6000 Priester sind allein zu Lebzeiten Don Boscos daraus hervorgegangen.

Fans auf einem Popkonzert jubeln ihren Idolen zu.

Info

Ein **Idol** ist der Gegenstand schwärmerischer Verehrung.

Die Salesianer engagieren sich unter anderem für Straßenkinder in Südamerika.

→ Mehr über die Salesianer kannst du auf S. 50/51 nachlesen.

1 **a)** Gottesliebe, Nächstenliebe und Selbstliebe sollen nach christlichem Verständnis in einem Gleichgewicht stehen. Untersuche, inwieweit dies bei Don Bosco der Fall ist.
b) Diskutiert, ob Don Bosco heute noch ein „aktueller Heiliger“ ist.

2 Informiere dich über heutige Aufgaben der Salesianer.

3 Suche selbst nach Lebensgeschichten, die für Jugendliche eures Alters Vorbildcharakter haben könnten. Vergiss dabei deinen Namenspatron nicht.

4 Menschen wie Don Bosco sind nie Gegenstand solch schwärmerischer Verehrung wie sie von den Jugendlichen auf dem Bild oben ausgedrückt wird.
a) Erläutere: Was unterscheidet ein Vorbild von einem Idol?
b) Nenne Idole, die bei Jugendlichen euren Alters gerade aktuell sind.
c) Diskutiert über den Sinn und die Grenzen der Verehrung von Idolen. Fasst eure Ergebnisse in Thesen zusammen.

→ Einige vorbildliche Lebensgeschichten findest du z. B. auf S. 16–25, S. 50/51, S. 141–154 und S. 190–193.

Das Gewissen: mein moralischer Kompass

→ Über Propheten kannst du dich auf S. 11–30 informieren.

Kompass, Wächter, Ampel, Spiegel, Waage, Richtschnur, Prophet in mir – diese Metaphern beschreiben das Gewissen. Der Philosoph Immanuel Kant hat es mit einem **inneren Gerichtshof** in jedem Menschen verglichen. Der Theologe John Henry Newman hat den christlichen Glauben auf den Punkt gebracht, dass sich im Gewissen die **Stimme Gottes** vernehmen lässt. Gemeinsam ist allen Beschreibungen eine Überzeugung: Das Gewissen ist ein Ort, wo Menschen ganz sie selbst sein wollen. Ein „schlechtes Gewissen" ist Ausdruck einer Verfehlung, einer Schuld, die wir auf uns geladen haben.

Handeln nach dem Gewissen

Hans und Sophie Scholl, Christoph Probst (1942)

→ Mehr über Sophie Scholl erfährst du auf S. 145 und S. 255.

Am 18. Februar 1943 nahm die Geheime Staatspolizei in München zwei Studenten fest: Hans und Sophie Scholl hatten Flugblätter gegen die nationalsozialistische Regierung unter Adolf Hitler verteilt. Solche Handlungen galten als Hochverrat; auf sie stand die Todesstrafe. Sophie Scholl wusste, was ihr Geständnis bedeutete. Trotzdem nahm sie den möglichen Ausweg, den ihr der Vernehmungsbeamte aufzeigte, nicht an.

Schlussfrage (Mohr, Vernehmungsbeamter): „Während der Gesamtvernehmung, die sich über zwei volle Tage erstreckte, haben wir zwischendurch, wenn auch nur streiflichtartig, verschiedene politische und weltanschauliche Fragen besprochen. Sind Sie nach diesen Aussprachen nun nicht doch zu der Auffassung gekommen, dass man Ihre Handlungsweise und das Vorgehen gemeinsam mit Ihrem Bruder und anderen Personen gerade in der jetzigen Phase des Krieges als ein Verbrechen gegenüber der Gemeinschaft, insbesondere aber unserer im Osten schwer und hart kämpfenden Truppen, anzusehen ist, das die schärfste Verurteilung finden muss?"
Antwort (Sophie Scholl): „Von meinem Standpunkt muss ich diese Frage verneinen. Ich bin nach wie vor der Meinung, das Beste getan zu haben, was ich gerade jetzt für mein Volk tun konnte. Ich bereue deshalb meine Handlungsweise nicht und will die Folgen, die mir aus meiner Handlungsweise erwachsen, auf mich nehmen."
(Aus dem Protokoll der Vernehmung von Sophie Scholl)

Am 22. Februar 1943 wurden Hans und Sophie Scholl zusammen mit ihrem gemeinsamen Freund Christoph Probst, der ebenfalls an der Widerstandsaktion beteiligt war, hingerichtet.

Aufgaben

1. Analysiere die Metaphern, die das Gewissen beschreiben. Erläutere, was sie über das Ich-selbst-sein-Wollen von uns Menschen besagen.
2. Nenne Beispielsituationen, in denen Menschen auf ihr Gewissen hören können.
3. Erkläre, warum Sophie Scholl dem Vernehmungsbeamten gegenüber darauf besteht, richtig gehandelt zu haben.
4. In der Geschichte hat es immer wieder Menschen gegeben, die wegen ihrer Gewissensentscheidungen zu Vorbildern für andere geworden sind. Recherchiert in Arbeitsgruppen zu solchen Personen und arbeitet heraus, welche Bedeutung das Gewissen in ihrem Leben hatte.

Das Gewissen in der Zwickmühle

Felix ist Jude. Und er kann wundervolle Geschichten erzählen. Auf der Suche nach seinen Eltern und der Flucht vor den Nazis ist er dem Zahnarzt Barnek begegnet, der eine Gruppe von Kindern im Ghetto versteckt. Eines Nachts nimmt Barnek Felix auf einen geheimnisvollen Weg mit.

Barnek klopft an einer weiteren Tür. Einer großen Tür an der Vorderfront eines großen Gebäudes. „Das hier wird anders laufen", sagt er zu mir. „Aber du wirst es schon schaffen."

„Das will ich hoffen", antworte ich. Meine Blasen an den Füßen schmerzen und ich bin ein bisschen in Sorge wegen der Nazi-Fahne, die über unseren Köpfen flattert.

Barnek legt mir die Hand auf die Schulter. „Du hast wirklich gute Arbeit geleistet eben", sagt er. „Der arme Herr Gecki hatte große Schmerzen, doch deine Geschichte hat ihm geholfen, sie auszuhalten. Gut gemacht."

Ich spüre, wie ich strahle, was ich seit Jahren nicht mehr getan habe […]. Es stimmt, Herr Gecki war sehr dankbar. Er und seine Familie haben ganz traurig geschaut, als ich sie fragte, ob sie Mama und Papa gesehen hätten, und sie antworteten, leider nein.

Die Tür geht auf.

Ich werde fast ohnmächtig.

Ein Nazi-Soldat starrt uns entgegen.

Barnek sagt etwas zu ihm in Nazi-Sprache und zeigt auf unsere Zahnarzttasche. Der Soldat nickt und wir folgen ihm ins Haus.

Als wir die Treppe hinaufgehen, flüstert mir Barnek zu: „Dieser Patient ist ein Deutscher. Erzähl ihm eine schöne Geschichte über Deutschland."

Plötzlich werde ich ganz nervös. Ich weiß nicht viel über Deutschland. Ich glaube, irgendwo habe ich mal gelesen, dass es dort völlig flach ist und viele Windmühlen gibt, aber vielleicht stimmt das ja gar nicht.

„Ich kann kein Deutsch", murmele ich Barnek zu. „Macht nichts", sagt Barnek. „Sag es auf Polnisch und ich übersetze."

Der Soldat führt uns nach oben in ein Zimmer und ich fühle mich noch nervöser.

Der Patient ist ein Nazi-Offizier. Nicht der, der geschossen hat, als wir in die Stadt kamen, aber vielleicht ist er ja ein Freund von dem anderen. Er sitzt in einen Sessel geflätzt, hält sich das Gesicht, und als er uns sieht, schaut er finster und guckt, als würde er uns für seine Zahnschmerzen verantwortlich machen.

Barnek setzt den Bohrer zusammen. […] Ich verstehe das nicht. Wieso bohrt Barnek einem Nazi die Zähne? […]

Der Soldat tritt mit einer zum Bersten gefüllten Tasche wieder ins Zimmer. Oben ragen ein Brotlaib mit fast gar keinem Schimmel, ein paar Steckrüben und ein Kohlkopf heraus. „Danke", sagt Barnek, während er den Bohrer in Bewegung setzt.

Ich verstehe. Deshalb behandeln wir diesen Nazi, anstatt einem Juden zu helfen.

(Morris Gleitzman, Einmal, 2009)

1 „Wieso bohrt Barnek einem Nazi die Zähne?", fragt Felix. Beschreibe den Konflikt, in dem Barnek steht.

2 „Deshalb behandeln wir diesen Nazi, anstatt einem Juden zu helfen", vermutet Felix. Verfasse eine Erklärung Barneks an Felix, in der er sein Handeln begründet.

3 Nimm begründet Stellung zu der Aussage „Manchmal muss man das Falsche tun, um das Richtige tun zu können".

Entscheiden dürfen – entscheiden müssen

Abigail und Gregor

Es war einmal ein Mädchen namens Abigail. Sie lebte in einem fernen Land an einem breiten Fluss, in dem es von Krokodilen nur so wimmelte. Ihr Freund Gregor lebte auf der anderen Seite des Flusses.

Abigail und Gregor waren sehr ineinander verliebt und hatten große Sehnsucht, einander wiederzusehen. Doch unglücklicherweise hatte ein Unwetter die einzige Brücke weit und breit zerstört, sodass sie nicht zueinanderkommen konnten.

Abigail verging beinah vor Sehnsucht. Darum suchte sie den Fischer Sindbad auf, der das einzige Boot in der Gegend besaß. Sie erklärte ihm ihre Lage und bat ihn, sie über den Fluss zu fahren. Sindbad war dazu bereit, stellte jedoch die Bedingung, dass sie vorher mit ihm schlafen müsse. Abigail war entrüstet über dieses Tauschgeschäft, weil sie Sindbad nicht liebte. Sie ging fort, um andere Leute zu suchen, die ihr helfen würden. Doch obwohl sie viele Leute um Hilfe fragte, wusste niemand einen Rat.

Enttäuscht ging Abigail nach Hause zu ihrer Mutter. Sie erzählte von ihren vergeblichen Versuchen und Sindbads Vorschlag und bat die Mutter um Rat. Diese antwortete: „Abigail, du bist schon groß. Du musst selbst wissen, wie du dich entscheiden willst."

Abigail dachte lange nach. Weil sie Gregor unbedingt wiedersehen wollte, entschloss sie sich schließlich, Sindbads Angebot anzunehmen und schlief mit ihm. Er erfüllte sein Versprechen und brachte sie am nächsten Morgen mit seinem Boot ans andere Ufer des Flusses.

Nach einigen glücklichen Stunden mit Gregor hatte Abigail das Bedürfnis, ihm zu erzählen, was vorgefallen war. Als er die ganze Geschichte gehört hatte, wurde Gregor sehr wütend und rief: „Du hast mit Sindbad geschlafen? Jetzt ist alles aus! Vergiss uns beide! Ich will nichts mehr mit dir zu tun haben!"

Verzweifelt ging Abigail fort und weinte. Unterwegs traf sie einen jungen Mann namens Slug. Ihm klagte sie ihr Leid. Slug hörte voller Mitleid zu. Als Abigail geendet hatte, ging er zornig zu Gregor, um ihn zu verprügeln.

Abigail folgte ihm, schaute aus der Ferne zu und begann zu lachen.

(erzählt nach Klaus Vopel und Bernhard Wilde, Alligator-River, 1999)

Info

Entscheidungen orientierten sich an Vorgaben und an Zielen. In der Fachsprache unterscheidet man zwischen **Werten** und **Normen**. Werte lassen sich in Begriffen wie Leben, Freiheit, Liebe ... ausdrücken. Sie beschreiben, welches Ziel eine Handlung realisieren will. Normen sind Vorgaben für Handlungen. Sie sind oft in Form von Gesetzen, Regeln, Bräuchen usw. festgelegt. Bekannte Normen finden sich z. B. im Dekalog. Normen lassen sich immer auf Werte beziehen, die durch sie ermöglicht oder geschützt werden sollen.

Aufgaben

1 **a)** Bringe die fünf Personen Abigail, Gregor, Sindbad, die Mutter und Slug in eine Reihenfolge, die deutlich macht, wie sympathisch sie dir jeweils sind. Am Anfang soll die Person stehen, die dir am sympathischsten ist, am Ende diejenige, die dir am unsympathischsten ist.
b) Vergleicht eure Listen miteinander. Benennt jeweils eure Beweggründe, die Personen in genau dieser Reihenfolge anzuordnen.
c) Analysiert, welche Rolle Werte und Normen bei euren Überlegungen spielen.

2 Entscheiden müssen – entscheiden dürfen: Zeige am Beispiel von Abigail auf, in welche Konflikte freie Entscheidungen Menschen führen können.

3 Verfasse zu der Ausgangssituation eine neue Geschichte. Sie sollte nach dem Satz „Abigail verging beinah vor Sehnsucht" beginnen.

Sakrament der Entschiedenheit – die Firmung

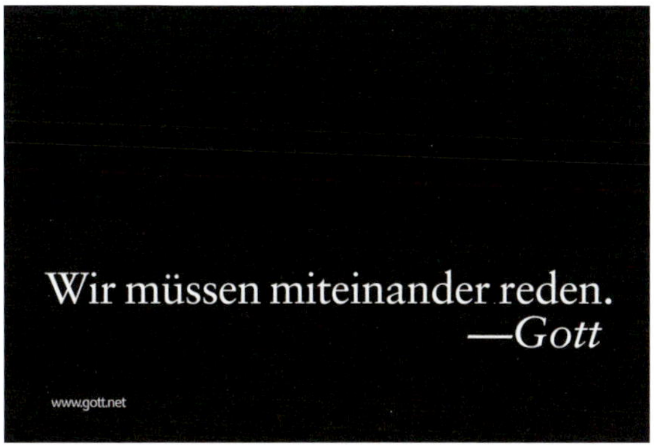

Entscheiden können und entscheiden müssen – beides gehört zusammen. Für katholische Christinnen und Christen gehört zur Fähigkeit zur Entschiedenheit der Heilige Geist dazu. Er ist es, der Menschen frei macht zu entscheiden und darin stärkt, richtige, wert-volle Entscheidungen zu fällen. Der Geist Gottes befähigt Menschen, aus dem breiten Angebot möglicher Werte die richtigen herauszufinden und im Handeln zu realisieren.

Im Sakrament der Firmung wird das Versprechen Gottes, durch seinen Geist Menschen beizustehen, gefeiert.

Gottes Angebot verlangt selbst eine Entscheidung. Das heißt: Menschen dürfen entscheiden, wie intensiv die Beziehung zu Gott sein soll – sie müssen aber auch irgendwann diese Entscheidung treffen. Die Entscheidung zur Firmung ist eine Möglichkeit dazu.

Feier der Versöhnung: das Bußsakrament

Wer sich entscheiden darf und entscheiden muss, trifft manchmal auch falsche Entscheidungen und richtet durch sein Handeln Leid an. Oft drückt Menschen ihr schlechtes Gewissen dann wie eine schwere Last auf den Schultern. Doch loswerden können sie sie nicht von allein: Sie sind auf Vergebung angewiesen.

Wer sich bei einem anderen Menschen für das Unrecht entschuldigt, das er ihm angetan hat, macht meist die Erfahrung, dass Versöhnung befreit.

Menschen, die ihre Schuld bereuen und bekennen, lädt auch Gott zur Versöhnung ein: Er vergibt ihnen und sagt ihnen neu seinen Beistand zu. Dies geschieht in der katholischen Kirche beim Empfang des Bußsakraments.

Beichtkapelle im Franziskanerkloster Frauenberg in Fulda

→ Zu den sieben Sakramenten zählt auch die Taufe. Lies dazu S. 194.

1 a) Stelle dir vor, du triffst mitten in der Stadt auf das abgebildete Plakat. Wie reagierst du? Entwerft in Kleingruppen kurze Spielszenen und stellt sie der Klasse vor.
b) „Wir müssen miteinander reden." Die Initiative „gott.net" versucht seit mehreren Jahren, Menschen auf ungewöhnliche Weise mit Gott zu konfrontieren. Diskutiert in der Klasse das Für und Wider solcher Plakataktionen.
c) Entwerft in Partnerarbeit selbst ein Plakat, in dem ihr Menschen zur Entscheidung in punkto Gott auffordert.

2 Tragt arbeitsteilig Informationen zur Firmung und zur Buße zusammen. Stellt diese Informationen auf Plakaten zusammen.

Eine Gewissensfrage

„Vor einigen Wochen habe ich mich mit meinem Bruder zerstritten, weil er mich mit seinem Verhalten sehr verletzt hat. Da dies nicht zum ersten Mal vorgekommen ist, will ich mit ihm bis auf Weiteres nichts mehr zu tun haben und weigere mich, ihn zu sehen oder zu sprechen. Unsere Mutter meint jedoch, ihm tue alles furchtbar leid, sie erwartet, dass wir uns wieder versöhnen. Wenn er sich entschuldige, sagt sie, müsse ich ihm verzeihen. Muss ich das wirklich?"

(Larissa G., Erfurt)

Verzeihen ist gar keine so einfache Sache. […] Hannah Arendt etwa sah das Verzeihen als notwendige Ergänzung zum Handeln. Gäbe es das gegenseitige Vergeben nicht, würden uns die Folgen jeder einzelnen Tat bis an unser Lebensende verfolgen […]

Info

Hannah Arendt (1906–1975) war eine jüdische deutsche Philosophin und Journalistin. 1941 emigrierte sie aus dem nationalsozialistischen Deutschland in die USA. Hannah Arendt vertrat die philosophische Auffassung, dass Menschen von Natur aus weder gut noch böse sind.

„[…] Verfehlungen […] bedürfen", so Arendt, „der Verzeihung, des Vergebens und Vergessens, denn das menschliche Leben könnte gar nicht weitergehen, wenn Menschen sich nicht ständig gegenseitig von den Folgen dessen befreien würden, was sie getan haben, ohne zu wissen, was sie tun."

Arendt betont als besonders wichtigen Aspekt, dass das Verzeihen, weil es freiwillig geschieht, einen neuen Anfang darstellt, anders als Rache und Strafe. Und zugleich […] bedeutet es für den, der verzeiht, Freiheit. Weil das Verzeihen ein eigenständiges Handeln sei, das zwar an die Vergangenheit anknüpft, aber eben nicht automatisch und zwangsläufig aus ihr folgt, „kann es von den Folgen dieser Vergangenheit sowohl denjenigen befreien, der verzeiht, wie den, dem verziehen wird". Das ist auch der Grund, warum Psychologen das Verzeihen so positiv bewerten.

Sollten Sie deshalb Ihrem Bruder verzeihen? Da Verzeihen freiwillig ist, können das nur Sie selbst entscheiden und Ihr Bruder kann es auch nicht erwarten, sondern nur erbitten. Meines Erachtens spricht aber viel dafür, wenn man bedenkt, dass das Verzeihen nicht die Tat billigt. Dazu noch einmal Arendt: „Das Vergeben bezieht sich nur auf die Person und niemals auf die Sache […] Denn wenn ein Unrecht verziehen wird, so wird demjenigen verziehen, der es begangen hat, was natürlich nicht das Geringste daran ändert, dass das Unrecht unrecht war."

Zudem sollte man eher in die Zukunft blicken als in die Vergangenheit: Wie stellen Sie sich Ihr künftiges Verhältnis zu Ihrem Bruder vor, wenn Sie ihm trotz Entschuldigung nicht verzeihen?

(Dr. Dr. Rainer Erlinger im SZ-Magazin 37/2011)

Bildspaziergang
Der Künstler Antoni Tàpies legt Wert darauf, die Zuschauerinnen und Zuschauer in seine Bilder einzubeziehen. Du hast das bei dem Bild auf S. 121 schon ausprobiert. Der „Bilderreisebericht", den du notiert hast, ist im Dialog mit dem Bild entstanden.
Im Alltag erleben wir häufig ähnliche Dialoge: Etwas wird uns vorgegeben, gestalten müssen wir daraus aber etwas ganz Eigenes. Ohne Vor-Gabe wären wir jedoch nie auf die Idee gekommen, etwas Neues zu entwerfen. Sammelt in Kleingruppen Beispiele für Situationen, in denen wir in Auseinandersetzung mit einer Quelle etwas Eigenes gestalten. Diskutiert dabei auch die Rolle von Religion als Vor-Gabe.

→ Vorbilder für ein gelingendes Leben kannst du auf S. 141–154 kennenlernen.

Ich – Du
Schaue dir dein Porträt, das du zu Beginn des Kapitels zusammen mit einem Partner oder einer Partnerin gestaltet hast, noch einmal an. Welche neuen Einsichten oder Ideen, Begriffe oder Theorien, die dir während der Arbeit mit diesem Kapitel begegnet sind, möchtest du noch in dieses Bild einarbeiten? Präsentiere das Ergebnis deiner Überlegungen in einem neuen Porträt oder einer Collage, in der das alte Porträt in der Mitte steht.

→ Zu sich selbst zu finden, setzt eine Suche voraus. Mehr darüber erfährst du auf S. 55–76.

Entscheiden können – dürfen – müssen
Analysiere die Szenarien zu der gefundenen Klassenarbeit, die du aufgeschrieben hast. In ihnen geht es um Werte und Normen. Welche Normen und Werte hast du berücksichtigt? Wie sieht es mit deren Wichtigkeit aus?
Diskutiert eure Analysen anschließend in der Klasse. Vielleicht gelingt es euch sogar, euch auf ein gemeinsames Szenario zu einigen?

→ Für die eigenen Überzeugungen muss man manchmal auch gegen Widerstände eintreten. Lies dazu S. 11–30.

Abschlussaufgabe

Können. Müssen. Dürfen. Erwachsenwerden hat mit all diesem zu tun, weil es etwas mit Freiwerden zu tun hat. Freiwerden kann nicht frei von Grenzen funktionieren.
Gestaltet zu den Verben eine Ausstellung, in der ihr möglichst viele verschiedene Aspekte des Erwachsenwerdens verdeutlicht. Einigt euch auf verschiedene Themenbereiche. Sammelt Ausstellungsstücke, die Chancen und Grenzen deutlich machen, und ergänzt sie um Beschriftungen. Erstellt auch einen Ausstellungskatalog. Vielleicht könnt ihr auch eure Firm-Plakate (S. 137) mit in die Ausstellung einbeziehen.

→ Zum Erwachsenwerden gehört auch die erste Liebe. Liebe und Partnerschaft sind Thema auf S. 259–280.

Erwachsen werden: den eigenen Platz im Leben finden

Erwachsene und Jugendliche – das ist nicht immer eine ganz einfache Geschichte. Das gilt in der Familie, das gilt in der Schule und das gilt auch für das Autorenteam eines Schulbuches und ihre Leserinnen und Leser. Zwar waren alle Erwachsenen selbst einmal Kinder und Jugendliche. Die **Einstellung zur eigenen Kindheit und zur Jugendzeit** ändert sich aber im Laufe eines Lebens oft sehr. Unterschiedliche Vorstellungen davon, wie Kinder und Jugendliche jetzt und als Erwachsene sein sollen, führen manchmal zu Konflikten. Dennoch ist es unumgänglich, dass Erwachsene Heranwachsenden bestimmte Vorgaben machen, Möglichkeiten aufzeigen und Traditionen erschließen. Kein Mensch wächst ja im luftleeren Raum heran. Vielmehr gilt: Ohne **Erziehung** geht es nicht.

Doch heißt das nicht, dass Kinder und Jugendliche nur übernehmen sollen, was andere für wichtig und bedeutsam halten. Vor allem geht es darum, den Umgang mit der eigenen **Freiheit** zu erlernen: Wir Menschen müssen nun einmal erkunden, was es heißt, frei zu sein. Die Suche nach dem eigenen **Platz im Leben** beginnt dabei nicht bei null, sondern innerhalb einer Welt, in der schon andere leben und ihren Platz finden wollen. **Stärken und Schwächen**, die jeder von uns hat, wollen entdeckt und akzeptiert werden. Wobei gar nicht immer auf den ersten Blick ausgemacht ist, was eine Stärke und was eine Schwäche ist. Der Apostel Paulus hat zum Beispiel für sich entdeckt: **„Wo ich schwach bin, bin ich stark!"**

Die **Sehnsucht** nach einem guten, gelingenden Leben kann manchmal auf Abwege führen. Wer sein Herz an Dinge hängt, verliert nach und nach seine Freiheit. Manchmal entwickeln sich **Süchte**: **stoffliche** wie die nach Alkohol oder Drogen oder **nichtstoffliche** wie die Spiel- oder die Internetsucht. Menschen, die an einer Sucht erkrankt sind, benötigen professionelle Hilfe, um wieder frei werden zu können.

Erwachsen werden heißt auch, mehr und mehr selbst **entscheiden** zu können und entscheiden zu müssen. Die Fähigkeit zu entscheiden ist mit dem **Gewissen** verbunden: Damit ist ein innerer Kompass gemeint, eine Ampel oder ein innerer Gerichtshof – vor allem aber jener Ort, wo Menschen ganz sie selbst sein wollen und Gott begegnen können. Im Gewissen „wissen" Menschen, was ihnen am Herzen liegt und wertvoll ist. Im Gewissen entdecken wir die **Werte**, die den **Normen**, die das menschliche Miteinander regeln, eine Richtung geben.

Christen glauben darüber hinaus, dass Gott durch sichtbare Zeichen Hilfen gibt, den richtigen Platz im Leben zu finden. Das **Sakrament der Firmung** drückt die Zusage Gottes aus: In den Entscheidungen des Lebens, in der Suche nach der Freiheit ist der Geist Gottes bei uns.

Erwachsene und Jugendliche – das ist besonders dann keine ganz einfache Geschichte, wenn es um solche religiösen Fragen geht. Ob die Materialien und Texte dieses Kapitels dir bei der Suche nach Orientierung helfen können, weißt du selbst am besten. Ob hier die für dich richtigen Fragen und Aufgaben gestellt wurden, kannst nur du selbst feststellen. Deinen Platz im Leben musst, darfst und kannst du auf jeden Fall selbst finden. Christen glauben, dass Gott dich dabei nicht allein lässt.

7 Von Helden und Heiligen: Vorbilder, die Mut machen

Mein Held

Nenne Namen von Personen aus Gesellschaft, Literatur oder Film, die für dich Helden oder Heldinnen oder Heilige sind. Nenne Eigenschaften, Fähigkeiten und Taten, die sie aus deiner Sicht dazu machen. Erstellt gemeinsam in der Klasse ein Plakat zu diesen Personen.

Helden und Heilige

Betrachte die Bilder auf S. 141 und wähle eine Person aus, die dich besonders interessiert. Beschreibe in einem kurzen Text, was an dieser Person heldenhaft sein könnte. Stelle sie anschließend in der Klasse vor.

Was Helden bewegt

Über das Judentum, das Christentum und den Islam weißt du schon viel. Erinnert euch in der Klasse gemeinsam daran, was das jeweils Zentrale dieser Religionen ist. Erläutere an einem Beispiel aus einer der Religionen, zu welchen Taten Menschen durch ihren Glauben bewegt werden.

Eine Internetrecherche durchführen

In diesem Kapitel wirst du immer wieder dazu aufgefordert werden, eigenständig Informationen zu erarbeiten. Neben Büchern, auf die du in Bibliotheken zugreifen kannst, ist das Internet eine gute Quelle für solche Recherchen. Ergiebig und zuverlässig ist sie aber nur, wenn du bei deiner Suche nach Informationen bestimmte Regeln beachtest.

Vier Schritte der Internetrecherche

1. Was suche ich?
Je genauer du weißt, was du suchst, desto besser kannst du beurteilen, ob das Gefundene deinen Erwartungen entspricht. Es ist hilfreich, dir vor Beginn der Recherche Notizen zu machen oder eine Gliederung zu erstellen, die dich bei der Recherche leitet.

2. Wie suche ich?
Manchmal sind in Literaturhinweisen oder Quellenangaben Adressen zuverlässiger Websites angegeben, auf denen du die nötigen Informationen finden kannst. Meistens musst du jedoch die für deine Recherche ergiebigen Websites selbst finden.

Für eine *thematische Recherche*, bei der du umfangreiches Material zu einem Thema suchst (z. B. zum Thema „Frauen im Islam"), steigst du am besten über ein Webverzeichnis ein. In Webverzeichnissen werden Websites Themen zugeordnet und diese wiederum in Unterthemen unterteilt.

Bei einer *gezielten Recherche*, die in einem eng umgrenzten Rahmen Ergebnisse liefern soll (z. B. zu Sophie Scholl), steigst du dagegen über Suchmaschinen (Google, Ecosia, Startpage ...) ein. Zur erfolgreichen Nutzung von Suchmaschinen sind die folgenden Tipps hilfreich:

Info

Suchen mit Suchmaschinen

Grundsätzlich gilt: Die Information liegt selten genau so vor, wie du es dir vorgestellt hast. Die Verfeinerung der Suchbegriffe und das Verfolgen von Links führen zu neuen und immer ergiebigeren Ergebnissen. Für genaues Suchen ist die Verwendung von sehr treffenden Schlagworten wichtig.

Wenn du z. B. über Persönlichkeit und Leben von Sophie Scholl mehr wissen möchtest und ihren Namen in einer Suchmaschine eingibst, erhältst du mehr als eine Million Treffer. Unter diesen Treffern sind viele Websites, die für dein Rechercheziel unbrauchbar sind, weil es auf Ihnen z. B. um Zentren oder Straßen mit Sophie Scholls Namen geht. Zielführender ist es, wenn du dir überlegst: Was genau interessiert mich an Sophie Scholls Persönlichkeit und Leben? Ist es z. B. ihr Widerstand gegen den Nationalsozialismus, kannst du deine Suche entsprechend mit zusätzlichen Schlagworten verfeinern: *Sophie Scholl – Widerstand – Weiße Rose*. Die Zahl der Treffer wird dann geringer und ihre Qualität besser sein.

3. Welchen Wert haben meine Ergebnisse?
Im Laufe der Recherche musst du immer wieder fragen und prüfen, ob dem Gefundenen zu vertrauen ist und die Suchergebnisse zum gesteckten Ziel hinführen. Grundsätzlich ist immer zu fragen, wer der Urheber der Seite oder des Textes ist und ob diese seriös sind. Seiten von Zeitungen, Hochschulen oder wissenschaftlichen Instituten sind meistens zuverlässig.

4. Wann ist die Recherche beendet?
Die Informationsfülle des Internets verführt dazu, inhaltliche und zeitliche Grenzen aus dem Auge zu verlieren. Beende deine Suche, wenn du sagen kannst: Das gefundene Material bietet so viele Informationen, dass ich zur Auswertung und Aufbereitung der Ergebnisse übergehen kann.

Sich einsetzen für andere: der Christ Bruder Biagio Conte

Afrika in Palermo

Das Reich von Bruder Biagio Conte beginnt hinter dem Bahnhof von Palermo. Hier hat der in eine grüne Kutte gehüllte Mittvierziger mit den blauen Augen und dem imposanten schwarzen Bart seine „Mission der Hoffnung und der Nächstenliebe" aufgebaut. In den drei Einrichtungen – zwei für Männer, eine für Frauen – sind mittlerweile etwa 900 Menschen untergebracht.

Biagio Conte mit jugendlichen Einwanderern

Hier sammeln sich diejenigen, die in der größten Stadt Siziliens gestrandet sind, die Sudanesen, Angolaner, Ivorer, Kongolesen, von denen viele einst auf der kleinen Mittelmeerinsel Lampedusa landeten, auf der Flucht vor Hunger und Krieg. Aber auch Italiener und Deutsche sind unter ihnen, und neulich rasteten hier einige Tunesier, die von Lampedusa nach Sizilien gekommen waren und weiter nach Frankreich wollten. Sie bekommen ein Bett, Essen und, in den Worten der Mission, „echte christliche Nächstenliebe", ermöglicht durch Spenden und die Arbeit freiwilliger Helfer. Denn Bruder Biagio, wie ihn alle nennen, ist auch ein cleverer Organisator.

Wenn er seine Geschichte erzählt, fixiert er das Gegenüber mit durchdringendem Blick [...]. Es ist eine Geschichte vom Suchen und Finden von Lebenssinn an der Seite der Ärmsten. Dem Sohn eines Palermitaner Geschäftsmanns war mit Mitte 20 auf einmal das Leben mit seinen Freunden, mit, wie er sagt, „Tanzen, Bowling, Pizzerien", nicht mehr genug. Ihm fielen die Armen auf, die in Hitze wie Kälte im Freien schlafen mussten. Seine Freunde sagten ihm, das sei eben so.

Er aber fühlte sich schuldig: „Ich hatte so viel, sie hatten so wenig." Er las, „Philosophie, Psychologie, Freud und die anderen", ohne Ruhe zu finden. Bis er sich eines Morgens beobachtet gefühlt habe und sein Blick auf das Kruzifix über seiner Tür gefallen sei. Dort habe er einen Mann gesehen, „der sein Leben für uns gegeben hat" und dann sein „wahrer Freund" wurde. Biagio Conte beschloss, sich Franz von Assisi und Mutter Teresa zum Vorbild zu nehmen und sein Leben „für die Gesellschaft zu geben" [...].

[...] auch die Aussicht, dass womöglich bald weitere Migranten aus Nord- und Zentralafrika, die über Lampedusa nach Europa streben, die Dienste der „Mission der Hoffnung der Nächstenliebe" in Anspruch nehmen könnten, schreckt ihn nicht: Gott schicke sie, da müsse man eben helfen: „Die Italiener sterben aus, die Migranten kommen."

(Friedrich Schmidt, in: FAZ vom 01.03.2011)

Aufgaben

→ Ein Beispiel für eine „Lebenslandkarte" findest du auf S. 56.

1 Biagio Conte hat sich erst ab einem bestimmten Zeitpunkt in seinem Leben um Hilfsbedürftige gekümmert. Zeichnet in Partnerarbeit eine Landkarte von Biagio Contes Leben. Fügt erklärende Symbole oder Zeichen bei.

2 **a)** Verfasse einen fiktiven Tagebucheintrag aus Sicht Biagio Contes, der deutlich macht, was ihn am Wendepunkt seines Lebens bewegt hat.

b) Bereitet in kleinen Gruppen Rollenspiele vor: Biagio hat sich dazu entschieden, mit den Armen und Obdachlosen zu leben. Er teilt diesen Entschluss seinen Eltern mit. Beachtet bei seiner Argumentation, welche Gefühle eine Rolle spielen und welche christlichen Handlungsleitlinien Biagio umsetzen möchte. Führt euch die Rollenspiele gegenseitig vor.

c) Überlege, welche Werte Biagio Contes auch in deinem Leben eine Rolle spielen könnten.

Vorbild für das Leben mit den Armen: Franz von Assisi

Biagio Conte ist einem Vorbild gefolgt: **Franz von Assisi.** Er ist ein bekannter christlicher Glaubenszeuge.

Dieses Wandgemälde im Kloster San Benedetto in Subiaco (Italien) ist das älteste, noch zu seinen Lebzeiten entstandene Bild des Franz von Assisi.

Einstehen für die eigenen Überzeugungen: Sophie Scholl

Auch das Leben der Sophie Scholl zeigt eindrücklich, wie weit ein im christlichen Glauben verwurzelter Mensch für seine Überzeugungen gehen kann. Sophie Scholl war Mitbegründerin der Widerstandsbewegung „Weiße Rose", die zum Widerstand gegen das Hitler-Regime aufgerufen hat. Die Mitglieder dieser Bewegung lehnten jeden Machtgedanken ab, der andere Menschen politisch, wirtschaftlich, kulturell oder in ihrem persönlichen Denken unterdrücken oder beherrschen will. Sophie Scholl wurde an die Geheime Staatspolizei verraten und mit anderen Mitgliedern der Weißen Rose hingerichtet.

Sophie Scholl im Jahr 1941

während des Verhörs:
Vernehmungsbeamter: „Warum gehen Sie für falsche Ideen, so jung wie Sie sind, ein derartiges Risiko ein?"
Sophie Scholl: „Ich kann nicht anders."

zu ihren Eltern, die sie vor der Hinrichtung noch besuchen durften:
Sophie Scholl: „Bitte sorgt euch nicht. Ich würde alles genauso wieder machen."

zum Richter:
Sophie Scholl: „Mein Bruder und ich haben mit den Flugblättern versucht, den Menschen die Augen zu öffnen und das bestialische Blutbad an anderen Völkern und den Juden früher zu beenden, als es ohnehin von den Alliierten beendet wird. Sollen wir denn auf ewig das vor aller Welt gehasste und ausgestoßene Volk sein?"
Richter: „Ach, ein Herrenvolk interessiert das nicht."
Sophie Scholl: „Ihr Herrenvolk will in Wirklichkeit Frieden und dass wieder die Menschenwürde Achtung findet, es will Gott, Gewissen, Mitgefühl."
(Zitate aus dem Spielfilm „Sophie Scholl – Die letzten Tage", angelehnt an die Protokolle von Vernehmung und Gerichtsverhandlung)

→ Mehr über Franz von Assisi kannst du auf S. 90/91 erfahren.

→ Einen wörtlichen Auszug aus dem Protokoll der Vernehmung von Sophie Scholl findest du auf S. 134.

→ Um die Kirche in der Zeit des Nationalsozialismus geht es auf S. 244–255.

→ Über die Weiße Rose kannst du dich auf S. 255 informieren.

1 **a)** Erstellt in Gruppenarbeit einen Lebenslauf Franz von Assisis. Zeigt auf, welche Glaubensüberzeugung Franz von Assisi zu seinem Handeln motiviert hat.
b) Stellt euch gegenseitig die für euch entscheidenden Momente des Lebenslaufs vor. Benennt Parallelen und Unterschiede zwischen Bruder Franz und Bruder Biagio.

2 Erläutere, inwiefern Franz von Assisi für heutige Menschen ein Vorbild sein kann.

3 „Religiöse Vorbilder können heute noch Lebensläufe beeinflussen." Diskutiert diese These. Notiere dir anschließend deine persönliche Meinung.

4 **a)** Informiere dich über Sophie Scholl.
b) Untersuche, warum Sophie ihr Leben für ihre Überzeugung riskiert. Arbeite dazu aus den Zitaten Gründe für ihr Verhalten heraus.

→ Den Unterschied zwischen einem Vorbild und einem Idol kannst du auf S. 133 erarbeiten.

→ Bei den Rechercheaufgaben kann dir die Methode auf S. 143 helfen.

Ausgleichen und erinnern: der Jude Ignatz Bubis

Engagement gegen das Vergessen
Ignatz Bubis (1927–1999) war ein Frankfurter Unternehmer jüdischen Glaubens. Er engagierte sich in verschiedenen jüdischen Verbänden und kritisierte ab den 1980er Jahren zunehmend die gesellschaftliche und politische Entwicklung in der Bundesrepublik Deutschland. Als Vorsitzender des Zentralrats der Juden in Deutschland prangerte er das Aufkommen von Fremdenfeindlichkeit und **Antisemitismus** im wiedervereinigten Deutschland an.
Seine unnachgiebigen öffentlichen Stellungnahmen gegen Rassismus und Antisemitismus führten dazu, dass Bubis selbst zum Ziel rechtsradikaler Angriffe wurde. Als Jude sei er kein Deutscher, sondern Israeli, warf man ihm vor. Bubis machte deutlich, dass die Zugehörigkeit zum Judentum keine nationale Prägung, sondern eine Glaubensfrage sei: „Ich bin deutscher Staatsbürger jüdischen Glaubens."

Info

Als **Antisemitismus** bezeichnet man die Feindschaft gegenüber Juden.

Ignatz Bubis wurde in Breslau geboren. Nach der Machtübernahme durch Adolf Hitler 1933 machte sich die nationalsozialistische Judenverfolgung zunehmend auch in Schlesien bemerkbar. Die Familie zog darum 1935 nach Polen um. Als Polen von den Deutschen besetzt wurde, musste Bubis in einem eigens für die jüdische Bevölkerung errichteten **Ghetto** leben. Sein Vater und zwei seiner Geschwister wurden im **Konzentrationslager** Treblinka ermordet. Bubis selbst musste in einem Arbeitslager für eine Munitionsfabrik Zwangsarbeit leisten. Nur durch Zufall entging er dem Abtransport in ein Vernichtungslager.

→ Mehr über die Judenverfolgung im Dritten Reich erfährst du auf S. 252/253.

Ignatz Bubis als Vorsitzender des Zentralrates der Juden in Deutschland bei einer „Gedenkstunde gegen das Vergessen" am 30.11.1992

Info

Ein **Ghetto** ist ein abgeschlossenes Stadtviertel, in dem soziale Randgruppen abgetrennt von der übrigen Bevölkerung leben. In Deutschland war das Ghetto unter Hitler die Vorstufe zum Konzentrationslager.

Zur Zeit des Nationalsozialismus wurden Menschen aus politischen, religiösen oder rassistischen Gründen unter menschenunwürdigen Bedingungen in **Konzentrationslager** eingesperrt und dort systematisch vernichtet.

Besonders weil seine Familie tief verwurzelt im jüdischen Glauben und der jüdischen Tradition war, trieben die Erlebnisse in seiner Kindheit und Jugend Ignatz Bubis dazu, sich für sein Volk, die Juden in Deutschland und den jüdischen Glauben einzusetzen. Nach Kriegsende kehrte er darum nach Deutschland zurück, um den Wiederaufbau des Landes aktiv mitzugestalten und kritisch zu begleiten.
Bubis' großes Ziel war die Überwindung von Hass und die Entwicklung einer Kultur des Erinnerns. Durch seine starke Medienpräsenz fand er eine neue Öffentlichkeit für jüdische Interessen. Außerdem suchte er den Dialog mit Andersdenkenden.
Kurz vor seinem Tod zog er die traurige Bilanz, er habe fast nichts bewegen können. Diese Skepsis kam auch in seinem letzten Wunsch zum Ausdruck: Ignatz Bubis wollte nach seinem Tod in Tel Aviv beerdigt werden, da er Angst hatte, dass sein Grab in Deutschland beschmiert und zerstört würde.

Aufgaben

1 Ignatz Bubis wurde als „Gewissen der Nation" bezeichnet. Zeige auf, worauf er heute hinweisen müsste. Entwirf ein Plakat oder (gemeinsam mit anderen) ein Rollenspiel, das die Gesellschaft darauf aufmerksam macht.

2 Formuliere, inwiefern Ignatz Bubis Juden, Christen und Muslimen als Vorbild dienen kann.

Das Judentum: Glaubens- und Schicksalsgemeinschaft zugleich

Eine wichtige Säule der jüdischen Religion ist die Hoffnung auf das Land, dessen Besitz Gott Abraham und seinen Nachkommen einst verheißen hat (vgl. Gen 13,14–17). Das Leben in diesem Land der Verheißung, dem Land Kanaan, steht also am Ende des Weges, den das Volk zurückgelegt hat.

Viele gläubige Juden fühlen sich im heutigen Israel Gott besonders nahe und hoffen, dass die endgültige Erlösung der Menschen von dort aus ihren Ausgang nehmen wird. Denn seit der endgültigen Niederlage gegen die Römer im Jahr 135 n. Chr. lebten die meisten Juden über nahezu alle Länder der Erde verstreut. Dort waren sie immer wieder schweren Verfolgungen ausgesetzt. Im 19. Jh. wurden die Anzeichen für einen zunehmenden Antisemitismus deutlicher. In Osteuropa kam es wiederholt zu schrecklichen Pogromen.

Info

Als **Pogrom** werden gewaltsame Ausschreitungen gegen nationale, religiöse oder ethnische Minderheiten bezeichnet.

Unter der Herrschaft der Nationalsozialisten wurden sechs Millionen Juden – Männer, Frauen und Kinder – ermordet. Vor diesem Hintergrund wurde die Ausrufung des Staates Israel im Jahr 1948 für die überlebenden Juden zum Zeichen eines Neubeginns, der sie wieder Hoffnung auf ein Leben in Freiheit und Sicherheit schöpfen ließ.

Jude-Sein bedeutet somit nicht nur die Zugehörigkeit zu einer Glaubensgemeinschaft. Wer Jude ist, ist immer auch Teil einer politischen Schicksalsgemeinschaft und teilt ihre Geschichte.

Jossel Rakovers Wendung zu Gott

„Mein Rabbi pflegte mir immer wieder die Geschichte von einem Juden zu erzählen, der mit Frau und Kind der spanischen Inquisition entkommen war und sich auf einem kleinen Boot über stürmische See zu einer steinigen Insel durchgeschlagen hatte. Da zuckte ein Blitz auf und erschlug die Frau. Da kam ein Sturmwind und wirbelte sein Kind ins Meer. Allein und elend hinausgeworfen wie ein Stein, nackt und barfuß, vom Sturm gepeitscht, von Donnern und Blitzen geschreckt, die Haare zerzaust und die Hände zu Gott erhoben, ist der Jude seinen Weg weitergegangen auf die wüste Felseninsel und hat sich so an Gott gewandt: ‚Gott Israels', sagte er, ‚Ich bin hierher geflohen, dass ich Dir ungestört dienen kann: um Deine Gebote zu tun und Deinen Namen zu heiligen. Du aber tust alles, dass ich nicht an Dich glauben soll. Wenn du aber meinen solltest, dass es Dir gelingen wird, mich mit diesen Versuchungen vom richtigen Weg abzubringen, ruf' ich Dir zu, mein Gott und Gott meiner Eltern, dass es Dir alles nicht helfen wird. Magst Du mich auch beleidigen, magst Du mich auch züchtigen, magst Du mir auch wegnehmen das Teuerste und Beste, das ich habe auf der Welt, und mich zu Tode peinigen – ich werde immer an Dich glauben. Ich werde Dich immer liebhaben, immer – Dir selbst zum Trotz!'"

(Zvi Kolitz, 2004)

→ Den Bericht eines Juden, der Auschwitz überlebt hat, findest du auf S. 182.

1 Informiere dich darüber, welche Ziele und Aufgaben die Gesellschaft für Christlich-Jüdische Zusammenarbeit in eurer Nähe hat.

2 Erstelle eine Grafik zu der Geschichte von Zvi Kolitz. Sie soll die Beziehung zwischen dem geplagten Juden und Gott anschaulich machen und zugleich beispielhaft für die Beziehung zwischen Gott und dem jüdischen Volk sein.

3 „Damit Auschwitz nie wieder passiert!" Überlebende wie Ignatz Bubis setzen sich aus ihrer Erfahrung für dieses Ziel ein. Zeigt in Kleingruppen auf, was jede und jeder von uns heute konkret tun kann, damit Rassismus, Hass und Leid verhindert werden.

Selbstbewusst und kritisch: die Muslimin Fatima Mernissi

Fatima Mernissi in einer Diskussion

Praktizierende Muslimin ist sie nicht, doch Fatima Mernissi liebt und lebt den Islam als Kultur. Als eine seiner erstaunlichen Seiten nennt sie seine Offenheit gegenüber anderen Kulturen und Menschen, die schon Mohammed gekannt hat: Wenn man gemeinsame Werte hat, spielen Religion oder Herkunft keine Rolle mehr.

Fatima Mernissi wurde 1940 in einem der letzten Harems in Marokko geboren und ist dort aufgewachsen. Ihre Mutter und ihre Großmutter waren Analphabetinnen und auch Fatima Mernissi schien ein ähnlicher Lebensweg vorgezeichnet zu sein. Und doch ist sie einen ganz anderen gegangen: Heute ist Fatima Mernissi Professorin für Soziologie, Beraterin der Unesco für den Bereich „Frauen und Islam" und Buchautorin. Sie engagiert sich für die Demokratisierung der arabischen Gesellschaft und kämpft für die Selbstbestimmung muslimischer Frauen.

→ Auch die Buddhistin Dipa Ma setzte sich für die Rechte von Frauen ein. Lies dazu S. 150.

Dass es so weit kommen konnte, verdankt Fatima Mernissi der nationalen Unabhängigkeitsbewegung in Marokko. 1947 setzte der damalige König Mohammed V. ein Signal, indem er seine Tochter, Prinzessin Aicha, entschleierte und sie eine Rede über dringend notwendige Veränderungen in Marokko halten ließ. Viele Familien folgten seinem Beispiel und ermöglichten ihren Töchtern eine Ausbildung. Fatima Mernissi gehörte mit zu den ersten Mädchen, die in die Koranschule und zum „Gymnasium für junge muslimische Mädchen" gehen durften.

Aus Dankbarkeit für diese große Chance setzt sich Fatima Mernissi engagiert für die Verbesserung der heutigen Situation muslimischer Frauen ein. Als sie die erste feministische Abschlussarbeit einer Studentin annahm, löste sie damit heftige Diskussionen aus. Auch einige ihrer Bücher, in denen sie an den weiblichen Anteil an der islamischen Geschichte erinnert, geben dazu Anlass.

Selbstbewusst und kritisch hinterfragt Fatima Mernissi die von Männern beherrschte Welt der Politik. Die Frauen der islamischen Welt wollen sich nicht länger den Mund verbieten lassen. Fatima Mernissi sieht es als ihre Aufgabe an, sie zu unterstützen und damit selbstbewusste Bürger auszubilden, durch die die Gesellschaft funktionieren kann.

Doch trotz ihrer kritischen Haltung warnt sie andere Musliminnen davor, bei aller Begeisterung für die westliche Emanzipation nicht völlig die eigenen Traditionen zu vergessen. Auch die Erinnerungen der eigenen Kultur hält sie für wichtig, um eine frauenfreundliche Zukunft zu gestalten.

Aufgaben

1 Beschreibe die Eigenschaften, die Fatima Mernissi auszeichnen.

2 Nenne Grundeigenschaften, die ein Mensch deiner Meinung nach haben muss, um seine Vorstellungen und Ideale umzusetzen.

3 Aufgrund ihrer Ausbildung ist Fatima Mernissi in der Lage, sich in die Gesellschaft einzubringen. Beschreibe, wie sie ihre Chance genutzt hat. Zeige auch auf, welche Bedeutung diese für sie als Muslimin hat. Tausche dich mit anderen darüber aus.

Ismael Khatib: Botschafter für den Frieden der Religionen

Der Film „Das Herz von Jenin" erzählt eine wahre Geschichte: die Geschichte von Ismael Khatib. Der Palästinenser lebt mit seiner Familie im Flüchtlingslager von Dschenin im nördlichen Westjordanland. Als sein 11-jähriger Sohn Ahmed mit einer Spielzeugwaffe spielt, die täuschend echt aussieht, wird er von einem israelischen Soldaten erschossen.

Nach dem Tod seines Sohnes entschließt Ismael Khatib sich dazu, dessen Organe zu spenden, um das Leben anderer Kinder zu retten. Auch seine Frau und die Vertreter des Islam und des militanten Widerstands stimmen zu.

Mitten im **Nahostkonflikt** ermöglicht Ismael Khatib durch diese Entscheidung fünf israelischen Kindern das Weiterleben. Er handelt damit nach den islamischen Werten der Nächstenliebe und Solidarität. Im Moment seines größten Schmerzes beweist er Menschlichkeit und wird zugleich zum Botschafter für den Frieden zwischen Muslimen und Juden.

Info

Als **Nahostkonflikt** bezeichnet man den Konflikt zwischen Palästinensern und Israelis seit der Gründung des Staates Israel: Die Palästinenser fordern seitdem einen eigenen Staat, weil sie durch die Gründung Israels teilweise aus ihrer Heimat vertrieben wurden. Die Israelis dagegen fordern das Recht, als jüdischer Staat zu existieren.

„Es ist an der Zeit, dass wir friedlich miteinander leben lernen, für die Zukunft unserer Kinder", sagt Ismael Khatib. An die Versprechen und Vereinbarungen der Politiker glaubt er nicht mehr. Stattdessen ruft er die Bürger dazu auf, aufeinander zuzugehen. Dazu hat Ismael Khatib bereits einige Projekte angeregt: In Jenin wurde z. B. ein Kulturzentrum eröffnet, in dem Kinder Toleranz und friedliche Interaktionen erleben und lernen können.

Info

Ein **Mufti** ist der Aussteller eines Rechtsgutachtens. Er beantwortet ein bestimmtes Problem unter Berücksichtigung des islamischen Rechts.

1 Nach dem Tod seines Sohnes befinden sich Ismael Khatib und seine Frau in einer schwierigen Situation. Ihre Entscheidung hat auch politische Bedeutung: Wenn sie Ahmeds Organe spenden, werden damit auch israelische Kindern gerettet, also die Kinder ihrer politischen Feinde. Ismael Khatib und seine Frau fragen den Mufti von Jenin um Rat. Bereitet in Kleingruppen ein Rollenspiel zum Gespräch zwischen Ismael, seiner Frau und dem Mufti vor.

2 Benenne Situationen, in denen du selbst dazu beitragen kannst, dass Anhänger verschiedener Religionen und Kulturen friedlich miteinander leben.

Achtsam und verantwortungsvoll: die Buddhistin Dipa Ma

→ Über den Buddhismus kannst du dich auf S. 201–234 informieren.

Dipa Ma war eine Hausfrau aus Bengalen, die zu den größten buddhistischen Meistern ihrer Zeit gezählt wird. Eine ganze Generation westlicher Meditationslehrer verehrt sie.

→ Eine Muslimin, die sich für die Rechte von Frauen einsetzt, kannst du mit Fatima Mernissi auf S. 148 kennenlernen.

Damit hätte niemand gerechnet, als die invalide Witwe im Alter von 44 Jahren mit Meditationsübungen begann, die ihr Herzleiden und ihren Bluthochdruck in gut einem Jahr heilten. Bereits nach kurzer Unterweisung erreichte Dipa Ma Samadhi, den Zustand der tiefen meditativen Konzentration.

Dipa Ma war 1911 in einem kleinen Dorf im heutigen Bangladesch geboren worden. Mit zwölf Jahren wurde sie verheiratet. Obwohl sich das Paar lieben lernte, blieb der Nachwuchs zwanzig Jahre lang aus. Die Tochter, die Dipa Ma überraschend doch noch gebar, starb bereits mit drei Monaten – nach der langen Wartezeit eine Katastrophe für sie. Als ihr nach weiteren vier Jahren eine zweite Tochter geschenkt wurde, nahm sie selbst vor lauter Freude den Namen ihrer Tochter Dipa an und nannte sich fortan nur noch Dipa Ma, Dipas Mutter.

→ Die Methode der nicht-gegenständlichen Meditation wird auf S. 203 vorgestellt. Über die Bedeutung der Meditation im Buddhismus und Hinduismus informieren S. 224/225.

Im Laufe ihrer Ehe hatte Dipa Ma ihren Mann oft darum gebeten, meditieren zu dürfen. Gemäß der buddhistischen Lehre über die Lebensstadien war es jedoch üblich, dass sich ein Mann erst im Alter zur Meditation zurückzog. Dann war dies auch seiner Frau gestattet. Zuvor musste sie jedoch ihre Pflichten erfüllen: den Haushalt führen und ihrem Mann dienen.

Freunde und Nachbarn Dipa Mas wurden durch ihr Beispiel zur Meditation motiviert. Dipa Ma unterrichtete ihre Schüler darin, jeden Augenblick ihres Lebens als Meditation erfahren zu können. Hausfrauen und Mütter lehrte sie, die alltäglichen Arbeiten achtsam zu verrichten. Ihr Wahlspruch war:

> „Meditation und Leben sollten nicht getrennt sein. Was immer du auch tust, tue es mit Achtsamkeit."

In einer Gesellschaft, die Frauen noch immer als minderwertig ansah, stärkte Dipa Ma das religiöse Selbstbewusstsein vieler Frauen. Eine ihrer Schülerinnen beschreibt dies so:

> „In der Zeit, als ich Dipa Ma begegnete, gab es in erster Linie männliche Leitbilder, männliche Lehrer und männliche Buddhas. Einer Hausfrau zu begegnen, die mit ihrer Tochter und ihrem Enkelsohn zusammenlebte und ein solch hohes Maß an Verwirklichung erlangt hatte, bewegte mich mehr, als ich jemals werde in Worte fassen können. Sie verkörperte das, was ich aus tiefstem Herzen sein wollte. […] Dipa Ma zeigte mir […], dass wirkliche Befreiung erfahrbar war. Sie lebte es einfach. Es war nicht irgendeine intellektuelle Idee. Für mich als Frau und Laiin bedeutete die Begegnung mit ihr Folgendes: „Wenn sie es schaffen kann, kann ich es auch schaffen." Sie ist wie ein Leuchtturm […], an dem ich mich orientiert habe, als ich den Mut brauchte, den spirituellen Weg weiterzugehen."
>
> *Amy Schmidt: Dipa Ma. Furchtlose Tochter des Buddha, 2007*

Am 1.9.1989 starb Dipa Ma in Kalkutta. Ihre Tochter war bei ihr.

Aufgaben

1 a) Formuliere eine treffende Überschrift für die Lebensbeschreibung der Dipa Ma.

b) Verfasse unter dieser Überschrift einen Lebensrückblick der Dipa Ma aus ihrer Sicht. Berücksichtige dabei auch die Rolle, die die Religion in ihrem Leben gespielt hat.

Leben und Erlösung im Buddhismus

Leben als Leiden
Nach der buddhistischen Lehre ist alles Dasein Leiden: Geburt, Krankheit, Tod, Liebe, Getrenntsein von Lieben, Streben und sogar Glück. Als Leid gilt alles, was dazu führt, dass Menschen an der Welt hängen, weil es ihren Geist bindet.

Der Pfad der Erlösung
Buddha lehrte seine Anhänger, dass eine Überwindung des Leidens auf dem **Achtfachen Pfad** möglich sei. Er enthält Haltungen der Achtsamkeit, die dabei helfen sollen, sich auf das Hier und Jetzt zu konzentrieren.

Meditation als Weg zur Erlösung
Die Meditation ist eine Methode, um sich in langer Übung frei zu machen, Leiden zu reduzieren und der Erlösung näher zu kommen. Das Ziel buddhistischer Meditation ist die Befreiung von störenden Gefühlen und das Überwinden egoistischer Einstellungen. Stattdessen hilft sie beim Ansammeln positiver Eindrücke im Geist.

Durch Meditation sollen die vier grenzenlosen Geisteshaltungen erreicht werden: Gleichmut, liebevolle Zuneigung, Mitgefühl und Mitfreude. Eine Anweisung des Buddha lautet:

„Wenn es dir möglich ist, hilf den Wesen. Wenn des dir nicht möglich ist, dann schade ihnen wenigstens nicht."

Diese Haltung bezieht sich nicht nur auf Menschen, sondern schließt alle Wesen ein, auch Tiere.

→ Mehr über den Achtfachen Pfad erfährst du auf S. 221.

Wer darf auf Erlösung hoffen?
Im Hinduismus, aus dem sich der Buddhismus entwickelte, gilt es als Abstieg auf der Stufenleiter der Wiedergeburten, wenn man als Frau wiedergeboren wird. Erlöst werden kann eigentlich nur ein Mann. Eine Frau muss darum erst wieder zu diesem emporsteigen. Entgegen dieser Gepflogenheiten lehnte Buddha eine Erlösung für Frauen nicht ab.

→ Informationen über die hinduistische Lehre von der Wiedergeburt kannst du auf S. 207 und S. 224–231 einholen.

1 Wende die buddhistische Lehre vom Leiden und seiner Überwindung auf das Leben von Dipa Ma an. Notiere dir, welches Leiden ihr in ihrem Leben widerfahren ist und wie sie damit umging. Du kannst dich dazu auf S. 121 genauer über die vier edlen Wahrheiten informieren.

2 Setze die Stichworte „Achtsamkeit" und „(Selbst-)Verantwortung" in Beziehung zum Lebensweg der Dipa Ma. Formuliere, was Dipa Ma in Bezug darauf erreicht hat. Entwirf anschließend eine Urkunde, mit der Dipa Ma für ihr Engagement geehrt werden soll. Formuliere darauf, wofür genau sie diese erhält.

Helden des Alltags

Menschen wie du und ich meistern ihr Leben meist im Stillen und treten selten oder nie in die große Öffentlichkeit. Trotzdem können wir viel in unserer Gesellschaft bewegen!

Sicherlich kennt jeder von uns in seinem Umfeld Menschen, die sich aus ihren Überzeugungen heraus für andere engagieren: Sie packen ohne große Worte mit an, wo Hilfe nötig ist. Sie setzen sich für Schwache und Außenseiter ein. Sie spüren, wo sie gebraucht werden, und sind sofort zur Stelle.

Wer ihnen begegnet, weiß: Es ist gut, dass es solche Helden des Alltags gibt! Und jeder von uns kann durch achtsames Hinsehen selbst ein solcher Held oder eine solche Heldin werden.

Nickelback: If everyone cared

From underneath the trees, we watch the sky
Confusing stars for satellites
I never dreamed that you'd be mine
But here we are, we're here tonight
Singing Amen, I, I'm alive
Singing Amen, I, I'm alive
If everyone cared and nobody cried
If everyone loved and nobody lied
If everyone shared and swallowed their pride
Then we'd see the day when nobody died
And I'm singing
Amen I, Amen I, I'm alive
Amen I, Amen I, Amen I, I'm alive
And in the air the fireflies
Our only light in paradise
We'll show the world they were wrong
And teach them all to sing along
Singing Amen, I, I'm alive
Singing Amen, I, I'm alive
(I'm alive)
And as we lie beneath the stars
We realize how small we are
If they could love like you and me
Imagine what the world could be
If everyone cared and nobody cried
If everyone loved and nobody lied
If everyone shared and swallowed their pride
Then we'd see the day when nobody died
When nobody died ...
We'd see the day, we'd see the day
When nobody died
We'd see the day, we'd see the day
When nobody died
We'd see the day when nobody died

(Album „All the Right Reasons", 2006)

Mein Held
Nimm noch einmal das Plakat zur Hand, auf dem ihr eure Helden und Heiligen mit ihren Kennzeichen festgehalten hattet. Überprüfe, ob diese Menschen wirklich Helden und Heilige sind. Vielleicht musst du dabei auch deine Kriterien, was „heldenhaft" ist, hinterfragen. Begründe abschließend deine Meinung.

→ Christliche Heilige richten ihr Leben nach der frohen Botschaft Jesu Christi aus. Mehr darüber erfährst du auf S. 31–54.

Helden und Heilige
Zusätzlich zu den „Helden und Heiligen" auf S. 141 sind dir in diesem Kapitel noch weitere Personen begegnet, die Vorbilder sein können. Wähle eine dieser Personen aus und begründe schriftlich, warum es sich deiner Meinung nach hierbei um einen Held oder eine Heldin handelt.

→ An Vorbildern kann man seinen eigenen Weg orientieren. Um die Suche nach dem eigenen Platz im Leben geht es auf S. 121–140.

Was Helden bewegt
Auf S. 144–151 hast du Vertreter und Vertreterinnen verschiedener Religionen kennengelernt, die aus ihrem Glauben heraus ihr Leben gestalten. Erläutere, welche zentralen Glaubensinhalte ihrer Religion für ihr Handeln ausschlaggebend sind.

→ Die religiösen Traditionen des Hinduismus und des Buddhismus kannst du auf S. 201–234 kennenlernen.

Abschlussaufgabe

Stelle dir vor, du arbeitest als Reporter und bist für einen Artikel auf der Spur von Spiderman, Superman, Lara Croft oder Harry Potter. Untersuche, was diese Filmhelden zu Helden macht. Verfasse anschließend einen Zeitungsartikel unter der Überschrift „Wahre Helden". Beachte dabei die Gemeinsamkeiten und Unterschiede der Filmhelden im Vergleich zu den in diesem Kapitel vorgestellten „Helden und Heiligen".

Glauben leben und Leben gestalten

Es gibt Menschen, die uns so begeistern, dass sie für uns Vorbilder werden. Sie besitzen Eigenschaften, die wir vielleicht auch einmal gerne hätten, und sie verhalten sich so, wie wir es für richtig halten. Darum eifern wir ihnen nach im Aussehen, in der Kleidung oder in Handlungen, die uns beeindrucken.

In diesem Kapitel hast du verschiedene Menschen kennengelernt, die dich vielleicht auch beeindruckt haben. Sie alle zeichnen sich dadurch aus, dass sie ihrem **Glauben** gefolgt sind und ihr Leben daran ausgerichtet haben: In der katholischen Kirche heißen solche Menschen **Heilige**.

An **Bruder Biagio Conte** konntest du genau wie an seinem Vorbild **Franz von Assisi** sehen, dass ein materiell sicheres Leben noch keine Garantie für die Erfahrung von **Sinn** ist. Vom christlichen Glauben motiviert konnten sie eine radikal neue Ausrichtung für ihr Leben finden: **Nächstenliebe zu leben** und Benachteiligte zu versorgen. Das Beispiel von **Sophie Scholl**, die ihren **eigenen Standpunkt** bezogen und dafür sogar den Tod in Kauf genommen hat, hat eindrücklich gezeigt, wie weit ein Mensch für die eigenen Überzeugen gehen kann.

Von seinem jüdischen Glauben geprägt war das Leben von **Ignatz Bubis**. An seinem eigenen Schicksal hat er bitter erfahren, dass er nicht nur Anhänger einer Religion, sondern Teil einer Schicksalsgemeinschaft ist. Dies hat er sich zur Aufgabe gemacht und sein Leben lang daran gearbeitet, dass sich religiöse und ethnische Gruppierungen nicht anfeinden und verfolgen, sondern **ins Gespräch kommen** und **miteinander leben** können.

Dies ist auch das Anliegen von **Ismael Khatib**, dessen Geste von **Solidarität und Nächstenliebe** zeugt: Trotz seines schweren Verlustes ist er von **religiösen Werten** motiviert dazu in der Lage, den Kindern der Feinde ein Weiterleben zu ermöglichen. **Fatima Mernessi** setzt sich ebenfalls zugunsten anderer ein: Dankbar für ihre eigene Chance auf Bildung nutzt sie diese in einer Zeit, in der muslimische Frauen gesellschaftlich und religiös einen schweren Stand haben, um **Missstände zu kritisieren**. So ebnet sie auch anderen Frauen den Weg zu Ebenen, auf denen sie die **muslimische Gesellschaft mitgestalten** können.

Auch **Dipa Ma** war für die Frauen ihres **buddhistischen Kulturkreises** mit ihrer Lebensgestaltung ein wichtiges Leitbild. Der Lehre folgend hat sie ihr persönliches **Leid verantwortungsvoll angenommen** und achtsam verändert.

Leben zu gestalten beginnt im Kleinen. Es fängt damit an, dir immer wieder Zeit zu nehmen, um darüber nachzudenken, was so wichtig ist, dass es eine Orientierung für dein ganzes Leben sein kann. Wenn du dich dann in deiner Umgebung umschaust, wirst du schnell merken, wo du gebraucht wirst und zu einem **Held des Alltags** werden kannst.

8 „Wundervoll“: die Bibel verstehen

Bibel in der Welt
Im Weltbund der Bibelgesellschaften arbeiten fast 900 Übersetzer an Bibelübersetzungen in 600 Sprachen. Pro Jahr werden 20 Millionen Bibeln gedruckt: von der kleinen „Senfkornbibel" bis zur Prachtausgabe in Leder.
Stelle dir vor, du arbeitest in einer Buchhandlung, die auch religiöse Bücher verkauft. Im Schaufenster soll ein Werbeplakat für Bibelausgaben aufgestellt werden. Gestalte ein solches Plakat, das alle Informationen zur Bibel berücksichtigt, die du für wichtig hältst. Veranstaltet anschließend in der Klasse eine Ausstellung eurer Plakate.

Ein Buch mit vielen Verfassern
Betrachte das Titelbild des Kapitels. Es zeigt die Verfasser der vier Evangelien mit Symbolen, die sie charakterisieren. Das Bild stammt aus einer frühmittelalterlichen Bibelhandschrift, die 846 n. Chr. entstand.
Findet euch jeweils zu viert in Gruppen zusammen. Jede/r von euch wählt einen der vier Evangelisten aus und verfasst einen kurzen Lexikonartikel über ihn. Fügt eure Artikel anschließend zu einem Text zusammen.

„Ist die Bibel für viele Zeitgenossen nicht längst ein Stück Kulturmüll geworden? Einst gehörte sie zentral zum „christlichen Abendland". Heute ist sie ein unverständliches Buch, das beim nächsten Umzug entsorgt wird. Wer liest dieses Buch denn noch, das aus einer versunkenen Zeit von Hirtenvölkern und Ackerbauern herkommt? Wer versteht diese fremdartigen Texte und wer lebt noch mit und aus der Bibel?"
(Peter Rosien)

„In der Bibel kommt alles zur Sprache, was Menschen seit jeher erlebt haben und auch heute noch erleben: Es geht um Streit und Versöhnung, Geburt und Tod, Freude und Trauer, Krankheit und Heilung, Einsamkeit und Gemeinschaft, Freundschaft und Feindschaft, Neid und Großzügigkeit. Aus diesem reichen Schatz an menschlichen Erfahrungen kann ich immer wieder Hilfe für mein eigenes Leben gewinnen."
(Martin Hasenau)

Abschied von der Bibel?
Vergleiche die beiden Statements zum Bedeutung der Bibel in der heutigen Zeit. Nimm anschließend selbst Stellung: Welche Bedeutung hat die Bibel für dich? Tausche dich mit deinem Banknachbarn bzw. deiner Banknachbarin darüber aus

Interaktionale Bibelarbeit

Maria von Magdala begegnet dem vom Tod auferweckten Christus: ein hoffnungsvoller Text am Ende des Johannesevangeliums. Mit dem Tod ist nicht alles aus, wie viele meinen. Die Erfahrungen, die die Freundinnen und Freunde Jesu machen, stellen ihre Welt förmlich auf den Kopf (vgl. S.39).

An Joh 20,11–19 könnt ihr eine Methode des Umgangs mit der Bibel kennenlernen, die Hoffnung, Sehnsucht und Erfahrung der biblischen Menschen mit unserer heutigen Erfahrungswelt zusammenbringt: die interaktionale Bibelarbeit.

Sieger Köder, Maria von Magdala am Grab, 1990

1. Spontaner Zugang: Auf den Text zugehen

Die erste Phase der interaktionalen Bibelarbeit soll Raum schaffen, um eure persönlichen Erfahrungen und Gefühle auszudrücken, diese mit dem Text in Beziehung zu bringen und in der Lerngruppe auszutauschen. Dafür können folgende Wege hilfreich sein:

- Bevor der biblische Text gelesen wird, schreibt jede/r von euch ihre bzw. seine Assoziationen zu wichtigen Schlüsselwörtern auf. Beim Vortrag des Textes lest ihr sie dann an der entsprechenden Stelle laut vor.
- Wiederholt nach dem Verlesen eines Textes spontan einzelne Worte oder Sätze, die euch besonders wichtig erscheinen oder euch emotional berühren.
- Bereitet den Text als Puzzle vor oder unterbrecht das Verlesen durch Meditationsmusik, um die Lektüre zu verzögern.

2. Erarbeitung: Vom Text ausgehen

In der zweiten Phase geht es um die Textanalyse. Dazu könnt ihr z.B. den Text strukturieren, Sinnschritte mit eigenen Überschriften versehen, die wichtigsten Begriffe und Akteure herausarbeiten oder inhaltliche Gegensätze bestimmen.

Für die Erarbeitung des Textes Joh 20,11–19 bietet es sich an, einen Vergleich mit dem Bild „Maria von Magdala am Grab" von Sieger Köder durchzuführen. Dazu sind folgende Fragen denkbar: Welche bildlichen Elemente spricht auch der Text an? Welche Teile des Textes kommen im Bild nicht vor? Welche Elemente ergänzt das Bild im Vergleich zum Text? Wie können die Abweichungen des Bildes gegenüber dem Text gedeutet werden?

3. Kreative Auseinandersetzung: Über den Text hinausgehen

Die dritte Phase interaktionaler Bibelarbeit regt zu einer kreativen Weiterarbeit an. Hier könnt ihr eure Erfahrungen mit dem Text ausdrücken und festhalten, was er euch zu sagen hat. Dazu könnt ihr den Text weitererzählen, verfremden oder aktualisieren, nachspielen oder musikalisch und/oder bildnerisch gestalten, einen inneren Monolog einer der beteiligten Personen verfassen, eine Collage zu einem zentralen Thema des Textes entwerfen …

Verstehen lernen: die Wahrheit der Bibel entdecken

Die Bibel: fern und doch nah

Die Bibel ist eine Sammlung mit Texten aus der Vergangenheit und aus einer fremden Kultur (Alter Orient, griechische und römische Antike). Wer die Bibel verstehen will, muss sich aus seiner eigenen in diese andere Welt hineinbegeben. Nur so kann die Bibel mit ihrer eigenen Stimme zu Wort kommen, ohne gleich von uns und unseren Anliegen vereinnahmt zu werden. Gleichzeitig ist die Bibel aber **Gotteswort in Menschenwort**, das jeder Zeit etwas zu sagen hat. Für Juden (AT) und Christen (AT und NT) ist sie Heilige Schrift. Sie ist zu allen Zeiten der wichtigste Maßstab für die religiöse Praxis in der jüdisch-christlichen Tradition. „Der Mensch lebt nicht nur vom Brot, sondern von jedem Wort, das aus Gottes Mund kommt", zitiert Jesus in Mt 4,4 das Alte Testament (Dtn 8,3).
Ein wissenschaftlicher Zugang zur Erschließung der Bibel ist die **historisch-kritische Methode**. Genau wie an den Jahresringen eines Baumes seine Wachstumsgeschichte ablesbar ist, können Bibelwissenschaftler mithilfe dieser Methode Entstehung und Wachstum der Bibeltexte nachvollziehen. Die Methode ermöglicht einen besonderen Blick darauf, in welchem geschichtlichen und kulturellen Umfeld die Texte entstanden sind. Dadurch lässt sich ihre ursprüngliche Aussageabsicht entschlüsseln und es wird deutlich, wie die Texte teilweise viele Jahrhunderte lang gewachsen sind und für neue Zeiten neu bearbeitet wurden.

Info

Die **historisch-kritische Methode** kann **historisch** genannt werden, weil sie sich auf alte Texte bezieht und versucht, den Prozess ihrer Entstehung zu erklären: In den verschiedenen Stadien der Entstehung wandten sich die Bibeltexte an verschiedene Zuhörer oder Leser, die sich in verschiedenen Situationen befanden. Als **kritisch** wird die Methode bezeichnet, weil sie mithilfe wissenschaftlicher, möglichst objektiver Kriterien arbeitet. So ermöglicht sie dem heutigen Leser den Zugang zum Inhalt der biblischen Texte, deren Sinn oft schwer zu erfassen ist.
(nach einer Erklärung der päpstlichen Bibelkommission zur historisch-kritischen Methode, 1993)

Heute wird dieses „neutrale" Verfahren der historisch-kritischen Methode durch viele andere Auslegungsarten ergänzt. Einen aktiven und produktiven Umgang mit der Bibel ermöglichen z. B. die **interaktionale Bibelarbeit** (vgl. S. 157), das **Bibel-Teilen** oder **ganzheitliche Zugänge** wie Spielen, Tanzen, Singen oder die Arbeit mit biblischen Figuren und Symbolen.
Wer der Bibel auf diese Weise begegnet, vollzieht damit einen Weg nach, den die Israeliten in biblischer Zeit selbst angestoßen haben: Sie gaben Gottes Wort nicht einfach nur weiter, sondern legten es ständig neu aus. Die Gemeinschaft der Glaubenden kann durch ein solches Lesen der Bibel erkennen, wie vielstimmig die biblische Botschaft – das Gespräch zwischen Gott und seinem Volk – ist. Gegenüber einem einfachem „Wort-für-Wort-Verstehen" der Bibel oder dem Für-wahr-Halten isolierter Aussagen ist dies ein großer Gewinn.

Die Wahrheit der Bibel entdecken und verstehen
Die Wahrheit der Bibel ist überzeitlich *und* geschichtsbezogen. Die Urgeschichten im Buch Genesis berichten kein historisches Ereignis, sondern erzählen, was bis heute als Bestimmung der Menschen wahr ist. Genau wie bei einem Kunstwerk muss der verborgene Sinn unter der Oberfläche von Bildern, Metaphern und Symbolen erst einmal entdeckt werden. Gerade auch schwierige Texte fordern uns heraus: In den Geschichten von Kains Brudermord, der Sintflut-Erzählung und der Opferung Isaaks durch Abraham oder in der Berufung der ersten Jünger und der Passion Jesu spiegeln sich unsere Fragen nach Lebenssinn, Leiden, Gewalt und Tod. Die neutestamentliche Briefliteratur gibt einen wichtigen Einblick in das Leben der ersten Christen und grundlegende Orientierungen bis heute.

Info

Die Lehre vom Verstehen bezeichnet man als **Hermeneutik** (gr. ἑρμηνεύειν = erklären, auslegen, übersetzen). In der griechischen Mythologie war es die Aufgabe des Götterboten Hermes, den Menschen Botschaften der Götter zu übermitteln und sie somit verstehbar zu machen.

Die Bibel mit drei Brillen lesen

„Die Bibel ganz ernst, aber nicht buchstäblich nehmen", hält der US-amerikanische Bibelwissenschaftler Marcus J. Borg für den richtigen Weg. Er spricht von „drei Brillen", durch die hindurch Menschen die Bibel lesen:

1. die ursprüngliche Naivität, mit der Kinder unwahrscheinliche und märchenhafte Aussagen als buchstäblich reale Geschichte deuten,
2. die kritische Sicht des modernen Lesers, der nur „Fakten" gelten lässt,
3. die „nachkritische Naivität", die zur Kenntnis nimmt, dass die Sprache der Bibel von Bildern geprägt, aber auch in der Geschichte verankert ist.

Die Bibel besitzt eben, wie die Wirklichkeit Gottes auch, zwei Seiten: eine sichtbare und eine unsichtbare. Deshalb ist es wichtig, den historischen Hintergrund der Texte ernst zu nehmen und zu analysieren. Gleichzeitig sind die Texte auch als Bilder zu interpretieren, die bis heute von Bedeutung sind: Aus welchem „Ägypten" müssen Menschen und Gesellschaften heute herausgeführt werden? In welchem „Exil" leben Kirchen und Menschen heute? Nach welchem „gelobten Land" sehnen sie sich?

Ernst Barlach, Lesender Klosterschüler, Skulptur, 1930

Biblischen Texten merkt man an, dass sie in einer bestimmten Zeit entstanden sind: Sie verwenden Sprachregelungen, Bilder und Gedankengut einer fernen Welt. Wenn wir das übersehen, besteht die Gefahr, die biblischen Erzählungen, Gedichte oder Gesetze mit modernen Zeitungsberichten zu verwechseln. Der oft sogenannte „Erste Schöpfungsbericht" der Genesis ist aber gerade kein „Bericht" vom Beginn der Welt, sondern ein Gedicht über die Beziehung von Gott, Mensch und Schöpfung. Sein Refrain lautet: „Und Gott sah, dass es gut war."

→ Über dieses Schöpfungslied kannst du auf S. 184 mehr erfahren.

Aufgaben

1 **b)** Zeige am Beispiel von Gen 1,1–2,4a auf, wie sich das Verständnis des Textes ändert, je nachdem, mit welcher „Brille" man ihn liest.
b) Zeige Konsequenzen auf, die der Blick durch die erste, die zweite und die dritte Brille hat, von denen Marcus J. Borg spricht.
c) Begründe, warum die historisch-kritische Methode der Bibelauslegung heutzutage so große Bedeutung hat.

2 **a)** Informiere dich über weitere Zugänge zur Bibel.
b) Wählt gemeinsam einen Bibeltext aus und arbeitet in verschiedenen Gruppen mit unterschiedlichen Methoden daran. Reflektiert anschließend eure Ergebnisse.

Geschichte ausgraben: Archäologie und Bibel

Geschichte als Ort von Gotteserfahrungen

Die Bibel ist ein religiöses Verkündigungsbuch. Es geht in erster Linie um Glauben, nicht um Geschichtsschreibung. Dennoch: Die religiösen Autoren erzählen von Gotteserfahrungen in erlebter oder erzählter Geschichte. Dieser reale Hintergrund schimmert in ihren Texten immer wieder durch. Biblische Erzählungen sind also keine Märchen, sondern Gottes Wort für das wirkliche Leben der Menschen.

Krieg gegen Jerusalem
Ein gutes Beispiel dafür ist der Krieg des Assyrerkönigs Sanherib aus Ninive im heutigen Nordirak gegen den judäischen König Hiskija in Jerusalem im Jahr 701 v. Chr.: König Hiskija verweigerte den verlangten Tribut an die militärische Großmacht. Darum nahmen die Assyrer weite Teile Judäas ein. Darunter war auch die stark befestigte Garnisonsstadt Lachisch, die 40 km südwestlich von Jerusalem lag. Jerusalem selbst konnten die Assyrer jedoch nicht erobern. Bis heute ist nicht klar, warum sie wieder abzogen. Vielleicht waren sie mit neuen Tributzahlungen zufrieden, vielleicht brach im Heer eine Seuche aus.
Sanherib ließ von der Eroberung der Stadt Lachisch ein Relief von fast 20 m Länge für seinen Palast in Ninive anfertigen. Außerdem existieren Aufzeichnungen über diesen Feldzug Sanheribs in den assyrischen Archiven.

„Hiskija von Juda, der sich nicht unter mein Joch gebeugt hatte: 46 mächtige, ummauerte Städte sowie die zahllosen kleinen Städte ihrer Umgebung belagerte und eroberte ich durch das Anlegen von Belagerungsdämmen, Einsatz von Sturmwiddern, Infanteriekampf, Untergrabungen, Breschen und Sturmleitern […] 200.150 Leute, groß und klein, männlich und weiblich, Pferde und Maultiere, Esel und Kamele, Rinder und Kleinvieh ohne Zahl holte ich aus den Städten Judas heraus und zählte sie als Beute […]. Hiskija selbst schloss ich gleich einem Käfigvogel in Jerusalem, seiner Residenz, ein.“
(aus den Archiven des assyrischen Königs)

Die Assyrer griffen Lachisch mit dem Bau einer Rampe und Belagerungsmaschinen von Südwesten her an. Archäologen fanden dort Speer- und Pfeilspitzen, Schleudersteine, Teile von Rüstungen und ein Massengrab mit 1500 Leichen, die man als zivile Opfer des Kampfes deutet.
Nach dem Fall von Lachisch belagerte Sanherib Jerusalem. König Hiskija ließ die Stadt neu befestigen und einen Tunnel zur Wasserversorgung bauen. Dort, wo die Arbeiter im unterirdischen Kanal zusammentrafen, brachten sie eine Inschrift an, die erhalten ist. Die Quelle gibt es bis heute. Man kann den 533 m langen und 2 m hohen Tunnel besichtigen und mit Gummistiefeln durchwandern.

Relief des Sanherib in Ninive: Angriff der Assyrer auf Lachisch. Assyrische Rammböcke rücken gegen die Mauern vor. Die Verteidiger wehren sich mit Brandfackeln. Fliehende Bevölkerung kommt aus dem Stadttor.

Eine wunderbare Katastrophe?

Die Bibel erzählt von Sanheribs Feldzug gegen Jerusalem in 2 Kön 18–19 und in Jes 36–37. Darum kann man gut vergleichen, wie das politisch-militärische Ereignis in Jerusalem religiös verarbeitet wurde. Damit ist gemeint, wie gläubige Menschen ihre geschichtlichen Erfahrungen deuten, wenn sie sich von Gott inspirieren lassen. Zwischen den Polen „Geschichte" und „Glaube" wird Gottes Wort lebendig.

14Hiskija aber, der König von Juda, schickte Boten an den König von Assur nach Lachisch und ließ ihm sagen: Ich habe gefehlt. Lass ab von mir! Alles, was du mir auferlegst, will ich tragen. Der König von Assur verlangte von Hiskija, dem König von Juda, dreihundert Talente Silber und dreißig Talente Gold.
15Hiskija musste alles Geld abliefern, das sich im Haus des Herrn und in den Schatzkammern des königlichen Palastes befand.
16Damals ließ Hiskija, der König von Juda, die Türen am Tempel des Herrn und die Pfosten, die er mit Gold und Silber überzogen hatte, zerschlagen und lieferte das Metall an den König von Assur. (2 Kön 18,14–16)

In rückblickenden Deutungen sah man darin ein Wunder, dass der Assyrerkönig trotz seiner Übermacht und Erfolge Jerusalem verschont hatte. Die Bewohner Jerusalems und die Judäer deuteten ihre Rettung als Hilfe durch Gott, der nicht zulassen wollte, dass sein Tempel und Jerusalem zerstört würden. Der Prophet Jesaja soll Hiskija unterstützt und verheißen haben:

32Darum – so spricht der Herr über den König von Assur: Er wird nicht in diese Stadt eindringen; er wird keinen einzigen Pfeil hineinschießen, er wird nicht unter dem Schutz seines Schildes gegen sie anrennen und keinen Damm gegen sie aufschütten.
33Auf dem Weg, auf dem er gekommen ist, wird er wieder zurückkehren. Aber in diese Stadt wird er nicht eindringen – Spruch des Herrn.
34Ich werde diese Stadt beschützen und retten, um meinetwillen und um meines Knechtes David willen.
35In jener Nacht zog der Engel des Gottes Jahwe aus und erschlug im Lager der Assyrer 185.000 Mann. Als man am nächsten Morgen aufstand, fand man sie alle als Leichen.
36Da brach Sanherib, der König von Assur, auf und kehrte in sein Land zurück. (2 Kön 19,32–36)

→ Wie die Rede von Wundern angemessen zu verstehen ist, wird auf S. 42–48 erklärt.

Archäologie und Glaube

Archäologie und Forschung zur altorientalischen Geschichte zeigen, auf welchem historischen Hintergrund dieser Bibeltext beruht. Aber für den gläubigen Verfasser des Textes ging es nicht um das Aufschreiben von Faktengeschichte. Vielmehr wollte er in Krisenzeiten Hoffnung machen: Israel sieht seine Geschichte im Licht des Glaubens, dass Gott Jahwe sein Volk immer begleiten wird. Der biblische Text gab Mut und Kraft für die Zukunft. Als Wunder ist also weniger die historische Tatsache der Rettung zu bezeichnen. Ein Wunder kann man jedoch die Glaubenskraft der Menschen nennen, die in ihrem Verschontbleiben den Beistand Gottes erkennen und in wunderbarer Weise davon erzählen.

Aufgaben

1 „Und die Bibel hat doch Recht" hieß ein Sachbuch-Bestseller von Werner Keller aus den 1950er-Jahren. Der Autor hat versucht, Erzählungen der Bibel mit archäologischen Entdeckungen zu „beweisen". Beurteile dieses Vorhaben. Diskutiert gemeinsam Chancen und Grenzen solcher Versuche.

2 Wähle einen Text des Alten oder Neuen Testaments aus und informiere dich über die historischen Hintergründe der Erzählung. Stellt in einer Ausstellung historische Tatsachen und glaubende Deutung nebeneinander.

Ein Anfang der weiterwirkt: Exodus und Meerwunder

Der Auszug Israels aus Ägypten

Singt dem Herrn ein Lied,
denn er ist hoch und erhaben!
Rosse und Wagen (der Ägypter) warf er ins Meer. (Ex 15,21)

Israel war nie eine Seefahrer-Nation. Das Meer blieb für Israel immer eine bedrohliche Größe: Ende der Welt, Chaos, Gefahr. Die Erzählung von der Errettung Israels vor den feindlichen Ägyptern am Meer verbindet diese mythische Größe mit der Erinnerung an frühe Vorfahren, die durch Gottes Hilfe und unter Führung des Mose aus ägyptischer Zwangsarbeit befreit wurden:
Der Herr über die Natur ist auch der Herr über die geschichtlichen Mächte. Gott zähmt das Meer, das nun die Mose-Gruppe trockenen Fußes durchziehen lässt. Sie gelangt aus der Sklaverei in die Freiheit, während die Feinde vom Meer verschlungen werden. Der Pharao ist machtlos. Die Bibel erzählt davon im 14. Kapitel des Buches **Exodus** (lat.= Auszug).
Ganz Israel übernahm später das Bekenntnis der Mose-Gruppe, dass damit ihr Gott Jahwe Israel freigekauft habe. Im Judentum wird die Befreiung aus Ägypten bis heute am **Pessach**-Abend gefeiert. Damit machen gläubige Juden deutlich: Die Entstehung Israels ist nicht Verdienst eines Königs oder weltlicher Mächte. Gott Jahwe allein ist König über Israel!

(nach dem Kommentar der Bibel „Stuttgarter Altes Testament", 2005)

Das Meerwunder: ein Wunder im Sinn unerklärlich wirkender Kräfte?
Die Erzählung vom Meerwunder ist immer wieder Anlass für historische und naturkundliche Fragen: Wann und wo ist das geschehen? Wie ist das Geschehen „natürlich" zu erklären?
Dies sind aber nicht die Fragen des biblischen Textes. Seinem Verfasser geht es vor allem darum, den Gott des Volkes Israel zu charakterisieren. Sein Sieg über den Pharao zeigt: Jahwe ist der wahre Gott. Er ist mächtiger als der Pharao, der als Gott verehrt werden will. Damit ist die Meerwundererzählung der Abschluss der Auseinandersetzung zwischen Jahwe und dem Pharao, die damit begann, dass der Pharao die Neugeborenen der Israeliten im Nil ertränken wollte (Ex 1,22). Sie endet damit, dass ihn und seine Krieger ein ähnliches Schicksal ereilt (Ex 14,28).

(nach dem Kommentar der Bibel „Stuttgarter Altes Testament", 2005)

Der historische Kern der Meerwunder-Erzählung
Der geschichtliche Kern der biblischen Erzählungen über den Exodus und die Rettung am Meer geht auf eine kleine Gruppe früher Israeliten im Süden zurück, die vermutlich im 13. Jh. v. Chr. aus Ägypten geflohen sind.
Daraus entwickelten sich symbolkräftige religiöse Erzählungen, mit denen sich alle Israeliten identifizieren konnten. Sie begründeten ihr Leben in Freiheit und Würde. Mit der Zeit wurde die Vorgeschichte des gesamten Volkes als Befreiung aus Ägypten dargestellt.
Der Text, den wir heute in Ex 14 finden, ist aus zwei verschiedenen Erzählungen entstanden, die nachträglich redaktionell zusammengeführt wurden. Eine erste Fassung entstand im späten 7. Jh. v. Chr., also rund 500 Jahre nach dem auslösenden Ereignis. Sie verarbeitet nach dem Untergang des Nord-Königreiches Israel aus judäischer Perspektive nordisraelitisches Material. Eine zweite Fassung entstammt der priesterlichen Tradition aus der zweiten Hälfte des 6. Jh. v. Chr. nach dem Untergang des Südreiches Juda-Jerusalem. Dass der Text, den wir heute kennen, mehrmals bearbeitet wurde, zeigt, wie wichtig er für die biblischen Verfasser und den Hoffnungsglauben Israels war. Seine Wachstumsgeschichte ist typisch für viele Bibeltexte. Entsprechend gilt dies auch für die biblischen Bücher selbst.

Ein Text, mehrere Perspektiven
Wenn man die unterschiedlichen Wachstumsschichten eines biblischen Textes sichtbar machen kann, ist das ein großer Gewinn für seine

Auslegung. Das Gespräch mit dem Text hat nun plötzlich mehrere Partner aus verschiedenen Zeiten seiner Entstehung. Der Text gibt unterschiedliche Perspektiven frei, die zeigen, wie gläubige Menschen ein für sie wichtiges Ereignis religiös gedeutet haben. Die „Wahrheit der Bibel" zeigt sich dann gerade in ihrer Vielstimmigkeit.

Ein schönes Beispiel hierfür sind auch die zwei Schöpfungstexte am Anfang der Bibel, die in diesem Fall nicht miteinander verschmolzen, sondern nebeneinander gestellt wurden und verschiedene Schwerpunkte im Schöpfungsglauben markieren (Gen 1,1–2,4a und Gen 2,4b–3). Die Redaktoren der Schlussfassung haben ganz bewusst beide Stimmen bewahrt.

Marc Chagall, Der Zug durch das Rote Meer, 1962–66

→ Die beiden Schöpfungstexte findest du auf S. 184 und S. 187.

Aufgaben

1 **a)** Lies Ex 14,15–31 und erkläre, wie das Meerwunder dargestellt wird.
b) Innerhalb der Darstellung sind zwei unterschiedliche Vorgänge erkennbar. Halte die wesentlichen Unterschiede in einer Tabelle fest.

2 Ein weiteres Beispiel für einen bekannten Bibeltext, der sich aus zwei Fassungen zusammensetzt, ist die Erzählung von der Sintflut in Gen 6,5–9,17. Es geht darum, dass Gott trotz großer Katastrophen immer wieder einen Anfang macht und das Leben nicht in Ausweglosigkeit endet. Lies den Abschnitt Gen 7–9,17. Belegt in Partnerarbeit an bestimmten Merkmalen des Textes seine Entstehung aus verschiedenen Stufen.

3 Betrachte das Bild von Marc Chagall und formuliere, auf welche Aspekte der Meerwundererzählung der Maler seinen Schwerpunkt legt.

4 Die Untersuchung der Frage, aus welchen unterschiedlichen Wachstumsschichten („Jahresringen") ein Bibeltext besteht, nennt man Literarkritik. Skizziere, welcher Vorteil sich aus einer solchen Untersuchung für die Auslegung eines Textes ergibt.

Die Bibel als Zeugnis gläubiger Menschen

Der Exodus als Begründung von Nächstenliebe

Die Rettung aus der Sklaverei in Ägypten war für Israel die Urerfahrung von Befreiung und Gottes Liebe. Immer wieder kommt die hebräische Bibel darauf zu sprechen, z. B. in den Zehn Geboten:

> Denk daran: Als du in Ägypten Sklave warst, hat dich der Herr, dein Gott, mit starker Hand und hoch erhobenem Arm dort herausgeführt. (Dtn 5,15)

Aus dieser Erfahrung Israels leitet sich die Verpflichtung ab, auch an das Recht aller anderen auf befreites Leben zu denken:

> 33Wenn bei dir ein Fremder in eurem Land lebt, sollt ihr ihn nicht unterdrücken. 34Der Fremde, der sich bei euch aufhält, soll euch wie ein Einheimischer gelten, und du sollst ihn lieben wie dich selbst; denn ihr seid selbst Fremde in Ägypten gewesen. (Lev 19,33 f.)

Das Zeugnis, dass Gott an den Israeliten befreiend handelt, führt also zur Nächstenliebe:

> 18(Der Herr, euer Gott,) liebt die Fremden und gibt ihnen Nahrung und Kleidung – 19auch ihr sollt die Fremden lieben, denn ihr seid Fremde in Ägypten gewesen. (Dtn 10,18 f.)

Dass Gott mit allen Sinnen den verfolgten Menschen nahekommen will, wird besonders deutlich in der Schilderung der Berufung des Mose:

> 7Der Herr sprach: Ich habe das Elend meines Volkes in Ägypten *gesehen* und ihre laute Klage über ihre Antreiber habe ich *gehört*. Ich *kenne* ihr Leid. 8Ich bin *herabgestiegen*, um sie der Hand der Ägypter zu entreißen [...] (Ex 3,7 f.)

Der biblische Verfasser drückt hier eine wirklich „bewegende" Gottesvorstellung aus: Er gibt Zeugnis von einem Gott, der sich herabneigt, weil er dabei sein will, wenn es um die Lebensbedingungen der Menschen geht. Er ist auch ein Gott, der sprichwörtlich „trägt", wie das eine andere Stimme zur Exodus-Befreiungstat in einem Bildwort Gott sagen lässt:

> Ihr habt gesehen, was ich den Ägyptern angetan habe, wie ich euch auf Adlerflügeln getragen und hierher zu mir gebracht habe. (Ex 19,4)

Diese Aussage entspricht der Bedeutung des Gottesnamens יהוה („Jahwe"), was übersetzt etwa heißt: „Ich bin der Gott, der für euch da ist". Er ist gleichzeitig der „Gott eurer Väter (und Mütter)" (Ex 3,13), der schon immer treu Israels Vorfahren begleitet hat. So hört es Mose aus dem brennenden Dornbusch (vgl. Ex 3).

Moses und der brennende Busch, Illustration aus der Sarajevo Hagada, 14. Jh.

Jüdische Gelehrte haben später erklärt, dass Gott bewusst den Dornbusch als Erscheinungsort gewählt habe (und nicht z. B. eine große, kraftvolle Zeder), um sich mit Israel in der Sklaverei auf eine Stufe zu stellen. Dass der Dornbusch brennt, aber nicht verbrennt, ist ein Bild für die sanfte Kraft Gottes, die nicht zerstören, sondern aufbauen will. In diesem Bild steckt also eine Verheißung für das neue, freie Leben Israels.

Was heißt biblisch glauben?

„Glauben" im biblischen Sinn bedeutet, dem persönlichen Gott zu vertrauen, dass er es gut mit uns meint und treu zu seinem Wort steht. Solche Glaubensgeschichten erzählt die Bibel nicht nur mit der Heilsgeschichte des Volkes Israel, sondern auch durch herausragende Einzelgestalten, an denen sich Gottes Führung zeigt:
Für *Abraham* verpflichtet sich Gott zu einem Verheißungsbund (vgl. Gen 15), weil Abraham Gottes Ruf gefolgt ist. Er hat sich vertrauensvoll auf den Weg in eine Zukunft gemacht hat, die er nicht selbst vorausplanen konnte. Seine Nachkommen sollen zum Volk Gottes werden und das Land Israel erben (vgl. Gen 12,1–3).
Josef muss viele Enttäuschungen und Anfeindungen verkraften, bis er mit Gottes Hilfe in Ägypten eine angesehene Position erlangt. Dadurch kann er seine Angehörigen vor der Hungersnot im Land Israel retten (vgl. Gen 37–50).
Die Moabiterin *Rut*, eine Fremde in Israel, lebt mit ihrer Schwiegermutter zusammen, zieht mit ihr und lässt sie nicht allein (vgl. Rut 1). Ihre mitmenschliche Treue entspricht der Treue Gottes:

> Der Herr, der Gott Israels, zu dem du gekommen bist, um dich unter seinen Flügeln zu bergen, möge dir dein Tun vergelten und dich reich belohnen. (Rut 2,12)

Glauben und zweifeln

Gottes Anspruch kann den Menschen aber auch so sehr in Dienst nehmen und bedrängen, dass selbst großherzige Menschen unter seiner Last leiden. Ein Beispiel dafür ist der Prophet Jeremia. Wegen seiner Verkündigung im Namen Gottes verfolgt, klagt er:

> 8 [...] das Wort Gottes bringt mir den ganzen Tag nur Spott und Hohn. 9 Sagte ich aber: Ich will nicht mehr an ihn denken, und nicht mehr in seinem Namen sprechen!, so war es mir, als brenne in meinem Herzen ein Feuer, eingeschlossen in meinem Innern. Ich quälte mich, es auszuhalten, und konnte nicht [...] (Jer 20,8 f.)

Können also Zwang und Leid auch von Gott herrühren? In verschiedenen Psalmen und im Buch Ijob wird diese Frage diskutiert. Ijob schreit aus seinem unverdienten Unglück zu Gott:

→ Einige solcher Psalmen findest du auf S. 180/181 und S. 183.

> Die Pfeile des Allmächtigen stecken in mir! Seine Pfeile umschwirren mich! Wollte Gott mich doch zermalmen. Reden will ich in meiner Seele Bitternis: Deine Hände haben mich gebildet, [...] dann hast du dich umgedreht und mich vernichtet. Du (Gott!) wandelst dich zum grausamen Feind gegen mich. Ja, ich weiß, du führst mich zum Tod! (Ijob 6,4.9; 10,1.8; 16,13; 30,21.23)

Die Frage nach Leid und Unglück bleibt oft unbeantwortet. Aber der Glaubende darf sich damit an Gott wenden und ihn sogar anklagen. Auch die dunklen Seiten des Lebens sind der Bibel nicht fremd und dürfen mit Gott in Verbindung gebracht werden. Auch solche Situationen können „Glaubenserfahrungen" sein.

Aufgaben

1 **a)** Lies Ex 3, 1–15 und gliedere den Text in Sinnabschnitte.
b) Früher hat man die Erklärung des Gottesnamens in Ex 3,14 mit den Worten übersetzt: „Ich bin, der ich bin". Begründe, warum diese Übersetzung nicht ausreicht.

2 Formuliere eine „Übersetzung" des alltagssprachlich gebrauchten Begriffs „glauben". Vergleiche sie mit dem Glauben im biblischen Sinne.

3 **a)** Lies Gen 4,26 und erkläre die Bedeutung der Aussage, dass schon Israels Vorfahren den Namen Gottes angerufen haben.
b) Erläutere, warum sich die Selbstvorstellung Gottes als „Gott eurer Väter" gut eignete, um in Mose und den Israeliten Vertrauen zu wecken.

Psalmen der Bibel: Bilderbuch meines Lebens

→ Psalmen verwenden oft Metaphern. Mehr Informationen dazu liefen S. 34/35 und S. 181.

Eine Sehnsucht, die Sprache geworden ist
„Es gab damals in unserem Dorf vielleicht drei Beerdigungen im Jahr, und manchmal assistierte ich unserem Priester auf unserem Friedhof: Ich hörte ihn das **Profundis** sprechen, den ganzen Psalm 130, von „Aus der Tiefe, o Herr, ruf' ich zu dir: höre, o Herr, meine Stimme!" an. Mich bewegte „meine Seele hofft auf sein Wort. / Meine Seele erwartet den Herrn, / mehr als der Wächter das Morgenrot", ohne dass ich gewusst hätte, warum. Ich vernahm, dass es einen Gott gab, der ansprechbar war, wenn auch aus der Tiefe. So bekam ich gesagt, was für ein Mensch der Mensch ist und wie vergänglich er ist, einmalig und vergänglich. Es war eine Sehnsucht, die hier Sprache wurde. Es war wohl ein guter Anfang, auf diese Weise den Psalmen zu begegnen, sie hatten ihren Platz im Leben."

(Arnold Stadler, in: Die Bibel. Zweitausend Jahre zeitgemäß, 2003)

Die Psalmen: Wegbegleiter durch das ganze Leben

→ Mit Psalm 69 kannst du dich auf S. 180 genauer beschäftigen.

Ergebnisse
Nach dem morgendlichen
Gang über die
Psalmenbrücke
Drehe ich mich nicht
Mehr um die eigene Achse
Ich atme die alten
Heilsworte in meine
Tagängste
Und mit
Guter Hoffnung.
(Wilhelm Bruners)

Die Bibel als Lebensbuch: Im Alten Testament sind es die 150 Psalmen, die – wie eine Bibel im Kleinen – alle Bereiche unseres Lebens in aussagekräftigen Bildern besprechen und vor Gott bringen. Es sind Gedichte und Lieder, die Erfahrungen „verdichten". Freude und Trauer, Zuversicht und Angst, Hilflosigkeit, Verfolgung und Klage, Hoffnung und Ermutigung, Erinnern und Vergessen, Liebe und Enttäuschung, Zuspruch, Schuld und Vergebung: In den Worten der Psalmen kann man sich selbst entdecken und aussprechen lernen, was einen bewegt.

Das war schon im alten Israel so. Im Gottesdienst von Juden und Christen sind die Psalmen bis heute unverzichtbar. Aber auch ganz privat können Psalmen helfen, Gefühle auszudrücken: feierliche und verzweifelte. Gott lädt mich ein, es mit ihm zu versuchen, mich bei ihm zu beschweren, vor ihm meine Sorgen zu äußern, meine Freude, meine Einsamkeit oder mein Glück. „Der Herr hat mein lautes Weinen gehört!", betet da einer in Ps 6,9. „Herr, wie zahlreich sind meine Bedränger; so viele stehen gegen mich auf!", ruft ein anderer in Ps 3,2. „Hilf mir, o Gott! Schon reicht mir das Wasser bis an die Kehle. Ich bin in tiefem Schlamm versunken und habe keinen Halt mehr; ich geriet in tiefes Wasser, die Strömung reißt mich fort." So klagt ein Beter in Ps 69,2 f.

Im Urtext der Psalmen steht für das Wort „Herr" immer der Gottesname „Jahwe". Das ist ein Zeichen dafür, dass Glaubende Gott bei seinem Namen rufen dürfen, ganz direkt und ohne Umschweife und Formeln. Diese Ausrichtung an Gott gehört bei den Psalmen immer dazu. „Mein Gott macht meine Finsternis hell" steht in Ps 18,29 und weiter: „Mit dir […] überspringe ich Mauern" (Vers 30). Gerade Ps 18 enthält körperhafte Bilder der Befreiung: „Er […] zog mich heraus aus gewaltigen Wassern" (Vers 17); „Er führte mich hinaus ins Weite" (Vers 20); „Du schaffst meinen Schritten weiten Raum" (Vers 37).

Viele Psalmen beginnen mit einem Klageschrei und der Schilderung von Not, um dann den Weg zum Vertrauen und zur Rettungsgewissheit zu finden. So ist auch das Psalmenbuch als Ganzes angelegt: Am Anfang überwiegen die Klagelieder, zum Schluss die Dank- und Loblieder.

In Israel wurden die Psalmen gesungen und mit Zupfinstrumenten, Flöten, Pauken und Zimbeln begleitet (vgl. Ps 150). Keine Gedichtsammlung der Welt wurde so oft ins Deutsche übersetzt wie die Psalmen.

Ich liebe ihn, / denn er hörte mich.

Er erhörte mich, genau an dem Tag, an dem ich zu ihm schrie!

Ich war vom Tod umschlungen.

Die Todesangst beherrschte mich.

Ich saß im Dreck. / Da schrie ich zu Gott: Rette mich! Schrie ich.

Der Herr ist gerecht. Er verzeiht.

Er hat Mitleid mit uns. Er rettet uns.

Gerade die einfachen Herzen hütet er, zum Beispiel mich: Ich war ganz hilflos,

da hat er mir geholfen!

Und nun: beruhige dich wieder, mein Herz! / Bist du nicht wieder einmal,

noch einmal, davongekommen?

Ja, noch einmal. Das Leben dem Tod entrissen, / mein Leben hast Du!

Ich muss nicht mehr weinen.

Ich trudle nicht mehr.

So gehe ich weiter fest meinen Weg mit allem, was lebt, in deinem Licht!

(Arnold Stadler, Ps 116,1–9)

Marc Chagall, König David, 1950/51. Die Autoren, die das Psalmenbuch zusammenstellten, haben den Psalmen oft einen Vers vorausgeschickt, in dem sie den jeweiligen Psalm in Verbindung mit Situationen aus dem Leben König Davids gebracht haben.

→ Mehr über König David erfährt du auf S. 16.

Info

Psalmen sind wie moderne Gedichte. Sie leben von Bildern und einem inneren sprachlichen und thematischen Zusammenhang und Rhythmus. Allerdings haben sie keinen Endreim oder ein uns vertrautes Versmaß. Oft wiederholen benachbarte Zeilen dieselbe Aussage mit unterschiedlichen Worten (= **Gedankenreim**). So entsteht meditative Eindringlichkeit.

Aufgaben

1 **a)** Vergleiche die freie Übersetzung Arnold Stadlers in moderner Sprache mit dem Text von Ps 116,1–9 in der Bibel.
b) Beschreibe die menschliche Grunderfahrung, auf die Stadler den Psalm zuspitzt.

2 **a)** Psalm 25 wird als „Vertrauenslied" bezeichnet. Belege diese Bezeichnung mithilfe der Wörter und Bilder des biblischen Textes, die das Vertrauen des Beters ausdrücken.
b) Formuliere die Aussage von Psalm 25 mit eigenen, modernen Bildworten.

3 Den Evangelien zufolge soll Jesus am Kreuz Psalm 22 gebetet haben. Begründe, warum der Psalm auf die Todesstunde Jesu passt.

4 Formuliere mit eigenen Worten ein Psalmengebet, das sich an Gott richtet. Es kann auch ein Rap-Text oder ein Gedicht sein.

Dreifach konzentriert: Die synoptischen Evangelien

Die Evangelien als Frohbotschaft

Im Mittelpunkt des Christentums steht der Glaube an Jesus Christus. Die Evangelien als erster Teil des Neuen Testaments innerhalb der Bibel erzählen vor allem davon, wie Jesus in Wort und Tat das Kommen des Gottesreiches seines Vaters verkündet hat (vgl. Mk 1,15). Damit verbindet er die Erlösung des Volkes Israels von Not, Leid und Elend. Darum ist die Verkündigung Jesu eine Frohbotschaft, ein „Evangelium" (von griech. εὐαγγέλιον = *frohe Botschaft*).

→ Über die Reich-Gottes-Verkündigung Jesu erfährst du mehr auf S. 31–54.

Jesus verkörpert das Evangelium

Die Namen der vier Evangelisten – Matthäus, Markus, Lukas und Johannes – entstammen der altkirchlichen Tradition. Die Verfasser der Schriften sind jedoch anonym geblieben. Sie waren auch keine Augenzeugen, sondern entstammten der zweiten und dritten Generation der jungen Christenheit. Um die Botschaft Jesu für die Verkündigung, den Gottesdienst, das Gemeindeleben und die Mission zu bewahren, verfassten sie die Evangelien.

Für Christen war und ist nicht nur die Botschaft Jesu ein Evangelium. Auch er selbst als Person wird als *das Evangelium* bezeichnet, weil er die hilfreiche Nähe Gottes verkörperte. Er wandte sich den Menschen zu, die die Hilfe Gottes am nötigsten brauchten, half, ermutigte und stärkte. Deshalb ist er für Christen der „Christus" (griech. χριστός), der gesalbte Retter, der „Messias".

→ Juden warten noch immer auf den verheißenen Messias. Lies dazu S. 40/41.

Die synoptischen Evangelien

Die Evangelien Markus, Matthäus und Lukas stimmen in Inhalt, Aufbau und Wortlaut stark überein. Man kann sie in Spalten parallel nebeneinander abdrucken und in dieser **Synopse** miteinander vergleichen.

→ Mehr zum Unterschied zwischen Tatsachenbericht und Glaubensdeutung kannst du auf S. 43–45 und S. 49 nachlesen.

Info

Synopse (von griech. σύν-οψις) bedeutet „Zusammenschau". Daher spricht man von den **synoptische Evangelien**. Markus, Matthäus und Lukas werden oft als **Synoptiker** bezeichnet.

In dieser Druckform kann man sehen, dass Lk und Mt das Markusevangelium als Quelle für ihre eigenen Texte verwendet haben müssen: Viele Abschnitte stimmen mit ihm überein und wurden nur auf andere Adressaten ausgerichtet. An Stellen, an denen Mt und Lk übereinstimmen, Mk aber keinen Text bietet, haben Mt und Lk offenbar eine andere Quelle benutzt. Vermutlich kannten sie eine frühe Sammlung einprägsamer Worte Jesu, die als **Logienquelle Q** (von griech. λόγιον = *Spruch*) bezeichnet wird.

Man geht heute davon aus, dass Mk als ältestes Evangelium um 70 n. Chr. entstand. Mt und Lk wurden um 80–90 n. Chr. verfasst. Das Johannesevangelium ist noch jünger. Es weicht deutlich von den Synoptikern ab, weil es für seine Zeit eigene Akzente setzen will.

Unbekannter Künstler, Hl. Markus, Elfenbeinrelief, um 1000

Aufgaben

1 Lies Lk 1,1–4. Erläutere, wie die Evangelisten arbeiteten.

2 Erkläre den Unterschied zwischen „berichten" und „verkündigen". Was meinen die Fachleute, wenn sie zwischen dem „verkündigenden Jesus" und dem „verkündigten Christus" unterscheiden?

Arbeiten mit der Synopse
Ganz gewiss hat Jesus zu Lebzeiten auch Kranke geheilt. Daran wurde deutlich, dass das Gottesreich bereits mit seinem Wirken begonnen hatte. Die Heilung der Schwiegermutter des Petrus gehört zu den am besten bezeugten Heilungswundern Jesu. Die drei Synoptiker überliefern die „gleiche" Geschichte, und dennoch machen sie verschiedene Aussagen.

→ Über das richtige Verständnis von Heilungen und anderen Wundern Jesu kannst du dich auf S. 42–47 informieren.

Jesus heilt die Schwiegermutter des Petrus und andere Kranke

Mt 8,14–17	Mk 1,29–34	Lk 4,38–41
14 Und als Jesus in das Haus des Petrus kam, sah er dessen Schwiegermutter darniederliegen und am Fieber leiden. 15 Und er berührte ihre Hand, und das Fieber verließ sie, und sie stand auf und diente ihm.	29 Und sobald sie aus der Synagoge kamen, gingen sie in das Haus des Simon und des Andreas mit Jakobus und Johannes. 30 Die Schwiegermutter des Simon lag am Fieber darnieder, und alsbald sagten sie ihm von ihr. 31 Und er trat hinzu, ergriff ihre Hand und richtete sie auf; und das Fieber verließ sie, und sie diente ihnen.	38 Nachdem er sich aber aus der Synagoge aufgemacht hatte, ging er in das Haus des Simon. Die Schwiegermutter des Simon aber war mit einem starken Fieber behaftet, und sie baten ihn für sie. 39 Und er trat ihr zu Häupten und bedrohte das Fieber, und es verließ sie. Da stand sie sofort auf und diente ihnen.
16 Als es aber Abend geworden war, brachten sie viele Besessene zu ihm, und er trieb die Geister mit dem Worte aus und heilte alle Kranken,	32 Als es aber Abend geworden war, brachten sie nach Sonnenuntergang alle zu ihm, die krank und besessen waren. 33 Und die ganze Stadt war an der Türe versammelt. 34 Und er heilte viele, die an mancherlei Krankheiten litten, und trieb viele Dämonen aus und ließ die Dämonen nicht reden, weil sie ihn kannten.	40 Als aber die Sonne unterging, brachten alle, die Kranke hatten mit mancherlei Leiden, sie zu ihm; und er legte jedem von ihnen die Hände auf und heilte sie. 41 Es fuhren aber auch Dämonen von vielen aus, indem sie schrien: Du bist der Sohn Gottes! Und er bedrohte sie und ließ sie nicht reden, weil sie wussten, dass er der Christus ist.
17 damit erfüllt würde, was durch den Propheten Jesaja gesprochen worden ist, welcher sagt: „Er nahm unsere Gebrechen weg und unsre Krankheiten trug er fort.“		

1 **a)** Übernimm die Tabelle ins Heft.
b) Erstellt in Partnerarbeit eine Feingliederung der Textabschnitte. Beschreibt dabei den Heilungsvorgang sehr genau und achtet auch auf Kleinigkeiten.
c) Vergleicht die drei Fassungen und markiert Gemeinsamkeiten und Unterschiede mit verschiedenen Farben.
d) Stellt begründete Vermutungen an, welcher Evangelist wohl die „ursprünglichere" Fassung lieferte.
e) Arbeitet aus den Texten heraus, worauf es den einzelnen Evangelisten jeweils besonders ankam. Dazu könnt ihr die Informationen der folgenden Seiten mit verwenden.

Evangelien: Sprach- und Erfahrungswelten

Das Evangelium: eine Vielfalt von Sprach- und Erzählformen

Der Verfasser des Markusevangeliums hat als Erster die religiöse Literaturform eines „Evangeliums" entwickelt. Er und die anderen beiden Synoptiker greifen dazu auf Sprachformen und Ausdrucksweisen zurück, die vor allem aus dem Alten Testament und dem Judentum, aber auch aus der Literatur der antiken Welt stammen. Man kann diese Sprachformen in Rede- und Erzählstoffe einteilen. Zum Redestoff zählen u.a. Weisheits- und Prophetenworte aus dem Munde Jesu, Gesetzesworte, Gleichnisse, Regeln, Streit- und Schulgespräche. Zum Erzählstoff kann man die Wundergeschichten rechnen, die Kindheitsgeschichten und die Erzählungen von der **Epiphanie** Christi.

→ Gleichnisse sind das Thema auf S. 36–39.

→ Mehr zum Lesen der Bibel mit verschiedenen „Brillen" erfährst du auf S. 159.

Info

Von **Epiphanie** (von griech. ἐπιφαίνω = *erscheinen, zum Vorschein kommen*) wird gesprochen, wenn in Christus die göttliche Macht des Vaters „durchscheint" oder er nach seiner Auferweckung den Jüngern erscheint.

Ein großer Erzählzusammenhang ist die **Passionsgeschichte**. Das Markusevangelium erzählt davon in Kapitel 14,1–16,8.

Info

Als **Passion** bezeichnet man die Erzählung vom Leiden und Sterben Jesu und seiner Auferweckung am ersten Tag der Woche.

Die Synoptiker haben bei der Zusammenstellung der Evangelien ihren Stoff bewusst in passende Einheiten gegliedert, z.B. Gleichnisse oder Heilungswunder zusammengestellt. Eine bekannte Redeeinheit aus dem Matthäusevangelium ist z.B. die **Bergpredigt** (Mt 5,1–7,29).

→ Ein Zitat aus der Bergpredigt findest du auf S. 95.

Die Aussageabsicht der Evangelien

Die Evangelien sind keine „historischen Berichte", die die Geschichte oder die Worte Jesu protokollieren. Sie knüpfen zwar bei den Erzählungen und Erfahrungen der Jünger Jesu an, sind aber im Dienst der Verkündigung der Frohen Botschaft geschrieben.
Bibelwissenschaftler untersuchen die verschiedenen Rede- und Erzählstoffe und ordnen sie Gattungen und Sprachformen zu, die in der Zeit Jesu geprägt und bekannt waren. Auf diese Weise können sie die Aussageabsicht der frühen Christen erkennen.
Mittelpunkt aller Evangelien ist die Erfahrung von der Auferweckung Jesu sowie die Deutung seines Leidens und Sterbens. Den Gemeinden, denen die Evangelisten angehörten, waren ganz verschiedene Hoffnungs- und Christusbilder wichtig. Wie bei der Beschäftigung mit dem Alten Testament lohnt es sich darum auch hier, die Bibel mit mehreren Brillen zu lesen.
Ein Vergleich von Matthäus- und Lukasevangelium zeigt, worauf ihre Verfasser beim Zusammenstellen der Texte jeweils besonders Wert gelegt haben:

Mt: das Bestseller-Evangelium

Der Verfasser des Matthäusevangeliums wollte den Christen seiner Zeit eine Art Handbuch über Jesus und seine Lehre geben. Sein Evangelium wurde von vielen aufgenommen und am meisten beachtet. Deshalb steht es auch am Anfang des Neuen Testaments.
Das Matthäusevangelium zeigt Jesus als Erbe Abrahams und Moses. Von den religiösen Führern seines Volkes abgelehnt, wird er mehr von einfachen Juden und den Heiden (Nichtjuden, Griechen, Römer) anerkannt. Diese sehen in ihm den Messias.
Jesus wird als der endgültige Gesetzgeber und Lehrer gekennzeichnet. In ihm erfüllen sich die altbiblischen Verheißungen. Deshalb zitiert das Matthäusevangelium oft aus dem Alten Testament, um Schriftbeweise für seine eigenen Aussagen anzubringen.

Zur Zeit der Entstehung des Evangeliums war die christliche Gemeinde bereits eine eigene Gruppe außerhalb der jüdischen Synagoge und lebte geschwisterlich in der Nächstenliebe.

Lk: das Evangelium der Heidenchristen
Der Verfasser des Lukasevangeliums wendet sich mit seiner Schrift an gebildete Heiden und **Heidenchristen**. Er hat weniger Menschen im Blick, die aus dem Judentum stammen.
Für das Lukasevangelium ist Jesus vor allem der Heiland der Menschen, die am Rand der Gesellschaft und der Religion stehen. Bis heute ist dies für Christen maßgebend.
Der Verfasser des Lukasevangeliums verknüpft das Leben Jesu mit der Weltgeschichte: Mit Jesus geschah die endgültige Wende zur Rettung der Welt. Das Evangelium betont, wie der irdische Jesus mit dem auferstandenen Herrn, dem Christus, zusammenhängt. Es unterstreicht, dass Jesus Christus im Heiligen Geist in der Gemeinde gegenwärtig bleibt.
Vom Verfasser des Lukasevangeliums stammt auch die **Apostelgeschichte**. Man spricht deshalb vom **Lukanischen Doppelwerk**.

Info

Christen in der frühen Kirche, die nicht jüdischer Herkunft waren, nennt man **Heidenchristen**.

Die Kennzeichen der Evangelisten

In der christlichen Kunst werden alle vier Evangelisten häufig mit einem Buch oder einer Schriftrolle und mit bestimmten Symbolen abgebildet, die als Erkennungszeichen dienen:

Für Matthäus steht ein Mensch oder Engel, weil sein Evangelium mit dem Stammbaum und der Geburt Jesu beginnt. Markus wird meist mit einem Löwen gekennzeichnet, weil im Anfangszitat seines Evangeliums vom „Rufer in der Wüste" die Rede ist. Das Symbol des Lukas ist ein Stier oder Kalb. Das hat den Grund, dass das erste Kapitel des Lukasevangeliums mit der Erzählung über Zacharias, den Vater von Johannes dem Täufer, beginnt, der im Tempel Opfer darbringt. Kennzeichen des Johannes ist ein Adler, da sein Evangelium schon mit dem feierlichen Anfangskapitel einen „Höhenflug" darstellt.

Fra Bartolomeo, Salvator Mundi (Der auferstandene Christus mit den vier Evangelisten), 1516

Aufgaben

1 Versetze dich in die Rolle des Bibelwissenschaftlers, der verschiedene Stellen aus den synoptischen Evangelien vor sich hat: Mk 4,26–29; Mk 1,29–31; Lk 1–2; Lk 8,16; Lk 10,18; Mk 12,28–34; Lk 10,5–7; Lk 24,36–43; Mk 4,35–41; Mk 6,45–52; Mt 6,24; Mt 6,28–29; Lk 10,13–15; Mt 6,9–13; Mt 7,12; Mt 5,23–24; Mt 17,1–9. Ordne sie tabellarisch folgenden Sprachformen oder Gattungen zu: Weisheitsspruch – Prophetisches Wort – Gesetzeswort – Gebet – Gemeinderegel – Gleichnis – Streit- und Schulgespräch – Heilungswunder – Naturwunder – Epiphaniegeschichte – Geburtsgeschichte.

2 Analysiere vor dem Hintergrund der Informationen auf S. 168–171 das Bild auf S. 155.

3 Nimm begründet Stellung, ob das Bild „Salvator mundi" (lat. Erlöser der Welt) von Fra Bartolomeo eher der Aussageabsicht des Matthäus- oder des Lukasevangeliums entspricht.

Begegnung mit dem Auferstandenen

Die Bibel kennt viele Weggeschichten: Angefangen mit der Vertreibung von Adam und Eva aus dem Paradies erzählt das Alte Testament von weiteren Wegen wie dem Aufbruch Abrahams, dem Auszug des Volkes Israel aus Ägypten durch die Wüste zum Berg Sinai und ins Gelobte Land und schließlich dem Weg in das Babylonische Exil nach der Zerstörung Jerusalems. Es sind glückliche, erwartungsfrohe, aber auch schwere, belastende Wege.

Im Neuen Testament beginnt schon die Kindheitsgeschichte Jesu mit Wegerzählungen. Auch Jesus selbst zog als Wanderprediger durch das Land. Sein letzter Gang war der Weg zum Kreuz.

Eine der schönsten Weggeschichten des Neuen Testaments findet sich in Lk 24,13–35. Sie zeigt uns, dass man den auferstandenen Christus nur dann richtig verstehen kann, wenn man mit ihm unterwegs ist.

→ Eine weitere Darstellung des Gangs der Jünger nach Emmaus findest du auf S. 48.

Thomas Zacharias, Gang nach Emmaus, Farbholzschnitt, 1966

Bibel in der Welt
Zu Beginn dieses Kapitels hast du ein Werbeplakat für das „Buch der Bücher" erstellt. In Zusammenarbeit mit der Buchhandlung bietet nun die örtliche Familienbildungsstätte eine Fortbildung zum Thema Bibel an.
Gestaltet für diese Fortbildung in Gruppenarbeit eine Kurzpräsentation. Sie soll deutlich machen, dass es in der Bibel um Erfahrungen geht, die Menschen mit Gott gemacht haben. Ihr könnt dazu biblische Inhalte einbringen oder Persönlichkeiten vorstellen, die ihr Leben nach der Bibel ausgerichtet haben.

→ Biblische Propheten, die ihr Leben an Gottes Ruf ausrichteten, kannst du auf S. 11–30 kennenlernen.

Ein Buch mit vielen Verfassern
Die Bibel ist ein Buch mit einer langen Geschichte und vielen Verfassern. Du hast gesehen, dass es nicht ganz einfach ist, die Entstehung der biblischen Bücher zu beschreiben.
Nimm noch einmal euren Lexikonartikel über die vier Evangelisten zur Hand. Formuliere mithilfe dessen, was du über die Entstehung der Evangelien erfahren hast, einen neuen Artikel. Erläutere dabei auch, wie sich dein Blick auf die Bibel durch dein Wissen verändert hat.

→ Im Zentrum der Evangelien steht die Verkündigung Jesu. Lies dazu S. 31–54.

Abschied von der Bibel?
In diesem Kapitel hast du aus ganz unterschiedlichen Blickwinkeln auf die Bibel geschaut. Vielleicht hat sich dadurch deine Einschätzung, welche Bedeutung ihr heutzutage zukommen sollte, bestärkt oder aber geändert.
Organisiert eine kleine Podiumsdiskussion von Befürwortern der Bibel mit anderen, die sie für überholt oder überflüssig halten. Die Schülerinnen und Schüler aus dem „Publikum" können die Diskutierenden dabei auf ein Zeichen ablösen. Am Ende sollte jeder einmal an der Diskussionsrunde teilgenommen haben.

→ Wie die biblische Schöpfungsidee auch heute noch unsere Weltsicht beeinflussen kann, erfährst du auf S. 175–200.

Abschlussaufgabe

Die Bibel enthält auch einige sehr kurze Bücher, die man leicht komplett lesen kann. Eines davon ist das Buch Jona. Es hat nur vier Kapitel.
Lies das Buch und untersuche, wie es sich verstehen lässt. Hilfreich ist es dazu, auch den Einleitungstext und die Erläuterungen der Einheitsübersetzung anzuschauen.
Probiere bei deiner Untersuchung möglichst viele Hinweise aus, die du in diesem Kapitel zur Arbeit mit biblischen Texten erhalten hast. Stelle deine Ergebnisse in einer Mindmap zusammen.

Die Bibel: Glaubenszeugnis und Lebensbuch

Der jüdische Theologe Pinchas Lapide hat einmal zwei Weisen unterschieden, wie man die Bibel verstehen kann. Entweder, so sagt er, nehme man die Bibel wörtlich, oder man nehme sie ernst. Beides zusammen gehe nicht.

Kaum ein Buch ist in unserer Kultur so lang anhaltend umstritten wie die Bibel. Doch unabhängig davon, ob man in ihr das zentrale **Glaubensbuch** sieht oder sie als „Kulturmüll" betrachtet: Ohne Kenntnisse der Bibel und Wissen um den sachgemäßen Umgang mit ihr bleibt ein zentrales Element unserer Kultur unverstanden. Wer die jüdisch-christliche Tradition verstehen will, muss die Bibel verstehen lernen!

Du hast mit der **historisch-kritischen Methode** ein wichtiges wissenschaftliches Verfahren zum Umgang mit der Bibel kennengelernt. Mit ihrer Hilfe lässt sich die Bibel als historisches Dokument verstehen: als eine Textsammlung, die zu einer bestimmten Zeit und mit bestimmten Absichten entstanden ist. Die Rettung Jerusalems vor König **Sanherib**, von der im Alten Testament erzählt wird, lässt sich z. B. auch **archäologisch** nachweisen. Sie zeigt, dass die Bibel auch als historische Quelle gelesen werden kann. Auf dieser Grundlage sind dann weitere Verstehensschritte möglich.

Die Bibeltexte erzählen von **Erfahrungen, die Menschen gemacht haben**. So wird etwa das Verschontbleiben Jerusalems vor König Sanherib in der Bibel als Handeln Gottes gedeutet. Zum Buch des Glaubens wird die Bibel, wenn sie heutigen Menschen neue **Erfahrungen mit Gott** erschließen hilft. Der Gott, der **Israel aus Ägypten befreit** hat – der יהוה, der für uns da ist –, handelt nicht nur in der fernen **Erinnerung** der Vergangenheit, sondern zu jeder Zeit.

Das Nachvollziehen der **Wachstumsgeschichte** der Bibel legt abermals Erfahrungen frei, die Menschen mit der Befreiungserfahrung durch Gott verbunden haben. An den **Psalmen** wird deutlich, dass diese Erfahrungen nicht immer nur freudvoll waren. Trotzdem durften und dürfen Glaubende auf Gott hoffen. Viele verlassen sich auf die Zusage Gottes und wagen sich auf Neuland vor. Die großen biblischen Gestalten wie **Abraham**, **Josef**, **Mose** oder **Rut** sind deshalb nicht zufällig Reisende. **Biblisch glauben** heißt, das Wagnis eines Wegs ins Unbekannte im Vertrauen auf Gott einzugehen.

Moderne Interpretationsverfahren wie die **interaktionale Bibelarbeit** versuchen, diese **Glaubenserfahrungen** für uns heute zu erschließen. Auch sperrige Texte wie die **Wundergeschichten** des Neuen Testamentes werden so verstehbar.

Ernst nehmen oder wörtlich verstehen – das ist somit eigentlich gar keine Alternative. Wer die Bibel wirklich ernst nimmt und sie verstehen will, muss über ihren oberflächlichen Wortsinn hinausblicken.

9 Was ist wirklich?
Die Welt als Schöpfung Gottes sehen

Was ist die Bibel?

Die Welt als „Schöpfung“ zu sehen, ist eine biblische Idee. Wer sie anderen erklären will, muss sich darüber im Klaren sein, was ihm die Bibel eigentlich bedeutet. Was ist die Bibel? Was muss man wissen, um einen biblischen Text richtig zu verstehen? Wie darf (oder muss?) man mit ihm umgehen? Ist die Bibel Gottes Wort?

Formuliere deine Antwort auf diese Fragen. Du musst dazu nicht wissen, was in den biblischen Schöpfungserzählungen steht, denn die Frage bezieht sich ganz allgemein auf die Bibel.

Warum gibt es überhaupt etwas?

Eine überraschend einfache, zugleich aber tiefgründige Grundfrage der Philosophie hat der deutsche Philosoph und Mathematiker Gottfried Wilhelm Leibniz (1646–1716) formuliert: „Warum ist überhaupt Seiendes und nicht vielmehr nichts?“
Diskutiert die Frage in Kleingruppen in einem Schreibgespräch.

Alles ist neu

Willst du Klarheit, musst du schon dich selber fragen.
Du bist nicht Opfer, sondern Schöpfer deiner Welt.
Also schlag ich vor, du machst sie, wie sie dir gefällt.
Denn wenn du heute nicht lebst, dann ist es morgen zu spät,
denn wir befinden uns im Jetzt und das ist Realität.
Die Zukunft macht mir keine Angst und die Vergangenheit tut nicht mehr weh,
seit ich es anders seh,
seit ich es anders seh.
Denn
alles ist neu.

(Die Fantastischen Vier)

Wirklichkeit verändern – geht das?

Beziehe begründet Stellung: Ändert es etwas an der Wirklichkeit, wenn ein Mensch die Welt anders sieht?
Setze dich dazu mit dem Auszug aus dem Songtext „Alles ist neu“ von den Fantastischen Vier oder dem Kunstwerk „Stadtbild Paris“ von Gerhard Richter (S.175) auseinander.

Erfahrungen nachspüren – Erfahrungen ausdrücken

„Die Erfahrung musst du selbst machen!" Vielleicht kennst du diesen Satz. Warum ist das so?

Eine Erfahrung zu machen heißt: Wir nehmen etwas wahr und ordnen das Wahrgenommene in unsere bisherigen Erfahrungen ein. Dazu müssen wir es deuten. Und da es um unsere eigenen Erfahrungen geht, ist das ein ganz persönlicher, subjektiver Prozess.

Unsere früheren Erfahrungen und Deutungsmuster haben sogar Einfluss darauf, was wir überhaupt wahrnehmen und was nicht.

Eine Situation rational zu verstehen, ist eine Sache. Sich in das einzufühlen, was andere erlebt haben, ist dagegen schwieriger. Die Sprache der Kunst kann ein Versuch sein, Erfahrungen verständlich zu machen, um andere daran teilhaben zu lassen.

Auf dieser Seite findest du eine Reihe einfacher Formen, die dir dabei helfen, Erfahrungen eine Gestalt zu geben. Auf diese Weise kannst du sie anderen zugänglicher machen. Umgekehrt kannst du mit ihnen versuchen, den Erfahrungen anderer eine Gestalt zu verleihen, die dir selbst einen besseren Zugang zu ihnen ermöglicht.

Empfindungen festhalten
Während du einen Text liest, der von Erfahrungen eines anderen handelt, kannst du versuchen, dir deine eigenen Empfindungen beim Lesen bewusst zu machen. Schreibe sie in Form eines passenden Adjektivs neben die Zeile oder den Absatz. Du kannst sie auch ohne Worte symbolisiert durch eine Farbe festhalten.

Haiku
Dieses japanischen Silbengedicht hat immer folgende Form:

Spiegelung im See	(5 Silben)
Wellen kommen und gehen	(7 Silben)
kräuseln mich und dich	(5 Silben)

Elfchen
Das Elfchen ist eine einfache, aber eindrucksvolle Gedichtform. Es besteht aus elf Wörtern, die eine ganz bestimmte Anordnung haben:

Verloren	(ein Gedanke/Thema)
Dunkle Nacht	(etwas Genaueres dazu)
wartend ohne Gestalt	(Eigenschaften)
ich suche nach dir	(Was denkst/fühlst du?)
Hoffnung	(Fazit/Schluss)

Wachsgedicht
Bei einem Wachsgedicht wird ein Wort durch Ergänzungen immer genauer bestimmt. Am Ende verknüpfst du es mit einer Empfindung:

Herbstblatt
Herbstblatt im Wind
Fallendes Herbstblatt im Wind
Fallendes Herbstblatt tanzend im Wind
Schwebende Traurigkeit

Schlagwortwolke
Schreibe Schlagworte, die du mit einem bestimmten Thema verbindest, in alphabetischer Reihenfolge hintereinander auf. Hebe dabei wichtige Wörter besonders hervor, indem du sie größer und/oder breiter schreibst:

→ Den Erfahrungen von Menschen mit ihrem Glauben, die in der Bibel festgehalten sind, kannst du in Form der interaktionalen Bibelarbeit nachspüren: S. 157.

Wie erfahren wir unsere Welt?

→ Wie unterschiedliche Perspektiven die Wahrnehmung eines Ereignisses beeinflussen, kannst du auf S. 44 nachlesen.

Die Welt als zerbrechlich erfahren

Der zeitgenössische Künstler Gerhard Richter (*1932) hat Ende der 1960er-Jahre eine Gruppe von Bildern gemalt, die „Stadtbilder" heißen. Auf S. 175 findest du das „Stadtbild Paris". Aus großer Entfernung betrachtet wirkt es wie das Bild einer Stadt. Wenn es vor dir liegt, beginnen die Formen jedoch seltsam zu zerfließen. Die Stadt ist gut zwar noch immer zu erkennen, doch zugleich – je weiter du dich dem Bild näherst und je genauer du hinschaust – gehen jegliche Formen verloren.

Gerhard Richter ist durch die Erfahrungen des Zweiten Weltkriegs in seiner Kindheit stark geprägt worden. Einige Jahre vor den Stadtbildern malte er eine andere Werkgruppe: Militärflugzeuge im Einsatz.

Gerhard Richter, Bomber, 1963

Betrachtet man die Stadtbilder vor diesem Hintergrund des Krieges, so spricht aus den Bildern die Zerbrechlichkeit der scheinbar geordneten und sicheren Städte.

In welcher Welt leben wir?

Auf den ersten Blick scheint diese Frage leicht zu beantworten. Wir können unsere Welt doch beschreiben! Wir leben auf dem Planeten Erde, in Europa, in Deutschland, in dieser oder jener Stadt …

Doch wir können unseren Standort noch so genau angeben: Die Welt, in der wir uns jeden Tag bewegen, beschreibt jeder Mensch anders. Das hat seinen Grund darin, dass jeder sie unterschiedlich erfährt: Unsere Sicht auf diese Welt ist von ganz eigenen Erfahrungen geprägt.

Die Welt als Schöpfung Gottes sehen

Im Anfang schuf Gott Himmel und Erde. (Gen 1,1)

Gott sah alles an, was er gemacht hatte: Es war sehr gut. (Gen 1,31)

Ist die Welt „sehr gut"? Ist sie die Schöpfung eines guten und barmherzigen Gottes? Genauer müsste man fragen: *Wer kann diese Welt als gute Schöpfung Gottes sehen?*

Die biblische Idee, die Welt als Schöpfung eines guten Gottes zu sehen, ist in bestimmten Situationen und zu verschiedenen Zeiten entstanden und ausgeformt worden. Neben dem Lob Gottes für eine Welt, die Leben ermöglicht, ist es erstaunlicherweise gerade die Erfahrung von Leid und Verschleppung, auf die diese Idee eine Antwort gibt.

Wer diese Antwort verstehen will, muss bei der Frage anfangen, wie wir unsere Welt erfahren.

Aufgaben

1 Stelle dir vor, du entdeckst in einer Ausstellung ein Bild deines Heimatortes im Stil von Gerhard Richters „Stadtbild Paris". Verfasse dazu einen Gastkommentar für die Lokalzeitung. Bringe darin den Gedanken der Zerbrechlichkeit aus dem Bild mit deinen eigenen Erfahrungen in Verbindung.

Veränderungen in Bruchteilen von Sekunden – was nehmen wir wahr?

Ein ungewöhnlicher Film: „Koyaanisqatsi"

Hast du dich schon einmal im Urlaub in den Bergen auf einen Berghang gesetzt und von dort die Natur beobachtet? Oder am Meer einfach übers Wasser geschaut? Oder dich an einen belebten Ort in einer Stadt gestellt und den Trubel an dir vorüberziehen lassen?

Der amerikanische Regisseur Godfrey Reggio hat genau das sieben Jahre lang getan – und daraus einen Kinofilm gemacht, der ohne Schauspieler und ohne eine bestimmte Handlung auskommt.

„Koyaanisqatsi", der Titel des Films, ist ein Wort aus der Sprache der Hopi-Indianer. Es bedeutet unter anderem „verrücktes Leben", „Leben in Aufruhr" oder „Leben aus dem Gleichgewicht".

Der Film beginnt mit atemberaubenden Naturaufnahmen. Dann nähert er sich der menschlichen Zivilisation an und bringt das Leben in der Großstadt ins Bild: mit stehender Kamera, mal in Echtzeit, mal verlangsamt, mal rasend schnell. Obwohl sich die Kamera mittendrin befindet, ist es eine Betrachtung aus der Außenperspektive: ein belebter Platz, die U-Bahn, der Straßenverkehr, Menschen in einer Fabrik und viele andere alltägliche Abläufe mehr. Was uns sonst so vertraut ist, wirkt aus dieser Perspektive hektisch und droht durch die ständige Wiederholung seinen Sinn zu verlieren.

Dem Regisseur ging es bei diesem Film um das Wesen des Lebens:

„Dieser Film soll provozieren. Er bietet an, Erfahrungen zu machen. Er bietet nicht Informationen oder eine nachvollziehbare Geschichte."

„Der Film erzählt nicht, er ist eine Visualisierung."

„Mich interessiert, was unter der Oberfläche der Dinge ist."

---

1 **a)** Probiere die Idee von Godfrey Reggio aus: Stelle dich 20 Minuten lang an einen belebten Ort in der Stadt – vielleicht auch in der Schule – und lasse das Geschehen auf dich wirken. Notiere in Stichworten, welche Gedanken dir durch den Kopf gehen.
b) Beschreibe, welche Wirkung dein Tun auf die Menschen hat, die du beobachtest.
c) Tauscht euch über eure Gedanken und Beobachtungen aus.

2 Erläutere deine persönliche Sichtweise auf die Kernideen des Regisseurs. Beziehe dabei auch deine eigenen alltäglichen und besonderen Erfahrungen mit ein.

3 Setze dich mit der Frage auseinander, wovon unsere Wahrnehmung abhängt. Wie verändert sich die Wahrnehmung der Welt, wenn jemand von ihrer Zerbrechlichkeit (Gerhard Richter) oder von ihrer Bestimmung zum Guten (Gen 1) ausgeht?

Erfahrungen des Leides und des (Neu-)Anfangs

Die Psalmen – ein Buch von vorvorgestern?

Zu den Büchern des Alten Testamentes gehört unter anderem das Buch der Psalmen. Bei den Psalmen handelt es sich um Gebete, Gedichte und Lieder (**Hymnen**), die aus dem alten Israel stammen. Sie sind weit über 2000 Jahre alt und enthalten göttliche Kundgebungen, Lob- und Dankgesänge, die Gott vorgetragen werden, aber auch Dialoge, die Bitten und Klagen vor Gott bringen.

→ Auf S. 166/167 kannst du mehr darüber erfahren, wie die Psalmen menschliche Grunderfahrungen aufgreifen.

Weil sie so etwas wie eine „Bibel im Kleinen" sind, werden und wurden sie von Christinnen und Christen immer wieder aufgegriffen. Ihr wichtigstes Anliegen: das Gespräch mit Gott suchen.

Trotz ihres Alters drücken die Psalmen Erfahrungen aus, die Menschen damals wie heute beschäftigen. Ihr Sprachstil ist für uns heute ungewohnt. Trotzdem wissen wir bei vielen Versen sofort, was gemeint ist.

2 Hilf mir, o Gott! Schon reicht mir das Wasser bis an die Kehle.
3 Ich bin im tiefen Schlamm versunken und habe keinen Halt mehr; ich geriet in tiefes Wasser, die Strömung reißt mich fort.

4 Ich bin müde vom Rufen, meine Kehle ist heiser, mir versagen die Augen, während ich warte auf meinen Gott.
8 Denn deinetwegen erleide ich Schmach und Schande bedeckt mein Gesicht.
9 Entfremdet bin ich den eigenen Brüdern, den Söhnen meiner Mutter wurde ich fremd.
12 Ich ging in Sack und Asche, doch sie riefen mir Spottverse hinterher.
21 Die Schande bricht mir das Herz, ganz krank bin ich vor Schmach; umsonst habe ich auf Mitleid gewartet, auf einen Tröster, doch ich habe keinen gefunden.
(Ps 69)

Die letzten Verse desselben Psalms lauten:

31 Ich will den Namen Gottes rühmen im Lied, in meinem Danklied ihn preisen.
33 Schaut her, ihr Gebeugten, und freut euch; ihr, die ihr Gott sucht: euer Herz lebe auf!
34 Denn der Herr hört auf die Armen, er verachtet die Gefangenen nicht.
35 Himmel und Erde sollen ihn rühmen, die Meere und was sich in ihnen regt.
(Ps 69)

Aufgaben

1 Der Verfasser des Psalms 69 fühlt sich in tiefster Not von seinen Nächsten und von Gott verlassen. Viele Menschen kennen dieses Gefühl.
a) Formuliere die einzelnen Verse des Psalms 69 in heutige Sprache um.
b) Ergänze eigene Verse und bilde aus ihnen und den umformulierten Versen des Psalms einen zusammenhängenden Text. Er soll deine eigenen Erfahrungen von Enttäuschung und Verlassenheit zum Ausdruck bringen.

2 **a)** Vergleiche die Verse vom Beginn und vom Ende des Psalms 69 miteinander. Zeige auf, worin sich der Schluss vom Beginn des Psalms unterscheidet.
b) Welche Erfahrungen bringt der Verfasser mit der Abwesenheit Gottes, welche mit der Nähe Gottes in Verbindung? Belege deine Antwort am Text.

Rose Ausländer: Versöhnung

Aus der Außenperspektive ist kaum zu erkennen, was dem Leben eines Menschen Sinn gibt und es trägt. Zugleich kann dieser tragende Grund für den Menschen selber – von „innen" – aber klar und sicher sein.

Er kann jedoch auch verloren gehen – und wieder neu gefunden und bestimmt werden. Es gibt Erfahrungen, die prägen und verändern unsere Wahrnehmung der Welt.

Die Lyrikerin Rose Ausländer hat dies in einem Gedicht ins Wort gebracht:

Rose Ausländer (1901–1988)

Versöhnung

Wieder ein Morgen
ohne Gespenster
im Tau funkelt der Regenbogen
als Zeichen der Versöhnung

Du darfst dich freuen
über den vollkommenen Bau der Rose
darfst dich im grünen Labyrinth
verlieren und wiederfinden
in klarer Gestalt

Du darfst ein Mensch sein
arglos
Der Morgentraum erzählt dir
Märchen
du darfst
die Dinge neu ordnen
Farben verteilen und wieder
SCHÖN sagen

an diesem Morgen
du Schöpfer und Geschöpf

(Rose Ausländer)

Info

Eine **Metapher** (griech. μετα-φερειν, *metapherein*, „hinübertragen") ist eine sprachliche Verknüpfung zwischen einem *wörtlichen* und einem *übertragenen* Sachverhalt. Sie hilft, schwer Sagbares in Worte zu fassen, regt die Fantasie an und verleiht der Sprache so zusätzlich Lebendigkeit.

1 Schreibe die im Gedicht verwendeten Metaphern (sprachliche Bilder) in dein Heft und deute sie.

2 Stelle dar, welche Erfahrung und Überzeugung über Welt und Mensch sich in Rose Ausländers Gedicht ausdrückt.

3 An wen richtet sich das Gedicht? In welcher Situation ist diese Person?
Stelle Vermutungen an und begründe sie.

4 **a)** Finde heraus, wer Rose Ausländer war und welche Erfahrung ihr Leben besonders geprägt hat.
b) Überprüfe deine Ergebnisse der Arbeitsaufträge 2 und 3 vor diesem Hintergrund.

Erfahrungen von Deportation und Exil

Nichts gilt mehr – verschleppt nach Auschwitz

In der Geschichte Israels spielen **Deportationen** (von lat. de-portare = *forttragen*) eine wichtige Rolle. Ein biblisches Beispiel dafür ist das **Babylonische Exil** (597–538 v. Chr.). Auch im weiteren Verlauf der jüdischen Geschichte ist es immer wieder zu Verfolgungen und Unterdrückung von Juden gekommen. Sie erreichten ihren Höhepunkt während der nationalsozialistischen Herrschaft in Deutschland. Wie können Menschen angesichts von Erfahrungen, die ihre scheinbar sichere Welt ins Wanken bringen, glauben, dass Gott die Welt gut geschaffen hat?

Elie Wiesel: Nacht
„Alle freuten sich, ja, freuten sich wirklich. Sie dachten sicherlich, in der Hölle Gottes gäbe es kein größeres Leiden als hier, auf dem Gehsteig inmitten der Bündel, mitten auf der Straße in glühender Sommerhitze zu kauern, alles sei besser als das. Man setzte sich in Bewegung, ohne einen Blick auf die verlassenen Straßen, auf die leeren, erloschenen Häuser, auf die Gärten, auf die Grabsteine zurückzuwerfen [...]

Ich stand auf dem Gehsteig, unfähig, eine Bewegung zu machen, und sah die Menschen an mir vorbeiziehen. Jetzt kam der Rabbiner, den Rücken gebeugt, das Gesicht glattrasiert, sein Bündel auf dem Rücken. Seine bloße Gegenwart unter all den Vertriebenen genügte, um dieses Schauspiel unwirklich zu machen. Ich glaubte, eine Seite aus dem Geschichtenbuch, aus einem historischen Roman über die Babylonische Gefangenschaft oder über die spanische Inquisition zu erleben.

Info

„das Gesicht glatt rasiert": Eine Schikane gegen fromme Juden bestand darin, dass sie sich (oft in der Öffentlichkeit) den Bart und die langen Schläfenlocken abschneiden mussten, was im Alten Testament verboten wird (Lev 19,27).

Einer nach dem anderen zogen sie an mir vorüber, die Lehrer, die Freunde, all die anderen, die, vor denen ich Angst gehabt hatte, die, über die ich gelacht, die, mit denen ich all die Jahre verbracht hatte. Krumm, wie geprügelte Hunde, trotteten sie davon und schleppten ihren Rucksack, ihr Leben mit, verließen ihr Heim und ihre Kindheit.

Ohne mich anzublicken, schoben sie sich an mir vorbei und beneideten mich vielleicht. Die Prozession verschwand hinter der Straßenecke. Noch wenige Schritte, und sie musste die Ghettomauern durchschritten haben. Die Straße glich einem eilends verlassenen Markt. Alles Mögliche lag herum: Handkoffer, Servietten, Geldbeutel, Messer, Teller, Banknoten, Papiere, vergilbte Familienbilder. Lauter Dinge, die man einen Augenblick lang hatte mitnehmen wollen und schließlich zurücklassen musste. Sie hatten ihren Wert vollkommen verloren. Überall standen Zimmertüren offen, und Fenster gähnten ins Leere. Mit einem Mal gehörte alles allen, nichts mehr hatte einen Besitzer. Man brauchte sich nur zu bedienen. Die Judenstadt war ein offenes Grab – mitten in der Sommersonne."

Der Ich-Erzähler wird einige Tage später selbst deportiert.

„Man pferchte uns in eine langgestreckte Baracke. [...] So muss die Vorhölle aussehen. So viele angstgepeinigte Menschen, so viele Schreie, so viel bestialische Grausamkeit. [...] Man musste seine Kleider auf einem im hinteren Teil der Baracke aufgetürmten Haufen werfen. Da lagen die neuen und alten Anzüge, zerschlissene Mäntel, Fetzen. Für uns war es die wahre Gleichheit: die der Nacktheit. Zitternd vor Kälte."

(Elie Wiesel, aus: Die Nacht zu begraben, Elischa, 2005)

Info

Elie Wiesel (*1928) ist ein amerikanischer Schriftsteller rumänischer Herkunft. In seinen Werken, die sich vorwiegend mit der existenziellen und kulturellen Situation von Juden nach der Shoa beschäftigen, verarbeitet Wiesel seine eigene Erfahrung des Holocaust während seiner Inhaftierung im Konzentrationslager Auschwitz.

Die Babylonische Gefangenschaft

Vor fast 2500 Jahren befand sich das israelitische Volk in einer schwierigen Situation des Exils. Die Erinnerung daran floss später in die Deutung der Erfahrungen zur Zeit des Nationalsozialismus ein: Im 6. Jahrhundert v. Chr. wurde Israel von den Babyloniern erobert. Die Hauptstadt Jerusalem und der Tempel wurden von den Babyloniern zerstört, die Mittel- und Oberschicht der jüdischen Bevölkerung nach Babylonien verschleppt. Die Zeit der Babylonischen Gefangenschaft dauerte ca. 59 Jahre an.

In der Babylonischen Gefangenschaft lernten die Israeliten die Kultur der Babylonier kennen.

Die Zerstörung Jerusalems im Jahre 586 v. Chr., Heisterbacher Bibel, um 1240

Dazu gehörte auch deren Religion. Da die Israeliten sich aufgrund ihrer Situation von ihrem Gott verlassen fühlten und durch ihr Schicksal sehr verunsichert waren, begannen sie, sich mit dem Glauben der Babylonier auseinanderzusetzen. Diese verehrten nicht einen, sondern mehrere Götter und hatten auch eine andere Vorstellung von der Welt. Man könnte sagen: Sie hatten ein anderes Weltbild.

Ihre Verunsicherung und Enttäuschung gegenüber ihrem Gott drückten die Israeliten in Klageliedern aus. Einige davon finden sich im alttestamentlichen Buch der Psalmen.

→ Um Psalmen geht es auf S. 166/167.

1 Gott, die Heiden sind eingedrungen in dein Erbe, sie haben deinen heiligen Tempel entweiht und Jerusalem in Trümmer gelegt.

2 Die Leichen deiner Knechte haben sie zum Fraß gegeben den Vögeln des Himmels, die Leiber deiner Frommen den Tieren des Feldes.

3 Ihr Blut haben sie wie Wasser vergossen rings um Jerusalem, und keiner hat sie begraben.

4 Zum Schimpf sind wir geworden in den Augen der Nachbarn, zu Spott und Hohn bei allen, die rings um uns wohnen.

5 Wie lange noch, Herr? Willst du auf ewig zürnen? Wie lange noch wird dein Eifer lodern wie Feuer?

(Ps 79,1–5)

Aufgaben

1 **a)** Lies den Text von Elie Wiesel. Erstelle eine möglichst kreative Darstellung deiner Empfindungen beim Lesen. Wähle dazu eine für dich passende Darstellungsform von der Methodenseite dieses Kapitels (S. 177) aus.
b) Versetze dich in die Situation des Erzählers. Versuche, seine Gefühle in einer für dich passenden Darstellungsform von S. 177 darzustellen.
c) Stellt eure Ergebnisse in der Klasse vor und vergleicht sie miteinander.

2 Betrachte das Bild von der Zerstörung des Jerusalemer Tempels und lies Psalm 79, der sich direkt an Gott richtet. Fühle dich in die Situation der Israeliten ein. Was würdest du Gott sagen wollen? Verfasse ein fiktives Gespräch der Israeliten mit Gott.

3 Stelle eine erste Vermutung an, inwiefern der Schöpfungstext Gen 1,1–2,4a eine Antwort auf die Klage der verschleppten Israeliten gewesen sein könnte.

Der priesterliche Schöpfungshymnus (Gen 1,1–2,4a)

Der Anfang der Bibel: Ein kunstvolles Schöpfungslied

→ Welche Rolle der historische Kontext von biblischen Texten spielt, erfährst du auf S. 158–161.

Der Text, der an ihrem Anfang zu finden ist, ist keineswegs der älteste Text der Bibel. Da er von dem Anfang von allem erzählt, wurde er aber den anderen Texten vorangestellt. Schreibstil und Vokabeln des hebräischen Urtextes sowie sein Interesse an bestimmten Inhalten deuten darauf hin, dass dieser Schöpfungstext (Gen 1,1–2,4a) von Priestern verfasst worden ist. Er ist er wohl gegen Ende oder kurz nach dem **Babylonischen Exil** niedergeschrieben worden. Dabei wurde sicherlich auf mündliche Überlieferungen zurückgegriffen.

Um diesen einzigartigen und berühmten Text in seinem historischen Kontext zu verstehen, ist es notwendig, einen genaueren Blick auf seine Entstehungssituation zu werfen. Genauso wichtig ist es, seine innere Struktur zu betrachten. Aufschlussreich sind außerdem seine Bezüge zu den Schöpfungsmythen seiner Umgebung und zu dem ihm in der Bibel folgenden Schöpfungstext, der Paradieserzählung.

Rahmen | Zeitstrukturen | Lebensraum | Lebewesen

1 [1]Im Anfang schuf Gott Himmel und Erde;
[2]die Erde aber war wüst und wirr, Finsternis lag über der Urflut, und Gottes Geist schwebte über dem Wasser.
[3]Gott sprach: Es werde Licht. Und es wurde Licht. […] Es wurde Abend, und es wurde Morgen: erster Tag.
[6]Dann sprach Gott: Ein Gewölbe entstehe mitten im Wasser und schneide Wasser von Wasser. […]
[8]Es wurde Abend, und es wurde Morgen: zweiter Tag.
[9]Dann sprach Gott: Das Wasser unterhalb des Himmels sammle sich an einem Ort, damt das Trockene sichtbar werde. […] [11]Dann sprach Gott: Das Land lasse junges Grün wachsen […] [13]Es wurde
Abend, und es wurde morgen: dritter Tag.
[14]Dann sprach Gott: Lichter sollen am Himmelsgewölbe sein, um Tag und Nacht zu scheiden. Sie sollen
Zeichen sein und zur Bestimmung von Festzeiten, von Tagen und Jahren dienen; […] [19]Es wurde Abend,
und es wurde Morgen: vierter Tag.
[20]Dann sprach Gott: Das Wasser wimmle von lebendigen Wesen, und Vögel sollen über dem Land
am Himmelsgewölbe dahinfliegen. […] [23]Es wurde Abend, und es wurde Morgen: fünfter Tag.
[24]Dann sprach Gott: Das Land bringe alle Arten von lebendigen Wesen hervor, von Vieh, von Kriechtieren und von Tieren des Feldes. […] [26]Dann sprach Gott: Lasst uns Menschen machen als unser Abbild, uns ähnlich. […] [27]Gott schuf also den Menschen als sein Abbild; als Abbild Gottes schuf er ihn.
Als Mann und Frau schuf er sie. […] [31]Es wurde Abend, und es wurde Morgen: der sechste Tag.
2 [1]So wurde Himmel und Erde vollendet und ihr ganzes Gefüge. [2]Am siebten Tag vollendete Gott das
Werk, das er geschaffen hatte, und er ruhte am siebten Tag, nachdem er sein ganzes Werk vollbracht
hatte. [3]Und Gott segnete den siebten Tag und erklärte ihn für heilig; denn an ihm ruhte Gott, nachdem
er das ganze Werk der Schöpfung vollendet hatte.
[4a]Das ist die Entstehungsgeschichte von Himmel und Erde, als sie erschaffen wurden.

Aufgaben

1 Lies in einer Bibel Gen 1,1–2,4a nach. Die gekürzte Darstellung oben ist bereits optisch strukturiert. Erläutere diese Struktur und zeige dabei auf, inwiefern der erste, vierte und siebte Tag durch das Stichwort „Zeit" miteinander verbunden sind.

2 **a)** Der Text wird in der Überschrift als *Lied* (= „Hymnus") bezeichnet. Belege diese Bezeichnung anhand des Textes.

b) Zeige Konsequenzen deiner Beobachtungen für das weitverbreitete Verständnis des Textes als *Bericht* auf.

3 Der Tempel, der den Israeliten als Wohnung Gottes unter den Menschen galt, war zerstört. Begründe, inwiefern der Sabbat (der Tag, an dem Gottesdienst gefeiert wird) den Tempel (der Raum, in dem Gottesdienste gefeiert und Opfer dargebracht wurden) ersetzen konnte.

Enuma elisch: Der Schöpfungsmythos der Babylonier

Während der Zeit im Exil wurden die Israeliten auf vielfältige Weise mit den religiösen Vorstellungen Babylons konfrontiert. Hier lernten sie auch den babylonischen Schöpfungsmythos kennen, in dessen Mittelpunkt der Gott Marduk steht. Dieser Mythos ist in dem Epos „Enuma elisch" zu finden, das zu den bedeutendsten Ursprungserzählungen der Menschheit gehört. Es ist nach seinen beiden Anfangsworten benannt, die übersetzt „Als droben" bedeuten.

Info

Ein **Mythos** (gr. ⊠⊠⊠⊠⊠ = Erzählung) erzählt von den Taten von Göttern oder Helden, die als Begebenheiten aus einer fernen Vergangenheit geschildert werden. In symbolischer Sprache fasst er in Worte, was immer gültig war, ist und sein wird.

Die Auseinandersetzung der Israeliten mit ihrer neuen religiösen Umgebung spiegelt sich in den alttestamentlichen Schriften aus dieser Zeit wider. Erst Anfang des 20. Jh. rückten die babylonischen Mythen in das Interesse der Forschung, weil sie eine große Nähe zu den biblischen Texten aufwiesen. Die Erschaffung von Erde und Mensch wird hier folgendermaßen geschildert:

„Als droben der Himmel noch nicht benannt war, als drunten die Erde Namen noch nicht hatte, als die Wasser des uralten Apsu, ihres Vaters, und der Mutter Tiâmat, die sie alle gebar, noch vermischt waren, als nicht Binsen entstanden, nicht Schilfdickicht gesehen, kein Gott erschaffen war, kein Name genannt, kein Schicksal bestimmt – da wurden die Götter erschaffen."

Info

Apsu war der Name für den die Welt unterirdisch umgebenden Süßwasserozean. Der Salzwasserozean wurde **Tiâmat** genannt.

Einst entbrannte zwischen dem Gott Marduk und der Göttin Tiâmat ein Kampf um die Vorherrschaft unter den Göttern. Marduk gelang es, Tiâmat zu überwältigen und zu töten.
Er zerschnitt ihren Leichnam und formte daraus das Himmelsgewölbe und die Erde. Über ihrem Kopf und ihrer Brust häufte er ein Gebirge, und in der Tiefe sammelte er das Wasser. Schließlich ließ er aus ihren Augen Eufrat und Tigris hervortreten und bohrte Brunnen, die zu Wasserquellen wurden. So entstand die Erde.

Als alles soweit hergestellt war, hielten die Götter eine Ratsversammlung ab. Sie fassten den Beschluss, ein Wesen zu schaffen, das ihnen die Last der Arbeit abnehmen sollte, damit sie selbst ein Leben in völliger Muße führen konnten.
Sie töteten Kingu, den erwählten Gatten und Heerführer Tiâmats, um ihn für die Teilnahme am Aufstand gegen Marduk zu bestrafen. Dann zerschnitten sie seine Blutgefäße und erschufen aus seinem Blut die Menschen, die seitdem in den Diensten der Götter stehen und deren Arbeit verrichten müssen.

→ Um Helden unserer Zeit geht es auf S. 141–154.

Marduk mit dem besiegten Drachen Mushussu, einem der Drachen Tiâmats. Der Gott hält in seiner rechten Hand als Zeichen seiner Würde Ring und Herrscherstab, in seiner linken die Keule, mit der er Tiâmat erschlug.

1 Bei der Erzählung von der Erschaffung von Himmel und Erde handelt es sich um einen Mythos. Erläutere, wozu die Babylonier diesen brauchten.

2 **a)** Arbeite die Ansichten der Babylonier über ihre Göttern und die Menschen heraus.
b) Vergleiche deine Ergebnisse mit dem priesterschriftlichen Schöpfungshymnus (Gen 1,1–2,4a).

3 **a)** Gen 1,1–2,4a wird oft als Mythos bezeichnet. Begründe diese Sichtweise.
b) Erläutere, inwiefern man dieser Sichtweise auch widersprechen könnte.

Ein biblischer Text entsteht – angesichts einer konkreten Herausforderung

Rekonstruktion des Ischtar-Tors in Babylon (ursprünglich erbaut um 580 v. Chr.)

Samuel, ein Israelit im Exil:
Seit vielen Jahren lebt Samuel nun schon in Babylon. Noch immer fühlt er sich fremd. Sicher, im Grunde hat er es gar nicht so schlecht getroffen: Man erlaubte ihm, sich eine neue Existenz aufzubauen. Von seiner Handwerkskunst kann er eigentlich ganz gut leben. Und doch – er vermisst seine Heimat, den prachtvollen Tempel von Jerusalem, wo man sich Gott so nahe fühlte. Ob ihr Gott Jahwe sie wohl ins Exil begleitet hat?

In diesem Moment hört Samuel, dass die große Neujahrsprozession zu Ehren des Gottes Marduk immer näher kommt. Unmittelbar vor ihm glänzt das prachtvolle, mit blauen Glasurziegeln geschmückte Ischtar-Tor im gleißenden Sonnenlicht. Die Prozession führt zu einem gewaltigen Turm, der auch Zikkurat genannt wird. An seiner Spitze befindet sich der Tempel, von dem aus die Priester unmittelbar mit Marduk in Beziehung treten können. Samuel hat gehört, dass sie sogar die Zukunft vorhersagen können.

Wenn er es sich recht überlegt: So nahe waren die Israeliten ihrem Gott Jahwe selbst in Jerusalem nie. Über die Zukunft wussten sie nichts zu sagen. Kein Wunder, dass es im Kampf gegen die Babylonier dann zur Niederlage kam! Hatte sich Marduk nicht als der stärkere Gott erwiesen?

Eleasar, ein Priester im Exil:
Auch nach dreißig Jahren hat noch jeder die Bilder der brennenden Stadt Jerusalem vor Augen. Eleasar ist oft danach gefragt worden: Unser Gott, Jahwe, wohnte doch im Tempel – warum hat er die Babylonier nicht bestraft? War Jahwe etwa machtlos gegen Marduk, den babylonischen Gott? Alles deutete darauf hin. Die Babylonier waren höchst erfolgreich mit ihren Göttern. Sie hatten prachtvolle Tempel und feierten Feste zu Ehren Marduks – aber auch zu Ehren Sins, des Mondgottes, oder Schamaschs, des Sonnengottes. Immer mehr Israeliten begannen, den Glauben ihrer Väter und Mütter zu vergessen.

Eleasar weiß: Die Priester müssen den Israeliten klarmachen, dass Jahwe der einzige, der mächtigste Gott ist. Was wäre denn der Mensch, wenn er – wie die Babylonier glauben – aus einem ermordeten Gott geschaffen worden wäre, als Diener der Götter!

Vor Kurzem hat Eleasar ein fast vergessenes altes Lied gehört. Darin erschafft Jahwe die Welt in sieben Tagen. Ein tolles Lied! Eleasar will es für sein Volk neu schreiben. Er kann es regelrecht spüren: Es lohnt sich, noch Hoffnung zu haben und auf diesen Gott zu setzen! Die ganze Welt kommt von Jahwe – auch das, was die Babylonier für Götter halten. Diese Welt ist von ihm gut geschaffen, auch der Mensch! Gott ist in der Welt, aber er ist viel zu groß, um in einem Tempel Platz zu finden. Sein größtes Geschenk ist daher der Sabbat, an dem die Israeliten ihm begegnen können.

Aufgaben

1 Arbeite aus den Texten heraus, welche Vorstellungen sich die Babylonier und die Israeliten jeweils machten: von Gott/Göttern – vom Menschen – von der Möglichkeit ihrer Begegnung. Stelle die Vorstellungen in einer Tabelle gegenüber und vergleiche.

2 **a)** Erkläre, warum die Israeliten im Exil ihren Glauben an Jahwe infrage stellten.
b) Nenne Ziele, die die Priester mit ihrem neuen Schöpfungslied verfolgten.

3 Begründe, warum die Priester in ihrem Lied so viele naturkundliche Motive verwendet haben.

Ein Anfang mit zwei Anfängen: Die Schöpfungserzählung in Gen 2,4b–3,24

Die biblische Urgeschichte wird durch zwei Schöpfungstexte eingeleitet. Ebenso wenig wie die Schöpfungsmythen anderer Völker und Kulturen wollen sie naturwissenschaftliche Aussagen über den Ablauf der Entstehung der Erde oder des Lebens machen. Vielmehr erklären sie durch bildhafte Aussagen die Beziehung des Menschen zu Gott und die Stellung des Menschen in der Welt. Die Schöpfungs*erzählung* in Gen 2,4b–3,24 ist wahrscheinlich älteren Ursprungs.

Das Paradies

4b Zur Zeit, als Gott, der Herr, Erde und Himmel machte, 5 gab es auf der Erde noch keine Feldsträucher und wuchsen noch keine Feldpflanzen; denn Gott, der Herr, hatte es auf die Erde noch nicht regnen lassen und es gab noch keinen Menschen, der den Ackerboden bestellte; 6 aber Feuchtigkeit stieg aus der Erde auf und tränkte die ganze Fläche des Ackerbodens. 7 Da formte Gott, der Herr, den Menschen aus Erde vom Ackerboden und blies in seine Nase den Lebensatem. So wurde der Mensch zu einem lebendigen Wesen. 8 Dann legte Gott, der Herr, in Eden, im Osten, einen Garten an und setzte dorthin den Menschen, den er geformt hatte. 9 Gott, der Herr, ließ aus dem Ackerboden allerlei Bäume wachsen, verlockend anzusehen und mit köstlichen Früchten, in der Mitte des Gartens aber den Baum des Lebens und den Baum der Erkenntnis von Gut und Böse. […] 15 Gott, der Herr, nahm also den Menschen und setzte ihn in den Garten von Eden, damit er ihn bebaue und hüte. 16 Dann gebot Gott, der Herr, dem Menschen: Von allen Bäumen des Gartens darfst du essen, 17 doch vom Baum der Erkenntnis von Gut und Böse darfst du nicht essen; denn sobald du davon isst, wirst du sterben. 18 Dann sprach Gott, der Herr: Es ist nicht gut, dass der Mensch allein bleibt. Ich will ihm eine Hilfe machen, die ihm entspricht. 19 Gott, der Herr, formte aus dem Ackerboden alle Tiere des Feldes und alle Vögel des Himmels und führte sie dem Menschen zu, um zu sehen, wie er sie benennen würde. Und wie der Mensch jedes lebendige Wesen benannte, so sollte es heißen. 20 Der Mensch gab Namen allem Vieh, den Vögeln des Himmels und allen Tieren des Feldes. Aber eine Hilfe, die dem Menschen entsprach, fand er nicht. 21 Da ließ Gott, der Herr, einen tiefen Schlaf auf den Menschen fallen, sodass er einschlief, nahm eine seiner Rippen und verschloss ihre Stelle mit Fleisch. 22 Gott, der Herr, baute aus der Rippe, die er vom Menschen genommen hatte, eine Frau und führte sie dem Menschen zu. 23 Und der Mensch sprach: Das endlich ist Bein von meinem Bein und Fleisch von meinem Fleisch. Frau (hebr. אִשָּׁה = „ischah“) soll sie heißen, denn vom Mann (hebr. אִישׁ = „isch“) ist sie genommen. 24 Darum verlässt der Mann Vater und Mutter und bindet sich an seine Frau und sie werden ein Fleisch. 25 Beide, Adam und seine Frau, waren nackt, aber sie schämten sich nicht voreinander. (Gen 2,4b–25)

1 Arbeite heraus, wie in Gen 2,4b–25 die Beziehung des Menschen zu Gott, die Beziehung zwischen Mann und Frau sowie die Beziehung zwischen Mensch und Natur dargestellt wird.

2 **a)** Lies Gen 3,1–24, die Fortsetzung dieser Erzählung. Gliedere den Text in Sinnabschnitte und arbeite seine zentrale Aussage heraus.

b) Erläutere, wodurch der Mensch dieser biblischen Urgeschichte zufolge vor allem gefährdet ist.

3 Gestaltet in Kleingruppen ein Plakat, auf dem ihr das jeweils eigentliche Thema der beiden Schöpfungstexte der Genesis grafisch umsetzt.

Wer bist du wirklich?

Die Schulaufgabe, ein Porträt von einer lebenden Person zu zeichnen, bringt Joseph und seinen verschlossenen, ein wenig unheimlichen Nachbarn Tom Leyton zusammen. Als Joseph sich auf das Experiment einlässt, werden ihm mehr und mehr die Schwierigkeiten der Aufgabe bewusst. Wer ist dieser merkwürdige Mann, den man nie in der Öffentlichkeit sieht, welches Geheimnis verbirgt er? Die erste Sitzung ist mühsam und Joseph will schon aufgeben …

Joseph wollte sich gerade abwenden und gehen, als er bemerkte, dass Tom Leyton etwas in Händen hielt, denselben Gegenstand, den er zuvor unter der Lampe untersucht hatte. Er sah jetzt, dass es sich um einen Schuhkarton handelte, dessen Deckel noch auf dem Schreibtisch lag. Aus der Entfernung konnte Joseph gerade noch die vielen in ihn hineingestochenen Löcher erkennen. […]

→ Um Wunder geht es auch auf S. 42–46, S. 160–163 und S. 169.

„Sind das Seidenraupen? In dem Karton?"
Er wusste selbst nicht, wieso er die Frage gestellt hatte. Die Möglichkeit, dass sie im Schweigen verdorren und absterben würde, lag nahe. Mit wachsendem Unbehagen wartete er, bis er sich sicher war, dass er keine Antwort bekommen würde. Doch hinter dem Schatten und dem Schweigen gab es etwas, dessen Joseph sich nicht bewusst war. Ein hauchdünner Faden wehte zwischen dem Mann und dem Jungen und knüpfte sie mit sanfter Kraft aneinander.

Nach und nach beginnt Joseph, Tom zu verstehen.

Wieder breitete sich Schweigen im Raum aus. Joseph spürte, wie Tom Leyton ihm erneut entglitt. So warf er eine verzweifelte Frage in das Meer des Schweigens. „Leben im Maulbeerbaum auch Seidenraupen?"
Tom Leytons Augen schnellten zu Joseph hinüber. Die Frage schien ihn kalt erwischt zu haben. Er antwortete stockend, so als fürchtete er, hereingelegt zu werden.
„Nein."
„Warum nicht?"
„Sie würden sterben."
„Wieso das denn?""
„Sie sind domestiziert."
Joseph sah ihn fragend an.
Langsam fügte Tom Leyton hinzu: „Seit Hunderten von Jahren werden sie im Haus gezüchtet. In China. Sie könnten hier nicht überleben … nicht im Freien … das Klima … natürliche Feinde … Sie müssen in einer Schachtel leben, sonst sterben sie."
„Versuchen sie nie rauszukommen?"
„Nein."
„Warum nicht?"
„Sie kennen nichts anderes."

Die Seidenraupen und Tom verbindet mehr als das Interesse des Seidenraupenzüchters, das spürt Joseph. Tom identifiziert sich mit den hilflosen Tieren. Als Kind hatte er sich Seidenraupen gewünscht und den Maulbeerbaum im Garten vergeblich nach ihnen abgesucht. Joseph erfährt, dass Tom damals um ein Wunder gebeten hatte.

Joseph war schon an der Tür, als die Stimme des Nachbarn ihn zurückhielt.
„Glaubst du an Wunder?"
Die Frage verwirrte Joseph und ängstigte ihn auch ein wenig. Er war sich nicht sicher, ob er an Wunder glaubte oder nicht, aber etwas wusste er genau: Nach dem Fortschritt, den sie heute miteinander gemacht hatten, wollte er Tom Leyton auf keinen Fall aufregen oder kränken. „Ich … ich weiß nicht. Vielleicht … Ich glaub schon."
Tom Leytons Gesicht verdunkelte sich und wurde hart wie abkühlende Lava. „Tu's nicht", sagte er schroff. Dann wandte er sich ab und setzte sich wieder.

Nach und nach erfährt Joseph, wer Tom Leyton ist. Er war als Soldat im Vietnamkrieg und hat

Schreckliches erlebt. Die Rückkehr in ein normales Leben daheim scheiterte, weil Tom die Erinnerungen daran nicht verarbeiten konnte.

Joseph wartete einen Moment, dann fragte er: „Warum wollten Sie, dass ich komme?"
Tom Leyton öffnete kurz die Auen und sah Joseph mit glasigem Blick an, dann schloss er sie wieder. „Ich wollte dir sagen, dass ich nicht der Mann in deiner Zeichnung bin. Aber du hast recht ... Ich kann dich nicht anlügen. Ich bin es ... ich bin es wirklich", sagte er mit einer Stimme, aus der tiefer Schmerz sprach. „Ich sehe ihn an jedem Tag meines Lebens, und ich hasse ihn mit jeder Faser meines Wesens. Aber er ist nicht der, für den du ihn hältst. Du kennst ihn nicht, Joseph, und wenn du ihn kenntest ... Die Wahrheit ist manchmal ..." Seine Miene verzerrte sich qualvoll. „Ich will dich nicht verlieren, Joseph", sagte er flehentlich, und dabei beugte er sich vor und streckte eine Hand aus.

Nachdem Joseph die ganze Geschichte Tom Leytons kennt, vernichtet er das Porträt, an dem er schon lange gearbeitet hat. Tom lässt sich, so denkt Joseph, eher mit einer Seidenraupe vergleichen, die ihren Kokon verlassen will, aber nie fliegen und nie in Freiheit leben kann.
Als Joseph eine schreckliche Nachricht erhält, bricht auch für ihn bricht eine Welt zusammen. Da sieht er den Maulbeerbaum im Garten der Leytons:

Wenige Schritte vom Maulbeerbaum entfernt blieb er stehen. Erst suchte er die nahen Blätter und Zweige mit den Augen ab, dann hob er den Blick zu den sich hoch über ihm wölbenden Ästen. Er war vollkommen verwirrt. Wo immer er hinsah, waren Kokons. Zu Hunderten hingen sie an jedem Zweig, wie goldene Tropfen zwischen den dunkelgrünen Blättern, und je länger Joseph hinschaute, desto mehr entdeckte er. Wie hypnotisiert war er von der übermächtigen Schönheit des Anblicks. Aber so etwas konnte es doch in Wirklichkeit nicht geben! Es musste ein Traum sein. Joseph trat einen Schritt vor uns legte eine Hand um einen der Kokons. Die losen Seidenenden waren zu einem kräftigen Faden verzwirnt, mit dem der Kokon befestigt war. Genauso war es bei allen anderen Kokons. Jeder einzelne war gewissenhaft mit einem seidenen Faden am Baum festgeknotet, und jeder Kokon hatte an einem Ende eine kleine runde Öffnung.
Joseph ließ seinen Blick über den Maulbeerbaum schweifen, und die ungeheure Größe der Tat überwältigte ihn. Wie lange mochte das gedauert haben? ... Es war wundervoller als jeder Traum. In stummem Staunen stand Joseph da, als befände er sich an einem heiligen Ort.

Tom kannte Josephs Verzweiflung. Das Wunder der Seidenraupenkokons in Freiheit ist sein Werk und er bezahlt einen hohen Preis dafür.

(Michael Gerard Bauer, Running Man, 2010)

1 Besprecht die Bedeutung des Porträts und der Seidenraupen für die Beziehung zwischen Joseph und Tom. Wenn nötig, recherchiert weitere Informationen zu Seidenraupen, um zu verstehen, welche Bedeutung sie in der Geschichte spielen.
2 „Running Man" ist ein Buch, in dem das Thema „Wunder" eine wichtige Rolle spielt. Diskutiert, inwiefern man Toms Handeln als „Wunder" bezeichnen kann.
3 Gestalte selbst ein Porträtfoto, in dem du zeigst, wie ein Mensch *„wirklich"* ist.
4 Entwirf ein eigenes Bild von einem Neuanfang.

→ Ein Porträt von dir, *wie du sein willst*, hast du vielleicht schon auf S. 122 gestaltet.

Die Welt als Schöpfung Gottes zu sehen, hat Konsequenzen

... für scheinbar hoffnungslose Situationen

→ Weitere Menschen, die sich aus ihrer Überzeugung heraus mit ganzer Energie für etwas einsetzen, kannst du auf S. 141–154 kennenlernen.

Von guten Mächten wunderbar geborgen
erwarten wir getrost, was kommen mag.
Gott ist bei uns am Abend und am Morgen
und ganz gewiss an jedem neuen Tag.

Noch will das Alte unsre Herzen quälen,
noch drückt uns böser Tage schwere Last.
Ach Herr, gib unsern aufgeschreckten Seelen
das Heil, für das du uns geschaffen hast.

Und reichst du uns den schweren Kelch,
den bittern,
des Leids, gefüllt bis an den höchsten Rand,
so nehmen wir ihn dankbar ohne Zittern
aus deiner guten und geliebten Hand.

→ Mehr Informationen zu christlichem Widerstand gegen den Nationalsozialismus findest du auf S. 254/255.

Der evangelische Berliner Pfarrer Dietrich Bonhoeffer (1906–1945) schloss sich dem politischen Widerstand gegen Hitler an. Als Mitarbeiter des militärischen Geheimdienstes machte er häufig Reisen ins Ausland. Dabei informierte er die Regierungen anderer Länder über die Ziele der deutschen Widerstandsbewegung. 1943 wurde er verhaftet und kurz vor Kriegsende im Konzentrationslager Flossenbürg zusammen mit anderen Widerstandskämpfern ermordet.

Das Gedicht von Dietrich Bonhoeffer auf dieser Seite ist sehr bekannt geworden. Es wurde in mehreren Versionen vertont und wird in seiner bekanntesten Fassung gerne im Gottesdienst gesungen. Das Lied klingt sehr harmonisch, doch Bonhoeffer hat es in einer Situation geschrieben, in der es kaum einen Hoffnungsschimmer gab: im Gefängnis.

Aufgaben

1 Fasse die zentrale Aussage von Bonhoeffers Gedichts mit eigenen Worten zusammen.

2 **a)** Du weißt inzwischen viel über den historischen Hintergrund des priesterschriftlichen Schöpfungshymnus in Gen 1,1–2,4a. Für Christen und Juden sagt dieser Text viel über Gott und seine Macht aus. Erläutere, wie sich Bonhoeffers Überzeugung über Gott und seine Macht aus dem biblischen Schöpfungstext begründen lässt.
b) Zeige auf, welche Konsequenzen diese Sichtweise für ihn in seiner Situation hat. Belege deine Ergebnisse mithilfe des Gedichtes von Bonhoeffer.

... für die Sicht des Menschen

Desmond Mpilo Tutu (geb. 1931) ist die Symbolfigur des Kampfes gegen die Apartheid in Südafrika. Er selbst spielte eine führende Rolle darin.

Nachdem er 1978 zum ersten schwarzen Generalsekretär des Südafrikanischen Kirchenrats gewählt wurde, nutzte er diese Position, um sich für eine Aussöhnung von schwarzer und weißer Bevölkerung in seinem Land einzusetzen. Er sprach sich dabei ausdrücklich gegen jede Form von Gewalt und für einen friedlichen Weg zur Freiheit aus.

Info

Unter **Apartheid** (von lat. *ad partem*: „auf der Seite") versteht man ursprünglich die organisierte Rassentrennung im 20. Jh. in Südafrika, unter der die farbige Bevölkerung stark zu leiden hatte.

Für seinen Einsatz für eine demokratische und gerechte Gesellschaft ohne Rassentrennung erhielt Desmond Tutu im Jahr 1984 den Friedensnobelpreis. Von 1986 bis 1996 war er anglikanischer Erzbischof des Erzbistums Kapstadt. Er hatte einen großen Anteil daran, dass die Konflikte in seinem Land schließlich beigelegt werden konnten.

„Ich lernte damals [während der Ausbildung zum Priester], dass solche Dinge wie Spiritualität, Gebet, Zeiten der Ruhe, Meditation usw. absolut zentral sind für eine authentische christliche Existenz. Was ich also dort werden konnte, lag nicht an meinen politischen Überzeugungen, sondern hatte mit meinem Glauben an Gott zu tun, mit meiner Begegnung mit Gott. Ich habe dort gelernt [...], dass jeder Mensch wichtig ist: ob er intelligent oder dumm, reich oder arm ist usw. Das ist alles ganz gleichgültig. Es war eine fast explosive Wahrheit für mich, für uns, dass jeder von uns von Bedeutung ist, weil jeder von uns nach dem Bilde Gottes geschaffen ist. Seit dieser Zeit ist mir klar: Wenn das stimmt und wenn dennoch jemand, der ein Geschöpf ist, das nach dem Bilde Gottes geschaffen ist, als absolut nichtswürdig behandelt wird, dann ist das meiner Meinung nach Blasphemie: Das ist nicht nur böse, sondern das ist Blasphemie, Gotteslästerung. Es ist fast so, als würde man Gott selbst ins Gesicht spucken, wenn man ein menschliches Wesen so behandelt, als wäre es weniger als es in Wirklichkeit ist, nämlich jemand, der nach dem Bilde Gottes geschaffen ist."

(Desmond Tutu in einem Interview mit dem Bayerischen Rundfunk am 30. 07. 2004)

1 **a)** Du weißt inzwischen viel über den historischen Hintergrund des priesterschriftlichen Schöpfungshymnus in Gen 1,1–2,4a. Für Christen und Juden sagt dieser Text viel über Gott und über den Menschen aus. Arbeite heraus, wie sich Tutus Ansicht über den Menschen aus dem biblischen Schöpfungstext begründen lässt.
b) Zeige auf, welche Konsequenzen diese Sichtweise für das Handeln von Menschen angesichts von Unterdrückung hat bzw. haben muss.

... für das Verständnis des Sabbats

Erich Fromm (1900–1980) ist als Psychoanalytiker und Sozialpsychologe ebenso bekannt wie als Autor und bedeutender Humanist des 20. Jahrhunderts.

Info

Sozialpsychologie ist die Psychologie des Erlebens und Verhaltens in Gruppen und in der Gesellschaft.

Wie kaum ein anderer in Deutschland geborener Humanwissenschaftler hat Erich Fromm weltweit gewirkt. Seine Schriften und Erkenntnisse werden auf der ganzen Welt gelesen und aufgenommen.

Erich Fromm beschreibt die Sabbatruhe, den siebten Tag der Woche und der Schöpfung, als die wichtigste Idee innerhalb des Alten Testaments:

„Um diese Rolle zu verstehen, müssen wir zum Kern dieser Institution (des Sabbats) vordringen. Es handelt sich nicht um Ruhe *per se* in dem Sinne, dass man jegliche physische oder geistige Anstrengung meidet; es geht um Ruhe im Sinne *der Wiederherstellung vollständiger Harmonie zwischen den Menschen und zwischen Mensch und Natur*. Nichts darf zerstört und nichts aufgebaut werden; der Sabbat ist ein Tag des Waffenstillstandes im Kampf des Menschen mit der Natur. Sogar das Abreißen eines Grashalms wird ebenso als eine Verletzung dieser Harmonie angesehen wie das Entzünden eines Streichholzes. [...] Am Sabbat lebt der Mensch, als *hätte* er nichts, als verfolgte er kein Ziel außer zu *sein*, das heißt seine essentiellen (wesentlichen) Kräfte auszuüben – beten, studieren, essen, trinken, singen, lieben.“

(Erich Fromm, aus: Haben oder Sein. Die seelischen Grundlagen einer neuen Gesellschaft, 1979)

Aufgaben

1 **a)** Du weißt inzwischen viel über den historischen Hintergrund des priesterschriftlichen Schöpfungshymnus in Gen 1,1–2,4a. Für Christen und Juden sagt dieser Text viel über den Sabbat aus, z. B. dass der Mensch Gott am Sabbat begegnen kann. Arbeite heraus, wie sich Fromms Sicht des Sabbats aus dem biblischen Schöpfungstext begründen lässt.

b) Zeige auf, welche Konsequenzen diese Sichtweise für die Gestaltung des Sabbats (und in der Folge für den christlichen Sonntag) heute haben könnte. Bedenke z. B. Arbeitszeitregelungen und Serviceerwartungen mit Blick auf den Sonntag.

... für den Umgang mit der Welt

Die katholische Deutsche Bischofskonferenz ist ein Zusammenschluss der Bischöfe aller Diözesen in Deutschland. Ihre Aufgaben sind:

- Studium und Förderung gemeinsamer Aufgaben in der Seelsorge
- gegenseitige Beratung
- notwendige Koordinierung der kirchlichen Arbeit
- gemeinsame Entscheidungen
- Pflege der Verbindung zu anderen Bischofskonferenzen

→ Die Kirche in Deutschland ist Thema auf S. 238.

In ihrer Schrift „Zukunft der Schöpfung – Zukunft der Menschheit" haben die Deutschen Bischöfe die christliche Grundposition beschrieben. Ihre Kernaussage ist: Ein christliches Verhalten in der Welt lebt aus den beiden Grundrichtungen „Annahme der Schöpfungsordnung" und „Antwort durch schöpfungsgemäßes Handeln".

Besonders der sogenannte „Herrschaftsauftrag" (Gen 1,28) wurde lange missverstanden: Er wurde im Sinne eines einseitigen Nutznießens des Menschen in Bezug auf Natur und Tiere aufgefasst. Erst in den letzten Jahrzehnten wurden die Begriffe „unterwerfen" und „herrschen" im Sinne einer pflegenden Verantwortung aufgefasst, die die Bewahrung der Schöpfung zum Ziel hat.

„Es gilt, die Grundverhältnisse der Schöpfungsordnung anzunehmen. Dazu gehört der Vorrang des Menschen vor den Sachen [...] Dazu gehört die Übernahme der liebenden Verantwortung für Pflanzen- und Tierwelt. Tiere sind nicht bloß Nahrungsmittel, Ausbeutungsobjekte oder Ware. Landschaft ist Landschaft und nicht bloß Terrain für unsere Planung. Es gilt anzunehmen, dass wir auf eigene Ansprüche und Möglichkeiten verzichten und mit anderen teilen müssen, damit alle menschenwürdig leben und sich entfalten können. Es gilt anzunehmen, dass wir den Grundbestand der Welt nicht so verplanen und verändern dürfen, dass wir dadurch die Startbedingungen für das Leben und kommender Generationen im Vorhinein wesentlich festlegen."

(Die Deutschen Bischöfe, Zukunft der Schöpfung – Zukunft der Menschheit, in: Die Deutschen Bischöfe Nr. 28, 1980

1 **a)** Du weißt inzwischen viel über den historischen Hintergrund des priesterschriftlichen Schöpfungshymnus in Gen 1,1–2,4a. Für Christen und Juden sagt dieser Text viel über den Umgang aus, den der Mensch mit der Welt zu pflegen hat, weil sie Schöpfung Gottes ist. Arbeite heraus, wie sich die Erklärung der Bischöfe über den Umgang mit der Welt aus dem biblischen Schöpfungstext begründen lässt.
b) Zeige auf, welche Konsequenzen diese Sichtweise für den Umgang des Menschen mit Lebensräumen, Tieren und Pflanzen, mit Rohstoffen und dem Ökosystem hat.

Der Mensch – auf dem Weg zur Vollendung der Schöpfung

→ Zwei weitere Sakramente (Firmung und Buße) werden auf S. 137 vorgestellt.

Die Taufe: Sakrament der Neuschöpfung

Der Mensch lebt immer in einer Situation der Bedrohung: Er ist gefährdet durch äußeres Chaos durch andere Menschen oder Naturkatastrophen, aber auch durch inneres Chaos, insofern der Mensch selbst böse handelt (vgl. Gen 2,4b–3,24). Daher hoffen Menschen auf Erlösung von dieser Bedrohung.

Die Schöpfungsidee richtet sich nicht nur auf den Anfang, sondern auch auf das Ende: Die erhoffte Erlösung wird als „Vollendung der Schöpfung" oder „Neuschöpfung" bezeichnet.

Sie begegnet uns auch im Sakrament der Taufe. Mit der Taufe wird ein Mensch in die Gemeinschaft der Kirche aufgenommen. Aber es passiert noch mehr, wie das Gebet aus der Tauffeier zeigt: Im Untertauchen stirbt der Täufling symbolisch mit Jesus Christus und steht zum neuen Leben auf.

Aus dem Taufgottesdienst:
Schon im Anfang der Schöpfung schwebte dein Geist über dem Wasser und schenkte ihm die Kraft, zu retten und zu heiligen. Selbst die Sintflut ist ein Sinnbild für die Taufe; denn das Wasser brachte der Sünde den Untergang und heiligem Leben einen neuen Anfang. […]

Die Menschen, die du als dein Abbild geschaffen hast, reinige im Sakrament der Taufe von der alten Schuld. Aus Wasser und Heiligem Geist geboren, lass sie auferstehen zum neuen Leben.

Zum weißen Taufgewand:
In der Taufe bist du eine neue Schöpfung geworden und hast – wie die Schrift sagt – Christus angezogen. Das weiße Gewand sei dir ein Zeichen für diese Würde. Bewahre sie für das ewige Leben.

Taufstein in der katholischen Kirche Liebfrauen-Überwasser in Münster, um 1720

Aufgaben

1 **a)** Am Taufstein der katholischen Kirche Liebfrauen-Überwasser in Münster ist am Sockel die „alte Schöpfung" und am Deckel die erhoffte „Vollendung der Schöpfung" dargestellt. Die Taufe stellt die Verbindung dar. Lies Gen 3,1–24 und Ps 85,8–11. Ordne die beiden Stellen den beiden Teilen des Taufsteins zu.

b) Erläutere die Bedeutung der Taufe anhand des abgebildeten Taufsteines. Verwende dabei das Begriffspaar „Schöpfung – Neuschöpfung".

2 Heute wird der Täufling bei der Taufe meist nicht mehr untergetaucht. Diskutiert diese Entwicklung vor dem Hintergrund der symbolischen Bedeutung des Untertauchens.

Das Jüngste Gericht: Hoffnung auf Vollendung

In der Taufe wird der Mensch zu einem Leben aus dem Heiligen Geist neu geboren. Dieses neue Leben muss sich im **Bekenntnis** des christlichen Glaubens in Wort und Tat bewähren. Aus Erfahrung wissen wir, dass diese Bewährung nicht immer gelingt. Die Symbolik der Taufe zeigt aber, dass unsere Hoffnung über den Tod hinausreicht.

Das in der Kunst immer wieder aufgegriffene Thema des **„Jüngsten Gerichts"** drückt diese Hoffnung auf die endgültige Erlösung in der Gemeinschaft mit Gott aus – zugleich aber auch die Angst vor dem Nichtbestehen dieser Bewährung und der daraus folgenden Gottesferne. Diese Vorstellungen werden in den Bildern von *Himmel* und *Hölle* deutlich. Vgl. dazu z. B. Offb 20,11.12.15 und 21,1.2.27.

→ Mit der christlichen Hoffnung auf einen neuen Himmel und eine neue Erde kannst du dich auf S. 53 auseinandersetzen.

Hieronymus Bosch, Jüngstes Gericht, Altarbild, um 1540

→ Eine andere Darstellung des Jüngsten Gerichts findest du auf S. 106.

1 Im linken Teil des Bildes von Hieronymus Bosch findest du als Darstellung des Himmels das Paradiesmotiv aus Gen 3 wieder. Ungewöhnlicherweise ist aber die ganze Schöpfungserzählung Gen 2,4b–3,24 dargestellt. Formuliere eine Deutung. Verwende dabei das Begriffspaar „Schöpfung – Vollendung der Schöpfung".

Schöpfung in der Musik

Der Begriff „Schöpfung" begegnet uns in allen Religionen – in Form von Lobliedern, Gebeten, Anfangserzählungen und Mythen. Solche Sprachformen wollen nicht „berichten", sondern Erfahrungen „Ausdruck verleihen". Sie werden vor allem dann lebendig, wenn diese Erfahrungen unsere eigenen Erfahrungen berühren. Dabei geht es um die Frage, was unser Leben trägt.

Joseph Haydn: Die Schöpfung (1798)

Das Oratorium „Die Schöpfung" beginnt mit der Vorstellung des Chaos durch ständigen Wechsel von Pausen und Läufen innerhalb eines Instruments und zwischen den verschiedenen Instrumenten. Dann beendet Gott mit seinem Wort „Es werde Licht" das Chaos: Alle Instrumente setzen zu einem großartigen Akkord ein, der die Atmosphäre verändert.

Aufgaben

1 Hört gemeinsam Ausschnitte aus Haydns Oratorium. Erläutere, mit welchen musikalischen Mitteln Haydn den priesterlichen Schöpfungshymnus hörbar macht.

2 Projekt: Auf der S. 194/195 und auf dieser Doppelseite findet ihr ganz verschiedene Umsetzungen der Schöpfungsidee. Gestaltet in Gruppen eure eigene kreative Umsetzung (Geschichte, Lied, Bild, Pantomime …).

Die Idee hinter der religiösen Vorstellung von Schöpfung begegnet uns an ganz überraschenden Stellen, religiösen und nicht-religiösen, alltäglichen und künstlerischen.

Sido & Celina: „Wenn es einen Gott gibt" (2007)

In meinen Augen weht ein kalter Wind so wie ein Zeichen dieser Zeit. Es wird mir klar, dass wir schon viele sind, eine Armee der Einsamkeit. Wir laufen fort doch wissen nicht wohin, denn unser Ziel ist ungewiss. Nur durch den Zweifel scheinen wir vereint; durch unsern Glauben zieht ein Riss.

Refrain: Wenn es einen Gott gibt – wo bleiben die Beweise? Wenn es einen Gott gibt – wo sind die Zeichen? Wenn es einen Gott gibt – dann hat er uns verloren. Wo kann er sein, wo kann er sein? Warum sind wir dann so allein?

Ich seh die Menschen und ich frage mich, was sie und mich am Leben hält. Ist es die Suche nach dem großen Glück oder die Gier nach Macht und Geld? Ich sehe Kinder, die Soldaten sind, sie ziehen für dich in den Krieg. Ich frage mich kann das sein Wille sein, wer einen solchen Gott wohl liebt? Ich hab so viel erlebt, es ging auf und ab. Ich hab es kompensiert, jetzt steht es aufm Blatt. Ich kann vieles nicht verkraften, es ist schwer, jemand sollte auf mich achten, aber wer? Wo ist Gott? Warum stoppt er nicht dieses Gewitter? Sag mir wo isser ha ha wo isser? Wenn kleine Kinder weinen, allein im Kinderheim. Sag mir wo isser ha ha wo isser? Sag mir was macht er grad? Worum muss er sich kümmern? Sieht er es nicht, seine Schöpfung zerfällt in Trümmern? So viele Leute rufen ihn, suchen ihn, doch nicht mal ein Zeichen. Mein Gott wo bist du geblieben?

Sido: „Danke" (2008)

Das hier ist Dein Song. Ja, ich weiß ich hab oft gesagt ich glaub nicht - doch jeder Mensch braucht Dich. Ja, auch ich. Es wird Zeit, dass wir beide mal miteinander reden. Oder dass zumindest ich mal mit Dir rede. Hör Dir an, was ich zu sagen hab: Das letzte Mal, als ich gebetet hab, ist lange her. Ich komm mir komisch vor. Beim letzten Mal hab ich Dich angebettelt: Bitte hol mich fort!! Doch du hast Dich mir nicht gezeigt, deshalb nahm ich mir Dich als Feind. Es tut mir Leid – verzeih mir. Ich hab Dich ausgelacht, Dich kleingeredet und verachtet. Ich war ständig auf 180. Du sagst: Na und, das macht nichts. Doch ich muss Buße tun. Ich weiß, das geht nicht. Nicht mehr gut genug. Alles wär zu wenig. Ich hoffe Du verstehst mich und das hier ist nicht vergeblich. Ich hoff auch nicht wirklich auf'n weltbewegendes Ergebnis. Kein grelles Licht, kein Zeichen. Ich will mich nur nicht mehr streiten. Vergiss die alte Zeit, wenn diese Zeilen dich erreichen. Amen.

Refrain: Das hier ist kein Gebet, ich will nur Danke sagen. Dafür, dass du mir nen Engel schickst an manchen Tagen. Dafür, dass Du mir das Leben zeigst. Für Dein Vertrauen dank ich auch – Danke, dass du an mich glaubst. Das ist kein Schlüssel zum Himmel, ich will nur Danke sagen. Dafür, dass du mir zeigst: Ich brauche keine Angst zu haben. Dafür, dass du mir das Leben zeigst. Bitte halt mir einen Platz frei in der Ewigkeit.

1 Zwischen den beiden Liedern von Sido liegt ein Jahr – „Danke" erscheint wie eine Antwort auf „Wenn es einen Gott gibt". Welche Erfahrungen liegen wohl dazwischen?

a) Markiere Stellen, die dich an die Schöpfungsideen im Buch Genesis erinnern, die angesichts des babylonischen Exils Hoffnung geben (Gen 1,1-2,4a) bzw. das sündige Dasein des Menschen erläutern sollen (Gen 2,4b-3,24).

b) Stelle Gemeinsamkeiten und Unterschiede zwischen der biblischen Sicht und den dazu passenden Aussagen des Liedes zusammen.

Wie der Koran von Schöpfung erzählt

خَلَقَ اللَّهُ السَّمَاوَاتِ وَالْأَرْضَ بِالْحَقِّ إِنَّ فِي ذَٰلِكَ لَآيَةً لِّلْمُؤْمِنِينَ
[٤٤:٢٩] ❁ خَلَقَ السَّمَاوَاتِ وَالْأَرْضَ بِالْحَقِّ (...) كُلٌّ يَجْرِي لِأَجَلٍ
مُّسَمًّى [٥:٣٩] ❁ إِنَّ رَبَّكُمُ اللَّهُ الَّذِي خَلَقَ السَّمَاوَاتِ وَالْأَرْضَ فِي
سِتَّةِ أَيَّامٍ ثُمَّ اسْتَوَىٰ عَلَى الْعَرْشِ يُغْشِي اللَّيْلَ النَّهَارَ يَطْلُبُهُ حَثِيثًا
وَالشَّمْسَ وَالْقَمَرَ وَالنُّجُومَ مُسَخَّرَاتٍ بِأَمْرِهِ أَلَا لَهُ الْخَلْقُ وَالْأَمْرُ
تَبَارَكَ اللَّهُ رَبُّ الْعَالَمِينَ [٥٤:٧] ❁ وَهُوَ الَّذِي مَدَّ الْأَرْضَ وَجَعَلَ فِيهَا
رَوَاسِيَ وَأَنْهَارًا وَمِن كُلِّ الثَّمَرَاتِ جَعَلَ فِيهَا زَوْجَيْنِ اثْنَيْنِ يُغْشِي
اللَّيْلَ النَّهَارَ إِنَّ فِي ذَٰلِكَ لَآيَاتٍ لِّقَوْمٍ يَتَفَكَّرُونَ [٣:١٣] ❁

إِنَّ فِي خَلْقِ السَّمَاوَاتِ وَالْأَرْضِ وَاخْتِلَافِ اللَّيْلِ وَالنَّهَارِ
لَآيَاتٍ لِّأُولِي الْأَلْبَابِ الَّذِينَ يَذْكُرُونَ اللَّهَ قِيَامًا وَقُعُودًا وَعَلَىٰ
جُنُوبِهِمْ وَيَتَفَكَّرُونَ فِي خَلْقِ السَّمَاوَاتِ وَالْأَرْضِ رَبَّنَا مَا
خَلَقْتَ هَٰذَا بَاطِلًا سُبْحَانَكَ فَقِنَا عَذَابَ النَّارِ [٣:١٩٠-١٩١] ❁
إِنَّ فِي خَلْقِ السَّمَاوَاتِ وَالْأَرْضِ وَاخْتِلَافِ اللَّيْلِ وَالنَّهَارِ
وَالْفُلْكِ الَّتِي تَجْرِي فِي الْبَحْرِ بِمَا يَنفَعُ النَّاسَ وَمَا أَنزَلَ اللَّهُ مِنَ
السَّمَاءِ مِن مَّاءٍ فَأَحْيَا بِهِ الْأَرْضَ بَعْدَ مَوْتِهَا وَبَثَّ فِيهَا مِن كُلِّ
دَابَّةٍ وَتَصْرِيفِ الرِّيَاحِ وَالسَّحَابِ الْمُسَخَّرِ بَيْنَ السَّمَاءِ
وَالْأَرْضِ لَآيَاتٍ لِّقَوْمٍ يَعْقِلُونَ [٢:١٦٤] ❁ وَمِن رَّحْمَتِهِ جَعَلَ لَكُمُ
اللَّيْلَ وَالنَّهَارَ لِتَسْكُنُوا فِيهِ وَلِتَبْتَغُوا مِن فَضْلِهِ وَلَعَلَّكُمْ
تَشْكُرُونَ [٢٨:٧٣] ❁

Gott erschafft Himmel und Erde
Gott erschuf Himmel und Erde in makelloser Weise. Das ist tatsächlich ein Zeichen für nachdenkliche Menschen. (29:44) ☼ Er schuf Himmel und Erde in gerechter Weise. Alles läuft bis zu einer bestimmten Frist. (39:5) ☼ Euer Herr ist Gott, der Himmel und Erde in sechs Tagen erschaffen und sich dann auf den Thron gesetzt hat. Er lässt die Nacht den Tag verdunkeln, der immer wieder auf sie folgt. Sonne, Mond und Sterne folgen seinem Befehl. Stehen ihm nicht allein das Erschaffen und die Befehlsgewalt über alles zu? Gott ist voller Segen, er ist der Herr der Welten. (7:54) ☼ Er ist es, der die Erde ausbreitete und feststehende Berge und Flüsse auf ihr entstehen ließ. Er erschuf auf ihr Früchte aller Art und ein Paar von jeder Tierart. Er lässt die Nacht und den Tag sich abwechseln. Hierin liegen Zeichen für ein nachdenkliches Volk. (13:3) ☼

Der Lebensraum des Menschen
In der Erschaffung von Himmel und Erde und in der Abwechslung von Tag und Nacht liegen Zeichen für die, die ihren Verstand gebrauchen. Die, die sowohl an Gott denken – egal, ob stehend, sitzend oder liegend – als auch über die Erschaffung von Himmel und Erde nachdenken, werden sagen: „Unser Herr, du hast nichts umsonst erschaffen. Wir loben dich! Schütze uns vor den Qualen des Feuers!“ (3:190–191) ☼ Dies sind Zeichen für Menschen, die ihren Verstand gebrauchen: die Erschaffung von Himmel und Erde, der Wechsel von Tag und Nacht, Schiffe, die das Meer mit dem befahren, was dem Menschen nützlich ist, dass Gott Regen vom Himmel herabschickt, sodass der Boden wieder belebt wird, nachdem er abgestorben war, dass er jedes Lebewesen auf der Erde sich ausbreiten ließ, der Lauf der Winde sowie der Wolken, die sich zwischen Himmel und Erde bewegen. (2:164) ☼ In seiner Barmherzigkeit schuf er für euch die Nacht und den Tag, damit ihr Menschen darin ruhen könnt und euch um Gottes Gnade bemüht und dankbar seid. (28:73) ☼

(Der Koran. Für Kinder und Erwachsene. Übersetzt und erläutert von Lamya Kaddor und Rabea Müller, 2008)

Was ist die Bibel?
Zu Beginn dieses Kapitels hast du dein Verständnis der Bibel in Worte gefasst. Danach hast du dich intensiv mit der biblischen Schöpfungsidee beschäftigt und die Hintergründe und das Anliegen der beiden Schöpfungstexte am Anfang des Buches Genesis kennengelernt. Wie würdest du nun die Frage nach der Bibel beantworten? Vergleiche deine neue Antwort mit der, die du zu Beginn gegeben hast.

→ Mit der Bibel kannst du dich auch auf S. 155–174 beschäftigen.

Warum gibt es überhaupt etwas?
Auf S. 176 findest du die berühmte Frage von Gottfried Wilhelm Leibniz: „Warum ist überhaupt Seiendes und nicht vielmehr nichts?"
Formuliere entweder
- deine eigene Antwort auf diese Frage unter Einbeziehung der biblischen Schöpfungsidee oder
- die Antwort, die die Verfasser von Gen 1,1–2,4a auf diese Frage wohl gegeben hätten.

→ Der Schöpfungsglaube ist die christliche Deutungsmöglichkeit der Welt. Andere Sinnperspektiven, die jedoch z.T. in die Irre führen können, findest du auf S. 55–76.

Wirklichkeit verändern – geht das?
In ihrem Lied „Alles ist neu" singen die Fantastischen Vier: „Du bist nicht Opfer, sondern Schöpfer deiner Welt". Daraus folgt für sie: „Die Zukunft macht mir keine Angst und die Vergangenheit tut nicht mehr weh, seit ich es anders seh, denn alles ist neu".
Vergleiche die biblische Schöpfungsidee mit dem, was in dem Lied mit Schöpfung gemeint ist. Benenne Gemeinsamkeiten und Unterschiede. Lässt sich beides verbinden? Begründe.

→ Welche Konsequenzen der Glaube an die Schöpfung für das Handeln hat, zeigt das Beispiel vieler Propheten auf S. 11–30.

Abschlussaufgabe

Die nebenstehende Buchmalerei aus dem 13. Jahrhundert zeigt Gott als Weltenschöpfer.
Beschreibe das Bild möglichst genau, ohne es zu deuten. Beachte dabei Farben und Formen, Größen, Anordnungen und Motive.
Welche biblischen Schöpfungsideen kannst du identifizieren? Erkläre deine Deutung.
Die beiden Texte am Anfang des Buches Genesis können dir bei dieser Aufgabe helfen. Erinnere dich daran, dass du sie als Antwort auf eine konkrete historische Situation (Gen 1,1–2,4a) bzw. auf die Frage nach dem menschlichen Dasein (Gen 2,4b–3,24) verstehen kannst.

Die Welt als Schöpfung Gottes sehen

Was ist wirklich? Du erlebst jeden Tag, dass Menschen Situationen **unterschiedlich wahrnehmen**. Das gilt oft schon für die „harten Fakten“ – aber noch mehr für die Frage nach ihrer Deutung. Die Welt als Schöpfung Gottes zu sehen, ist eine solche Sichtweise. Es wäre ein Missverständnis anzunehmen, man könne beweisen, dass bestimmte Dinge von Gott geschaffen sind. Die Welt *als* Schöpfung Gottes zu sehen, ist eine **christliche Deutung**. Sie *will* die Welt als Schöpfung Gottes verstehen. Sie glaubt also, dass sie von Gott kommt und daher einen **Sinn** hat.

Besonders wichtig wird das für Menschen, die an ihre Grenzen stoßen. Wie Menschen auf Leid, Krankheit und Tod, aber auch auf Geburt, Liebe, Glück reagieren, hängt davon ab, wie sie das Erlebte deuten. Die **Erfahrung der Zerbrechlichkeit** der Welt haben Menschen zu allen Zeiten gemacht. Viele **Psalmen** tragen die Klage darüber vor Gott. In ihnen wird gleichzeitig auch eine neue, immer noch zerbrechliche **Hoffnung** laut, die **Rose Ausländer** in einem Gedicht **Versöhnung** genannt hat. Versöhnt leben – auch das ist eine gefährdete Erfahrung.

Für die **biblische Schöpfungsidee** von großer Bedeutung ist der **Verlust der Heimat**, von Vertrautheit und Sicherheit. **Elie Wiesel** berichtet davon, wie er den **Deportationen** durch die Nationalsozialisten zuerst zusehen musste, dann selbst deportiert wurde. Die **Exilserfahrung**, die das Volk Israel im 6. Jahrhundert vor Christus machte, führte zu einer tiefen **Verunsicherung** und Enttäuschung. Steht Gott noch auf unserer Seite? Hat er uns vergessen? Gibt es ihn überhaupt? Solche Fragen bewegten Menschen damals und so fragen Menschen auch heute.

Die Erfahrung des **Babylonischen Exils** bildet den Hintergrund des großen **Schöpfungsliedes Gen 1,1–2,4a**. Dieser kunstvoll komponierte Text nimmt Motive des **Enuma-Elisch-Mythos** auf. Wo die Babylonier viele Götter am Werk vermuteten, glaubten die Israeliten an die **Macht des einen Gottes** über Himmel und Erde. Von dieser Macht singt das Lied, das Trost in schwerer Zeit geben soll: Gott hat alles **sehr gut** gemacht! **Joseph Haydn** hat diese Idee musikalisch übersetzt. Die Idee oder zumindest die Frage dahinter finden wir aber auch in modernen Liedern wie bei **Bushido und Saad**. Und wer von Schöpfung redet, spricht auch von der **Hoffnung auf Vollendung**. Das zeigt sich in unserer **Tauffeier**, aber auch in der Idee des **Jüngsten Gerichts**.

Der Glaube an einen Gott, der auch heute noch in unserer Welt am Werk ist, ist für viele Menschen schwierig geworden. Der Roman **„Running Man“** zeigt, was ein **Wunder** heute sein kann: wenn sich Menschen im Vertrauen auf den Sinn des Lebens und ihres Handelns gegenseitig **neue Perspektiven** auf die Welt erschließen. Die Welt als Schöpfung Gottes zu sehen, hat nämlich weitreichende **Konsequenzen**. **Dietrich Bonhoeffer** hat aus dieser Sichtweise in ausweglose Situation Kraft geschöpft und weitergegeben, **Desmond Mpilo Tutu** um die Durchsetzung ihrer politischen Folgerungen gerungen. **Erich Fromm** hat an den Sabbat erinnert, um die Möglichkeiten menschlichen Lebens aufzuzeigen. Die **Deutsche Bischofskonferenz** hebt die Konsequenzen des Schöpfungsgedankens für unseren Umgang mit der Natur hervor.

Wer die biblischen Schöpfungstexte nicht als Antwort auf die Exilserfahrungen zu lesen weiß, denkt meist an **naturwissenschaftliche Aussagen**, weil sie so viele naturkundliche Motive enthalten. Dabei geht es ihnen nicht darum, wie die Welt im **Urknall** entstanden ist oder wie sich das Leben durch die **Evolution** entwickelt hat. Die Religionspädagogin Gabriele Miller hat die biblische Schöpfungsidee so formuliert: **Schöpfung heißt, durch das Chaos hindurchglauben**. Diese Sichtweise ergänzt die naturwissenschaftliche Perspektive um eine **Sinnperspektive**. Und zu dieser Sinnperspektive kann die Naturwissenschaft gar nichts sagen.

10 Faszinierende Fremdheit
Hinduistische und buddhistische Traditionen

Fern oder nah?
Auf den Bildern dieser Seite siehst du Tempel der fremden Religionen – ganz in unserer Nähe. Stelle Zusammenhänge zwischen den Bildern und den Zitaten zum Hinduismus und Buddhismus her.

Hinduistischer Tempel in Hamm, Portal und Gopuram (Tempelturm)

„Der Hinduismus ist ein Dschungel von Religionen".
(Mahatma Gandhi, 1869–1948)

Buddhistischer Tempel in Düsseldorf

„Hier meine schlichte Religion: Es bedarf keiner Tempel und keiner verwickelten Philosophie. Unser eigenes Gehirn und unser eigenes Herz sind der Tempel, und die Philosophie heißt Freundlichkeit".
(Tenzin Gyatso, geb. 1935, 14. Dalai-Lama)

Die Welt der Bilder
Schaue dir das Bild auf S. 201 an und beschreibe es ganz genau. Wie viele Bilder stecken in diesem Bild? Was kannst du auf diesen Bildern alles entdecken? Notiere deine Fragen an das Bild und beschreibe, welche Emotionen es in dir auslöst

Richtig verstanden?
Sicher hast du schon einmal Begriffe wie „Reinkarnation" oder „Karma" gehört. Oft glauben wir fälschlicherweise, Begriffe aus fremden Religionen zu verstehen. Doch meistens ist es sogar kaum möglich, sie richtig zu verstehen, wenn man nicht in der jeweiligen Religion aufgewachsen ist.
Lege eine Kartei zu Begriffen aus dem Hinduismus und Buddhismus an, in der du Worterklärungen, Fragen und Einsichten immer wieder ergänzen kannst. Erstelle dazu für jeden fremden Begriff eine eigene Karteikarte. Beginne mit den Begriffen „Gopuram", „Reinkarnation" und „Karma".

Nichtgegenständliche Meditation

Meditation ist eine Methode der Selbst- und Gottesbegegnung. Silvia Ostertag (1942–2011) war Zen-Lehrerin der japanischen Zen-Vereinigung Sanbo Kyodan („Schule der drei Schätze"). Für diese Schule ist Zen keine Religion oder Philosophie, sondern ein Übungs- und Erfahrungsweg. So konnte ein wichtiger Lehrer der Schule formulieren: „Christen, die **Zazen** üben, können bessere Christen werden, Muslime können bessere Muslime werden."

Info

Die Sitzmeditation heißt auf Japanisch **Zazen**.

Silvia Ostertag beschreibt diese Übung so:

„Die Herausforderung
Sich in die Stille setzen und wirklich nichts machen, das ist, wenn man nicht gerade in einer schönen alten Kirche sitzt oder horchend im Wald innehält, eine nicht geringe Herausforderung. Die Hände in den Schoß legen, das ginge noch. Den Mund für eine Weile geschlossen halten auch. Aber die Gefühle still sein lassen und die Gedanken zum Schweigen zu bringen, ist eine andere Sache. Für die Stille ist es die entscheidende Sache.

Das Ziel: Konzentration des Geistes
Allen Traditionen gemeinsam ist die Empfehlung, seinen Geist in einer bestimmten Weise zu konzentrieren. Indem man die Aufmerksamkeit auf ein Einziges richtet, löst man sich von dem Vielen, was zerstreuen will. Indem man bei dem Einen bleibt, schmilzt die Aufmerksamkeit selbst allmählich mit diesem zusammen.

Die Sitzhaltung
Darum achte man auf eine wohl gespannte Sitzhaltung. Wichtig sind der gelöst aufrechte Rücken und die gerade und freie Kopfhaltung, die einen freien Atemfluss gewährleisten. Die aufrechte Wirbelsäule lässt den Atem frei fließen und hilft, den Geist zu sammeln. Für alle Sitzmöglichkeiten gilt darum, dass die Knie tiefer liegen sollen als das Becken. Die Schultern sind in jedem Fall gelöst, und der Kopf strebt nach oben.

Die Füße, Hände und Augen
Wenn man auf einem Stuhl sitzt, stehen die Füße am besten in natürlichem Abstand, parallel zueinander, mit der ganzen Sohle auf dem Boden. Wenn man auf einem Kissen am Boden sitzt, so wird man die Beine so kreuzen, dass entweder ein Fuß vor dem anderen liegt oder dass ein Fuß auf den Unterschenkel oder Oberschenkel des anderen Beines zu liegen kommt. Für die Sammlung ist hilfreich, die Hände ineinander zu legen zu einer Schale und die Daumenspitzen sich berühren zu lassen. Die Arme bilden in etwa einen Kreis, die Ellbogen sollten also nicht am Leib anliegen. Die Augen lässt man am besten leicht geöffnet, so dass man weder eine bestimmte Stelle fixiert noch sich dem Raumlicht verschließt.

Der Atem
Die Atembewegung selber eignet sich vorzüglich, um die Aufmerksamkeit zu binden. Ob man dabei die Atemzüge zählt [von eins bis zehn und dann wieder von vorn] oder ob die Aufmerksamkeit einfach dem Atem folgt, ist nicht entscheidend.

Mehr und mehr fließt die Aufmerksamkeit gleichsam in den Atem hinein, mehr und mehr füllt Atmen die Wahrnehmung aus, mehr und mehr vereinigt sich die Aufmerksamkeit mit dem Atem selbst. Mehr und mehr ist es um diesen Vorgang herum still geworden. Mehr und mehr wird dieser Vorgang selbst Stille. Mehr und mehr ist nichts anderes als Stille."

(gekürzt nach Silvia Ostertag: Lebendige Stille, 2003)

→ Eine andere buddhistische Meditationslehrerin kannst du auf S. 150 kennenlernen. Über die Bedeutung der Meditation im Buddhismus und Hinduismus informieren S. 224/225.

→ Mehr über den Zen-Buddhismus erfährst du auf S. 230.

Hinduismus – mehr als eine Religion?

„Ein Dschungel von Religionen“

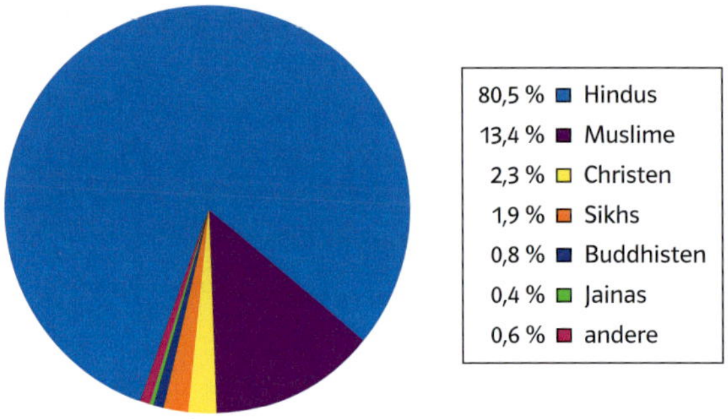

Religionen in Indien, Stand 2001

Heute leben ca. 900 Millionen Hindus auf der Erde, die meisten davon in Indien. Alle heiligen Orte der Hindus sind Teil dieses Erdteils. Darum bezeichnen die Hindus ihr Land als „Mutter Indien“ und ihren bedeutendsten Fluss, den Ganges, als „**Mutter Ganga**“.

Info

Perser und Griechen bezeichneten mit dem Wort **Hindu** (von Sanskrit *sindhu* „Fluss“) sowohl den Fluss „Indus“, als auch die Bewohner des Industales. Erst im 19. Jahrhundert verwendeten die britischen Kolonialherren die Begriffe Hindu und Hinduismus für eine Religion und ihre Anhänger.

Sanskrit (aus *sam* und *kr*: „zusammen gemacht“) ist die Bezeichnung für eine Zusammenstellung verschiedener Sprachformen zur Sprache der heiligen Texte im alten Indien, die um 1200 v. Chr. entstanden ist.

Der Hinduismus kennt keinen Stifter und keine einheitliche Lehre. Im Laufe der Zeit bildeten sich unterschiedlichste Gedanken und Systeme heraus, die ohne Störung nebeneinanderstehen. Deshalb ist es für uns oft ein Problem, den Hinduismus als „Religion“ zu definieren. Nach unserem westlichen Verständnis gehören Merkmale wie „ein Gott im Zentrum“, „eine heilige Schrift“, „Betonung der schriftlichen Traditionen“, „eine gemeinsame Institution mit allgemeinverbindlicher Lehre“ und „ein Oberhaupt bzw. Oberhäupter der Institution“ notwendig zu einer Religion.

Da hinduistische Traditionen über keine einheitliche Lehre verfügen, erheben Hindus in Bezug darauf auch keinen Absolutheitsanspruch. Der **Fundamentalismus** einiger Hindus bezieht sich daher nicht auf die religiöse Lehre, sondern auf das politische Ziel, eine Hindu-Nation in Indien zu errichten. Auch wenn heute ca. 150 Millionen Muslime friedlich in Indien leben, brechen von Zeit zu Zeit religiöse Unruhen aus.

Nach einer Erzählung meditierte der Weise Bhagiratha zu einer Zeit, als die Erde trocken und unbewohnbar war, rund tausend Jahre lang. Shiva, einer der wichtigsten hinduistischen Götter, gewährte ihm daher die Erfüllung eines Wunsches. Der Weise erbat sich die Niederkunft des himmlischen Flusses Ganga, damit die Erde fruchtbar werde. Die gewaltigen Wassermassen der Ganga drohten aber, alles Leben hinwegzuspülen. Deshalb fing Shiva die herabstürzenden Wassermassen mit dem aufgetürmten Haar seines Kopfes auf, sodass der Ganges sanft vom Himalaya in die indische Ebene hinabfließen kann.

In Artikel 25 der indischen Staatsverfassung werden alle Religionen als hinduistisch bezeichnet, die in Indien entstanden sind. Dazu gehören der **Buddhismus**, der **Jainismus** und der **Sikhismus**.

Info

Der **Buddhismus** (von Sanskrit *budh* „erwachen") wurde durch das Lebensbeispiel des historischen **Buddha** („Erwachter") namens **Siddharta Gautama** im 5./4. Jh. v. Chr. begründet. Ihre Anhänger glauben, dass jeder Mensch, der den Kreislauf von Werden und Vergehen verlässt, aus dem Schlaf des Daseins zur Wahrheit erwachen kann.
Der **Jainismus** ist in seinen Lehren dem Buddhismus sehr verwandt, legt jedoch im Gegensatz zu diesem Wert auf strengste Askese. Die ca. 5 Millionen Jainas weltweit leben zum großen Teil in Indien.

Der **Sikhismus** ist eine auf Guru Nanak (1469–1538) zurückgehende, monotheistische Reformreligion, die den Islam mit hinduistischen Traditionen verbindet. Von den 23 Millionen Sikhs weltweit leben knapp 20 Millionen in Indien.

Hindus scheuten niemals davor zurück, Traditionen anderer Religionen zu übernehmen. So wird z. B. der historische **Buddha** als neunter **Avatar** des Gottes **Vishnu** verehrt.

Info

Avatar (von Sanskrit *avatara* „Abstieg"): Götter oder deren Eigenschaften verkörpern sich in Menschen oder Tieren. Aufgabe der Avatare ist es, den Menschen als Vorbilder auf dem Heilsweg zu dienen.

Auch weil der Hinduismus buddhistische Traditionen in sich aufnahm, spielt der Buddhismus in seinem Ursprungsland Indien keine bedeutende Rolle mehr. Dazu kam die häufig mit Eroberungsfeldzügen verbundene Ausbreitung des Islam in Indien, die seit dem 9. Jahrhundert eine Schwächung des Buddhismus bewirkte. Heute leben von den knapp 400 nur ca. 8 Millionen Buddhisten in Indien.

Viele Hindus lehnen die Bezeichnung „Hinduismus" für ihre Religion ab. Sie sprechen lieber von der **„Sanatana Dharma"**, der Ordnung (dharma), die ewig (sanatana) gilt.

Indische Miniatur, 17. Jh. Der Gott Vishnu (der Erhalter des Dharma) verwandelt sich während der Urflut in den ersten Avatar, den Fisch Matsya. Als solcher kann er die Menschheit warnen und den Seedämon töten.

→ Vishnu ist Teil der Trimurti. Lies dazu S. 218.

Aufgaben

1 **a)** Betrachte die Bilder von Shiva und Vishnu und beschreibe Gemeinsamkeiten und Unterschiede.
b) Tausche dich mit deinem Nachbarn/deiner Nachbarin darüber aus, wie die Bilder auf dich wirken. Diskutiert darüber, aus welchen Gründen sie diese Wirkung auf euch haben.

2 **a)** Was verstehst du unter Religion? Male ein abstraktes Vorstellungsbild. Hinweise dazu findest du auf S. 261.
b) Stelle gemeinsam mit deinem Nachbarn bzw. deiner Nachbarin eine Definition von „Religion" auf. Vergleicht eure Definitionen in der Klasse.
c) Formuliere und begründe, welche Aspekte notwendig zu einer Religion gehören und welche nicht.
d) Erstellt eine gemeinsame Mindmap zum Religionsbegriff.

Buddhismus – eine Religion?

Der Buddhismus ist mit knapp 400 Millionen Anhängern die weltweit viertgrößte Religion nach dem Christentum (2,1 Milliarden), dem Islam (1,3 Milliarden) und dem Hinduismus.

Einige Forscher meinen, der Buddhismus sei gar keine Religion, weil seine Anhänger keinen Gott als übernatürliche Macht verehren. Manche sagen scherzhaft, der Buddhismus sei die ideale Religion für Atheisten. Auch eine festgelegte Glaubenslehre ist ihm fremd.

Entstehung

Entstanden ist der Buddhismus aufgrund des Lebensbeispiels von **Siddharta Gautama** vermutlich im 4. oder 5. Jahrhundert v. Chr. Siddharta bedeutet wörtlich „der sein Ziel erreicht hat". Er gehörte der Sippe Gautama in Nordindien an. Seine Heimatstadt Kapilavastu liegt heute in Nepal. Siddharta hat zwischen 500 und 370 v. Chr. gelebt. Die genauen Daten sind unbekannt. Sicher ist nur, dass er als etwa 80-Jähriger gestorben ist

→ Wieso die buddhistischen Lehrrichtungen als „Fahrzeuge" bezeichnet werden, erfährst du auf S. 211.

Aufgestört durch die Begegnung mit Leiden und Tod verließ der Prinz Siddharta mit 29 Jahren seine Familie. Sechs Jahre, die er mit **Yoga** und **Askese** verbrachte, führten nicht zum erwünschten Ergebnis, einen Weg aus dem Leid der Welt zu finden.

Info

Yoga (Sanskrit: yuga = „Joch") ist eine Lehre der Meditation, die Körper und Seele vereinigt. Sie soll den Menschen zur Sammlung und Konzentration und schließlich zur Erleuchtung führen.

Als **Askese** (gr. ἀσκέω = „üben") bezeichnet man den Verzicht auf körperliche Bedürfnisse, Eigentum bzw. Kommunikation. Er soll dazu dienen, zu tieferen Einsichten zu gelangen.

Erst als er sich von den traditionellen Wegen abwandte, gelangte Siddharta mit 35 Jahren zur Erleuchtung und wurde damit zum **Bodhisattva**.

Info

Bodhisattva (Sanskrit: „Erweckungswesen") wird ein Mensch genannt, der entweder das Erwachen erreicht hat oder es anstrebt, um anderen zu helfen. Im tibetischen Buddhismus gilt der **Dalai-Lama** (tibetisch: religiöser Lehrer (*lama*), dessen Weisheit so groß ist wie der Ozean (*dalai*)) als Bodhisattva.

Siddharta predigte seine Lehre als Wandermönch und gründete verschiedene Gemeinschaften. Das spirituelle Wissen wurde in ihnen über Jahrhunderte nur mündlich weitergegeben. So entwickelten sich schon früh unterschiedliche buddhistische Schulen.

Verbreitung und Richtungen

In Indien hatte der Buddhismus zwischen 500 v. Chr. und 500 n. Chr. seine Blütezeit. Bis zum Jahre 1500 n. Chr. wurde er fast ganz aus Indien vertrieben. Bereits zu Beginn der christlichen Zeitrechnung begann seine Ausbreitung in andere asiatische Länder: Zunächst kam er nach Ceylon und China, später nach Kambodscha, Indonesien, Myanmar. Ab 500 verbreitete er sich auch in Japan, Thailand, Tibet, Laos und Korea. Dort vermischten sich die lokalen religiösen Traditionen mit dem Buddhismus, sodass er sich heute in einer unüberschaubaren Vielfalt darstellt.

Grundlegend ist die Einteilung der buddhistischen Lehrrichtungen in **Theravada** (Pali: „Lehre der Ältesten") und **Mahayana** (Sanskrit: „großes Fahrzeug"). Der Theravada lässt sich auf die älteste Mönchsgemeinde zurückführen. Er gilt als streng, während der Mahayana einen für alle

Menschen praktizierbaren Buddhismus betont. Mit dem Wort **Hinayana** (Sanskrit „kleines Fahrzeug") kritisieren die Anhänger des Mahayana, dass der Theravada das Heil des Einzelnen und nicht die Erlösung aller Menschen ins Zentrum stellt. Der tibetische **Lamaismus** (von tibetisch *lama*: „Lehrer") wird auch als **Vajrayana** (Sanskrit: „Diamantfahrzeug") bezeichnet und zählt zum Mahayana.

Der **Dalai-Lama**, das spirituelle Oberhaupt im tibetischen Buddhismus, vertritt die Position, dass jeder in der Religion bleiben solle, in die er hineingeboren ist.

Diese Auffassung ergibt sich aus der buddhistischen Überzeugung von der **Reinkarnation**, der Wiedergeburt nach dem Tod. Die Form, in der jemand wiedergeboren ist, hängt nach dieser Vorstellung davon ab, wie er in seinem früheren Leben gelebt hat. Daraus folgt für das Handeln jedes Menschen: Wenn mein früheres Leben dafür verantwortlich ist, wo und wie ich heute lebe, dann muss ich versuchen, an dem Ort, der mir zukommt, das Beste zu tun. Und dann ist es besser, die eigene Tradition zu vertiefen, als sich vorschnell auf etwas Neues einzulassen.

Tenzin Gyatso (geb. 1935), als 14. Dalai-Lama die höchste religiöse Autorität des tibetischen Buddhismus

Ein **Religionswechsel** ist für den Dalai-Lama nur dann sinnvoll, wenn er dazu beiträgt, dass man anderen Menschen besser helfen kann. Drei Kriterien sind dabei zu beachten:

1. Der Wechsel soll nicht mit Ärger über die eigene Tradition verbunden sein. Wenn in ihrer Glaubenspraxis der Anspruch und die Wirklichkeit auseinanderklaffen, sollte das eher ein Ansporn sein, in der eigenen Praxis daran zu arbeiten, den Ansprüchen der Religion zu genügen. Schlechte Beispiele gibt es in jeder Religion.

2. Die Herkunftsreligion soll weiter geachtet werden. Das ist wichtig, um sich von der eigenen Gesellschaft nicht abzusondern, sondern weiterhin verantwortlich in ihr und für sie zu handeln. Der Dalai-Lama nennt als gutes Beispiel tibetische Christen, die nach außen weiterhin als Tibeter leben und ihre Pflichten erfüllen, auch wenn sie nach innen in Christus ein anderes Zentrum haben als die Buddhisten.

3. Wichtig ist auch die Stetigkeit der eigenen Praxis. Es geht darum, einen Übungsweg zu Ende zu gehen und nicht ständig etwas Neues auszuprobieren.

Unabhängig von einem Religionswechsel kann sich nach dem Ratschlag des Dalai-Lamas jeder von einer anderen Religion inspirieren lassen:

> „Wenn Sie meinen, dass die Lehren zu Ihnen passen, wenden Sie sie, so weit Sie können, auf Ihr Leben an. Wenn sie nicht zu Ihnen passen, lassen Sie sie einfach sein."

Aufgaben

1 Nenne Gründe, warum der Buddhismus als Religion anzusehen ist, auch wenn er in der Regel keine Verehrung eines Gottes oder von Göttern kennt.

2 Erkläre, warum die Anhänger des Theravada die Bezeichnung „Hinayana" für ihren Weg ablehnen.

3 **a)** Diskutiert die Argumente, die der Dalai-Lama gegen einen Religionswechsel anführt.
b) Finde weitere Beispiele zu seinen Kriterien.

4 **a)** Zeige auf, inwiefern das, was du auf dieser Doppelseite über den Buddhismus erfahren hast, sich in der Abbildung des Buddhakopfes wiederfindet.
b) Recherchiere weitere Buddha-Abbildungen und ihre Bedeutung.

Dialog zwischen den Religionen

Die Erklärung „Nostra aetate" über das Verhältnis der Kirche zu den nichtchristlichen Religionen

Info

Nostra aetate (lat. „in unserer Zeit") ist eine Erklärung des **Zweiten Vatikanischen Konzils** vom 28.10.1965. Das Konzil tagte von 1962–1965. Unter dem Zielgedanken des **Aggiornamento**, der „Vergegenwärtigung", versuchte es, den christlichen Glauben für Menschen in der heutigen Zeit verständlich zu machen. Im Zentrum standen dabei der ökumenische und interreligiöse Dialog.

„1. [...] Die Menschen erwarten von den verschiedenen Religionen Antwort auf die ungelösten Rätsel des menschlichen Daseins, die heute wie von je die Herzen der Menschen im tiefsten bewegen: Was ist der Mensch? Was ist Sinn und Ziel unseres Lebens? Was ist das Gute, was die Sünde? Woher kommt das Leid, und welchen Sinn hat es? Was ist der Weg zum wahren Glück? Was ist der Tod, das Gericht und die Vergeltung nach dem Tode? Und schließlich: Was ist jenes letzte und unsagbare Geheimnis unserer Existenz, aus dem wir kommen und wohin wir gehen?

2. [...] So erforschen im Hinduismus die Menschen das göttliche Geheimnis und bringen es in einem unerschöpflichen Reichtum von Mythen und in tiefdringenden philosophischen Versuchen zum Ausdruck und suchen durch aszetische Lebensformen oder tiefe Meditation oder liebend-vertrauende Zuflucht zu Gott Befreiung von der Enge und Beschränktheit unserer Lage. In den verschiedenen Formen des Buddhismus wird das radikale Ungenügen der veränderlichen Welt anerkannt und ein Weg gelehrt, auf dem die Menschen mit frommem und vertrauendem Sinn entweder den Zustand vollkommener Befreiung zu erreichen oder – sei es durch eigene Bemühung, sei es vermittels höherer Hilfe – zur höchsten Erleuchtung zu gelangen vermögen. So sind auch die übrigen in der ganzen Welt verbreiteten Religionen bemüht, der Unruhe des menschlichen Herzens auf verschiedene Weise zu begegnen, indem sie Wege weisen: Lehren und Lebensregeln sowie auch heilige Riten.
Die katholische Kirche lehnt nichts von alledem ab, was in diesen Religionen wahr und heilig ist. Mit aufrichtigem Ernst betrachtet sie jene Handlungs- und Lebensweisen, jene Vorschriften und Lehren, die zwar in manchem von dem abweichen, was sie selber für wahr hält und lehrt, doch nicht selten einen Strahl jener Wahrheit erkennen lassen, die alle Menschen erleuchtet. [...]"
(Nostra aetate)

Aufgaben

1 Arbeite aus dem Konzilstext heraus, mit welcher inneren Haltung ein Christ nach Ansicht des Zweiten Vatikanischen Konzils der religiösen Welt des Hinduismus und Buddhismus begegnen sollte.

2 Erstelle ein Schaubild, in dem du das Verhältnis der katholischen Kirche zu anderen Religionsgemeinschaften darstellst.

Papst Benedikt XVI. traf auf seiner Pastoralreise im Jahr 2008 die Vertreter anderer Religionen in Washington.

Tibetischer Mönch mit Meditationsglocke (Drilbu) in der rechten Hand, Zepter (Dorje) in der linken Hand und Gebetskette (Mala) über dem rechten Unterarm

Im Jahr 2008 traf sich Papst Benedikt XVI. in den USA mit Repräsentanten der Juden, Muslime, Hindus, Buddhisten und Jainas. Dabei meinte Papst Benedikt XVI., ein interreligiöser Dialog diene nicht nur dem gegenseitigen Verständnis, sondern er diene auch der ganzen Gesellschaft. Durch den Dialog werde der Blick auf gemeinsame ethische Werte frei. Religiöse Führer hätten seiner Auffassung nach eine sehr große Verantwortung für die Gesellschaft. Ihnen sei es möglich, auf grundlegende gemeinsame Überzeugungen und Werte hinzuweisen. Wer den interreligiösen Dialog auf die Suche nach Frieden in der Welt einengen wolle, der verkürze ihn und nutze nicht seine vollen Möglichkeiten. Der Dialog der Religionen könne vielmehr die tiefsten Fragen des Menschen nach dem Sinn des Lebens, nach dem Woher und Wohin beantworten.

Info

Für den Dialog zwischen verschiedenen Religionen ist **Toleranz** zentral. Wer sich anderen gegenüber tolerant verhält, erkennt ihm fremde Überzeugungen und Verhaltensweisen als gegenüber seinen eigenen gleichberechtigt an.

Der Papst bekam bei dieser Gelegenheit einen kostbaren Koran geschenkt. Der von Kunsthandwerkern in Ägypten gefertigte Band, den eine junge Muslimin ihm überreichte, war eines der „Symbole des Friedens", die Papst Benedikt XVI. von Angehörigen der Weltreligionen erhielt.
Ein Vertreter des Judentums schenkte dem Papst eine silberne Menora, den traditionellen siebenarmigen Leuchter, als Zeichen des immerwährenden Gottesbundes.
Ein Angehöriger des Jainismus brachte dem Papst einen metallenen Würfel, der die Prinzipien der Gewaltlosigkeit und des Respekts symbolisieren soll.
Aus der Hand eines Hindus erhielt er die heilige Meditations-Silbe „Om" in Goldblech.
Eine Buddhistin schenkte dem katholischen Kirchenoberhaupt eine Meditationsglocke, wie sie in koreanischen Klöstern verwendet wird.

1 Diskutiert, inwieweit sich Aufgeschlossenheit für fremde Religionen und eigener Wahrheitsanspruch vereinbaren lassen. Verwendet dabei auch den Begriff der „Toleranz".

2 Recherchiert den Gebrauch von Drilbu, Dorje und Mala in den fernöstlichen Religionen. Vergleicht sie mit Hilfsmitteln beim Gebet, die ihr aus dem Christentum kennt.

Die Silbe „Om“: Symbol des Hinduismus

Auch in der westlichen Welt ist sie als Meditationssymbol weit verbreitet: die Silbe **Om**. Sie ist das zentrale Symbol des Hinduismus. Für die Hindus ist Om eine heilige Silbe. Sie gilt als der Grundlaut der Welt. Übersetzt wird sie mit „alles“, „ich bin“ oder „so soll es sein“. Die Buchstaben in der Schrift des Sanskrits, aus der das Symbol zusammengezogen ist, versinnbildlichen die drei Lebensstadien Geburt, Leben und Tod oder auch das Körperliche, das Geistige und das Unbewusste. Sie stehen für Erkennen, Wollen und Handeln oder Vergangenheit, Gegenwart und Zukunft. So symbolisiert die Om-Silbe insgesamt die Fülle des Lebens in menschlicher und göttlicher Perspektive.

Hindus sprechen die heilige Silbe jeden Tag viele Male. Das Om-Zeichen ist ein sogenanntes **Mantra**, das immer wieder gesprochen oder gesummt wird. Dabei soll man sich nur auf das Mantra, sich selbst und die eigenen Gedanken konzentrieren.

Info

Unter einem **Mantra** (von Sanskrit *man* „denken“ und *tra* „Werkzeug“) versteht man heilige Wörter oder Sätze, die meditativ rezitiert werden. Dadurch sollen geistige Energien freigesetzt werden. Die Silbe Om ist für Hindus der wichtigste von vielen einsilbigen Mantras, weil sie alle anderen Mantras in sich enthält.

Man sagt, dass alle Sprachen und Klänge im Laut Om beginnen und enden:

„Wie die Blätter eines Baumes durch den Stamm zusammengehalten werden, so hält Om alles Gesprochene zusammen.“

Mitten in Indien liegt, umgeben von zwei Flüssen, die Insel Omkareshwar. Sie ist ein zentrales Pilgerziel für Hindus, denn am wichtigsten Fluss nach dem Ganges, der Narmada, liegt einer der zwölf heiligen Shiva-Tempel Indiens. Nach einer Legende gilt Shiva als Schöpfer des Sanskrits und des Urwortes „Om“. Ein sieben Kilometer langer Pilgerweg lässt aus der Ferne das Om-Zeichen sichtbar werden.

Shiva – der Gott der Gegensätze, schrecklich und freundlich zugleich – zerstört und erschafft als Gott des Tanzes die Welt durch seinen heiligen Tanz.

Aufgaben

1 **a)** Stelle die verschiedenen Bedeutungen und Erklärungen der Silbe Om in einer Tabelle zusammen.
b) Begründe, welche der Erklärungen deiner Meinung nach zentral sind.

2 Viele Menschen vergleichen die Silbe Om mit dem christlichen Wort „Amen“. Nenne Gründe für diesen Vergleich.

Lebensrad und Rad der Lehre: Symbole des Buddhismus

Das Mantra „Om Mani Peme Hung" ist das älteste und bis heute beliebteste Mantra des tibetischen Buddhismus.

Om steht für den gereinigten Menschen (Körper, Geist und Rede).

Mani bedeutet wörtlich „Juwel". Es bezeichnet u. a. die Methode der Reinigung Buddhas. Außerdem ist es Symbol des Männlichen.

Peme heißt übersetzt „Lotus". Es symbolisiert die reine Weisheit Buddhas: So wie die Lotusblüte zwar im Schlamm wächst, wird sie doch nicht durch ihn verunreinigt. Peme ist auch Symbol des Weiblichen.

Hung steht für die Untrennbarkeit von Methode und Weisheit, Männlichem und Weiblichen in der **Buddha-Natur**.

Info

Die **Buddha-Natur** bezeichnet die in allen Lebewesen schlummernde Möglichkeit zum Erwachen.

Die sechs Silben des Mantras können auch für die sechs Daseinsformen stehen, in die hinein eine Wiedergeburt erfolgen kann. Sie sind im breitesten Ring des **Lebensrades** (auf dem Bild auf S. 201) dargestellt:

Info

Das **Bhavacakra (Lebensrad)** symbolisiert den leidvollen Kreislauf des Werdens und Vergehens. Es wird besonders im tibetischen Buddhismus meditiert.

1. Die Welt der Götter: Aus Stolz über die angenehme Situation wird man träge und vergisst die Arbeit an der Erlösung.

2. Die Welt der Titanen bzw. Halbgötter: Aus Eifersucht auf das vermeintliche Wohlergehen anderer Wesen verirrt man sich in Intrigen.

3. Die Welt der Menschen: Aus Unwissenheit strebt man danach, mehr zu wissen und zu besitzen als andere.

4. Die Welt der Tiere: Aus Dummheit hasst man alles Unbekannte und Fremde und verschanzt sich hinter vermeintlichen Sicherheiten.

5. Die Welt der (Hunger-)Geister: Aus Anhaftung an alle Dinge will man alles haben und bekommt schließlich nichts.

6. Die Welt der Höllenwesen: Aus Zorn auf andere erwachsen Hass (heiße Hölle) und Verachtung (kalte Hölle). Wut und Aggression bestimmen das Dasein.

Jeder dieser Welten ist ein Bodhisattva beigestellt, der die Wesen zur Einsicht führen möchte. Ein zentraler Weg zur Verwirklichung der Buddha-Natur ist es, der **Lehre vom Achtfachen Pfad** zu folgen. Diese beinhaltet: 1. rechte Erkenntnis, 2. rechte Absicht, 3. rechte Rede, 4. rechtes Handeln, 5. rechter Lebensunterhalt, 6. rechtes Streben, 7. rechte Achtsamkeit, 8. rechte Versenkung.

→ Was ein Bodhisattva ist, erfährst du auf S. 206.

→ Über die Lehre vom Achtfachen Pfad kannst du dich auf S. 221 informieren.

Info

Das **Dharmachakra** (Sanskrit: **„Rad der Lehre"**) symbolisiert die von Buddha verkündete Lehre: Mit seinen acht Speichen verweist es auf den achtfachen Pfad.

1 Benenne die sechs Daseinsformen und Bodhisattvas im Bild auf S. 201.

2 Recherchiere und vergleiche unterschiedliche Deutungen des Lebensrades.

3 Der buddhistische Lehrer Gyaltsen Ringpoche sagt: „Om beseitigt Stolz und seine Folgen, ma beseitigt Eifersucht und ihre Folgen, ni beseitigt Unwissenheit und ihre Folgen, pe beseitigt Dummheit und ihre Folgen, me beseitigt Anhaftung und ihre Folgen, hung beseitigt Zorn und seine Folgen." Beziehe diese Aussage auf die Beschreibung der Daseinsformen und deute die Wirkungen des Mantras.

Von Shruti, Smriti, Itihasa und Sutras im Hinduismus ...

Während Om als Grundlaut gewissermaßen die ganze Welt umfasst, reicht ein Menschenleben nicht aus, um die heiligen Schriften der hinduistischen Traditionen zu studieren: Ihr Umfang ist kaum zu erfassen.

Die heiligsten Schriften der Hindus werden unter dem Begriff „**Shruti**" zusammengefasst, der wörtlich „Gehörtes" bedeutet. Ihre Inhalte wurden über Jahrhunderte nur mündlich durch die hinduistischen Priester, die **Brahmanen**, weitergegeben. Sie erlernten die heiligen Texte in einem langen Studium, um sie bei den kultischen Opferhandlungen zu rezitieren. Zur Shruti, der göttlichen Offenbarung, zählen die **vier Veden**, unter denen der **Rigveda** die ältesten Dichtungen enthält. Sie wurden vermutlich 1200–900 v. Chr. aufgeschrieben. „Rigveda" bedeutet wörtlich „Wissen in Versen". Er besteht aus über Tausend Hymnen mit Hunderttausenden von Versen.

Auch die **Upanischaden** gehören zur Shruti und werden als vedische Schriften bezeichnet. Wörtlich übersetzt heißen diese philosophischen Lehren „sich setzen zu Füßen eines Lehrers". Aus Zweifeln an der Wirksamkeit des vedischen Opfers und dem Bedürfnis, die Ungleichheit unter den Menschen und unverschuldetes Leiden zu erklären, entstand in den Upanischaden die **Reinkarnationslehre**.

Zur **Smriti** (wörtlich: „Erinnerungen") zählen ausführliche Gesetzesbücher. Durch Bezug auf eine berühmte Autorität sollen sie das Leben der künftigen Generation regeln. So wird im Manusmriti etwa Manu als Stammvater aller Menschen vorgestellt, der der gesamten Menschheit Gesetze gibt. Diese betreffen z. B. die Kasteneinteilung, beinhalten aber auch Regeln für das soziale und private Leben.

Für das praktische Leben der meisten Hindus ist allerdings die **Itihasa**, die „Geschichte", von größter Bedeutung. Zu ihr gehören die Epen **Mahabharata** und **Ramayana** sowie die 18 **Puranas**.

Info

Das Nationalepos **Mahabharata** (Sanskrit: „die große Geschichte der Bharatas") beschreibt den Kampf zweier Fürstenfamilien. Im Nationalepos **Ramayana** (Sanskrit: „Gang des Rama") wird die Geschichte des Prinzen Rama und von seinem Kampf gegen das Böse erzählt. Die Epen sind vermutlich zwischen 400 v. Chr. und 400 n. Chr. aufgeschrieben worden. **Purana** bedeutet „alte Erzählung". Von 400.000 Puranas werden 18 als Haupt-Puranas anerkannt. Jeweils 6 davon sind den drei Hauptgöttern Brahma, Vishnu und Shiva zugeordnet.

Zahlreiche Einzelschulen sammelten und sammeln ihre Lehren in **Sutras** (wörtlich: „Leitfäden"), die intensiv kommentiert wurden.

Im Gegensatz zu den Schriftreligionen Judentum, Christentum und Islam stehen in den hinduistischen Traditionen die heiligen Schriften nicht im Zentrum. Die genaue Überlieferung der Worte, von deren magischer Wirkung die Inder überzeugt sind, war die Aufgabe der Priesterkaste: Vom richtigen Umgang der Brahmanen mit der Shruti bei den Ritualhandlungen hing das Wohlergehen des Volkes ab.

Ein junger **Sadhu** (Mönch eines hinduistischen Ordens) rezitiert heilige Schriften während eines Feuerrituals in Kathmandu, Nepal.

Aufgaben

1 **a)** Übertrage auf einer Zeitleiste die Entstehung der wichtigsten heiligen Schriften der Hindus in dein Heft.

b) Ergänze die Zeitleiste, indem du Erklärungen zur Bedeutung der heiligen Schriften in den hinduistischen Traditionen hinzufügst.

... und den „drei Körben" Buddhas

Das Bild zeigt den koreanischen Tipitaka. Mit 81.256 Holzdruckstöcken – einen davon hält der Mönch in der Hand – wurden davon 6000 Bände gedruckt. Die 1236–1251 hergestellten Druckstöcke gehören seit 1995 zum UNESCO-Weltkulturerbe und werden im Haeinsa-Tempel in Südkorea aufbewahrt. Sie gelten als eine der ältesten erhaltenen buddhistischen Schriften.

Siddharta Gautama hat – genau wie Jesus – keine eigenen Schriften verfasst. Zu seiner Zeit war es auch nicht üblich, religiöse Lehren aufzuschreiben. Was so wichtig war wie die Religion, wurde auswendig gelernt.

Nachdem Siddharta durch Meditation erleuchtet worden war, schlossen sich ihm viele Menschen an und bildeten einen **Sangha**. Alle, die sich für Buddha und sein **Dhamma** interessierten, konnten von ihm lernen.

Info

Mit dem Begriff **Sangha** (Sanskrit: „Versammlung, Gemeinschaft") bezeichnet man eine Gruppe, die gemeinsam den Buddhismus praktiziert (z. B. in Klöstern), oder die buddhistische Gemeinde insgesamt.

Der Begriff **Dhamma** (Pali) bzw. **Dharma** (Sanskrit) meint im engeren Sinne die Lehre Buddhas, im weiteren Sinne das Lebensbeispiel aller Bodhisattvas.

Der Buddha und seine Nonnen und Mönche standen immer in enger Verbindung zum Volk. Sie belehrten es und erhielten von ihm Nahrung. Laien konnten sich auf Zeit ihrem Sangha anschließen – auch **Kastenlose** und Frauen. Damit stellte sich Siddharta gegen die Auffassung der elitären **Kaste** der **Brahmanen** und „demokratisierte" in gewisser Weise die Religion.

Im Zentrum des Buddhismus – wie auch des Hinduismus – steht nicht das Studium der Schriften, sondern ein enges Schüler-Lehrer-Verhältnis. Der Lehrer sieht, was sein Schüler braucht und führt ihn behutsam auf seinem spirituellen Weg weiter. Die Schüler Gautamas haben das Erbe ihres Lehrers immer wieder rezitiert. Nach seinem Tod unterteilten sie es in drei Sammlungen, die man **Tipitaka** nennt, und legten damit den **buddhistischen Kanon** fest. Der älteste vollständige Kanon ist in Pali verfasst und wird deshalb **Pali-Kanon** genannt. Zum **Tipitaka** gehören
1. **Sutta/Sutra-Pitaka**, der „Korb der Lehrreden", in denen Buddha seine Hauptlehren entwickelt und Hinweise zur Meditation gibt;
2. **Vinaya-Pitaka**, der „Korb der Disziplinen", in denen Buddha Regeln und Verordnungen für das Zusammenleben der Mönche und Nonnen aufstellt;
3. **Abhidhamma/Abhidharma-Pitaka**, der „Korb der besonderen Lehre", eine wissenschaftliche Analyse der Wirklichkeit, umfangreiche philosophische und psychologische Überlegungen.

→ Über das Kastenwesen kannst du dich auf S. 215 und S. 220 informieren.

1 Charakterisiere die Bedeutung des Schüler-Lehrer-Verhältnisses im Buddhismus und erkläre, inwiefern es sich in den heiligen Schriften und ihrer Tradierung widerspiegelt.

2 Lege eine Tabelle an, in der du für diese und die folgenden Doppelseiten Unterschiede und Gemeinsamkeiten der hinduistischen und buddhistischen Traditionen festhältst.

Die Einheit von Atman und Brahman ...

Alle hinduistischen Traditionen teilen die religiöse Vorstellung, dass **Atman** und **Brahman** identisch sind:

„Die Begriffe Atman und Brahman haben viele Bedeutungen [...]. Atman ist zunächst einfach die grammatische Form des Reflexivpronomens – je nach Zusammenhang bedeutet es Körper, ‚Ich', ‚er selbst', Seele – oder ‚Selbst' in dem tieferen, philosophischen Sinn. Brahman heißt in den Veden ‚Mantra' – in den Upanischaden wird es identifiziert mit dem Wort, mit dem Atem, mit dem Auge, dem Ohr, dem Herzen – mit einer Gottheit [**Deva**], mit der Sonne, mit dem Äther – und dann wieder wird jede Identifizierung mit irgendetwas verneint: ‚neti, neti' heißt es – nicht dies, nicht das – unsichtbar, unfassbar, undenkbar. [...] Es würde irreführen, Atman mit ‚Seele' und Brahman mit ‚Höchstem Wesen' zu übersetzen, weil beide Worte einen abendländisch-christlichen Hintergrund haben, der in Atman und Brahman nicht vorhanden ist. [...]

Tattvamasi – die Belehrung

Die Chandogya Upanischad berichtet in sehr lebendiger Schilderung wie der Vater seinem Sohn [...] beweist, dass er gar nichts weiß, wenn er das Brahman nicht kennt. [...] ‚Bring eine Feige', sagt der Vater. Svetaketu, der Sohn, bringt sie. ‚Teile sie. Was siehst du?' – ‚Feine Samen.' – ‚Teile einen Samen. Was siehst du?' – ‚Nichts.' Dann kommt das Wesentliche: ‚Dies, mein Lieber, diese ganze feine Wesenheit, die du nicht wahrnehmen kannst, daraus erwächst der Nyagrodha-Baum. Diese feine Substanz ist der Atman der ganzen Welt. Dies ist Wirklichkeit, dies ist Atman. **Tattvamasi** – Dies bist du, Svetaku!'

Ähnlich ist die Lehre aus dem letzten Experiment. Svetaku wird geheißen, eine Handvoll Salz in ein Gefäß voll Wasser zu geben und dann das Wasser an verschiedenen Stellen zu kosten und zu versuchen, das Salz wieder vom Wasser zu trennen. Das Salz hat das ganze Wasser gleichmäßig durchdrungen, kann nicht mehr getrennt werden. Und doch ist es nicht dasselbe wie das Wasser. Dies ist Atman – alles durchdringend, nicht trennbar von den Dingen, nicht identisch mit ihnen. [...] Tattvamasi – die Substanz, die unsichtbar im Samen der Feige ist, die Kraft, die den großen Baum wachsen lässt, ist auch die Kraft, die den Menschen leben und handeln lässt. [...]

Es ist zu beachten, dass das Tattvamasi nicht auf den drei unteren Stufen der Erkenntnis gilt – nicht im Wachzustand, im Traum oder im Tiefschlaf –, sondern nur im **Turiya**: Die Einsicht des Turiya, ja das Wesen von Turiya liegt in ihnen, in der Identität des ‚Selbst' mit dem ‚Absoluten'."

(Klaus Klostermaier, Hinduismus, 1965)

Info

Turiya (Sanskrit: „das Vierte") ist nach Tiefschlaf, Traum und Wachzustand der vierte Bewusstseinszustand, der überbewusste Zustand der Erleuchtung. Turiya gilt als psychologischer Ausdruck für Brahman. Es wird positiv auch als „Wesen des Atman" beschrieben.

Aufgaben

1 Gib wieder, wie Svetaku von seinem Vater zur Einsicht in die Identität von Atman und Brahman geführt wird.

2 Stelle das Verhältnis von Atman und Brahman in einem Schaubild dar.

3 Die Einheit von Atman und Brahman ist nur im Zustand des Turiya erfahrbar. Zeige die Folgen auf, die sich daraus für jedes Gespräch darüber ergeben.

… und die Anatta-Lehre Buddhas

Die **Anatta-Lehre** gilt als einer der zentralen Unterschiede in der Lehre von hinduistischen und buddhistischen religiösen Traditionen.

Info

Anatta (Pali)/**Anatman** (Sanskrit) bedeutet „Nicht-Ich", „Nicht-Selbst" oder „Unpersönlichkeit". Die Anatta-Lehre gilt als zentraler Baustein der Verkündigung Buddhas.

Thich Nhat Hanh (geb. 1926), einer der bedeutendsten buddhistischen Lehrer der Gegenwart

Thich Nhat Hanh legt die Anatta-Lehre Gautamas vor dem Hintergrund der Lebensumstände Jesu aus:

„Bei der Lektüre der Bibel fällt der große Mut auf, mit dem Jesus versuchte, das Leben seiner Gesellschaft zu verändern. Bei der Lektüre der Sutras erkennt man, dass der Buddha ebenfalls eine sehr starke Persönlichkeit war. Die indische Gesellschaft zur Zeit des Buddhas war weniger gewalttätig als die Gesellschaft, in die Jesus hineingeboren wurde. Wenn man also meint, dass der Buddha in seinen Reaktionen weniger extrem war, dann liegt dies nur daran, dass sich in seinem Umfeld andere Möglichkeiten boten. Seine Kritik an der Korruption unter den vedischen Priestern war dennoch sehr scharf. Der Begriff des **Atman**, des Selbst, der im vedischen Glauben eine zentrale Stellung einnahm, war eine maßgebliche Ursache für die sozialen Ungerechtigkeiten jener Zeit; das Kastensystem (und) die furchtbare Behandlung der **Unberührbaren**.

Info

Die Einteilung in **Kasten** (spanisch **casta** „Rasse" von lat. **castus** „rein") dient der sozialen Ordnung. Die Kastenzugehörigkeit bestimmt oft heute noch die Partner- und Berufswahl vieler Hindus.

Der Buddha betonte demgegenüber die Lehre des **Anatman** (Nicht-Selbst). Er sagte:

‚Die Dinge haben kein getrenntes, unabhängiges Selbst. Wenn man nach dem Selbst einer Blume sucht, wird man erkennen, dass es leer ist.'

Als seine Anhänger jedoch die Lehre von der Leerheit zum Dogma erheben wollten, sagte er:

‚Es ist schlimmer, wenn ihr auf dem Nicht-Selbst einer Blume beharrt, als wenn ihr an das Selbst einer Blume glaubt.'

[…] Es gibt etwas Wichtigeres als das Nicht-Selbst, nämlich die Freiheit von den Vorstellungen eines Selbst oder Nicht-Selbst. Wenn ein Buddhist einer Lehre verhaftet ist, selbst einer buddhistischen, begeht er Verrat am Buddha. Es kommt nicht auf Worte oder Begriffe an. Worauf es ankommt, ist unsere Einsicht in die Natur der Wirklichkeit.

(Thich Nhat Hanh, Buddha und Christus heute, 1996)

Ich glaube, dass der Buddha, wenn er in die Gesellschaft hineingeboren worden wäre, in die Jesus hineingeboren wurde, ebenfalls gekreuzigt worden wäre."

1 Nach Thich Nhat Hanh leistete der historische Buddha mit seiner Anatta-Lehre Widerstand gegen die religiöse Vorherrschaft der Brahmanen. Formuliere in einer These, worauf es Buddha mit seinem Widerstand ankam.

2 Erläutere mit deinem Wissen über die Lebensumstände Jesu, wie Thich Nhat Hanh zu der Annahme kommt, Buddha wäre ebenfalls gekreuzigt worden, wenn er zur Zeit Jesu in Palästina mit seiner Lehre aufgetreten wäre.

Jesus aus der Perspektive hinduistischer Erfahrung …

→ Über die heiligen Schriften der Hindus kannst du dich auf S. 212 informieren.

Der Benediktinermönch Henri Le Saux kam 1948 nach Indien, um den Hinduismus als Ganzen zum Christentum zu bekehren. Er wollte die Weisheit der älteren religiösen Traditionen christlich interpretieren. Zu diesem Zweck studierte er die heiligen Schriften der Hindus und suchte den Dialog mit indischen Gurus. Nach einer spirituellen Erfahrung während einer Fiebererkrankung war er 1950 Mitbegründer eines christlich-hinduistischen **Ashram** und gab sich den **Guru**-Namen **Swami** Abhishiktananda (Glückseligkeit durch den Gesalbten = Christus).

Info

Ashram (Sanskrit „Ort der Anstrengung") ist die Bezeichnung für ein klosterähnliches Meditationszentrum. Die spirituellen Führer oder Leiter eines Ashram sind **Gurus** (Sanskrit „schwer, gewichtig", heute indonesisch und singhalesisch „Lehrer"), die sich meistens mit **Swami** (Sanskrit „Meister") und einem zu ihrer spirituellen Ausrichtung passenden selbst gewählten Namen anreden lassen.

Henri Le Saux (1910–1973)

Bis er seine religiöse Doppelidentität – Christ und Hindu zugleich zu sein – akzeptieren konnte, durchlebte Le Saux schmerzhafte Erfahrungen der Zerrissenheit. Am 14.07.1973 machte er während eines Herzinfarktes die Erfahrung des Erwachens, durch die sich auch sein Blick auf Jesus Christus veränderte:

„Je weiter ich gehe, umso weniger könnte ich Christus auf eine Art darlegen, die man noch als ‚christlich' betrachten könnte. Ich kann mit ‚Christus' nur anfangen, wenn mein Zugang ein ‚begrifflicher' ist, mit Ideen. Denn Christus ist zunächst einmal eine ‚Idee', die mir von außen kommt. Noch mehr nach meiner ‚Jenseits-von-Leben-und-Tod-Erfahrung' vom 14.7. geht es mir nur noch darum, die Menschen zu dem zu erwecken, der ‚sie sind'. In gleich welcher Religion wird alles, was über Gott oder das Wort gesagt werden kann, nur eine Idee sein, wird nicht existentiell sein, wenn es nicht gegründet ist auf die tiefe Erfahrung des ‚Ich'. Von diesem Erwachen zu sich selbst kommt das Erwachen zu Gott und man entdeckt mit Verwunderung, dass Christus einfach dieses Erwachen in einem Grad an Reinheit ist, der selten oder vielleicht niemals vom Menschen erlangt wird." (Henri Le Saux)

Aufgaben

1 Beschreibe, wie Henri Le Saux sein Christusbild nach seiner durch hinduistische Traditionen geprägten spirituellen Erfahrung neu formuliert.

2 **a)** Erläutere den Unterschied zwischen einem „begrifflichen" und einem „existenziellen" Zugang zu Christus.

b) Charakterisiere das neue Christusverständnis Henri Le Saux'. Berücksichtige dabei die zentrale hinduistische Lehre „Tattvamasi" (vgl. S. 214).

3 Schreibe Henri Le Saux einen fiktiven Brief, in dem du deine Fragen an ihn formulierst.

4 Nimm Stellung, zu der Frage, ob das Christusbild von Henri Le Saux christlich ist.

... und ein Vergleich zwischen Jesus und Buddha

Gunter Klosinski, Buddha und Christus, 2009

1 Interpretiere die Fotocollagen von Gunther Klosinski. Beschreibe genau, was du siehst, und deute es auf dem Hintergrund deines Wissens über die Lebensgeschichten Jesu von Nazaret und Siddharta Gautamas. Recherchiere dazu Legenden aus dem Leben Siddhartas.

2 Stelle dir vor, beide Collagen könnten sprechen. Verfasse einen fiktiven Dialog zwischen ihnen.

3 Formuliere, was Christen deiner Meinung nach von Buddha und was Buddhisten deiner Meinung nach von Jesus lernen könnte.

Dreiheit des Einen im Hinduismus …

→ Den christlichen Glauben an den dreifaltigen Gott drückt das Lied auf S. 120 aus.

Trimurti

Tridevi

Das Bild der **Trimurti** (Sanskrit: „drei Formen") symbolisiert die Einheit des kosmischen Prinzips aus Schöpfung, Erhaltung und Zerstörung. Die Schöpfung wird dargestellt durch den Gott **Brahma** mit den vier Gesichtern, der eine Gebetskette hält. Für die Erhaltung steht der Gott **Vishnu** mit Schneckenhorn und Lotos in den Händen. Der Gott der Zerstörung ist **Shiva**, dargestellt mit Dreizack und Trommel. Manchmal werden die Trimurti auch als eine Gestalt mit drei Köpfen dargestellt.

→ Mehr über Mahatma Gandhi kannst du auf S. 220 und S. 222 erfahren.

Neben den Trimurti sehr beliebt ist **Ganesha** (Sanskrit „Herr der Scharen"), der elefantenköpfige Gott. Er wird oft um Hilfe angerufen. Zusammen mit seiner Mutter **Parvati** und seinem Vater **Shiva** bildet er die „heilige Familie" der Hindus.

Die **Tridevi** (Sanskrit: „Dreigöttin") sind das weibliche Pendant zur Trimurti: **Saraswati** als Göttin der Gelehrsamkeit und des Handwerks steht für die Schöpfung. Sie wird mit Musikinstrument und Muschel dargestellt. **Lakshmi** als Göttin des Glücks und der Schönheit verkörpert die Erhaltung. Für ihre Darstellung typisch sind Lotosblüte und Segenshand. **Kali** als Göttin des Todes steht für die Zerstörung.

Mahatma Gandhi, selbst bekennender Hindu, schreibt zum angeblichen **Polytheismus** (Vielgottglaube) der Hindus:

„Ich widerspreche der Behauptung, dass die Hindus an viele Götter glauben und Götzenanbeter sind. Zwar sagen sie, dass es viele Götter gibt, aber sie erklären auch unmissverständlich, dass es einen Gott gibt, den Gott der Götter."

Aufgaben

1 Erkläre, wie Gandhi den Glauben an einen Gott mit der Vielzahl der Götter im Hinduismus vereinbart.

2 Erläutere, welche Bedeutung die auf dieser Seite dargestellten Götter haben, wenn der Hinduismus keine polytheistische Religion ist.

3 Erstelle einen Steckbrief von einem hinduistischen Gott bzw. einer hinduistischen Göttin, der oder die dich anspricht. Recherchiere dazu weitere Informationen.

… und die „drei Juwelen“ der Buddhisten

„Im Buddhismus nehmen wir Zuflucht zu den ‚**Drei Kostbarkeiten**‘ Buddha, Dharma und Sangha. Diese Zufluchtsorte sind eine sehr tiefe Übung. Sie sind die buddhistische Trinität:

> Ich nehme meine Zuflucht zum Buddha,
> der mir in diesem Leben den Weg weist.
> Ich nehme meine Zuflucht zum Dharma,
> dem Pfad des Verständnisses und der Liebe.
> Ich nehme meine Zuflucht zum Sangha,
> der Gemeinschaft, die in Harmonie und
> Bewusstheit lebt.

Vor vielen Jahren begegnete ich auf Sri Lanka am Strand einigen Kindern. Ich hatte schon lange keine solchen Kinder mehr gesehen: barfuß auf einer grünen Insel ohne industrielle Umweltverschmutzung. […] Ich sah sie, und sie waren für mich ein wunderschöner Teil der Natur. Als ich so allein am Strand stand, kamen die Kinder einfach auf mich zugelaufen. Wir konnten uns nicht verständigen, weshalb ich allen sechs die Arme um die Schulter legte, und so standen wir eine ganze Weile. Plötzlich fiel mir ein, dass ich vielleicht ein Gebet in der alten buddhistischen Pali-Sprache sprechen könnte, das sie vielleicht verstehen würden. Ich begann also zu rezitieren: „Buddham saranam gacchami“ [„Ich nehme meine Zuflucht zum Buddha“]. Sie kannten das Gebet nicht nur, sondern sprachen es sogar mit. Vier von ihnen legten die Handflächen aneinander und sprachen, während die beiden anderen andächtig dabeistanden. Dies ist ein sehr bekanntes Gebet, ähnlich dem Vaterunser: „Ich nehme meine Zuflucht zum Buddha. Ich nehme meine Zuflucht zum Dharma. Ich nehme meine Zuflucht zum Sangha.“

Ich nickte den beiden Kindern zu, die nicht mitbeteten, sich uns anzuschließen. Sie lächelten, legten die Handflächen aneinander und sprachen auf Pali: „Ich nehme meine Zuflucht zur Mutter Maria.“ Der Klang ihres Gebets unterschied sich nicht sehr von dem buddhistischen. Dann umarmte ich jedes der Kinder. Sie waren ein wenig überrascht, aber ich fühlte mich sehr eins mit ihnen allen. Sie hatten mir eine Empfindung tiefer Gelassenheit und tiefen Friedens geschenkt. Wir alle brauchen einen Ort, der sicher und heilend ist und zu dem wir unsere Zuflucht nehmen können. Im Buddhismus ist diese Zuflucht die Achtsamkeit. […]

Die Übung des Zufluchtnehmens kann jeden Tag und mehrmals täglich durchgeführt werden. Wenn man sich aufregt, traurig, ängstlich oder beunruhigt fühlt, kann man auf eine Insel der Achtsamkeit zurückkehren. […] In Achtsamkeit zu gehen, zu atmen, zu sitzen, zu essen und Tee zu trinken sind sämtlich Übungen der Zufluchtnahme. Dies ist keine Frage des Glaubens, sondern fest in der Erfahrung gegründet. […] Achtsame Atmung vereinigt Körper und Geist. Viele nennen Achtsamkeit den Kern der buddhistischen Meditation. Sie ist in der Tat die erste Voraussetzung zur Herstellung eines intensiven Kontakts. Wenn man Achtsamkeit übt, ist man in Berührung mit dem Heiligen Geist, und man wird friedvoll und gefestigt.

Die Zuflucht zu den drei Juwelen ist die Grundlage jeglicher buddhistischen Praxis. Die Zuflucht zur Trinität ist die Grundlage jeglicher christlichen Praxis.“

(Thich Nhat Hanh, Buddha und Christus heute, 1996)

1 Beschreibe, wie durch das gemeinsame Gebet eine Gemeinschaft zwischen dem Mann und den Kindern entsteht.

2 Zufluchtnahme und Achtsamkeit gehören zusammen. Verbildliche diesen Zusammenhang in einem Schaubild.

3 Erläutere in deinem Lerntagebuch, zu wem oder zu was du Zuflucht nimmst. Wenn du möchtest, kannst du deine Notizen mit denen deines Banknachbarn/deiner Banknachbarin vergleichen.

4 Nimm dir vor, an einem bestimmten Tag achtsam zu leben. Formuliere abends in deinem Lerntagebuch, was sich verändert.

Im Zentrum – die Verehrung der Kuh …

Mahatma Gandhi hat Zeit seines Lebens für Reformen im Hinduismus gekämpft. Ein besonderes Anliegen war es ihm, die **„Unberührbaren“** vor Diskriminierung zu schützen. Gandhi erläutert sein Engagement, indem er den Schutz der Kuh in das Zentrum des Hinduismus rückt. Um seine Aussagen zu verstehen, ist es wichtig zu wissen, dass die **Dalits** oft das billige Rindfleisch verzehren.

Heilige Kühe auf den Straßen Kalkuttas in Indien

→ Mehr über das Kastenwesen erfährst du auf S. 215.

Info

Dalit (Sanskrit: „zerbrochen“, „zur Schau gestellt“) ist die Selbstbezeichnung der ca. 160 Millionen Inder, die von den Ureinwohnern des Industales abstammen. Obwohl sie heute vom Gesetz gleichgestellt sind, werden sie nach wie vor von einigen Angehörigen der oberen vier **Kasten** verachtet.

„Im Mittelpunkt des Hinduismus […] steht der Schutz der Kuh. […] Er führt den Menschen über seine eigene Spezies hinaus. Für mich bedeutet die Kuh die ganze nichtmenschliche Schöpfung. Durch die Kuh ergeht an den Menschen der Auftrag, seine Einheit mit allem, was lebt, zu verwirklichen. […] In Indien ist die Kuh der beste Freund, sie war das Füllhorn. Sie gab nicht nur Milch, sie machte die Landwirtschaft erst möglich. Die Kuh ist ein Gedicht des Mitleids. Man kann Mitleid an dem freundlichen Tier lernen. In Indien ist sie die Mutter von Millionen. Schutz der Kuh heißt Schutz der ganzen stummen Kreatur Gottes. Dies ist das Geschenk des Hinduismus an die Welt. Und der Hinduismus wird leben, solange es Hindus gibt, die die Kuh beschützen. […]

Der Hinduismus ermuntert jeden dazu, Gott nach seinem Glauben oder Dharma zu verehren, und so lebt er in Frieden mit allen Religionen. Da dies meine Auffassung ist, konnte ich mich nie mit der Unberührbarkeit abfinden. Ich habe sie immer als einen Auswuchs betrachtet. Es ist wahr, dass sie uns von vielen Generationen überliefert wurde, aber das ist der Fall mit vielen üblen Praktiken heutzutage. Ich würde mich schämen, mir vorzustellen, dass es Teil des Hinduismus ist, ein Mädchen der Prostitution preiszugeben. Und doch wird es von vielen Hindus in vielen Teilen Indiens praktiziert.

[…] Eine Religion, die die Verehrung der Kuh einführt, kann unmöglich einen grausamen und unmenschlichen Boykott von Menschen wünschen oder rechtfertigen. Ich möchte mich lieber in Stücke reißen lassen, als mich von den unterdrückten Klassen zu trennen. Die Hindus werden die Freiheit nie erlangen und auch nicht verdienen, wenn sie es zulassen, dass ihre edle Religion durch die Beibehaltung des Makels der Unberührbarkeit verunehrt wird. Und weil ich den Hinduismus mehr liebe als mein eigenes Leben, ist dieser Makel für mich zu einer untragbaren Belastung geworden. Lasst uns nicht Gott verleugnen dadurch, dass wir einem Fünftel unserer Bevölkerung das Recht der Gleichberechtigung verweigern.“

(Mahatma Gandhi, in: Young India, 1921)

Aufgaben

1 **a)** Der Schutz der Kuh steht für Gandhi im Zentrum seiner Religion. Erkläre, was die Kuh für Hindus symbolisiert.
b) Erläutere die Bedeutung der These Gandhis mit eigenen Worten.

2 Diskutiert in der Klasse über den Umgang mit Tieren in unserer Gesellschaft.

… oder die Überwindung von Duhkha

Nach seiner Erleuchtung hat Buddha die **vier edlen Wahrheiten** verkündet. Sie stehen im Zentrum des Buddhismus.

„Die erste einfache Wahrheit: Das Leben ist voller Duhkha.

Üblicherweise wird der Begriff Duhkha mit „Leiden" übersetzt, aber er bedeutet auch Enttäuschung, Unzufriedenheit, Frustration, Qual, Elend, Missfallen, Unglücklichsein, Melancholie, Kummer, Schmerz, Weh, Herzeleid, Ärger, Unbehagen, Unruhe, Scham, Sorge und Schwierigkeiten. Duhkha bedarf keiner großen Erklärung. Das Leben ist kein Picknick. Unsere Freuden sind zwar großartig, aber nie sind sie genug, und sie gehen immer zu Ende. Keine Macht auf Erden kann dies verhindern.

Die zweite einfache Wahrheit: Das Duhkha, das wir empfinden, beruht auf unserem Begehren.

Wir empfinden das Duhkha einfach deshalb, weil wir wollen, dass bestimmte Dinge geschehen und andere nicht. Das ist die Geschichte unseres Lebens. Das ist auch der Grund dafür, dass unsere Lebensgeschichte nie ein Happy End hat. Wir gelangen nie an einen Ort der Zufriedenheit, weil wir immer mehr wollen. Du sagst, du brauchst nichts, du bist als Bettler glücklich, du hast keine Wünsche? Aber du willst noch immer du sein. Du willst noch immer leben. Auch hier ist einfach kein Ende in Sicht – bis du bereit bist, die Dinge anders zu sehen.

Die dritte einfache Wahrheit: Es gibt eine Möglichkeit, die Dinge anders zu sehen und Duhkha zu beenden.

Nun mach schon, lehrte der Buddha: Stell die ganze Welt auf den Kopf. Wenn du erkennst, dass es kein Selbst gibt, das es zu befriedigen gilt, wirst du es nicht befriedigen müssen. Das ist alles. Das Duhkha hört auf. Heißt das, du würdest keinen Hunger verspüren, wenn du dein Geld fürs Mittagessen für einen Kinobesuch ausgegeben hast und nun nicht essen kannst? Nein, du wirst noch immer Hunger verspüren, aber diese körperliche Empfindung muss bei dir kein Duhkha bewirken, jedenfalls nicht, wenn du sie voll akzeptieren kannst. Diese Empfindung ist gesund. Sie ist das rechte Gefühl, wenn du deine Entscheidung getroffen hast und ins Kino gegangen bist. Kein Problem, kein Duhkha. Selbst der Schmerz des Todes – deines eigenen oder von jemandem, den du liebst – ist nur dann Duhkha, wenn du ihn zu Duhkha machst.

Die vierte einfache Wahrheit: Wenn du dem Achtfachen Pfad folgst, entfernst du dich vom Begehren und von Duhkha.

Diese letzte Wahrheit führt uns direkt auf den Achtfachen Pfad. Rechte Rede, rechtes Handeln und rechter Lebensunterhalt gehören zusammen. Sie bilden den ethischen Teil des Pfads. Rechtes Bemühen, rechte Achtsamkeit und rechte Sammlung bilden die zweite Gruppe, die sich mit der Bildung des Geistes befasst. Die richtige Sammlung heißt, dass wir Gedanken loslassen und einfach da sind in dem Augenblick, wenn er sich einstellt. Wenn wir bloß sitzen, niemandem schaden, keinen Begierden unterworfen sind, den Achtfachen Pfad verwirklichen, wer sind wir dann? Und das ist die Hammerantwort: Wir sind Buddhas. Wenn wir das erklären wollen, gelangen wir zum nächsten Teil des Pfads. Rechte Erkenntnis und rechter Entschluss bilden dessen Weisheitsaspekt. Rechte Erkenntnis heißt, das Jetzt zu akzeptieren und damit angemessen umzugehen. Rechter Entschluss heißt, dass wir dem Pfad folgen wollen und beabsichtigen, unsere Weisheit und unser Mitgefühl, die beiden großen buddhistischen Tugenden, weiterzuentwickeln."

(gekürzt nach Franz Metcalf, Buddha im Rucksack, 2005)

1 Erstelle eine Mindmap zum Begriff „Duhkha", mit der du die Aussagen auf dieser Seite für dich strukturierst.

2 „Die Kuh ist ein Gedicht des Mitleids." – Weisheit und Mitgefühl sind die „beiden großen buddhistischen Tugenden". Benenne Gemeinsamkeiten und Unterschiede der religiösen „Zentren" des Hinduismus und Buddhismus.

Das ethische Prinzip der Ahimsa …

Mahatma Gandhi: gelebte Ahimsa

→ Über die christliche Haltung zur Gewaltanwendung kannst du dich auf S. 95 informieren.

Mahatma Gandhi, 1946

Mahatma Gandhi hat während seines ganzen Lebens das Ziel verfolgt, das Ideal der Ahimsa (Gewaltlosigkeit) zu verwirklichen. Er hat erkannt, dass es eine absolute Ahimsa nicht geben kann, weil jedes Lebewesen Gewalt anwenden muss, um sein Leben zu erhalten. Aber sobald ein Mensch wahrnimmt, dass sein Atman Teil der göttlichen Wirklichkeit ist, wird er versuchen, diese Gewalt auf das Notwendige zu beschränken:

„Gerade so wie man die Kunst des Tötens lernen muss im Training für Gewalttätigkeit, so muss man die Kunst des Sterbens lernen im Training für Gewaltlosigkeit. Gewalt heißt nicht Freisein von Furcht, sondern nur, das Finden von Mitteln, die Ursache der Furcht zu bekämpfen. […] Der Anhänger der Gewaltlosigkeit muss die Fähigkeit der Bereitschaft zum letzten Opfer kultivieren, um von Furcht frei zu sein. Er macht sich keine Sorgen um sein Land, seinen Besitz oder sein eigenes Leben. Wer nicht alle Furcht überwunden hat, kann Ahimsa nicht vollkommen ausüben. Der Anhänger von Ahimsa kennt nur eine Furcht – nämlich die Furcht Gottes. Wer seine Zuflucht zu Gott nimmt, hat die Idee, dass der Atman den Körper übersteigt; sobald man um einen unvergänglichen Atman weiß, legt man die Liebe zum sterblichen Körper ab. Training in Gewaltlosigkeit ist darum dem Training in Gewalttätigkeit […] entgegengesetzt. Gewalt ist nötig zum Schutz von äußeren Dingen; Gewaltlosigkeit ist nötig zum Schutz des Atman, zum Schutz seiner Ehre. […] Die Tapferkeit des Gewaltlosen ist weit über der des Gewalttätigen. Das Abzeichen des Gewalttätigen ist seine Waffe – Speer, Schwert oder Gewehr. Der Schild des Gewaltlosen ist Gott."

(Mahatma Gandhi, Harijan, 14.03.1936)

„Gewaltlosigkeit verlangt manchmal von uns, dem Leben eines Lebewesens ein Ende zu bereiten. Zum Beispiel hatten wir im Stall […] ein Kalb, das lahm war und schreckliche Geschwüre bekommen hatte – es konnte nicht fressen und atmete nur mühsam. Nach dreitägiger Diskussion mit meinen Mitarbeitern ließ ich Gift einspritzen und seinem Leben ein Ende machen. Diese Tat war gewaltlos, weil sie ganz selbstlos war, da der einzige Zweck darin bestand, das Kalb von seiner Pein zu erlösen. Es war ein chirurgischer Eingriff, und ich würde genau dasselbe bei meinem Kind machen, wenn es in derselben Lage wäre."

(Mahatma Gandhi, Ashram Observances in Action, 1932)

„Nur Unwissenheit in Bezug auf diese größte Pflicht des Menschen in der Welt kann einen veranlassen zu sagen, dass Gewaltlosigkeit in unserer Zeit angesichts der Gewalt keine Aussicht mehr hat. Ich wage zu sagen, dass in diesem Zeitalter der Atombombe unverfälschte Gewaltlosigkeit die einzige Macht ist, die die vereinten Machenschaften der Gewalt zunichte machen kann."

(Mahatma Gandhi, Harijan, 16.11.1947)

Aufgaben

1 Fertige ein abstraktes Vorstellungsbild zum Begriff „Ahimsa" an. Die Methode wird auf S. 261 beschrieben.

2 Erstellt gemeinsam eine Mindmap, auf der ihr die Bedeutungsebenen von Ahimsa strukturiert. Achtet darauf, dass die Beziehung zwischen ethischem Handeln und religiösem Glauben deutlich wird.

3 Diskutiert über folgende Thesen:
a) „Die Wertehierarchie von Mahatma Gandhi ist mit dem christlichen Glauben nicht vereinbar."
b) „Das Prinzip der Ahimsa lässt sich in unserer Welt nicht realisieren."

... und die sittliche Achtsamkeit

Sittliches Verhalten (**Sila**) ist im Buddhismus das Fundament des religiösen Lebens. Es ergibt sich aus den drei Pfaden der rechten Rede, des rechten Handelns und des rechten Lebenserwerbs. Aus ihnen entwickelten sich in der buddhistischen Tradition fünf Gebote:

1. Ich gelobe, mich darin zu üben, kein Lebewesen zu töten oder zu verletzen.
2. Ich gelobe, mich darin zu üben, nichts zu nehmen, was nicht freiwillig gegeben wird.
3. Ich gelobe, mich darin zu üben, mich keinen anstößigen sexuellen Freuden hinzugeben.
4. Ich gelobe, mich darin zu üben, nicht zu lügen und wohlwollend zu sprechen.
5. Ich gelobe, mich darin zu üben, keine berauschenden Substanzen zu konsumieren, die den Geist verwirren und das Bewusstsein trüben.

Thich Nhat Hanh, der Mitbegründer des „engagierten Buddhismus", hat diese ethischen Kernaussagen für unsere Zeit neu formuliert:

1. Achtung vor dem Leben
„Des Leidens bewusst, das durch die Zerstörung von Leben entsteht, will ich mitfühlende Zuwendung üben und Wege finden, um das Leben von Menschen, Tieren und Pflanzen zu bewahren. Ich bin entschlossen nicht zu töten, andere nicht töten zu lassen [...]."

Buddhistische Mönche in Myanmar im passiven Widerstand gegen das Militär

2. Großzügigkeit
„Des Leidens bewusst, das durch Ausbeutung, soziale Ungerechtigkeit, Diebstahl und Unterdrückung verursacht wird, bin ich zur Entwicklung von liebender Güte entschlossen und möchte Wege finden, dem Wohlergehen von Menschen, Tieren und Pflanzen zu dienen."

3. Sexuelle Verantwortung
„Des Leidens bewusst, das durch sexuelles Fehlverhalten verursacht wird, bin ich zur Entwicklung von Verantwortungsgefühl entschlossen. [...] Ohne Liebe und eine langfristige Absicht will ich mich nicht in eine sexuelle Beziehung begeben."

4. Aufmerksames Zuhören und einfühlsames Sprechen
„Des Leidens bewusst, das durch unachtsame Rede und die Unfähigkeit, anderen zuzuhören verursacht wird, bin ich zur Entwicklung von einfühlsamer Rede und tief mitfühlendem Zuhören entschlossen. [...] Ich werde keine Informationen verbreiten, für deren Richtigkeit ich mich nicht verbürgen kann [...]."

5. Achtsamer Umgang mit Konsumgütern
„Des Leidens bewusst, das durch unachtsamen Konsum verursacht wird, bin ich entschlossen, auf körperliche und geistige Gesundheit [...] zu achten, indem ich mich in achtsamem Essen, Trinken und Konsumieren übe. Ich will nur Dinge zu mir nehmen, die Friede, Wohlergehen und Freude in meinem Körper und Bewusstsein fördern."

---

1 Auch für den Buddhismus ist „Ahimsa" ein wichtiger Grundsatz für ethisches Handeln. Belege diese Aussage anhand der fünf Silas.

2 Führe eine Woche lang ein „Konsum-Tagebuch", in dem du notierst, was du alles konsumierst (von Nahrungsmitteln über Genussmittel bis hin zu Medien). Reflektiere auch, warum du etwas konsumierst und welche Wirkung der Konsum auf dich hat.

3 Stelle den fünf Silas Grundsätze aus der jüdisch-christlichen Ethik gegenüber.

4 Entwickelt in einem Rollenspiel (Mahatma Gandhi, Thich Nhat Hanh, Benedikt XVI. ...) eine gemeinsame Ethik der Religionen.

Die Bedeutung der Meditation in beiden fernöstlichen Traditionen

Mehrere miteinander befreundete Jugendliche wohnen im Rahmen eines Projektes eine Woche lang bei einer fremden Familie, die eine andere Religion in ihrem Alltag lebt. Tom ist bei der buddhistischen Familie Namas untergebracht, Mori bei der hinduistischen Familie Benjomas.

Mori schreibt in ihrem täglichen Blog über ihre Erfahrungen:

„Kamlesh Benjomas ist Küchenchef. Das sagte ich ja schon. Aber freitags fastet er! Immer. Jeden Freitag! Kann man sich das vorstellen? Ein Koch, der fastet?

Ich habe ihn gleich beim Frühstück (Hema und ich haben nämlich was gegessen) ungläubig danach gefragt. Ihn hat meine Frage ganz und gar nicht geärgert, sondern er hat mir seelenruhig – wie immer – erklärt, was es mit dem Fasten auf sich hat. In seinem Glauben spielt die Wiedergeburt eine große Rolle. Jeder Mensch wird so oft wiedergeboren, bis er einen Zustand erreicht hat, der zur Erlösung aus dem Kreislauf führt. Der Kreislauf heißt **Samsara**. Um da rauszukommen, braucht man ein gutes **Karma**. Wenn ich Gutes tue, mache ich mein Karma dadurch gut, wenn ich Schlechtes mache, wird es schlecht. Schönes oder Gutes kann man zum Beispiel durch Fasten erreichen. Man macht dann was Asketisches (guckt selbst im Lexikon nach, was das bedeutet!). Und Askese ist immer gut.

→ Mehr über die Karma-Lehre erfährst du auf S. 226.

‚Und das Kochen heute? Wer macht das?', habe ich gefragt.

‚Ich', hat er gesagt. ‚Ich schmecke mit der Nase ab. Manchmal ist mein Essen dann besser als an anderen Tagen. Ich bin reiner und kann genauer riechen, was noch ins Essen hineingehört, damit es perfekt ist.'

→ Die Methode der nichtgegenständlichen Meditation kannst du auf S. 203 kennenlernen. Das Lebensbeispiel einer Meditationslehrerin findest du auf S. 150.

‚Und du?', habe ich Hema gefragt. ‚Fastest du auch?'

‚Ich bin nicht stark genug. Ich habe es schon oft versucht. Besonders dann, wenn ich nicht schwanger war. Aber ich bin immer wieder gescheitert. Jetzt lass ich das Kamlesh machen, ich kümmere mich bei der Meditation um mein Karma.'

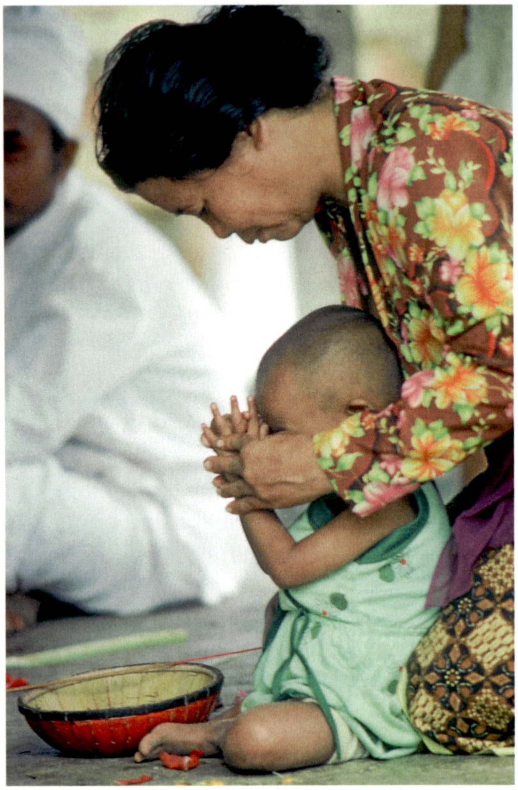

In meinem Kopf und in meinen Augen waren wieder Fragezeichen.

‚Heute Abend gehe ich zur Meditation. Du kannst gern mitkommen', hat sie mir dann angeboten.

Ich habe sie begleitet und wir sind gerade erst zurückgekommen. Es war der totale Wahnsinn! Wir waren wieder bei diesem indischen Kulturverein. Dort haben sie ein Zimmer, das völlig schmucklos ist. Ein oder zwei Götter standen da und vor ihnen waren Blumen in Schalen. Mehr war da nicht. Es lagen bunte Yogakissen rum und die Wände waren weiß. Bevor es angefangen hat, hat sie mir ein bisschen was erklärt. Wie man still wird. Wie sie das lange Sitzen aushält. Was sie denkt (nichts!). Was sie fühlt (Leere!).

Was sie macht, wenn sie was kitzelt (wegdenken!). Unglaublich, was?

Ich durfte ganz nah an der Tür sitzen, und wenn es mir langweilig werden sollte, konnte ich einfach in die Bibliothek gehen. Das habe ich nach einer Weile auch gemacht, weil absolut nichts passierte. Es waren vier Frauen in dem Raum und totale Stille, kein Rascheln, kein Schnaufen, kein Wort. Sie saßen da und waren weg, wie aus sich rausgetreten. War irgendwie ein bisschen unheimlich.

In der Bibliothek habe ich bei ‚Meditation' gesucht. Das Wort bedeutet so viel wie ‚sich zur Mitte ausrichten'. Meditation gibt es in fast allen Kulturen und Religionen und ist eine Art geistiger Übung, die die Kraft des Bewusstseins beeinflusst und bewusstseinserweiternd wirken kann. Inhalt und Ziel der Meditation hängen vom Zusammenhang ab, in dem sie stattfindet."

(Christiane Thiel, Mein Gott und ich, 2009)

Tom berichtet in seinem Blog von seinem Besuch in einem buddhistischen Tempel:

„Donnerstag: Mensch, ist das spät. Gestern wollte ich noch von unserem Tempelbesuch erzählen, hab ich aber nicht mehr geschafft. Wir waren den ganzen Nachmittag und Abend weg. Ich war zum ersten Mal in meinem Leben in einem buddhistischen Tempel. Ich hätte nicht geglaubt, dass es so was hier gibt. Mit echtem Buddha, groß und dick und lächelnd. Und mit

echten Mönchen in orangefarbenen Gewändern, die ihren Lebensunterhalt mit Betteln verdienen. Sie nehmen die Regeln des Buddha ganz besonders ernst. Im Tempel sitzen die Leute still vor der Statue, verneigen sich, stellen Blumen hin, zünden Räucherkerzen an, meditieren. Es ist ganz still. Nur manchmal schlägt ein Mönch auf eine sehr große goldene Schale (ein Gong). Um den Tempel herum ist ein Garten. Der Friedenspark. Sehr asiatisch. Mit Steinen und kleinen Wegen und Brücken über Bäche. Schön. Und ebenfalls ganz still. Das ist schon irgendwie friedlich.

Heute war ich mit Arunya zum Meditationskurs. Ich bin eingeschlafen. So müde bin ich.
Bis dann."

(Christiane Thiel, Mein Gott und ich, 2009)

Aufgaben

1 Die Übung der Meditation spielt sowohl in hinduistischen als auch in buddhistischen Traditionen eine zentrale Rolle. Beschreibe, was Tom und Mori bei ihren Besuchen in den fremden Gebetsräumen erleben. Benenne Gemeinsamkeiten und Unterschiede.

2 Das Bild links zeigt eine indonesische Mutter, die mit ihrem Baby in einem Hindutempel auf Bali betet.
a) Beschreibe das Bild und benenne die Gefühle, die die Betrachtung des Bildes in dir weckt.
b) Diskutiert darüber, ob und wie ihr später mit euren eigenen Kindern beten oder meditieren würdet.

3 Das Bild oben zeigt Mönche, die in einem buddhistischen Kloster einem Konzert lauschen. Benenne Eigenschaften, die in der Haltung der Mönche zum Ausdruck kommen.

Erlösung aus dem Samsara: Moksha …

→ Was Christen unter Erlösung verstehen, kannst du auf S. 194/195 nachlesen.

„Die beiden Haupthindernisse, die dazu führen können, dass Menschen in den Weltenkreislauf eingebunden sind, sind Leidenschaften […] und Unwissenheit oder besser ausgedrückt das falsche Wissen. Diese Ursachen zu beseitigen, ist das Ziel hinduistischer Erlösungslehren, wobei es verschiedene Ansätze und Wege gibt. […]

Natürlich kann ein Mensch durch seine Reinkarnationszyklen auf die Erlösung hinarbeiten und die Ausgangslage wird im Prinzip immer besser – aber jederzeit ist auch ein Rückfall in längst überwunden geglaubte Stadien möglich und hier sind auch Existenzen in Tier- und Pflanzenreich eingeschlossen. Die Erlösung ist also nicht über eine Art Karriereleiter zu erlangen, über die sich ein Mitarbeiter einer Firma langsam hocharbeitet, sondern ausschließlich – um im Bilde zu bleiben – über die Kündigung. […]

→ Die Erfahrung von Moksha beschreibt der Benediktinermönch Henri Le Saux auf S. 216.

Gutes **Karma** und schlechtes Karma heben sich nicht einfach gegeneinander auf. Das gute Karma muss ebenso abgegolten werden wie das schlechte. […] Wenn Sie zum Beispiel einer Oma über Jahre den Einkauf machen, auf dem Rückweg vom Einkauf aber auch Ihrem Erzfeind regelmäßig das Auto demolieren, so heben sich die Einkäufe für die Oma und die Demolierung nicht gegenseitig auf. Die Oma wird Sie vielleicht in Ihrem Testament bedenken – und Sie erleben die Folgen Ihrer guten Tat. Gleichzeitig müssen Sie sich der Strafverfolgung Ihres Erzfeindes stellen und erleben die Folgen der schlechten Tat.

Eine gute Wiedergeburt in Reichtum und Erfolg – vielleicht als Star-Chirurg, Filmstar oder reiche Erbin – ermöglicht ein angenehmes Leben; die Notwendigkeit, sich daraus befreien zu wollen, rückt jedoch unter Umständen mit den besseren Lebensumständen umso weiter in die Ferne. Daher ist das Hocharbeiten vielleicht auch ein Umweg. Sie sollten jetzt allerdings nicht gleich gehen und kündigen – denn die Erlösung braucht auch Vorbereitung und vor allem die richtige Einstellung und Einsicht – dem Chef im Zorn alles vor die Füße zu knallen, würde vielleicht zu einer Wiedergeburt als störrischer Esel führen, aber nicht zur Erlösung.

Die Befreiung [**Moksha**] ist ein Zustand des Austretens aus der Welt, ihren Sehnsüchten und Leidenschaften. Damit ist sie aber auch eine Trennung von allem und ein Zustand des reinen Verharrens im Selbst.

Je nach Tradition ist dies das Aufgehen in ein gemeinsames Selbst oder aber das Nebeneinanderbestehen vieler unabhängiger Selbst oder Seelen, die sich in ihrem erlösten Zustand befinden. Gelegentlich wird dies als Zustand höchster Glückseligkeit beschrieben, allerdings gilt er im Prinzip als unbeschreibbar, da die Worte dem Samsara entstammen und für eine Beschreibung der Erlösung, die ja ein Zustand außerhalb des Samsara ist, nicht genügen."

(Johanna Buß, Hinduismus für Dummies, 2009)

Aufgaben

1 Fasse die Karma-Lehre mit eigenen Worten zusammen und erkläre ihre Funktion.

2 Vergleiche den hinduistischen Moksha mit dem buddhistischen Nirwana. Benenne Gemeinsamkeiten und Unterschiede. Beziehe dich dabei auch auf die Rolle des Wissens, der Taten und der Lehre.

3 Erkläre das Symbol des „Floßes" in der Lehre Buddhas.

4 Beschreibe und interpretiere die Tuschezeichnung vor dem Hintergrund der Vorstellungen von Moksha und Nirwana.

5 Markiert in eurem Klassenraum drei Punkte, von denen einer für den Reinkarnationsglauben, einer für die christliche Hoffnung auf die Auferstehung der Toten und der dritte für die Auffassung steht, dass mit dem Tod alles aus ist. Positioniert euch zu diesen Punkten, je nachdem, welcher Auffassung ihr eher zuneigt. Begründet im Klassengespräch eure Ortswahl.

… oder Nirwana

Meine Lehre: Ein Floß nur

„Meine Lehre ist wie ein Floß, zum Übersetzen tauglich, nicht zum Festhalten gedacht.

Man stelle sich einen Menschen vor, der endlos schon eine mühsame Straße gewandert ist und nun eine riesige Wasserfläche vor sich auftauchen sieht. Er geht bis zum Ufer und erkennt weit drüben eine friedvolle Welt. Da ergreift ihn eine tiefe Sehnsucht nach dem Frieden jenseits des großen Wassers des Samsara. Nirgendwo ist aber ein Schiff zu sehen, das ihn hinüberbringen könnte. Da beginnt er, sich ein Floß zu bauen, sammelt Holzstämme, Äste und Reisig und bindet daraus ein Floß zusammen. Er stößt sich vom Ufer ab und rudert mit Händen und Füßen und dem Einsatz aller Kräfte über das weite Wasser. So kommt er schließlich wohlbehalten am anderen Ufer an.

Dort atmet er befreit auf, zieht das Floß an Land und denkt: Dieses Floß war mir äußerst hilfreich, es hat mich an das Ufer des Friedens und der Sicherheit gebracht. Ich sollte es mit mir nehmen, wohin ich auch gehe, es wie einen Schutzschild mit mir herumtragen. Ein Mensch, der so denkt und handelt, tut nichts Sinnvolles, sondern schleppt nur eine unnötige Last mit sich herum. Ein kluger Mensch wird sich beim Betreten des Friedensufers von seinem Floß trennen, es nicht festhalten, es den Wassern überlassen und frei und leicht wie ein Vogel ziehen, wohin er will.

Ganz genau so sollte man es mit meiner Lehre halten: Ich habe sie zur Rettung aufgezeigt, aber nicht dazu, dass man sie weiter und weiter mit sich herumschleppt, wenn man gerettet ist. Alles muss losgelassen werden, auch die guten Dinge – um wieviel mehr erst die schlechten!“

(Gotama Buddha: Mein Weg zum Erwachen, 1996)

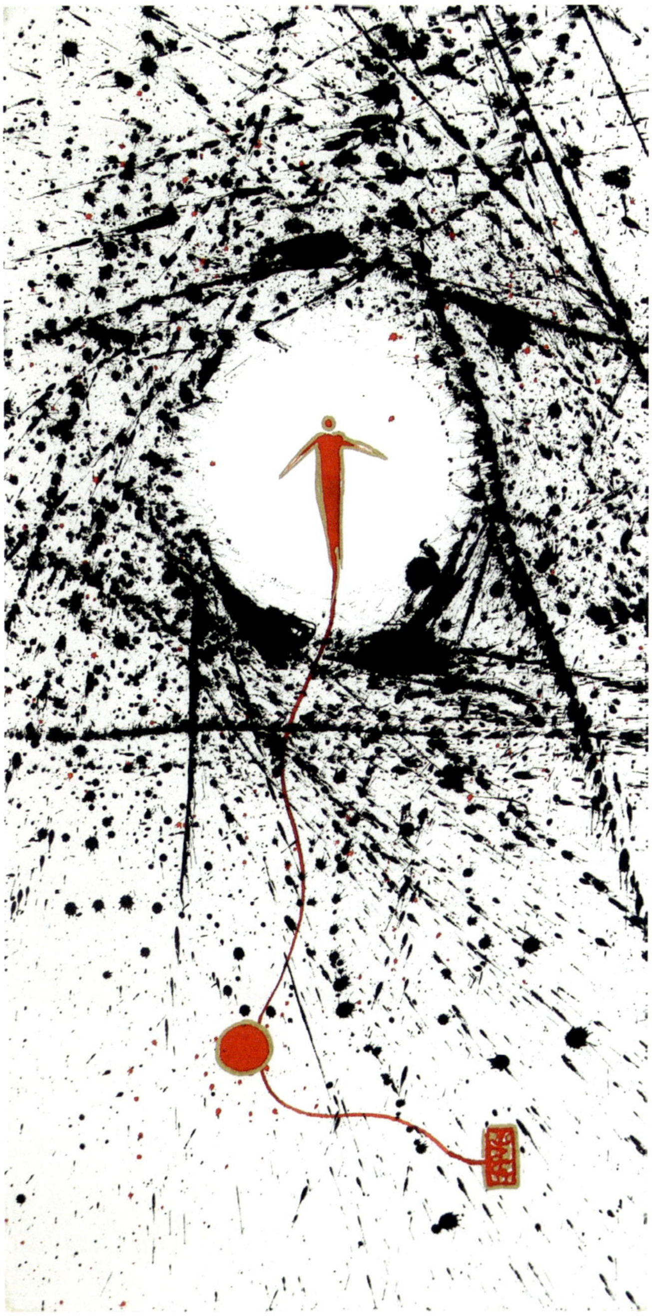

Klaus Holitzka, Ohne Titel

Info

Nirwana (Sanskrit): wörtlich „Auswehen“. Nirwana wird erreicht durch die Erleuchtung **(Bodhi)**. Es bewirkt einen Austritt aus dem **Samsara**. Dieses „Auswehen“, „Verlöschen“ meint, dass sich das Ich-Bewusstsein auflöst. Der Erleuchtete erfährt sich nicht mehr als getrennt von seiner Umgebung. Sein Bewusstsein ist in eine höhere Dimension aufgehoben, die Leere (Nichts) und Einheit (Fülle, Glück) verbindet. Nirwana ist mit Worten nicht zu umgreifen. Die Meditation dient dazu, es zu erfahren.

Umgang mit den Toten im Hinduismus: am Ganges in Varanasi

Reisereportage: Varanasi – Benares

Religiöses Volksfest im Ganges mit Tausenden von Pilgern

Andrang am Badeplatz: Im Sommer 2009 badeten in Varanasi täglich 60.000 Menschen im Ganges.

Verschmutzung des Ganges

Einer der heiligsten Orte Indiens. Ich kann es kaum glauben, auf diesem schaukelnden Touristendampfer, mitten auf dem Ganges zu sitzen! „Den Wohnsitz Shivas, des Gottes des Werdens und Vergehens", erklärt gerade Ram Sudha, der indische Reiseführer. „Die heilige Stadt erleben Sie am besten vom Fluss aus."

Halb verweste Kuhleichen, die an einem vorbeitreiben, sind nicht europäischer Standard. Der Reiseführer wird dringend benötigt, und sei es nur, um die Touristen zu beruhigen: „Keine Angst", meint er, „die Mutter Ganga gibt und nimmt alles, Kühe, Affen oder Menschen. Auch tote Babys werden in der Mitte des Flusses versenkt, denn sie gehen sofort zu den Göttern, man muss sie nicht verbrennen. Da ist das Leben. Wer an diesem Ort stirbt, kann auf Erlösung hoffen, er wird nicht wiedergeboren! Aber schauen Sie, dort drüben!" Auf einer kolossalen Treppe am Ufer wimmelt es von Menschen. Tausende stehen am Wasser, seifen sich ein, baden, schütten mit den Händen das Wasser über sich oder tauchen ganz ein. Müll und Leichen, bei denen die Angehörigen die hohen Kosten für das Verbrennungsholz nicht bezahlen konnten, treiben vorbei. „Das ist doch ein Fall für die Gesundheitspolizei!", entfährt es einem Touristen, „was machen die in diesem verseuchten Wasser?" – „Das Wasser ist nicht schädlich. Varanasi blieb immer von Seuchen verschont, auch wenn im Jahr angeblich mehr als 10.000 unverbrannte Leichen und Kadaver im Fluss zerfallen. Die Menschen reinigen ihre Seele. An Festtagen sind an dieser fünf Kilometer langen Treppe eine halbe Million Menschen, alle wollen Erlösung von der leidvollen Wiederkehr. Die Pilger nehmen das Wasser mit, um es den Kranken zu geben, um ihre Brunnen zu heiligen."

Die Schiffssirene dröhnt, wir sind in der Nähe des Ufers gekommen. Trotz der Abendsonne ist alles genau zu erkennen. Männer sitzen nackt da, meditieren mit starrem Blick in die Ferne, da-

Feuerbestattung: Auf die Asche eines Holzstoßes in Varanasi legten Angehörige nach der Leichenverbrennung einen Topf mit Ganges-Wasser.

zwischen Geschrei von Kindern. „Für jeden gläubigen Hindu", so erzählt Ram, „ist der Besuch in Varanasi ein hohes Ziel in seinem religiösen Leben. Der Tod in dieser heiligen Stadt entspricht einer Erlösung der Seele. Allmorgendlich finden Verbrennungen hier an den Ghats (Treppen ins Wasser) statt. Trotz der neu erbauten Krematorien nimmt die Verbrennung am Fluss nicht ab. Wessen Asche in den Ganges kommt, der ist vom Kreislauf der Wiedergeburt befreit."

Varanasi, auch **Benares** oder **Kashi** genannt, gilt als die heiligste Stadt des Hinduismus und ist eine der ältesten Städte Indiens. Sie hat ca. 1,2 Millionen Einwohner. Die rund 2000 Tempel der Stadt am Ganges werden im Jahr von Millionen Pilgern besucht. An den drei offiziellen Feuerbestattungsplätzen am Ganges werden täglich 200–300 Leichen verbrannt.

Es dauert 4–5 Stunden, bis das Feuer einen Leichnam völlig verbrennt. Wenn der Schädel im Feuer birst, kann die Seele den Körper verlassen, tut er es nicht, muss der älteste Sohn den Schädel mit einer Holzstange zerschlagen. Drei Tage später werden die Überreste im Fluss versenkt. Kinder und Menschen mit bestimmten Krankheiten werden nicht verbrannt, weil sie noch nicht genug Karma in ihrem Leben angesammelt haben. Sie werden entweder begraben oder in einen Fluss geworfen. Da der Tod als unrein gilt, müssen die Trauernden Reinigungsriten durchführen, wie z. B. Diät einhalten, auf dem Boden schlafen oder sie dürfen die Haare nicht schneiden.

Info

Todesrituale und Ahnenrituale des Hinduismus (**Shradda**, von Sanskrit: „Glaube", „religiöse Handlung") sind älter als der Karma- und Reinkarnationsglaube. Beides läuft im Hinduismus parallel.

1 **a)** Schaue die Bilder an und lies die Reisereportage. Formuliere schriftlich deine Gedanken und Gefühle.
b) Tauscht euch darüber aus, wie ihr den hier beschriebenen Umgang der Hindus mit dem Tod wahrgenommen habt.

2 Nenne Gemeinsamkeiten und Unterschiede zum Umgang mit dem Tod in den verschiedenen Religionen. Lege eine Tabelle mit den wichtigsten Aspekten an.

3 Stelle begründete Vermutungen an, warum Hindus Ahnenverehrung und Reinkarnationsglauben nicht als Widerspruch empfinden.

Tod und Trauer aus buddhistischer Perspektive

*Wie im Buddhismus mit dem Tod umgegangen wird, macht folgender **Koan** und eine Geschichte über Buddha deutlich:*

„Ein alter und ein junger Mönch gehen ins Dorf und begegnen dort einem Trauerzug; da springt der Novize plötzlich nach vorne, pocht an den Sarg und fragt den Alten: ‚Was ist mit dem Menschen da drinnen, ist der nun tot oder lebendig?' – Der Meister antwortete ruhig: ‚Ich sage nichts', und hüllte sich auf alle Nachfragen darüber in beharrliches Schweigen. – Enttäuscht wanderte der junge Mönch nach Japan zu einem großen Meister. Jahre danach kamen im Steingarten beide zufällig auf den alten Chinesen zu sprechen. ‚Ach der', meinte der junge Mönch, ‚mit dem war nicht mehr viel los', und berichtete über sein impulsives An-den-Sarg-Klopfen, wo sich der Alte leider mit nichts anderem als einem leisen ‚Ich sage nichts' zu helfen suchte. ‚So wie ich Euch und Eure Meisterschaft kennengelernt habe, hättet Ihr mir da schon anders rausgegeben, oder?'

Der japanische Meister antwortete: ‚ … !'"

(Achim Seidl / Klaus Holitzka, Die Lehre des Zen, 1992)

→ Wie eine Zen-Lehrerin die Meditation beschreibt, kannst du auf S. 203 nachlesen.

Info

Ein **Koan** stellt eine beispielhafte Handlung oder Aussage eines Lehrers in der Kommunikation mit seinem Schüler vor. Die Koan werden von **Zen-Meistern** genutzt, um die spirituelle Entwicklung ihrer Schüler zu unterstützen. **Zen** ist der Zustand meditativer Versenkung. Im **Zen-Buddhismus** geht es darum, sich ganz auf die Gegenwart einzulassen.

Bevor du auf S. 234 die Antwort des japanischen Meisters nachschlägst, lies folgende Geschichte, die über Buddha erzählt wird:

„Eines Tages kam zu Buddha eine junge Mutter mit ihrem gerade verstorbenen Sohn auf dem Arm. In ihrer Verzweiflung weigerte sie sich zu glauben, dass ihr Kind wirklich tot sei, und redete sich ein, die richtige Medizin könne ihr Kind wieder gesund machen. Eine solche Medizin erbat sie vom weisen Buddha. Zu ihrer großen

Klaus Holitzka, Ohne Titel

Freude wusste dieser auch ein Mittel, das ihr helfen könne: Senfsamen. Er könne es ihr aber nicht geben, sondern sie müsse es sich selbst beschaffen, und zwar aus einer Familie, in der noch nie jemand gestorben sei.

Die Frau machte sich auf den Weg und klopfte an viele Häuser an. Fast überall bot man ihr den gesuchten Senfsamen an. Als sie aber die weitere Frage stellte, ob in dieser Familie noch nie jemand gestorben sei, musste sie unverrichteter Dinge weiterziehen.

Am Abend kehrte sie ohne den gesuchten Senfsamen zu Buddha zurück, aber ihre Verzweiflung vom Morgen war einer großen Gelassenheit gewichen. Sie hatte nur Familien kennengelernt, in denen bereits Menschen gestorben waren, und dabei festgestellt, dass der Tod – auch der als zu früh empfundene – zum ehernen Gesetz des Lebens dazugehört."

(Buddhist stories, 1925)

Ajahn Brahm, Abt eines buddhistischen Klosters in Westaustralien, beschreibt einen typisch buddhistischen Umgang mit Trauer:

„Trauer kommt zu unserem Verlust hinzu, doch Trauer ist eine erlernte Reaktion, die nur einige Gesellschaften kennen. Sie ist nicht unvermeidbar.

Diese Erfahrung machte ich in den acht Jahren, die ich in einer rein asiatisch-buddhistischen Umgebung verbrachte. [...] Ich nahm [...] an Hunderten von Bestattungen teil, und nie habe ich jemanden weinen sehen. [...] Also musste ich zu dem Schluss kommen, dass die Menschen dort nicht trauerten. Ich begriff, dass eine Region, die seit Jahrhunderten tief mit den buddhistischen Lehren verwurzelt ist, den Tod auf eine Weise annimmt, die den westlichen Vorstellungen von Trauer und Verlust entgegengesetzt ist. In jenen Jahren habe ich gelernt, dass es eine Alternative zur Trauer gibt. Damit behaupte ich nicht, dass Trauer etwas Falsches ist, sondern nur, dass man auch einen anderen Weg beschreiten, den Tod eines geliebten Menschen anders betrachten und sich somit eine lange Zeit schmerzlicher Trauer ersparen kann. [...]

Als junger Mann hatte ich viel Freude an Musik [...] Am Ende der meisten Konzerte stimmte ich normalerweise in die Zugaberufe der anderen mit ein, und dann pflegte die Band meistens noch ein bisschen länger zu spielen. Aber irgendwann hörten die Musiker auf. [...] Im kalten, düsteren Nieselregen wanderte ich [...] heimwärts, und obwohl mir ziemlich klar war, dass ich die jeweilige Band wahrscheinlich nie wieder live erleben würde, verspürte ich weder Traurigkeit noch den Wunsch zu weinen. Um mich herum war es nass, kalt und ungemütlich, aber in mir hallten noch die Klänge der mitreißenden Musik nach. ‚Was für eine herrliche Musik! Welch ein fantastischer Auftritt! Was für ein Glück ich doch hatte, das erleben zu dürfen!‘ [...]

Genauso erging es mir nach dem Tod meines Vaters. Es kam mir vor, als ob ein überwältigendes Konzert geendet hatte, ein riesiger Auftritt vorbei war. [...] Als ich nach der Trauerfeier aus dem Krematorium in den kalten Londoner Nieselregen trat [...], wissend, dass ich ihn nie wiedersehen würde und er mein Leben für alle Zeit verlassen hatte, verspürte ich weder Trauer noch den Wunsch zu weinen. In meinem Herzen fühlte ich Folgendes: ‚Was für ein großartiger Mann! Wie viel ich doch von ihm gelernt habe! Was für ein Glück ich doch hatte, ihn erleben und sein Sohn sein zu dürfen!‘ Ich hielt die Hand meiner Mutter auf dem langen Weg in die Zukunft hinein und verspürte die gleiche Begeisterung, die mich nach einem bewegenden Konzert erfasst hatte, die Dankbarkeit, dass ich dieses großartige Erlebnis nicht verpasst hatte. Danke, Vater.

Wer trauert, sieht nur, was ihm weggenommen wurde. Wer das Leben feiert, bejubelt all jenes, mit dem wir gesegnet worden sind und verspürt große Dankbarkeit."

(Ajahn Brahm: Die Kuh, die weinte, 2006)

Aufgaben

1 **a)** Formuliere eine mögliche Antwort des japanischen Meisters auf die Frage des jungen Mönches.
b) Tauscht euch über eure Antworten aus.
c) Schlagt die tatsächliche Antwort auf S. 234 nach und klärt gemeinsam ihre Bedeutung.

2 Beschreibe und deute die Tuschezeichnung zu dem Koan.

3 Verfasse einen Tagebucheintrag der jungen Mutter, die vom Buddha auf die Suche nach den Senfsamen geschickt wird. Formuliere darin, was sie im Laufe des Tages gelernt hat.

4 **a)** Beurteile das Verhalten Buddhas der Mutter gegenüber.
b) Verbinde es mit den Informationen zum Zen-Buddhismus und dem Ziel eines Koan.

5 Setze dich mit den Erfahrungen auseinander, die Ajahn Brahm mit der Trauer gemacht hat. Kannst du die Reaktion des 16-Jährigen auf den Tod seines Vaters nachvollziehen?

Es genügt

Es geht nicht darum,
besonders gut zu üben.
Es genügt,
zu üben.
Es geht nicht darum,
dass es besonders still sei.
Es genügt,
schon das geringste bisschen Stille
ganz zu genießen.

(Silvia Ostertag)

Stupas im Abendlicht in Bagan, Myanmar

Info

Ein **Stupa** ist ein buddhistisches Denkmal, in dem Reliquien Buddhas bzw. herausragender Mönche aufbewahrt werden.

Fern oder nah?
In diesem Kapitel hast du die fernöstlichen Traditionen aus Hinduismus und Buddhismus aus verschiedenen Perspektiven kennengelernt. Sind sie dir nun ferner oder näher? Schätze dein Verhältnis zu ihnen ein:
An der Tafel findest du sowohl zum Hinduismus als auch zum Buddhismus jeweils die drei Begriffe „Unverständnis", „Irritation" und „Faszination".
Markiere bei jeder der Religionen jeweils den Begriff, der deinen Gesamteindruck von der jeweiligen Religion am besten wiedergibt. Klebe dazu einen Zettel, auf dem dein Name steht, zu jeweils einem der drei Begriffe.
Sprecht über eure Positionierungen, indem ihr sie an Beispielen aus dem vergangenen Unterricht begründet.

Die Welt der Bilder
Schaue dir die Bilder dieses Kapitels noch einmal an. Wähle eines aus, das dich besonders anspricht – sei es, weil es dich verwirrt, dein Interesse weckt oder sogar abstößt. Formuliere einen Dialog mit dem Bild. Du kannst darin deine Fragen an das Bild richten, mögliche Antworten aus dem Bild heraus entwickeln oder auch Fragen formulieren, die das Bild an dich richten könnte.

→ Bilder sind in allen Religionen wichtig. Zentral für das Christentum ist das (Sprach-)Bild, das Jesus vom Reich Gottes zeichnet. Lies dazu S. 31–54.

Richtig verstanden?
Religionen sprechen den ganzen Menschen an und wirken insbesondere auf seine Gefühlswelt ein. Deshalb wurde in diesem Kapitel häufig nach den Gefühlen gefragt, die Texte und Bilder bei dir auslösen. Diese Gefühle wahrzunehmen und sich über sie auszutauschen ist ein wichtiger Schritt zum Verständnis des Fremden, das dir hier begegnet ist. Sicher hast du dich bei der Erarbeitung einiger Texte in diesem Kapitel auch schon einmal überfordert gefühlt: So viele neue Begriffe! So ein fremdes Denken! Andererseits mögen dir manche Gedanken auch plausibel und verständlich vorgekommen sein.

- Sprecht gemeinsam über eure Eindrücke des Verstehens und Nicht-Verstehens.
- Vergleicht eure Einträge in euren Karteien und ergänzt sie untereinander.
- Sammelt Ideen, wie ihr das, was ihr noch nicht verstanden habt, vielleicht doch noch verstehen könntet.

→ Menschen, die ihr Leben ganz aus ihrer religiösen Überzeugung heraus gestaltet haben, kannst du auf S. 11–30 und S. 141–154 kennenlernen.

Abschlussaufgabe

Organisiert eine Exkursion in ein hinduistisches oder buddhistisches Zentrum in eurer Nähe. Recherchiert, welche Programme dort angeboten werden. Notiert, was euch daran interessiert. Formuliert Fragen, die ihr euren hinduistischen oder buddhistischen Ansprechpartnern oder -partnerinnen stellen möchtet.
Falls eine Exkursion nicht möglich sein sollte, ladet einen Vertreter oder eine Vertreterin einer der beiden Religionen in euren Unterricht ein.

Hinduismus und Buddhismus – faszinierend!

Wahrscheinlich werden **die hinduistischen und buddhistischen Traditionen** dir fremd sein. Vielleicht hat dich das **Rad des Lebens** zu Beginn des Kapitels auch noch abgeschreckt: „Was ist das für eine **fremde Welt**?“, magst du dich gefragt haben. Es ist wichtig, das Fremde zu respektieren und es nicht schnell für sich zu vereinnahmen. Das ist mehr, als es bloß zu **tolerieren**. In den **Bildern** zu den hinduistischen Traditionen konntest du sehen, wie bunt und vielfältig diese Welt ist. Dagegen wirken die meisten buddhistischen Traditionen nüchterner.

Ist dir aufgefallen, dass in der indischen Verfassung der Buddhismus als eine hinduistische Religion betrachtet wird? In der Tat war es so, dass sich hinduistische und buddhistische Traditionen im Laufe der Geschichte immer **gegenseitig befruchtet** haben. Auch wenn der Buddhismus heute in **Indien** keine große Rolle mehr spielt: **Prinz Siddharta** ist schließlich in Indien geboren. Von dort aus hat sich der Buddhismus in ganz Asien verbreitet.

Weil die Traditionen der fernöstlichen Religionen eng miteinander verwoben sind, wurden Aspekte des Hinduismus meistens neben verwandten Aspekten des Buddhismus dargestellt. So sollte für dich deutlicher werden, in welchen Punkten die Traditionen verbunden sind, wo sie sich aber auch grundlegend unterscheiden: Während die Wurzeln des Hinduismus im Dunkeln liegen, lässt sich der Buddhismus wie das Christentum auf eine Gründergestalt zurückführen. **Buddha Shakyamuni,** auch **Siddharta Gautama** genannt, hat vier oder fünf Jahrhunderte vor Jesus gelebt, meditiert und Jünger um sich geschart. Wie Jesus hat er selbst nichts aufgeschrieben, aber seine Reden sind von seinen Schülern sorgfältig weitergegeben worden. Im Gegensatz zu den Buchreligionen Judentum, Christentum und Islam spielen die **Schriften** im Hinduismus und Buddhismus aber eine untergeordnete Rolle. Es ist gar nicht nötig, sie alle zu kennen, um Hindu oder Buddhist zu sein.

Wie ist das möglich? Im Zentrum dieser Religionen steht die Praxis: Achtsam zu leben, der Umwelt gewaltlos zu begegnen **(Ahimsa)** und sich durch die praktische Übung der Meditation immer wieder dessen zu vergewissern, was im Leben wichtig ist: Befreiung (**Moksha**). Um innere Freiheit zu gewinnen, braucht es Lehrer wie **Mahatma** Gandhi, den Benediktinermönch und Guru **Henri Le Saux**, den **Dalai-Lama**, **Ajahn Brahm** und **Thich Nhat Hanh** oder Lehrerinnen wie **Silvia Ostertag**. Gläubige Hindus und Buddhisten wie sie geben ihren Schülerinnen und Schülern die Möglichkeit, Erfahrungen zu machen und Einsichten zu gewinnen: Im Hinduismus ist es die zentrale Einsicht in die **Identität von Atman und Brahman**, das **Tattvamasi** der **Upanischaden**, im Buddhismus die Einsicht, dass das Ich, an dem man sich festhält, eine Illusion ist. Um wirklich frei zu sein, muss der Buddhist auch sein Ich noch loslassen lernen, Nicht-Ich **(An-Atman)** werden. Die Lehren scheinen sich zu widersprechen, aber Buddha selbst sagt, sie seien „nur ein Floß“. Die Theorie muss am Ende losgelassen werden – auch die **Anatta-Lehre**. Im **Nirwana** hat die Lehre keine Bedeutung mehr. Befreit von **Samsara,** dem Kreislauf der Wiedergeburten, findet der Mensch seine letzte Erfüllung und Erlösung.

Er kann sie schon hier auf Erden erreichen: durch ständiges **Meditieren** und eine dieser Übung entsprechenden Lebensweise. Wichtig ist, bescheiden zu bleiben, wie der japanische Meister, der auf die Frage, was mit der Leiche im Sarg nun sei, die Worte des alten chinesischen Meisters wiederholt: *„Ich sage nichts.“* Durch Begegnung und Gespräch können wir **alle voneinander lernen**, was auch die Kirche seit dem **II. Vatikanischen Konzil** empfiehlt: einen respektvollen Umgang miteinander auf der gemeinsamen Suche nach dem, was wahr und heilig ist.

11 Zwischen Konflikt und Kooperation: Kirche – Staat – Gesellschaft

Nicht von dieser Welt?

Betrachte das Bild auf S. 235 und notiere deine spontanen Gedanken dazu. Tauscht euch anschließend in der Klasse über eure Eindrücke aus. Diskutiert, ob das Bild eurer Sicht des Verhältnisses von Kirche und Welt entspricht. Zeigt gegebenenfalls auf, wie ihr dieses Verhältnis stattdessen darstellen würdet.

Geerdete Kirche

Arbeite mit deiner Nachbarin oder deinem Nachbarn zusammen. Zeichnet die Skizze links groß auf ein DIN-A2-Papier. Tragt bei den Verbindungen zwischen schwebender Kirche und Erde ein, was nötig wäre, um die „entweltlichte“ Kirche zu „erden“.

Zwischen Versagen und menschenfreundlichem Weltengagement

Im Laufe ihrer Geschichte hat Kirche in dieser Welt – in Staat und Gesellschaft – oft versagt, manchmal auf furchtbare Weise. Aber sie hat auch immer wieder Impulse gegeben und bewirkt, dass die Welt menschenfreundlicher gestaltet wurde. Die beiden Bilder zeigen die eine und die andere Seite der Kirche in der heutigen Zeit. Sammelt in Kleingruppen weitere Beispiele. Stellt pro Gruppe je ein Beispiel für Versagen und ein Beispiel für menschenfreundliches Weltengagement der Kirche in der Klasse vor.

Eine Umfrage durchführen

Ziel einer Umfrage
Eine Umfrage dient dazu, von Personen, die zu einer definierten Gruppe gehören (z. B. 15-20-Jährige) zu erfahren, welche Meinungen, Überzeugungen oder Verhaltensweisen sie in Bezug auf bestimmte Themen oder Sachverhalte haben. Eine Umfrage kann aufgrund verschiedener Interessen durchgeführt werden: wenn eine regierende Partei wissen möchte, wie konkrete politische Maßnahmen bei den Wahlberechtigten ankommen, wenn im Rahmen eines Forschungsprojekts eine Vermutung überprüft werden soll (z. B. Mädchen und Jungen werden in der Schule von den Lehrpersonen unterschiedlich behandelt) usw.

Befragungsformen
Grundsätzlich wird zwischen der **quantitativen** und der **qualitativen** Umfrage unterschieden: Bei der *quantitativen Umfrage* sind die Fragen sowie die Antwortmöglichkeiten in Reihenfolge und Formulierung verbindlich festgelegt (geschlossene Fragen).
Dagegen liegt der *qualitativen Umfrage* nur ein thematischer Leitfaden zugrunde. Die Formulierung der Fragen ist offen, ihre Reihenfolge ist flexibel und der oder die Befragte ist bei den Antwortmöglichkeiten unbeschränkt.
Die quantitative Umfrage wird in der Regel schriftlich mit Hilfe eines Fragebogens durchgeführt. Bei der qualitativen Umfrage werden die Teilnehmerinnen und Teilnehmer fast immer mündlich interviewt.

Fragen nach Einstellungen beziehen sich auf die Beurteilung von Möglichkeiten oder Sachverhalten.

Sollten deine Schulfächer grundsätzlich in Doppelstunden unterrichtet werden?
☐ ja ☐ nein ☐ keine Meinung

Fragen nach Überzeugungen wollen erfassen, wie der Befragte die Realität einschätzt oder wahrnimmt.

Wie stark wird an deiner Schule auf Umweltschutz geachtet?
☐ 1 ☐ 2 ☐ 3 ☐ 4 ☐ 5 ☐ 6
wenig sehr

Fragen nach Eigenschaften betreffen persönliche Daten des Befragten. Durch sie können Zusammenhänge zwischen Eigenschaften und Einstellungen von Personen ermittelt werden.

Dein Geschlecht?
☐ männlich ☐ weiblich

Geschlossene Fragen sind Fragen mit vorgegebenen Antwortmöglichkeiten:

Was isst du in der großen Pause?
☐ Obst ☐ belegtes Brot
☐ Süßigkeiten ☐ anderes ☐ nichts

Bei **offenen Fragen** kann der Befragte seine Antwort frei formulieren.

Was könnte deiner Meinung nach getan werden, um die Qualität des Unterrichts zu verbessern?

Vorbereitende Schritte
Zunächst muss dir klar sein, was du mit der Umfrage herausfinden willst. Danach musst du festzulegen, wer befragt werden soll. Dies ist deine sogenannte **Zielgruppe**, z. B. alle Schülerinnen und Schüler eines Jahrgangs. In einem dritten Schritt musst du entscheiden, ob du eine quantitative oder eine qualitative Umfrage durchführen möchtest. Im ersten Fall ist ein strukturierter Fragebogen mit geschlossenen Fragen zu entwerfen. Im zweiten Fall musst du überlegen, wie du in das mündliche Interview einsteigst und welche offenen Fragen im Laufe des Interviews gestellt werden sollen.

→ Wann das Ergebnis einer Umfrage repräsentativ ist, kannst du auf S. 57 nachlesen.

Regeln für die Formulierung von Fragen
- Fasse deine Fragen *einfach* und *kurz*.
- Stelle *eindeutige* Fragen.
- Erfrage jeweils *nur einen Sachverhalt*.
- Stelle keine *suggestiven* Fragen, die schon auf eine bestimmte Antwort hinlenken (Bsp. „Sind Sie auch dafür, dass …?").

Gestern und heute: die Kirche in Deutschland

„Unsere Gesellschaft braucht eine Kirche, die sich für Gerechtigkeit und nachhaltige Entwicklung einsetzt [...] So kann sie ihren Beitrag für eine zukunftsfähige Gesellschaft leisten.“

(Prof. Hans Christoph Binswanger, Wirtschaftswissenschaftler)

„Die Formel vom christlich-jüdischen Abendland kann kein integratives Leitbild sein. [...] Das Grundgesetz verlangt [...] nach einem Leitbild, das unabhängig von der Religion oder persönlichen religiösen Überzeugungen ist.“

(Marco Buschmann u. a., FDP-Bundestagsfraktion)

„Im Ergebnis bin ich moralisch, aber auch politisch und ökonomisch von den Wirkungsmöglichkeiten der Kirche enttäuscht geblieben [...] Gleichwohl nenne ich mich immer noch einen Christen und bleibe in der Kirche, weil sie Gegenwichte setzt gegen moralischen Verfall und weil sie vielen Menschen Halt bietet.“

(Helmut Schmidt, Bundeskanzler a. D.)

„Die Kirche hat nicht die Aufgabe, mit der Zeit zu gehen, sie hat die Aufgabe, bei ihren Prinzipien zu bleiben.“

(Gabriele Kuby, Publizistin)

„Kirchen können ein Ort sein, der Zeit und Gemeinsamkeit gibt, um über die Zukunft zu diskutieren, über Konsum und Karriere hinaus, um Visionen und Projekte zu entwickeln und umzusetzen, um Menschen zu bestärken, selbst neue Wege zu gehen und auch politisch aktiv zu werden.“

(Prof. Angelika Zahrnt, Ehrenvorsitzende des BUND)

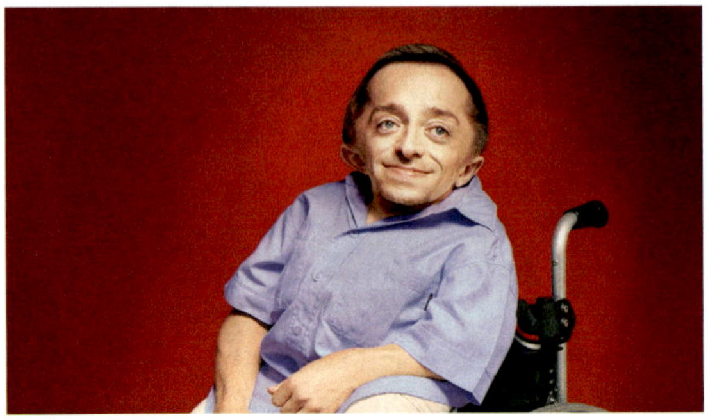

Caritas-Kampagne 2011 „Kein Mensch ist perfekt“

Ein Blick in die jüngere Geschichte: ein schwieriges Verhältnis

In der Geschichte Deutschlands bedeutete die Diktatur des NS-Regimes für die Kirche eine Zeit schwerer Konflikte. Zunächst stand sie in einem scharfen Gegensatz zur nationalsozialistischen Ideologie, arrangierte sich aber nach Hitlers Regierungserklärung innerhalb weniger Monate mit den neuen Machthabern. Durch den Abschluss eines Abkommens zwischen Vatikan und NS-Staat, das innerkirchlich umstritten war, hoffte die Kirche, ihre Existenz und Funktionsfähigkeit zu sichern. Diese Hoffnung erwies sich jedoch schon bald als vergeblich. Trotz der Zusicherungen im Konkordat wurde der Wirkungsraum der Kirche durch gezielte antikirchliche Maßnahmen immer mehr eingeschränkt. Auf Initiative deutscher Bischöfe kam es zur Enzyklika „Mit brennender Sorge", in der Papst Pius XII. das NS-Regime wegen seines „Vernichtungskampfs" gegen die katholische Kirche scharf angriff. Das Verbrechen der Judenverfolgung wurde jedoch mit keinem Wort angeprangert.

Kirche und Staat heute

Das heutige Verhältnis von Kirche und Staat in Deutschland beruht einerseits auf dem verfassungsrechtlichen Grundsatz der rechtlichen und organisatorischen Trennung von Kirche und Staat (vgl. Art. 140 Grundgesetz). Andererseits trägt es aber auch dem Grundsatz Rechnung, dass die vom Grundgesetz gebotene weltanschauliche Neutralität des Staates keine religiöse Gleichgültigkeit und keine Absage an eine auch religiös begründete Wertorientierung bedeutet. Mit Blick auf den zweiten Grundsatz wird oft die Aussage des ehemaligen Bundesverfassungsrichters Ernst-Wolfgang Böckenförde zitiert:

„Der freiheitliche, säkularisierte Staat lebt von Voraussetzungen, die er selbst nicht garantieren kann [...], ohne seine Freiheitlichkeit aufzugeben."

→ Mehr Informationen zum Thema „Kirche im Nationalsozialismus" findest du auf S. 244–255.

Die wechselseitigen Rechte und Pflichten im kooperativen Verhältnis zwischen Staat und Kirche in Deutschland regelt das sogenannte Staatskirchenrecht. Wichtige Regelungen betreffen

- die Freiheit der Kirchen und der übrigen Religionsgemeinschaften (zum Beispiel beim Dienst- und Arbeitsrecht),
- die Zusammenarbeit zwischen Kirche und Staat im Bereich der sozialen Dienste,
- den Religionsunterricht in den öffentlichen Schulen, der unter staatlicher Aufsicht, aber in inhaltlicher Verantwortung der Kirchen steht,
- die Erhebung der Kirchensteuer, die durch die Finanzämter eingezogen wird.

Info

Grundgesetz, Art. 4, Abs. 1

Die Freiheit des Glaubens, des Gewissens und die Freiheit des religiösen und weltanschaulichen Bekenntnisses sind unverletzlich.

Grundgesetz, Art. 140

[...] Es besteht keine Staatskirche. [...]

Jede Religionsgemeinschaft ordnet und verwaltet ihre Angelegenheiten selbstständig innerhalb der Schranken des für alle geltenden Gesetzes [...].

Die Religionsgemeinschaften, welche Körperschaften des öffentlichen Rechts sind, sind berechtigt, auf Grund der bürgerlichen Steuerlisten [...] Steuern zu erheben.

→ Ein Beispiel für das heutige Handeln der Kirche in Staat und Gesellschaft findest du auf S. 193.

Aufgaben

1 In den Zitaten äußern sich Prominente über die Bedeutung von Religion und Kirche für Staat und Gesellschaft. Erläutere, welchen Zitaten du zustimmst und welchen du widersprichst.

2 Benenne die Tätigkeitsfelder der Kirche in Deutschland, die durch die Fotos dokumentiert sind. Ergänze die Liste durch eigene Überlegungen.

3 Kennzeichne das Verhältnis zwischen Kirche und Staat zur Zeit des Nationalsozialismus.

4 Erläutere die Aussage, das heutige Verhältnis zwischen Staat und Kirche in Deutschland sei kooperativ.

Gegen Armut und Ausgrenzung

Armut in Deutschland

Plakat „und raus bist du" der Aktion gegen Armut, 2008

„Deutschland ist ein reiches Land. Trotzdem leben hier viele Menschen in Armut oder sind von Armut bedroht. Arm und Reich entfernen sich immer weiter voneinander. Auf der einen Seite wird die Zahl der Menschen mit Niedrigeinkommen immer größer. Diese Menschen verdienen auch immer weniger. Auf der anderen Seite verdienen Menschen mit hohem Einkommen immer mehr. Somit steigt der Abstand zwischen Arm und Reich erheblich.

Nach einer EU-Definition gelten alle Menschen als arm, deren Einkommen 60 % unter dem mittleren Einkommen des jeweiligen Landes liegt. In Deutschland sind dies rund 15 % der Bürgerinnen und Bürger. Weitere 13 % werden nur durch Sozialleistungen wie Kindergeld oder Arbeitslosengeld II vor dem Abrutschen in die Armut bewahrt.

→ Viele Kinder und Jugendliche leben auf der Straße. Mehr darüber kannst du auf S. 50/51 nachlesen.

Kinder und Jugendliche sind die gesellschaftliche Altersgruppe, die am stärksten von Armut betroffen ist. Etwa 2,5 Mio. Kinder und Jugendliche leben in Deutschland in Armut, also 17 % aller Kinder und Jugendlichen unter 18 Jahren. 800.000 davon sind Kinder und Jugendliche von Alleinerziehenden. Ebenso sind Kinder aus Familien mit Migrationshintergrund und Kinder aus Familien, deren Eltern beide arbeitslos sind oder Hartz-IV-Leistungen beziehen, besonders stark von Armut bedroht."

(CaritasStiftung im Erzbistum Köln, 2008)

Info

Armut ist vielschichtig. Arm sind zum Beispiel Menschen, die ganz auf sich allein gestellt sind, wenig Geld haben und denen Kontakte fehlen. Armut bedeutet, von Kommunikationsmöglichkeiten abgeschnitten zu sein und daher nicht mitzubekommen, wo es Hilfen oder Jobs gibt. Armut erleben Kinder und Jugendliche, wenn sich andere über sie lustig machen, weil sie schlechtere Kleidung haben, nicht ins Kino, in die Disco oder zu Konzerten gehen können, d. h. in den Augen anderer nicht mithalten und nicht mitreden können. Armut bedeutet auch einen Mangel an Bildungsmöglichkeiten.

Ständig auf der Seite der Verlierer

„Philipp lebt mit seiner Mutter in einer kleinen Wohnung in Köln-Buchforst. Seinen Vater hat er kaum erlebt, der war ständig unterwegs, eigentlich nie da. Als Philipps Vater starb, vor gut elf Jahren, war der Junge neun. Seitdem lebt er mit seiner schwerkranken Mutter allein. Sie hat starke Sehprobleme und ist arbeitsunfähig seit vielen Jahren. Die beiden leben von Arbeitslosengeld II. Die Familie ist verschuldet. Wie viel Glauben an sich kann ein junger Mensch wohl haben, wenn er sein Leben in Schicksalsschlägen, Versagen und Haltlosigkeit erlebt?

In der 8. Klasse beendete Philipp die Schule. Ohne Abschluss. Er war oft unkonzentriert, in Gedanken. Vermutlich bei den Sorgen zu Hause. Irgendwann verlor er den Anschluss, vor allem in Mathe. Kam nicht mehr mit, auch die Nachhilfestunden halfen nicht mehr. Die Mutter hatte sie sich vom Mund abgespart. Philipp gab auf. Warum auch weitermachen? Das Leben hatte ihn sowieso zu den Verlierern sortiert.

Philipp bezeichnet sich selbst als arm. **Schon in der Schule war er von vielen Freizeitaktivitäten ausgeschlossen.** Er musste zu Hause bleiben, wenn die anderen ins Schwimmbad, zum Sportverein, auf Klassenfahrt gingen. Musste sagen, dass er sich dies oder jenes nicht leisten kann. Musste Notlügen erfinden. Bittere Wahrheiten sagen müssen, macht einsam. Philipp war oft allein. Sein einziger Luxus ist ein Computer, den er vor allem dafür nutzt, selbst Musik zu machen. Er ist Techno-Fan und stellt seine Musik ins Internet. Wer weiß, vielleicht hört's ja mal jemand.

Vielleicht doch noch den Hauptschulabschluss schaffen. Im Moment tut Philipp nichts. Er verbringt seine Tage unterwegs oder mit der Musik. Mit Hilfe der Allgemeinen Sozialberatung der Caritas in Köln-Kalk, die bereits Philipps Mutter betreut, ist es gelungen, den Jungen für verschiedene Maßnahmen und Praktika der Arge zu motivieren. Philipp war Praktikant im Lager eines Baumarktes und im Kolpinghaus. In diesem Sommer hat er sich bei der „tas" beworben, einem Weiterbildungskolleg in Köln-Mülheim. Hier können jugendliche Schulabbrecher ihren Abschluss nachholen. Das Kolleg ist staatlich anerkannt. Wenn alles gut geht, macht Philipp ab Herbst die Hauptschule zu Ende. Und später, wer weiß, gar den Realschulabschluss.

Vielleicht weiß Philipp bis dahin, was er werden will. Oder besser: was er werden kann. Bislang scheiterte jede Idee an seinen Allergien. Schlosser, Schreiner, Lagerarbeiter – nichts davon kommt für den schüchternen jungen Mann in Frage. Er ist stark allergisch auf Staub und Pollen und dazu noch hochgradig empfindlich gegen Sonne und helles Licht. Bis jetzt hat Philipp keine Idee, wo es mit ihm hingehen soll. Am liebsten wäre ihm irgendwas mit Musik.

Große Träume hat Philipp keine. Wenn er überraschend Geld bekäme, würde er gern mal nach Holland in einen Center Parc fahren. Wenn er noch mehr Geld bekäme, würde er anständige Möbel kaufen für die gemeinsame Wohnung. Dass es bei Ikea richtig gute geben soll, hat er gehört. Das meiste Geld aber würde er seiner kranken Mutter geben. ‚Damit sie sich mal ein bisschen freut.'"

(CaritasStiftung im Erzbistum Köln, 2008)

„Es braucht ein geschärftes öffentliches Bewusstsein dafür, dass es auch in hochentwickelten Staaten Europas Armut und soziale Ausgrenzung gibt."
(Erzbischof Robert Zollitsch)

„Armut in einem reichen Land ist mehr als nur eine Herausforderung, sie ist ein Skandal."
(Bischof Wolfgang Huber, ehem. EKD-Vorsitzender)

„Unsere Vision ist: Niemand soll aufgrund ungerechter Zustände in Armut leben müssen. Alle müssen mit anpacken, um die Kluft zwischen Arm und Reich zu überwinden."
(Caritasverband für Stuttgart)

→ Auf das Unrecht der großen Unterschiede zwischen Arm und Reich machte auch schon der Prophet Amos aufmerksam. Lies dazu S. 16/17.

„Die Diakonie sieht sich als Anwältin der Armen. Uns geht es darum, den Ausgegrenzten eine Stimme zu geben."
(Diakonie Bundesverband)

Aufgaben

1 Fasse zusammen, was gemeint ist, wenn man von „Armut in Deutschland" spricht.

2 Stelle anhand des Berichts über Philipps Schicksal seine Situation dar:
a) Gib wieder, wodurch seine Armut verursacht ist.
b) Zeige auf, wie sich seine Armut während Philipps Schulzeit auswirkt.
c) Skizziere die gegenwärtige Situation von Philipp. Zeige auf, welche Rolle dabei die Sozialberatung der Caritas spielt.
d) Stelle dar, welche Zukunftsperspektive Philipp hat.
e) Nimm selbst Stellung dazu, ob Philipp Zukunftschancen hat.

3 **a)** Zeige anhand der Zitate auf, welche Stellung Vertreter der evangelischen und katholischen Kirche zur Armut in Deutschland beziehen.
b) Beurteile ihre Stellungnahmen.

4 Recherchiere, welche Aktionen der evangelischen und katholischen Kirche aktuell gegen Armut in Deutschland laufen.

Kirche sein: die Freude des Evangeliums leben

„Die Kirche ‚im Aufbruch' ist die Gemeinschaft der missionarischen Jünger, die die Initiative ergreifen, die sich einbringen, die begleiten, die Frucht bringen und feiern. ‚Primerear – die Initiative ergreifen': Entschuldigt diesen Neologismus! Die evangelisierende Gemeinde spürt, dass der Herr die Initiative ergriffen hat, ihr in der Liebe zuvorgekommen ist (vgl. 1 Joh 4,10), und deshalb weiß sie voranzugehen, versteht sie, furchtlos die Initiative zu ergreifen, auf die anderen zuzugehen, die Fernen zu suchen und zu den Wegkreuzungen zu gelangen, um die Ausgeschlossenen einzuladen. Sie empfindet einen unerschöpflichen Wunsch, Barmherzigkeit anzubieten – eine Frucht der eigenen Erfahrung der unendlichen Barmherzigkeit des himmlischen Vaters und ihrer Tragweite. Wagen wir ein wenig mehr, die Initiative zu ergreifen! Als Folge weiß die Kirche sich ‚einzubringen'. Jesus hat seinen Jüngern die Füße gewaschen. Der Herr bringt sich ein und bezieht die Seinen ein, indem er vor den anderen niederkniet, um sie zu waschen. Aber dann sagt er zu den Jüngern: ‚Selig seid ihr, wenn ihr das wisst und danach handelt' (Joh 13,17). Die evangelisierende Gemeinde stellt sich durch Werke und Gesten in das Alltagsleben der anderen, verkürzt die Distanzen, erniedrigt sich nötigenfalls bis zur Demütigung und nimmt das menschliche Leben an, indem sie im Volk mit dem leidenden Leib Christi in Berührung kommt. So haben die Evangelisierenden den ‚Geruch der Schafe', und diese hören auf ihre Stimme. Die evangelisierende Gemeinde stellt sich also darauf ein, zu ‚begleiten'. Sie begleitet die Menschheit in all ihren Vorgängen, so hart und langwierig sie auch sein mögen. Sie kennt das lange Warten und die apostolische Ausdauer. Die Evangelisierung hat viel Geduld und vermeidet, die Grenzen nicht zu berücksichtigen. In der Treue zur Gabe des Herrn weiß sie auch ‚Frucht zu bringen'. Die evangelisierende Gemeinde achtet immer auf die Früchte, denn der Herr will, dass sie fruchtbar ist. Sie nimmt sich des Weizens an und verliert aufgrund des Unkrauts nicht ihren Frieden. Wenn der Sämann inmitten des Weizens das Unkraut aufkeimen sieht, reagiert er nicht mit Gejammer und Panik. Er findet den Weg, um dafür zu sorgen, dass das Wort Gottes in einer konkreten Situation Gestalt annimmt und Früchte neuen Lebens trägt, auch wenn diese scheinbar unvollkommen und unvollendet sind. Der Jünger weiß sein ganzes Leben hinzugeben und es als Zeugnis für Jesus Christus aufs Spiel zu setzen bis hin zum Martyrium, doch sein Traum ist nicht, Feinde gegen sich anzusammeln, sondern vielmehr, dass das Wort Gottes aufgenommen werde und seine befreiende und erneuernde Kraft offenbare. Und schließlich versteht die fröhliche evangelisierende Gemeinde immer zu ‚feiern'. Jeden kleinen Sieg, jeden Schritt vorwärts in der Evangelisierung preist und feiert sie. Die freudige Evangelisierung wird zur Schönheit in der Liturgie inmitten der tägli- chen Anforderung, das Gute zu fördern. Die Kirche evangelisiert und evangelisiert sich selber mit der Schönheit der Liturgie, die auch Feier der missionarischen Tätigkeit und Quelle eines erneuerten Impulses zur Selbsthingabe ist."

(Papst Franziskus, Evangelii gaudium, Nr. 24)

Aufgaben

1 a) Arbeite heraus, was Papst Franziskus unter „Evangelisierung" versteht. Ordne die verschiedenen Aspekte den Grundvollzügen des Kirche-Seins (Martyria, Diakonia, Liturgie, Gemeinschaft) zu.

b) Zeige an Beispielen, wie die Kirche konkret evangelisiert.

c) Nimm Stellung: ist dieses kirchliche Handeln überzeugend?

Wer ist die Kirche? Ein Streitfall

donum vitae
beraten - schützen - weiter helfen

„Nach dem Ausstieg der katholischen Bischöfe aus dem gesetzlichen Beratungssystem wurde donum vitae als bürgerlicher Verein von Laien am 24.09.1999 gegründet, um das katholische Element in der Schwangerschaftskonfliktberatung zu erhalten. Die Gründung von donum vitae entsprang der Überzeugung, dass eine ergebnisoffene, aber zielgerichtete Beratung die beste Möglichkeit sei, um ungeborenes Leben zu schützen. Inzwischen ist donum vitae an über 200 Orten in der Bundesrepublik mit Beratungs- oder Außenstellen präsent. Wir beraten Frauen, Männer und Paare unabhängig von ihrer Nationalität oder Konfession. […] Neben der Beratungstätigkeit vermittelt donum vitae auch finanzielle Hilfen und weitere Unterstützung für schwangere Frauen und Mütter in Not."
(Homepage von donum vitae e.V.)

Der Ständige Rat der Deutsche Bischofskonferenz lehnte 2006 das Engagement von Donum Vitae ab: der Verein sei privater Natur und stehe außerhalb der Kirche. Diese Entscheidung ist nicht unumstritten, und sie wirft die Frage auf, wo und wer Kirche ist. Sabine Demel, eine Kirchenrechtlerin, nimmt dazu prononciert Stellung:

Alle – das ganze Volk Gottes, Frauen und Männer, Laien genauso wie Kleriker – sind gemäß ihrer je eigenen Stellung berufen, die Sendung zu erfüllen, die Gott der Kirche zur Erfüllung in der Welt anvertraut hat. Das ist das Credo der katholischen Kirche seit dem II. Vatikanischen Konzil. Denn die Kirche als Volk Gottes wird von nun an nicht mehr primär als die ständisch geordnete Gesellschaft von Klerikern und Laien verstanden, sondern vielmehr als die Gemeinschaft von gleichwertigen Gliedern. Als Kennzeichen dieser Gemeinschaft gilt, dass unter ihren Gliedern eine wahre Gleichheit besteht – eine wahre Gleichheit, die durch die Taufe entsteht und grundlegender ist als die Unterscheidung zwischen Klerikern und Laien. Damit sind die Laien eindeutig vom ehemals bevormundeten Volk Gottes zum mündigen Volk Gottes geworden. Dieses kirchliche Selbstverständnis muss sich zumindest in dreifacher Hinsicht auswirken: Erstens darf es in der Kirche nicht länger um Betreuung der einen durch die anderen gehen, sondern es muss auf die wechselseitige Hilfe im Christsein ankommen. Zweitens darf es keine Zweiteilung mehr von aktiven Entscheidungsträgern hier und passiven Empfänger/innen dort geben, sondern alle Gläubigen müssen die kirchliche Gemeinschaft aktiv mitgestalten. Drittens darf Kirche der Gesellschaft und Welt nicht nur gegenüber stehen, sondern muss vielmehr auch und gerade in ihrer Mitte tätig sein, nämlich als das wirkmächtige Instrument Gottes für das Heil der Welt, also als Sakrament des Heils für die Welt.

1 a) Recherchiere zu donum vitae.
b) Sabine Demels Argumentation richtet sich gegen die Entscheidung des Ständigen Rats der Deutschen Bischofskonferenz zu Donum Vitae. Gib Ihre Position mit eigenen Worten wieder und formuliere sie anschließend als Argument in Sachen Donum Vitae.

2 Vergleiche die Aussagen von Papst Franziskus und Sabine Demel. Erörtere, inwieweit beide Positionen sich gegenseitig ergänzen oder widersprechen.

Vor 1933: im scharfen Gegensatz zum Nationalsozialismus

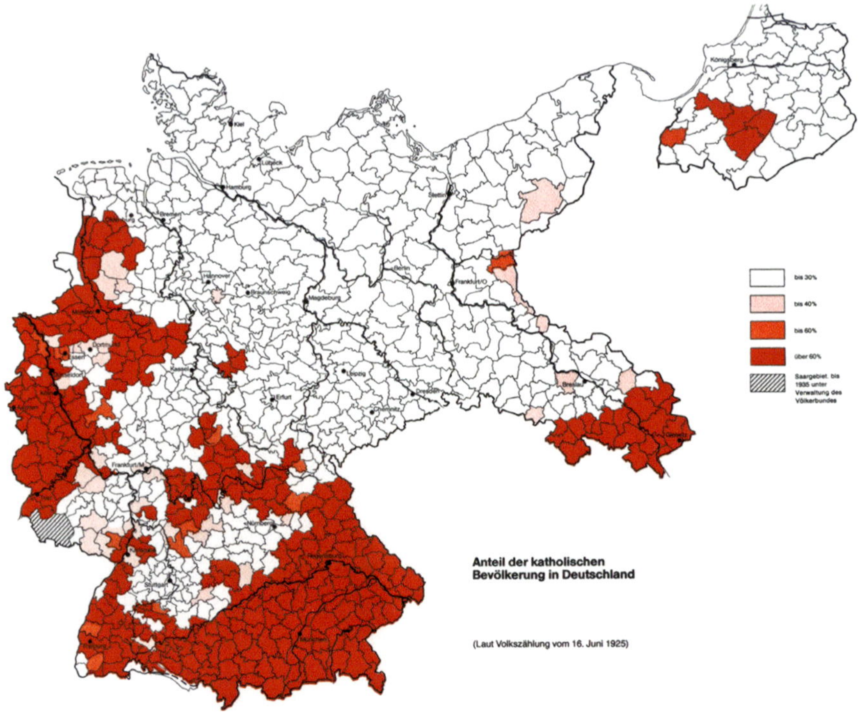

§ 24 des Parteiprogramms der NSDAP (1920)
„Wir fordern die Freiheit aller religiösen Bekenntnisse im Staat, soweit sie nicht dessen Bestand gefährden oder gegen das Sittlichkeits- und Moralgefühl der germanischen Rasse verstoßen. Die Partei als solche vertritt den Standpunkt eines positiven Christentums, ohne sich konfessionell an ein bestimmtes Bekenntnis zu binden. Sie bekämpft den jüdisch-materialistischen Geist in und außer uns und ist überzeugt, dass eine dauernde Genesung unseres Volkes nur erfolgen kann von innen heraus auf der Grundlage Gemeinnutz geht vor Eigennutz."

Stellungnahme des Bischöflichen Ordinariats Mainz (30. September 1930)
„[…] das Programm der NSDAP [enthält] Sätze, die sich mit katholischem Leben und Grundsätzen nicht vereinigen lassen. Namentlich ist es der § 24 des Programms, den kein Katholik annehmen kann, ohne seinen Glauben in wichtigen Punkten zu verleugnen […] Das christliche Sittengesetz gründet sich auf die Nächstenliebe. Die nationalsozialistischen Schriftsteller anerkennen dieses Gebot nicht in dem von Christus gelehrten Sinn; sie predigen Überschätzung der germanischen Rasse und Geringschätzung alles Fremdrassigen […] Diese Geringschätzung, die bei vielen zu vollendetem Hass der fremden Rassen führt, ist unchristlich und unkatholisch. – Das christliche Sittengesetz ist ferner allgemein, es gilt für alle Zeiten und Rassen […] Vorstehende Ausführungen geben Antwort auf die Fragen: Kann ein Katholik eingeschriebenes Mitglied der Hitlerpartei sein? Kann ein katholischer Pfarrer gestatten, dass Mitglieder dieser Partei korporativ an kirchlichen Beerdigungen oder sonstigen Veranstaltungen teilnehmen? Kann ein Katholik, der sich zu den Grundsätzen dieser Partei bekennt, zu den hl. Sakramenten zugelassen werden? Wir müssen dies verneinen."
(Dom- und Diözesanarchiv Mainz)

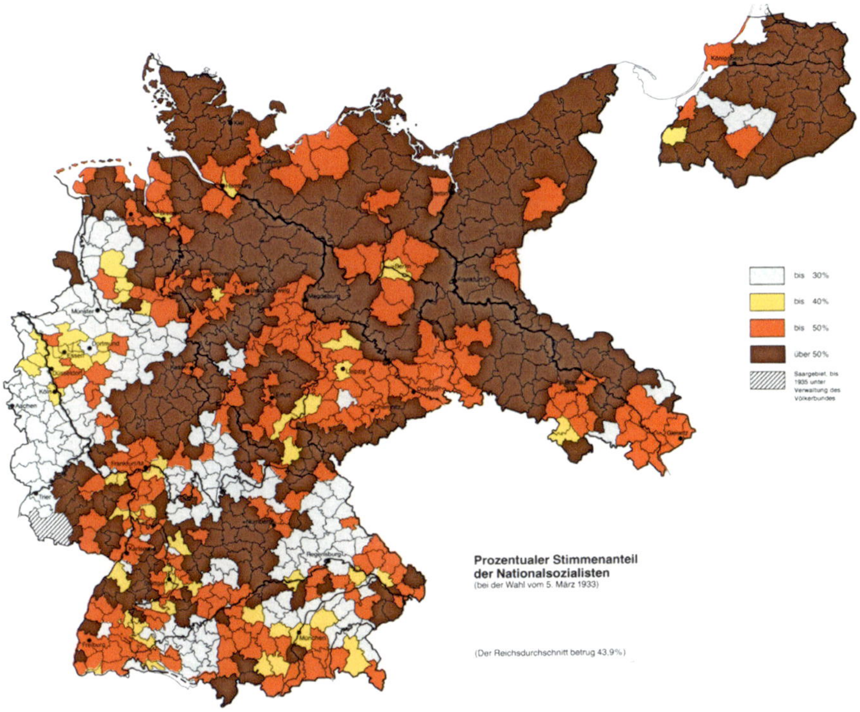

Protokoll der Fuldaer Bischofskonferenz betr. Stellungnahme zur NSDAP (Fulda, 17. August 1932)

„Sämtliche Ordinariate haben die Zugehörigkeit zu dieser Partei für unerlaubt erklärt, weil

1. Teile des offiziellen Programms derselben [...] Irrlehren enthalten.

2. Weil die Stellungnahme zahlreicher führender Vertreter und Publizisten der Partei glaubensfeindlichen Charakter, namentlich feindliche Stellung zu grundsätzlichen Lehren und Forderungen der katholischen Kirche enthalten [...]

3. Es ist das Gesamturteil des katholischen Klerus [...], dass, wenn die Partei die heiß ersehnte Alleinherrschaft in Deutschland erlangt, für die kirchlichen Interessen der Katholiken die dunkelsten Aussichten sich eröffnen.

4. Es ist nicht entschuldbar, wenn weite Kreise der Partei sich anschließen in der Absicht, nur die wirtschaftlichen Interessen und die Ziele des weltlich politischen Gebietes, wie sie in der Partei vertreten sind, damit unterstützen zu wollen. Denn die Unterstützung der Partei selbst schließt [...] die Förderung ihrer Gesamtziele ein. Es kommt hinzu, dass die Verheißungen der Partei als unerfüllbar erscheinen."

Aufgaben

1 Analysiere anhand der beiden Karten das Wahlverhalten der Katholiken am 5. März 1933.

2 Erkläre, warum laut der Stellungnahme des Bischöflichen Ordinariats Mainz das Programm der NSDAP für einen Katholiken unannehmbar ist. Zeige auf, welche Konsequenzen sich daraus ergeben.

3 Gib wieder, warum laut Protokoll der Fuldaer Bischofskonferenz die Zugehörigkeit zur NSDAP für einen Katholiken unerlaubt ist.

1933: Die Kirche schwenkt um

Hitlers Regierungserklärung vom 23. März 1933
„[...] Indem die Regierung entschlossen ist, die politische und moralische Entgiftung unseres öffentlichen Lebens durchzuführen, schafft und sichert sie die Voraussetzungen für eine wirklich tiefe innere Religiosität [...] Die nationale Regierung sieht in den beiden christlichen Konfessionen wichtigste Faktoren der Erhaltung unseres Volkstums. Sie wird die zwischen ihnen und den Ländern abgeschlossenen Verträge respektieren; ihre Rechte sollen nicht angetastet werden. Sie erwartet aber und hofft, daß die Arbeit an der nationalen und sittlichen Erhebung unseres Volkes, die sich die Regierung zur Aufgabe gestellt hat, umgekehrt die gleiche Würdigung erfährt [...]

Die nationale Regierung wird in Schule und Erziehung den christlichen Konfessionen den ihnen zukommenden Einfluß einräumen und sicherstellen. Ihre Sorge gilt dem aufrichtigen Zusammenleben zwischen Kirche und Staat [...] Ebenso legt die Reichsregierung, die im Christentum die unerschütterlichen Fundamente des sittlichen und moralischen Lebens unseres Volkes sieht, den größten Wert darauf, die freundschaftlichen Beziehungen zum Heiligen Stuhle weiter zu pflegen und auszugestalten. [...]"

Kundgebung der deutschen Bischöfe vom 28. März 1933
Schon fünf Tage nach Hitlers Regierungserklärung veröffentlichten die Bischöfe eine Kundgebung, in der sie zur neuen Regierung Stellung nahmen. Der Text folgte einem Entwurf, den Kardinal Bertram eingebracht hatte.

„Die Oberhirten der Diözesen Deutschlands haben aus triftigen Gründen, die wiederholt dargelegt sind, [...] in den letzten Jahren gegenüber der nationalsozialistischen Bewegung eine ablehnende Haltung durch Verbote und Warnungen eingenommen, die so lange und insoweit in Geltung bleiben sollen, wie diese Gründe fortbestehen.

Es ist nunmehr anzuerkennen, dass von dem höchsten Vertreter der Reichsregierung [Hitlers], der zugleich autoritärer Führer jener Bewegung ist, öffentlich und feierlich Erklärungen gegeben sind, durch die der Unverletzlichkeit der katholi-

Regierungserklärung Hitlers am 23. März 1933 im neuen Reichstag in der Kroll-Oper am Königsplatz in Berlin

schen Glaubenslehre und den unveränderlichen Aufgaben und Rechten der Kirche Rechnung getragen [...] wird. Ohne die in unseren früheren Maßnahmen liegende Verurteilung bestimmter religiös-sittlicher Irrtümer aufzuheben, glaubt daher der Episkopat, das Vertrauen hegen zu können, dass die vorbezeichneten allgemeinen Verbote und Warnungen nicht mehr als notwendig betrachtet zu werden brauchen [...]

In Geltung bleibt die so oft [...] an alle Katholiken ergangene Mahnung, stets wachsam und opferfreudig einzutreten [...] für Schutz der christlichen Religion und Sitte, für Freiheit und Rechte der katholischen Kirche und Schutz der konfessionellen Schule und katholischen Jugendorganisationen.

In Geltung bleibt ferner die Mahnung an die politischen und ähnlichen Vereine und Organisationen, in Gotteshaus und kirchlichen Funktionen aus Ehrfurcht vor der Heiligkeit derselben zu vermeiden, was als politische oder parteimäßige Demonstration erscheinen und daher Anstoß erregen kann."

Hirtenbrief des deutschen Episkopats vom 3. Juni 1933
„[...] 2. Neben der gesteigerten Liebe zum Vaterland und Volk kennzeichnet sich unsere Zeit durch eine überraschend starke Betonung der Autorität und durch die unnachgiebige Forderung der organischen Eingliederung der Einzelnen und der Körperschaften in das Ganze des Staates. Sie geht damit vom naturrechtli-

chen Standpunkt aus, dass kein Gemeinwesen ohne Obrigkeit gedeiht, und nur die willige Einfügung in das Volk und die gehorsame Unterordnung unter die rechtmäßige Volksleitung die Wiedererstarkung der Volkskraft und Volksgröße gewährleisten [...] Es fällt deswegen uns Katholiken auch keineswegs schwer, die neue, starke Betonung der Autorität im deutschen Staatswesen zu würdigen und uns mit jener Bereitschaft ihr zu unterwerfen, die sich nicht nur als natürliche Tugend, sondern wiederum als eine übernatürliche kennzeichnet, weil wir in jeder menschlichen Obrigkeit einen Abglanz der göttlichen Herrschaft und eine Teilnahme an der ewigen Autorität Gottes erblicken (Röm 13,1 ff.).

3. Auch die Ziele, die die neue Staatsautorität für die Freiheit unseres Volkes erstrebt, müssen wir Katholiken begrüßen. Nach Jahren der Unfreiheit unserer Nation und der Missachtung und schmachvollen Verkürzung unserer völkischen Rechte muss unser deutsches Volk jene Freiheit und jenen Ehrenplatz in der Völkerfamilie wieder erhalten, die ihm auf Grund seiner zahlenmäßigen Größe und seiner kulturellen Veranlagung und Leistung gebühren [...]

4. Zu unserer großen Freude haben die führenden Männer des neuen Staates ausdrücklich erklärt, dass sie sich selbst und ihr Werk auf den Boden des Christentums stellen. Es ist das ein öffentliches, feierliches Bekenntnis, das den herzlichen Dank aller Katholiken verdient. Nicht mehr soll also der Unglaube und die von ihm entfesselte Unsittlichkeit das Mark des deutschen Volkes vergiften, nicht mehr der mörderische Bolschewismus mit seinem satanischen Gotteshass die deutsche Volksseele bedrohen und verwüsten [...]"

Der Kirchenhistoriker Joachim Köhler merkt zu diesem Hirtenbrief des Episkopats an:

„Es wird schwerfallen, auf dem Hintergrund der Strukturen und Prinzipien dieses Textes irgendeine Option für Menschen zu formulieren, die durch totalitäre Regime in ihrer Freiheit beraubt wurden. Und in der Tat, es gab keine öffentlichen Proteste, als die Jungmänner des katholischen Gesellenvereins im Jahre 1933 auf dem Internationalen Gesellentag in München brutal von nationalsozialistischen Radikalen attackiert wurden. Es gab keine Proteste, als die jüdischen Geschäfte 1933 boykottiert und jüdische Professoren von den deutschen Universitäten entfernt wurden. Es gab keine Proteste, als Parlamentarier jedweder Couleur, ob Kommunisten, Sozialisten oder Zentrumsleute, 1933 in die ersten Konzentrationslager eingeliefert wurden [...]"

SA-Mitglieder bekleben am 1. April 1933 das Schaufenster eines Berliner jüdischen Geschäfts.

Aufgaben

1 Arbeite heraus, mit welchen Zusagen Hitler in seiner Regierungserklärung die Kirchen zu gewinnen versucht.

2 Belege, wie die deutschen Bischöfe in ihrer Kundgebung vom 28. März 1933 gegenüber dem Nationalsozialismus umzuschwenken beginnen und im Hirtenbrief vom 3. Juni 1933 jede Reserve aufgegeben haben.

3 Setze dich mit der These des Kirchenhistorikers Joachim Köhler auseinander, dass die im Hirtenbrief vom 3. Juni 1933 dokumentierte Haltung der deutschen Bischöfe die Kirche unfähig machte, sich für die vom totalitären Regime verfolgten Menschen einzusetzen.

Das Reichskonkordat

Die Situation vor dem Abschluss des Konkordats
„Hitler brauchte 1933 die Katholiken – immerhin ein Drittel der Gesamtbevölkerung – als Wähler (und später auch als Soldaten für seine Kriege). Dies konnte jedoch nicht gelingen, solange die Zentrumspartei als deren mächtige politische Heimat existierte. Wie aber konnte man Rom dafür gewinnen, diese Partei und damit den politischen Arm des Katholizismus fallen zu lassen? Man biete der Kirche den lang ersehnten Vertrag an und verbinde dieses Angebot mit Zugeständnissen an die Kirche. Dass mit dem Abschluss des Konkordats vor allem ein enormer internationaler Prestigegewinn des NS-Regimes verbunden war, dürfte für dieses die Hauptsache gewesen sein. Die katholische Kirche hingegen meinte und hoffte, durch ein Konkordat ihre Existenz vertraglich absichern und damit die Funktionsfähigkeit der Institution auch unter den Bedingungen einer Diktatur wahren zu können. Konkret ging es der Kirche um freie Religionsausübung, unbehinderte Seelsorge und Spendung der Sakramente, um Einfluss im Erziehungs- und Schulwesen. Ein weiterer Gesichtspunkt für den Heiligen Stuhl war der Schutz katholischer Verbände vor dem Zugriff des Staates."
(Helmut Kurz, Kath. Kirche im Nationalsozialismus, 2008)

Aus dem Konkordat vom 20. Juli 1933
„**Art. 1** Das Deutsche Reich gewährleistet die Freiheit des Bekenntnisses und der öffentlichen Ausübung der katholischen Religion. [...] Es anerkennt das Recht der katholischen Kirche [...], ihre Angelegenheiten selbstständig zu ordnen und zu verwalten und im Rahmen ihrer Zuständigkeit für ihre Mitglieder bindende Gesetze und Anordnungen zu erlassen.

Art. 5 In Ausübung der geistlichen Tätigkeit genießen die Geistlichen in gleicher Weise wie die Staatsbeamten den Schutz des Staates [...]

Art. 13 Die katholischen Kirchengemeinden, Kirchengemeindeverbände und Diözesanverbände, die Bischöflichen Stühle, Bistümer und Kapitel, die Orden und religiösen Genossenschaften, sowie die unter Verwaltung kirchlicher Organe gestellten Anstalten, Stiftungen und Vermögensstücke der kath. Kirche behalten bzw. erlangen die Rechtsfähigkeit für den staatlichen Bereich nach den allgemeinen Vorschriften des staatlichen Rechts [...]

Wenige Monate nach Hitlers Machtergreifung empfängt Papst Pius XI. dessen Stellvertreter Hermann Göring.

Art. 16 Bevor die Bischöfe von ihrer Diözese Besitz ergreifen, leisten sie in die Hand des Reichsstatthalters in dem zuständigen Lande bzw. des Reichspräsidenten einen Treueeid nach folgender Formel: ‚Vor Gott und auf die heiligen Evangelien schwöre und verspreche ich [...] dem Deutschen Reich [...] Treue. Ich schwöre und verspreche, die verfassungsmäßig gebildete Regierung zu achten und von meinem Klerus achten zu lassen [...]'

Art. 17 Das Eigentum und andere Rechte der öffentlich-rechtlichen Körperschaften, der Anstalten und Verbände der katholischen Kirche an ihrem Vermögen werden nach Maßgabe der allgemeinen Staatsgesetze gewährleistet.

Art. 19 Die katholisch-theologischen Fakultäten an den staatlichen Hochschulen bleiben erhalten [...]

Art. 21 Der katholische Religionsunterricht [...] ist ordentliches Lehrfach und wird in Übereinstimmung mit den Grundsätzen der katholischen Kirche erteilt [...]

Art. 30 An den Sonntagen und gebotenen Feiertagen wird in den [...] Kirchen [...] des Deutschen Reichs im Anschluss an den Hauptgottesdienst [...] ein Gebet für das Wohlergehen des Deutschen Reiches und Volkes eingelegt.

Art. 31 Diejenigen katholischen Organisationen und Verbände, die ausschließlich religiösen, rein kulturellen und karitativen Zwecken dienen und als solche der kirchlichen Behörde unterstellt sind, werden in ihren Einrichtungen und in ihrer Tätigkeit geschützt [...]

Art. 32 Auf Grund der in Deutschland bestehenden besonderen Verhältnisse [...] erlässt der Hl. Stuhl Bestimmungen, die für die Geistlichen und Ordensleute die Mitgliedschaft in politischen Parteien und die Tätigkeit für solche Parteien ausschließen."

Die Haltung der deutschen Bischöfe

Bischof Konrad Graf von Preysing

Die große Mehrheit des deutschen Episkopats begrüßte den Abschluss des Konkordats. Eine Ausnahme war der Bischof von Eichstätt und spätere Bischof von Berlin Konrad von Preysing. Er meldete starke Bedenken gegen das Reichskonkordat an, weil er befürchtete, die Vereinbarung zwischen dem Regime und dem Vatikan könnte als kirchliche Zustimmung zur neuen Ordnung verstanden werden. Nach der Ratifizierung des Konkordats weigerte er sich, aus diesem Anlass einen Dankgottesdienst zu feiern.

Die Haltung des Vatikans

Der italienische Botschafter beim Heiligen Stuhl, Graf Cesare Maria De Vecchi, berichtete wenige Tage nach dem Abschluss des Konkordats an Mussolini von der großen Freude des Papstes über das Erreichte. Knapp einen Monat später jedoch erschien im Bericht des britischen Geschäftsführers Ivone Kirkpatrick die Stellungnahme des Vatikans deutlich anders – nicht von Hochstimmung, sondern eher von Verzweiflung bestimmt.

Bericht des italienischen Botschafters Graf Cesare Maria De Vecchi vom 25. Juli 1933

Beide, der Papst und sein Kardinalstaatssekretär, seien vorurteilslos genug, um sich nicht zu viele Sorgen zu machen wegen der sogenannten Gewalttätigkeiten, die vom Botschafter in Berlin so ernst genommen würden. Beide wüssten genau, dass solche „Überreaktionen" notwendig seien, um starken Regierungen den Weg zu bahnen. „Der Papst und der Kardinalstaatssekretär", so fuhr De Vecchi dann wörtlich fort, „haben sich über das Konkordat mit Deutschland gefreut wie Kinder, die in der Schule belohnt werden", und sie hatten die einzige Angst, dass man in der Praxis das Konkordat nicht voll durchführen kann.

Bericht des britischen Geschäftsführers Ivone Kirkpatrick (August 1933)

„Gleichermaßen beklagte Kardinal Pacelli das innenpolitische Vorgehen der deutschen Regierung, ihre Verfolgung der Juden, ihr Einschreiten gegen politische Gegner, die Herrschaft des Terrors, der die ganze Nation unterworfen sei [...] Diese Überlegungen zu der schlimmen Haltung Deutschlands führten den Kardinal dazu, zu seiner Rechtfertigung darzulegen, wie er dazu gekommen war, mit solchen Leuten ein Konkordat zu unterzeichnen. Eine Pistole, sagte er, sei gegen seinen Kopf gerichtet gewesen, und er habe keine Alternative gehabt. Die deutsche Regierung habe ihm Zugeständnisse angeboten [...] und er habe wählen müssen zwischen einem Übereinkommen zu ihren Bedingungen und der praktischen Ausschaltung der katholischen Kirche im Reich [...]"

Aufgaben

1 Arbeite heraus, welche Vor- und Nachteile das Konkordat hatte:
a) für die NS-Regierung
b) für die katholische Kirche

2 In den Vorverhandlungen zum Konkordat waren die Artikel 31 und 32 am meisten umstritten.
a) Lies die beiden Artikel genau und beschreibe, was dir auffällt.
b) Arbeite heraus und belege, welche zukünftigen Probleme hier „vorprogrammiert" sind.

3 Begründe, warum man die Berichte von de Vecchi und von Kirkpatrick zusammennehmen muss, um ein treffendes Bild von der Haltung des Vatikans zu bekommen.

4 Beurteile die These, dass die Kirche letztlich gezwungen war, das Konkordat abzuschließen.

Der Kirchenkampf

Klärung der Fronten

Die Begeisterung über das Konkordat kühlte ziemlich schnell ab, als der Staat und die Partei schon bald die Stützpfeiler des katholischen Milieus angriffen.

„Gerade die großen Jugend- und Arbeitervereine mit ihren Hunderttausenden von Mitgliedern wurden 1934/35 immer stärker bedrängt, jede nicht rein religiöse Aktivität wurde ihnen untersagt. Die katholischen Tageszeitungen unterlagen rasch der redaktionellen und wirtschaftlichen Kontrolle, die Kirchenpresse wurde auf eine ausschließlich kirchlich-religiöse Berichterstattung beschränkt. Speziell der Ausschaltung des Klerus dienten die 1935 und 1937 mit großem propagandistischen Aufwand durchgeführten Devisen- und Sittlichkeitsprozesse, in denen Bischöfe, Priester und Ordensleute als korrupt, geldgierig und moralisch beispiellos verkommen hingestellt wurden."

(Karl-Joseph Hummel, Katholische Kirche, politische Katholizität und Drittes Reich, 2009).

Karikatur aus dem judenfeindlichen Hetzblatt „Der Stürmer". Die Bildunterschrift lautete: „Dem politischen Katholizismus. Sage mir, mit wem du Umgang pflegst, und ich sage dir, wer du bist."

Im Kampf des nationalsozialistischen Regimes gegen die Kirche, der immer offenere Formen annahm, ging es den Machthabern vor allem darum, den öffentlichen Bereich zu „entkonfessionalisieren". Ihr Ziel war es, das weltanschauliche Monopol des Nationalsozialismus ungehindert durchsetzen zu können.

Maßnahmen der NS-Regierung gegen die Kirche

- Seit 1935 wurden Konfessionsschulen aufgehoben bzw. in Gemeinschaftsschulen umgewandelt.
- Die katholische Jugend- und Arbeiterbewegung wurde schikaniert und 1936 schließlich ganz verboten. Vor dem Verbot kam es häufig zu Übergriffen auf katholische Jugendgruppen durch die Hitlerjugend (Zertrümmern von Anschlagkästen; Einbruch in Jugendheime; Wegnehmen von Fahnen und Wimpeln; Beschuldigung, mit den Kommunisten unter einer Decke zu stecken).
- Die katholische Presse wurde von der staatlichen Zensur zunehmend behindert und teilweise verboten.
- Kirchliche Aktionen wie die öffentliche Feier von Festen oder die Durchführung von Prozessionen und Wallfahrten wurden erschwert oder verboten.
- Die Kirchen und kirchlichen Gebäude mussten an Staatsfeiertagen mit der Hakenkreuzfahne (neben der Kirchenfahne!) beflaggt werden.
- Viele Geistliche, v. a. Ordensangehörige, wurden verleumdet und inhaftiert. Es kam zu Schauprozessen wegen angeblicher Sittlichkeitsdelikte und angeblichen Betrugs. Geistliche, die in irgendeiner Form Widerstand gegen das Regime und seine Ideologie leisteten, wurden bestraft oder in Konzentrationslagern inhaftiert.
- Geistliche, die dem Regime nicht genehm waren, durften keinen Religionsunterricht mehr erteilen.
- Kruzifixe und andere christliche Symbole wurden aus den Schulräumen entfernt.

Die Enzyklika „Mit brennender Sorge“

Mit einer Vielzahl von Maßnahmen drängte das NS-Regime die katholische Kirche nach und nach auf ein „Sakristeichristentum“ zurück. Erfolglos protestierte die Kirche dagegen. Schließlich setzte Papst Pius XI. auf dem Höhepunkt der Auseinandersetzungen mit der Veröffentlichung der deutschsprachigen Enzyklika „Mit brennender Sorge“ ein Zeichen. Ihrer Veröffentlichung ging eine Beratung im Vatikan mit den deutschen Kardinälen Bertram, Schulte und Faulhaber sowie den Bischöfen Preysing und Galen im Januar 1937 voraus.

„Inhaltlich bedeutete die Enzyklika eine scharfe Abrechnung mit der nationalsozialistischen Weltanschauung und Kirchenpolitik sowie eine nüchterne Bestandsaufnahme der Lage der Kirche in Deutschland.“ Der Papst klagte über den durch das Regime aufgezwungenen Leidensweg der Kirche und „verurteilte die Anschauungen der Regierung, wenn auch nicht der Regierenden selbst.“
(Helmut Kurz)

Die Veröffentlichung der Enzyklika – ein Thriller
Um der Gestapo keine Möglichkeit zu geben, das zeitgleiche Verlesen der Enzyklika von allen katholischen Kanzeln Deutschlands zu verhindern, musste die Aktion streng geheim gehalten werden.

- Nachdem Papst Pius XI. die Enzyklika unterzeichnet hatte, gelangten auf diplomatischem Wege 26 Abzüge nach Deutschland in die Berliner **Nuntiatur**.
- Der **Nuntius** stimmte mit den Bischöfen Bertram und Preysing einen gemeinsamen Verlesungstag ab.

Info

Eine **Apostolische Nuntiatur** ist die diplomatische Vertretung des Heiligen Stuhls in einem Staat. Ihr Repräsentant ist der **Nuntius**.

- Alle deutschen Bischöfe erhielten durch Kuriere der Nuntiatur ein Exemplar der Enzyklika.
- Die meisten Bischöfe beauftragten vertrauenswürdige Druckereien mit Sonderdrucken des Textes. Manche ließen auch nur Abzüge ohne die Hilfe von Druckereien herstellen. Bis zum 21. März waren ca. 300.000 Exemplare fertig.
- Da der Postweg aus Sicherheitsgründen für den Versand ausschied, brachten Kuriere oder junge Geistliche die Texte am Vorabend der Verlesung in die einzelnen Pfarreien. Viele Pfarrer schlossen – aus Sorge vor einem plötzlichen Zugriff der Gestapo – ihr Exemplar im Tabernakel ein.
- Am Sonntag, dem 21. März 1937, wurde die Enzyklika während der Gottesdienste in ganz Deutschland verlesen.

Die Reaktion des NS-Regimes
„Hitler, Goebbels und das gesamte NS-Regime reagierten erbost auf das päpstliche Schreiben. Sie sahen darin nicht nur einen Verstoß gegen das Konkordat, sondern werteten das Papstwort als einen Akt des Hochverrats. Mit schwersten Mitteln ging man gegen die Enzyklika vor. Alle erreichbaren Exemplare wurden sofort konfisziert; ihre weitere Verbreitung wurde verboten. Die beteiligten Druckereien wurden geschlossen, die Besitzer nach und nach enteignet.“
(Helmut Kurz)

Aufgaben

1 **a)** Erkläre, warum das NS-Regime trotz des Konkordats sehr bald Maßnahmen gegen die Kirche ergriff.
b) Untersuche, welche Zielrichtung sie hatten.
c) Nimm Stellung dazu, ob die Rede von einem „Leidensweg“ der Kirche im Zusammenhang dieser Maßnahmen berechtigt ist.

2 Arbeite heraus, welche Bedeutung der Vatikan der Enzyklika „Mit brennender Sorge“ beimaß.

3 In der Enzyklika wird das Schicksal der Juden mit keinem Wort erwähnt. Stelle begründete Vermutungen an, weshalb nicht.

4 Erläutere, warum das NS-Regime die Enzyklika als Hochverrat wertete.

Die Schoah und die Christen

Schoah und Antijudaismus

→ Über die Verfolgung von Juden im Laufe der Geschichte informiert S. 94.

Die **Schoah** – die Auslöschung des Judentums in zwölf Jahren Nationalsozialismus aufgrund der Überzeugung, die Juden seien Angehörige einer minderen Rasse – ist als Verbrechen in der Geschichte unvergleichlich. Umso mehr stellt sich die Frage: Warum haben sich die Christen und auch die katholische Kirche so wenig mit den verfolgten Juden solidarisiert? Ein Hauptgrund dafür ist der jahrhundertealte christliche Antijudaismus. Auf diesen berief sich auch der rassistische Antisemitismus der Nationalsozialisten.

Ecclesia und Synagoge (Kirche und Synagoge) am Fürstenportal des Bamberger Doms, 13. Jh.

Schreiben des Erzbischofs von München und Freising Michael Kardinal von Faulhaber an Alois Wurm (8. April 1933)

Alois Wurm (1887–1968), Geistlicher und Herausgeber der Monatsschrift „Seele", hatte Faulhaber am 5. April 1933 von seinem vergeblichen Versuch Mitteilung gemacht, einen Artikel gegen den Boykott jüdischer Geschäfte am 1. April 1933 in einer Zeitung zu veröffentlichen. In diesem Zusammenhang hatte Wurm die Haltung der katholischen Presse beklagt.

„Ihre Epistel über das Presse-Elend der Gegenwart hätten Sie an eine andere Adresse richten müssen. Der beiliegende Zeitungsartikel, den ich anbei wieder zurückgebe, wäre wohl aufgenommen worden, wenn Sie ihn mit Ihrem Namen gezeichnet, also ganz auf Ihre Verantwortung übernommen hätten. Ich nehme an, dass in der nächsten Nummer der „Seele" ein flammender Protest gegen die Judenverfolgung unter Ihrem Namen erscheint, und noch mehr würde der Presse Mut wachsen, wenn es einen einzigen gäbe, der den Mut besäße, einen solchen Protest als Flugblatt mit seinem Namen drucken zu lassen und auf den Straßen zu verteilen.

Dieses Vorgehen gegen die Juden ist derart unchristlich, dass jeder Christ, nicht bloß jeder Priester, dagegen auftreten müsste. Für die kirchlichen Oberbehörden bestehen weit wichtigere Gegenwartsfragen; denn Schule, der Weiterbestand der katholischen Vereine, Sterilisierung sind für das Christentum in unserer Heimat noch wichtiger, zumal man annehmen darf, und zum Teil schon erlebte, dass die Juden sich helfen können, dass wir also keinen Grund haben, der Regierung einen Grund zu geben, um die Judenhetze in eine Jesuitenhetze umzu-

Aufgaben

1 Recherchiere und erkläre, wie in der Gegenüberstellung von „Ecclesia und Synagoge" ein fundamentaler christlicher Antijudaismus zum Ausdruck kommt.

2 Beurteile, ob der christliche Antijudaismus eine Solidarität mit den vom NS-Regime verfolgten Juden verhindert hat.

3 Arbeite heraus, wie Kardinal Faulhaber die Stellung der Kirche zur Judenverfolgung kennzeichnet. Setze dich mit seiner „Positionierung" auseinander.

biegen. Ich bekomme von verschiedenen Seiten die Anfrage, warum die Kirche nichts gegen die Judenverfolgung tue. Ich bin darüber befremdet; denn bei einer Hetze gegen die Katholiken oder gegen den Bischof hat kein Mensch gefragt, was man gegen diese Hetze tun könne. [...]"

Die Juden von Rom
„Eine Schlüsselepisode in den Diskussionen um die Haltung Papst Pius' XII. gegenüber der nationalsozialistischen Judenverfolgung bildet seit jeher die Deportation der römischen Juden am 19. Oktober 1943 [...] Mit der Verhaftung Mussolinis und der Regierungsübernahme durch Marschall Badoglio hatte in Italien Ende Juli 1943 der Umsturz begonnen. Am 3. September schloss Badoglio einen Waffenstillstand mit den Alliierten, woraufhin deutsche Truppen ab dem 8. September Norditalien und am 10. September Rom besetzten [...] Den Juden Roms schien zunächst nichts zu geschehen [...] Am 26. September bestellte SS-Kommandant Kappler jedoch den Präsidenten der jüdischen Gemeinde Dante Almansi und den Vorsitzenden der jüdischen Gemeinde Roms Ugo Foà ein, um ihnen ein Lösegeld von 50 Kilogramm Gold innerhalb von 36 Stunden abzufordern. Im Falle rechtzeitiger Ablieferung sagte Kappler den Juden Roms Verschonung zu [...] In einer außergewöhnlichen Sammelaktion, zu der außer den Juden auch viele christliche Römer beitrugen, brachte die Gemeinde die geforderte Menge auf [...] Mit dem materiellen Opfer gaben sich die nationalsozialistischen Besatzer jedoch nicht zufrieden. Zwischen dem 29. September und dem 13. Oktober durchsuchten SS-Offiziere penibel die Gemeinderäume einschließlich der Synagoge, beschlagnahmten Geld und Wertgegenstände sowie schließlich die wertvolle Bibliothek der Gemeinde und des Rabbinerkollegs. Im Morgengrauen rückten speziell zu diesem Zweck nach Rom zusammengezogene SS-Einheiten an, riegelten das Quartier des Ghettos ab, durchkämmten alle Häuser und trieben etwa 1250 Personen zusammen, die in die nahegelegene Militärschule abgeführt wurden. Etwa 250 ‚Mischlinge' und zufällig mitaufgegriffene ‚Arier' wurden wieder auf freien Fuß gesetzt, die anderen am 19. Oktober nach Auschwitz deportiert. [...] Insgesamt wurden knapp 1700 der etwa 8000 Juden Roms deportiert und ermordet."
(Thomas Brechtenmacher, Der Vatikan und die Juden, 2005)

„Trotz aller Versuche, den Papst zu einer Stellungnahme zu veranlassen, schwieg Pius XII. Der deutsche Botschafter beim Heiligen Stuhl, Ernst von Weizsäcker, berichtete dem Auswärtigen Amt in Berlin von diesem ‚Vorgang, sozusagen unter den Fenstern des Papstes' und dass der Papst, obwohl von vielen Seiten bestürmt, zu keiner demonstrativen Äußerung gegen den Abtransport der Juden aus Rom' sich hinreißen ließ. Hilfsmaßnahmen, die von Seiten der katholischen Kirche für Juden während der deutschen Besetzung Roms durchgeführt wurden, behinderte der Papst allerdings nicht."
(Wolfgang Benz, Papst Pius XII. und die Juden, in: Davidstern 6/2010)

Zu den Hilfsmaßnahmen des Vatikan, der Juden in kirchlichen Häusern verstecken half, äußerte sich bereits 1944 der Oberrabiner von Jerusalem, Isaak Herzog, in einem Brief an Pius XII:
„Das Volk Israel wird nie das vergessen, was Eure Heiligkeit und Eure verehrten Delegaten, inspiriert von den ewigen Prinzipien der Religion, die an der Basis einer wahren Zivilisation stehen, für unsere unglückseligen Brüder und Schwestern in der tragischsten Stunde unserer Geschichte tun: ein lebendiger Beweis der göttlichen Vorsehung in dieser Welt."
(Brief des Oberrabbiners von Jerusalem, Isaak Herzog, 1944 an Pius XII)

1 Gib die beiden Versionen zur Haltung Papst Pius' XII. in Bezug auf die Verhaftung und Deportation der römischen Juden wieder. Verdeutliche den Gegensatz.

2 **a)** Durch den Film „Pius XII. Under the Roman Sky" ist die Auseinandersetzung über die Haltung des Papstes gegenüber der nationalsozialistischen Judenverfolgung neu aufgebrochen. Recherchiere im Internet die unterschiedlichen Standpunkte und bilde dir ein eigenes Urteil.
b) Tauscht euch in der Klasse über eure Urteile aus und diskutiert sie.

Kirche im Widerstand?

Widerstand? Anpassung? Versagen?

Hat die katholische Kirche dem NS-Regime Widerstand geleistet, oder hat sie sich angepasst, gar mit ihm zusammengearbeitet und damit letztlich versagt? Je nach Standpunkt, Interesse und Perspektive fällt die Antwort auf diese Frage sehr unterschiedlich aus.

Konservative kirchliche Kreise behaupten, die katholische Kirche habe in der NS-Zeit weder versagt noch geschwiegen noch sich gar am Holocaust mitschuldig gemacht: Das Gegenteil entspreche der Wahrheit: Die katholische Kirche sei unter der Diktatur des Hakenkreuzes „die größte Bastion des Widerstandes, Retterin der Juden und Fürsprecherin der Verfolgten" gewesen.

Kritisch Eingestellte halten dagegen, dass die Amtskirche und ihr Oberhirte kläglich als Bollwerk gegen den Faschismus versagt hätten. Der prominenteste und einflussreichste Vertreter dieser Auffassung vom Versagen der Kirche ist Rolf Hochhuth. Die Uraufführung seines Theaterstücks „Der Stellvertreter" im Februar 1963

Theaterplakat zum Stück „Der Stellvertreter", 1966

veränderte das bis dahin gültige Geschichtsbild vom tapferen Widerstand der katholischen Kirche in sein komplettes Gegenteil.

Die neue katholische Forschung indessen betont, dass die Frage nach einem politischen Widerstand der ganzen katholischen Kirche von vornherein falsch gestellt sei. „Die Vorstellung, dass eine Kirche sich als Ganze in den Widerstand begibt, ist wenig realistisch" (Hans Maier). Katholische und protestantische Historiker arbeiten stattdessen mit einem differenzierten, d. h. abgestuften Widerstandsbegriff.

Widerstand und Glaube

Michael Kißener, Professor für Zeitgeschichte an der Universität Mainz, tritt dafür ein, auf die Rede von einem „christlichen Widerstand" nicht zu verzichten, auch wenn der Widerstandsbegriff in Verbindung mit Religion, Glauben, Konfession und Kirche schwierig sei. Er begründet seine Meinung nicht damit, dass er Einzelerscheinungen des Widerstands zusammenträgt, die man unter den Begriff eines christlichen oder gar katholischen Widerstands zusammenfassen könnte. Vielmehr fragt er genau umgekehrt danach, „ob sich denn etwa Großereignisse des Widerstands gegen den Nationalsozialismus [Attentat Georg Elsers am 9. November 1939; Weiße Rose; Kreisauer Kreis] eigentlich ohne Bezüge zum christlichen Glauben erklären ließen. Oder anders formuliert: Könnten wir, wenn der Begriff ‚christlicher Widerstand' so fragwürdig geworden ist, eigentlich den Widerstand gegen den Nationalsozialismus hinsichtlich seiner Motive und Zielsetzungen auch zureichend ohne die Kategorie des christlichen Glaubens erklären?"

(Michael Kißener, in: zur debatte 3/2005)

Aufgaben

1 Stelle dar, wie die Frage nach dem Widerstand der Kirche im Nationalsozialismus je nach Perspektive und Interesse unterschiedlich beantwortet wird.

2 Erkläre, warum Professor Kißener auf die Rede von einem „christlichen Widerstand" nicht verzichten will, obwohl er den Widerstandsbegriff in Verbindung mit Religion und Kirche für problematisch hält.

Georg Elser

Georg Elser beim Verhör

Ein einfacher Mann, Schreiner von Beruf, verübte am 9. November 1939 ein Bombenattentat auf Adolf Hitler: Georg Elser. Dafür wurde er am 9. April 1945 im KZ Dachau ermordet. Elser, im evangelischen Glauben erzogen, war kein praktizierender Christ mehr. Das änderte sich aber in der Situation des Jahres 1938/39, als er das Attentat plante und vorbereitete. Bei seinem Verhör durch die Gestapo erklärte er:

„Ich bin in letzter Zeit auch öfter werktags in eine katholische Kirche gegangen, wenn gerade keine evangelische Kirche da war, um dort mein Vaterunser zu beten. [...] Ich gebe zu, dass diese häufigen Kirchenbesuche und dieses häufige Beten insofern mit meiner Tat, die mich innerlich beschäftigte, in Zusammenhang stand, als ich bestimmt nicht so viel gebetet hätte, wenn ich die Tat nicht vorbereitet bzw. geplant hätte. Es ist schon so, dass ich nach einem Gebet immer wieder etwas beruhigter war."

Weiße Rose

„Ein tief religiöser Mensch": Christoph Probst (Weiße Rose) mit seinem Sohn

War für das Handeln der Münchner Widerstandsgruppe „Weiße Rose" der christliche Glaube, vielleicht sogar der katholische Glaube von Bedeutung? Heute wird immer wieder bezweifelt, dass „die Münchner Studenten oder einzelne Mitglieder der Gruppe tatsächlich einem ‚christlichen Widerstand' zuzurechnen sind. [...] Wer jedoch die Flugblätter der Weißen Rose und die Tagebücher etwa von Hans und Sophie Scholl oder auch die Willi Grafs studiert, der wird kaum umhin können, dem christlichen Glauben eine ganz wesentliche Funktion für diesen prominenten Widerstand zuzusprechen. Kein einziges Flugblatt kommt beispielsweise ohne christliche Glaubensbezüge aus [...]".

(Michael Kißener, in: zur debatte 3/2005).

→ Über Sophie Scholl erfährst du mehr auf S. 134 und S. 145.

Kreisauer Kreis

Graf Moltke vor dem Volksgerichtshof

Eine enge Verbindung von Widerstand und Glaube „zeigt sich bei einem Blick auf den Kreisauer Kreis, jener losen Verbindung von Regimegegnern auf dem Gut Kreisau des Grafen Helmuth James von Moltke [...]. Moltke war durchaus christlich orientiert, [...] eine besondere Kirchlichkeit zeichnete ihn freilich nicht aus. Gleichwohl kam er im Rahmen seiner Widerstandstätigkeit mit einer Reihe von pointiert katholisch orientierten Menschen zusammen, von denen die Jesuiten Alfred Delp, Lothar König und Augustin Rösch sicher die bekanntesten sind. Von deren Ablehnung des nationalsozialistischen Staates und christlichen Grundüberzeugungen für die Gestaltung eines neuen Deutschlands wurde Moltke offensichtlich so angezogen, dass der christliche Einfluss auf die Gespräche und Zukunftsplanungen des Kreisauer Kreises insgesamt als beträchtlich bezeichnet werden muss [...]".

(Michael Kißener, in: zur debatte 3/2005).

1 Arbeite heraus, welche Bedeutung der christliche Glaube für den Widerstand Georg Elsers, der Weißen Rose und des Kreisauer Kreises hatte.

2 Recherchiere zu weiteren christlichen Widerstandskämpfern und ihren Motivationen.

Die Katholische Integrierte Gemeinde – ein wegweisendes Modell?

„Die Katholische Integrierte Gemeinde ist nach einer Vorgeschichte von über zwanzig Jahren 1968 in München entstanden. Der Ausgangspunkt waren Fragen, die sich nach dem Zweiten Weltkrieg stellten:

Was fehlt unserer Kirche, wenn trotz der vielen Millionen Getaufter in Europa im 20. Jahrhundert Christen zwei Weltkriege gegeneinander führten; wenn trotz so vieler Christen die seit über hundert Jahren aufgebrochene soziale Frage nicht gelöst werden konnte, sodass todbringende Diktaturen und Ideologien wie Kommunismus und Nationalsozialismus entstehen und herrschen konnten? Was ist unserer Kirche verloren gegangen, dass ihre Gläubigen die Schoah, den Mord an sechs Millionen Juden im Dritten Reich, nicht verhindern konnten?

Die Katholische Integrierte Gemeinde ist ein Versuch einer gelebten Antwort auf diese Fragen.

Tischgemeinschaft
In der Katholischen Integrierten Gemeinde (K.I.G.) leben Familien und Unverheiratete, Priester und Laien, Kirchennahe und Kirchenferne, Katholiken und Angehörige anderer christlicher Konfessionen zusammen. Die Personen gehören verschiedensten gesellschaftlichen Schichten und Nationalitäten aus allen Generationen an.

Im Mittelpunkt der „Integration" steht die Tischgemeinschaft. Tischgemeinschaften entstehen, wo Mitglieder der Gemeinde in Wohngemeinschaften leben oder wo Personen, die in erreichbarer Nähe voneinander wohnen, sich ein- oder mehrmals in der Woche an Tischen zu gemeinsamem Gespräch und Essen sammeln. Das gemeinsame Wohnen und Leben dient dazu, neben Familie und Beruf Zeit und Kraft für die Aufgaben der Gemeinde und der Pfarrei zu finden. Das Wort „Tischgemeinschaft" bezeichnet auch den Zusammenhang von Gottesdienst und Alltag. Diese verschiedenen Möglichkeiten einer verbindlichen Lebensform in Gemeinschaft verknüpfen Gottesdienst und Fest mit dem miteinander geteilten Leben.

Eigenverantwortung
Die Katholische Integrierte Gemeinde lebt von der Eigeninitiative ihrer Mitglieder. Im Unterschied zu kommunitären Lebensformen wie dem israelischen Kibbuz gibt es in der K.I.G. kein Gemeinschaftseigentum. Verschiedene Mitglieder haben sich aber zu einem Wirtschaften in gegenseitiger Kooperation entschlossen."

Nicht von dieser Welt?
Papst Benedikt XVI. hat bei seinem Deutschlandbesuch im Jahr 2011 im Freiburger Konzerthaus über die Kirche gesagt: „Um ihre Sendung zu verwirklichen, wird sie immer wieder auf Distanz zu ihrer Umgebung gehen, sie hat sich gewissermaßen zu entweltlichen." Erörtert im Klassengespräch, was „Entweltlichung" der Kirche konkret bedeuten kann. Klärt dazu, gegen welche „Verweltlichung" der Kirche sich die Forderung Benedikts XVI. richten könnte. Bezieht auch folgenden Satz des berühmten evangelischen Theologen Rudolf Bultmann in eure Überlegungen mit ein: „Der Glaube ist nicht Weltflucht, sondern die Zerbrechung aller menschlichen Maßstäbe und Wertungen".

→ Um die Kirche im Laufe ihrer Geschichte geht es auch auf S. 77–120.

Geerdete Kirche
Betrachtet gemeinsam die Plakate, auf denen ihr zu Beginn dieser Unterrichtsreihe eingetragen habt, was nötig wäre, um die „entweltlichte" Kirche zu „erden". Vervollständigt die Plakate nun mit Vorschlägen, durch welche christlichen Leitgedanken und durch welches Handeln eine „geerdete" Kirche die Welt zum Besseren gestalten kann. Greift dabei auf die Aspekte zurück, die im Kapitel zur Sprache gekommen sind, und ergänzt eigene Ideen.

→ Die Hoffnung auf eine bessere Welt drückt auch Jesu Rede vom Reich Gottes aus. Mehr darüber erfährst du auf S. 31–54.

Zwischen Versagen und menschenfreundlichem Weltengagement
Ein Ausgangspunkt für die Entstehung der Katholischen Integrierten Gemeinde war die Frage, was der Kirche gefehlt hat bzw. verloren gegangen ist, dass ihre Gläubigen die Herrschaft des Nationalsozialismus und den Mord an sechs Millionen Juden im Dritten Reich nicht verhindert konnten (vgl. S. 256). Wie beantwortest du diese Frage, nachdem du dich in dieser Unterrichtsreihe intensiv mit dem Thema „Kirche im Nationalsozialismus" befasst hast? Versucht in Kleingruppen eine gemeinsame Antwort zu finden. Positioniert euch dabei auch begründet zur Rede vom Versagen der Amtskirche und der Gläubigen sowie zum „christlichen Widerstand".

Abschlussaufgabe

Bildet Arbeitsgruppen (jeweils 4–5 Schülerinnen und Schüler aus derselben Pfarrgemeinde). Bereitet gemeinsam eine Umfrage zum Thema „Kirche in Staat und Gesellschaft" vor. Führt diese an verschiedenen Personengruppen durch:

- Personen, die haupt- oder ehrenamtlich in eurer Pfarrgemeinde arbeiten
- erwachsene Straßenpassanten, die katholisch sind

Eure Leitfragen könnten folgende sein:

- Welche Bedeutung hat die Kirche in Ihrem Leben?
- Wie beurteilen Sie das Engagement der Kirche in Staat und Gesellschaft?
- Wie stellen Sie sich die Zukunft der Kirche vor?

Vergleicht anschließend die Antworten der in der Kirche Tätigen mit den Antworten der Straßenpassanten. Erstellt eine Präsentation, in der ihr die Ergebnisse der Umfrage darstellt.

Zwischen Konflikt und Kooperation: Die Kirche in Staat und Gesellschaft

Wer wissen will, wie heutzutage die Rolle der Kirche in unserer Gesellschaft gesehen wird, kann sich sicher sein, dass er eine Fülle von Meinungen zu hören bekommen wird: Während die einen **das soziale Engagement der Kirche** loben, sind die anderen enttäuscht von ihrer Haltung in bestimmten politischen und ethischen Fragen, wie z. B. der **Schwangerenkonfliktberatung**. Und während viele die Kirche als Ort sehen, an dem **Visionen und Projekte** entwickelt und Menschen bestärkt werden, die **Welt menschlich** zu **gestalten**, sind auch laute Stimmen zu vernehmen, die der Kirche wegen moralischen Versagens jede Leitbildfunktion absprechen. Konflikt und Kooperation, Streit und Zusammenarbeit prägen das Verhältnis zwischen Kirche einerseits und Staat und Gesellschaft andererseits. In diesem Kapitel hast du einige markante Berührungspunkte kennengelernt.

Viele Menschen interessiert die Vergangenheit der katholischen Kirche mehr als deren Gegenwart oder Zukunft. Das gilt besonders dann, wenn nach der **Rolle der Kirche im Dritten Reich** gefragt wird. Du hast in diesem Kapitel erfahren, dass auch diese Frage sehr unterschiedlich eingeschätzt wird: Von Versagen und Anpassung oder sogar Kollaboration reden die einen, von Resistenz und Widerstand die anderen.

Vor 1933 stand die katholische Kirche in einem scharfen Gegensatz zu den Nationalsozialisten und ihrer Ideologie. Ausdrücklich erklärte die deutsche Bischofskonferenz, dass ein Katholik kein Mitglied der NSDAP sein könne. Doch schon Ende März 1933 zeichnete sich ein Kurswechsel ab: Hitlers Regierungserklärung hatte die Bischöfe offensichtlich bewogen, sich von der Verurteilung des Nationalsozialismus abzukehren und die neuen Machthaber (mit Vorbehalten) anzuerkennen.

Durch den Abschluss eines **Konkordats** mit dem NS-Staat hoffte der Vatikan, die Existenz und Funktionsfähigkeit der katholischen Kirche unter den Bedingungen einer Diktatur sicherzustellen. Doch die Hoffnung trog. Das nationalsozialistische Regime begann schon bald, mit gezielten Maßnahmen den Wirkungsraum der Kirche einzuschränken. Auf Initiative deutscher Bischöfe hin reagierte der Vatikan 1937 mit der **Enzyklika „Mit brennender Sorge“**, in der Papst Pius XI. die nationalsozialistische Rassenideologie und Kirchenfeindschaft heftig angriff. Das Verbrechen der Judenverfolgung wurde jedoch mit keinem Wort angeprangert.

In der heutigen Bundesrepublik ist das Verhältnis von Kirche und Staat durch den **Grundsatz der rechtlichen und organisatorischen Trennung** bestimmt. Er schließt jedoch eine partnerschaftliche Kooperation nicht aus. Die Zusammenarbeit ist besonders intensiv im Bereich der **sozialen Aufgaben**, die ja auf besondere Weise zum christlichen Weltauftrag gehören. So setzt sich die Kirche z. B. für die Bekämpfung von **Armut** ein.

Der Dienst am Menschen, mit dem die Kirche in enger Zusammenarbeit mit dem Staat ihre diakonische **Funktion** erfüllt, wird auch künftig zu ihren herausragenden Aufgaben in der Gesellschaft gehören. Von großer Bedeutung ist aber auch die kritische Funktion der Kirche. Schon jetzt und noch mehr in Zukunft ist sie dazu aufgerufen, im Horizont ihrer biblisch begründeten Wertorientierung für den Schutz des menschlichen Lebens, für soziale Gerechtigkeit und den bewahrenden Umgang mit der Welt einzutreten. Nicht zuletzt, sondern vor allem hier muss sich die Glaubwürdigkeit der Kirche erweisen.

12 Leben in Beziehungen: Freundschaft – Liebe – Partnerschaft

Love rocks!

Das Graffiti auf S. 259 macht eine deutliche Aussage zum Thema „Liebe": Love rocks! Außerdem findest du auf dem Bild einige Aspekte, die dem Künstler bei diesem Thema wichtig sind.
Wähle mindestens fünf Begriffe aus und verfasse mit ihnen einen lyrischen Text zum Thema „Love rocks". Er soll deine eigenen Gedanken zu diesem Thema ausdrücken.
Veranstaltet in der Klasse eine Ausstellung eurer Texte. Halte anschließend schriftlich fest, wie ihr als Gruppe über Liebe denkt.

Liebe – ein Gefühl mit vielen Facetten

Der Begriff „Liebe" begegnet uns in vielen Situationen und Bereichen unseres Lebens. Jeder Mensch verbindet mit ihm ganz individuelle Erfahrungen.
Halte zunächst in einem Brainstorming deine Gedanken zum Thema Liebe fest, indem du jeden Gedanken auf einen eigenen Zettel schreibst. Sammelt anschließend diese Zettel ein und lest eure Assoziationen und Ideen zum Thema „Liebe" in der Klasse vor. Tauscht euch darüber aus und arbeitet eure Gedanken zu einer Mindmap aus, die ihr in euren Unterlagen sichert.

Liebe ist ...

Es gibt viele Gedichte, Lieder und Bilder, die dieses Gefühl zum Thema machen. Nicht nur heute, sondern bereits in der Bibel, im Mittelalter und auch in Zeiten von Krieg und Katastrophen war und ist das Thema stets präsent.
Recherchiere Materialien, die für dich besonders deutlich aufzeigen, was Liebe ist. Gestalte mit ihnen eine Collage, die den Titel trägt „Liebe ist ...". Veranstaltet eine Ausstellung eurer Collagen. Arbeitet aus euren gemeinsamen Texten, Bildern usw. heraus, wie ihr das Gefühl „Liebe" definiert.

Abstrakte Vorstellungsbilder gestalten

Wer kennt das nicht? Manchmal gibt es Themen oder Dinge, die es einem schwer machen, sie auszusprechen oder zu definieren. Vielleicht ist die Liebe so ein Thema. Dann ist es oft hilfreich, wenn man sich vor der genaueren Beschäftigung damit zuerst „ein Bild davon macht". Die Methode „Abstrakte Vorstellungsbilder gestalten" setzt dies buchstäblich um:

Zunächst arbeitest du allein zu einem bestimmten Thema. Falte ein weißes DIN-A4-Blatt und zeichne oder male spontan und zügig auf die obere Hälfte ein Bild zu deinem Thema. Dabei kommt es nicht darauf an, dass du besonders sorgfältig oder genau zeichnest oder malst. Vielmehr ist wichtig, dass du für dich selber über das abstrakte Vorstellungsbild deine ganz persönliche Vorstellung zum Thema klärst.

Nachdem du deine spontanen Ideen kreativ umgesetzt hast, folgt nun eine Schreibphase: Erkläre in der unteren Hälfte des Blattes, was für dich mit deinem Bild und seinen einzelnen Teilen zum Ausdruck kommt.

Tausche dich danach mit anderen über eure abstrakten Vorstellungsbilder aus. So erfährst du, was andere mit dem Thema verbinden. Du kannst dabei deine eigenen Überlegungen ergänzen, überdenken oder überarbeiten.

Das abstrakte Vorstellungsbild auf dieser Seite hat eine Schülerin zum Thema „Gott" gestaltet.

Das Bild stellt einen Baum dar, der auf einer Blumenwiese steht.
Ich habe im Stamm des Baumes einen Mund angedeutet. Er symbolisiert den Mund Gottes, weil er durch die Natur zu uns spricht. Der Baum hat außerdem ein Auge. Dies ist das Auge, mit dem Gott die Menschen (an)sieht. Mund und Augen habe ich weit auseinander gezeichnet, weil ich nicht weiß, wie Gott aussieht.
Der Baum biegt sich schützend über die Blumenwiese, seine Schöpfung. Die Blumen stehen stellvertretend für uns Menschen.
Zwischen Baum und Blumenwiese weht ein kräftiger Wind. Das soll zeigen, dass der Schöpfung auch Gefahr drohen kann.
Insgesamt habe ich Gott hier als Schöpfer der Natur und des Menschen dargestellt, der uns Menschen beschützt.

Freundschaft – eine Form von Liebe

Cicero: Laelius – De amicitia (Über die Freundschaft)

§ 7 […] ich kann euch nur ermahnen, die Freundschaft allen menschlichen Gütern vorzuziehen. Nichts ist nämlich so unserer Natur gemäß, so passend zu unseren Verhältnissen, sei es im Glück oder im Unglück.

§ 19 […] wir sind so geschaffen, dass zwischen allen eine gewisse Gemeinschaft besteht, die umso inniger ist, je näher man einander tritt. Darum gelten uns Mitbürger mehr als Auswärtige, Verwandte mehr als Fremde. Mit jenen nämlich stellt die Natur von sich aus eine Freundschaft her, aber sie hat nicht genügend Festigkeit. Denn darin übertrifft die Freundschaft das verwandtschaftliche Verhältnis, dass aus der Verwandtschaft das Wohlwollen weggenommen werden kann, aus der Freundschaft aber nicht; denn bei Wegnahme des Wohlwollens wird auch der Name der Freundschaft weggenommen, der der Verwandtschaft aber bleibt.

§ 20 Es ist nämlich Freundschaft nichts anderes als Übereinstimmung in allen […] menschlichen Dingen, verbunden mit Wohlwollen und Liebe; im Vergleich zu ihr ist jedenfalls, die Weisheit ausgenommen, dem Menschen nichts Besseres […] gegeben worden. […]

§ 22 Was ist denn angenehmer als jemanden zu haben, mit dem du alles wie mit dir selbst zu reden wagst? Was wäre ein noch so großer Gewinn im Glück, wenn du keinen hättest, der sich genauso wie du selbst darüber freute? Unglück gar wäre schwer zu tragen ohne einen, der es noch schwerer nähme als du. […] Die Freundschaft aber enthält gar viele Dinge. Wohin du dich wendest, ist sie zugegen, von keinem Orte ist sie ausgeschlossen, niemals ist sie ungelegen, nie beschwerlich. […] Freundschaft macht ein Glück noch glänzender, das Unglück aber, indem sie teilt und mitteilt, leichter.

§ 32 […] wenn der Nutzen Freundschaftsbande schmiedete, so löste er sie auch wieder, sobald er sich veränderte; aber weil die Natur sich nicht verändern kann, darum sind wahre Freundschaftsbünde immerdauernd.

§ 44 Dies soll also als oberstes Gesetz der Freundschaft gelten, dass wir von den Freunden nur Ehrenhaftes fordern, um der Freunde willen nur Ehrenhaftes tun, ja dass wir nicht einmal abwarten, bis wir gebeten werden. Eifer sei stets vorhanden, Zögern fern; Rat aber sollen wir freimütig zu erteilen wagen.

Aufgaben

1 In sozialen Netzwerken werden sehr häufig „Freundschaftsanfragen“ verschickt. Oft überlegt man nicht lange und bestätigt diese Anfragen. Aber wann ist ein „Freund“ eigentlich ein „Freund“? Definiere den Begriff „Freundschaft“. Beziehe dabei auch die Thesen Ciceros mit ein.

2 Beschreibe das Bild und arbeite seine Aussageabsicht heraus.

3 Erarbeite einen Kriterienkatalog für eine wirkliche Freundschaft. Sucht in Kleingruppen Beispiele für Situationen, in denen diese Kriterien gelten sollen.

4 Kann ein Mensch ohne freundschaftliche Beziehungen leben? Erläutere, warum die menschliche Natur Freundschaft braucht, wie Cicero feststellt.

5 Setze dich mit der Behauptung auseinander, dass Freundschaft eine Form von Liebe ist. Finde (Gegen-)Beispiele, die deine Argumentation stützen.

Ein Freund, ein guter Freund ...

Jean-Baptiste Pigalle, Die Liebe umarmt die Freundschaft, Skulptur, 1758

Es gibt nichts Schöneres, als mit einem Freund über ein interessantes Thema schweigen zu können.
(Sir Alec Guinness)

Ein treuer Freund ist wie ein festes Zelt; wer einen solchen findet, hat einen Schatz gefunden. (Sir 6,14)

Sonnige Welt, wonnige Welt!
Hast uns für immer zusammengesellt.
Liebe vergeht, Liebe verweht,
Freundschaft alleine besteht.
Ja, man vergisst, wen man geküsst,
weil auch die Treue so unmodern ist.
Ja, man verließ manche Madam',
wir aber halten zusamm':

Ein Freund, ein guter Freund,
das ist das Schönste, was es gibt auf der Welt.
Ein Freund bleibt immer Freund
und wenn die ganze Welt zusammenfällt.
Drum sei auch nicht betrübt,
wenn dein Schatz dich nicht mehr liebt.
Ein Freund, ein guter Freund,
das ist das Schönste, was es gibt.
(Comedian Harmonists)

Freundschaft liegt nicht im Trend und folgt keiner Mode, du bekommst keine Garantie, weder Rendite noch Zinsen und doch ist es die beste Investition deines Lebens.
(Verfasser unbekannt)

1 Beschreibe die Skulptur „Die Liebe umarmt die Freundschaft". Bringe sowohl die „Freundschaft" als auch die „Liebe" zum Sprechen, sodass ihr Verhältnis zueinander deutlich wird.

2 Diskutiert, ob Freundschaft ohne Liebe bestehen kann und umgekehrt. Berücksichtigt dabei auch folgende Aussage Ciceros: „Freilich festigt sich die Liebe durch empfangene Wohltat, durch erkannte Zuneigung und wenn die Gewohnheit des Umgangs noch hinzukommt; und wenn diese Dinge sich zu jener ersten liebevollen Hinneigung der Herzen gesellen, entbrennt ganz wunderbar ein mächtiges Wohlwollen" (Cicero, De amicitia, 9 (29)).

3 **a)** Arbeite heraus, wie die kurzen Texte den Begriff „Freundschaft" definieren.
b) Die Aussagen über die Freundschaft auf dieser Doppelseite sind zu verschiedensten Zeiten verfasst worden. Diskutiert, ob sie immer noch zeitgemäß sind oder ob sie einer Aktualisierung bedürfen.

4 Die ersten beiden Zitate auf dieser Seite bezeichnet man als Aphorismen (kurze und einprägsame Sinnsprüche). Formuliere einen eigenen Aphorismus, der deutlich macht, welchen Stellenwert Freundschaft für dich hat.

Liebe und Partnerschaft: füreinander offen sein

Ernst gemeint?

Einen zuverlässigen Partnerschaftstest gibt es nicht, auch wenn du in Zeitschriften viele findest. Auch die folgenden Fragen können den Grad einer Beziehung nicht völlig ausleuchten. Sie können aber den Zustand einer Partnerschaft transparenter machen.

Wie merkst du, dass der andere es ernst mit dir meint?

1. Erzählt dein Partner dir von sich selbst? Spricht er von seinen Gefühlen, seinen Plänen, seiner Familie? Legt er vor dir seine Fassade ab?
2. Führt dein Partner dich in seinen Freundeskreis ein? Kennst du seine Eltern? Wie spricht er von dir?
3. Steht dein Partner zu seinem Wort? Kannst du dich auf ihn verlassen? Hält er seine Versprechen ein?
4. Achtet dein Partner deine Gefühle? Gibt er sich die Mühe, dich in deinen Wünschen und Erwartungen zu verstehen? Hört er dir zu, wenn du sprichst? Verlacht oder verspottet er dich?
5. Wie oft unternehmt ihr Dinge gemeinsam? Bist du an den Plänen und Vorhaben deines Partners beteiligt?
6. Wirbt dein Partner um dich? Ist er besorgt um dich? Kann er dir Freude gönnen?
7. Wie zärtlich ist dein Partner mit dir? Ist er einfühlsam, lieb, zart? Geht er auf deine Gefühle ein? Ist er behutsam? Äußert er seine eigenen Erwartungen?
8. Hält dein Partner Enttäuschungen aus, die du ihm bereitest? Kann er dir verzeihen?

Mehr als schöne Augen machen

„Liebe ist viel mehr als ‚schöne Augen' machen. Liebe ist, mir in die Augen sehen zu lassen, ohne das Gefühl ‚durchschaut' zu werden. Liebe ist, mich gern, liebevoll ansehen zu lassen, so wie ich bin.

Ich finde es wunderschön, wie die Bibel das nennt: Da heißt es, wenn zwei Menschen sich lieben: ‚… sie erkannten sich'. – Den anderen als den anderen sehen, sich als zwei völlig eigenständige Menschen erkennen, die füreinander offen sind.

Jemanden so anzuschauen heißt: Ich sehe dich an. Du hast Ansehen vor mir. Und: Mein Blick geht zu dir. Ich lasse mich auf dich ein.

Ich verlasse mich –

auf dich."

(Markus Nolte, Ich liebe dich, 2002)

Aufgaben

1 **a)** Erläutere, wieso die oben aufgeführten Fragen Aufschluss darüber geben können, ob ein Partner es ernst mit dem anderen meint.
b) Formuliere weitere Fragen, durch die die Ernsthaftigkeit einer Beziehung ermittelt werden kann.

2 Formuliere mit eigenen Worten, was Markus Nolte unter „füreinander offen sein" versteht.

1 a) Beschreibe die Karikatur. Benenne und begründe, was dich daran zum Lachen bringt. Formuliere die Intention der Zeichnung.
b) Versetze dich in die Lage der Frau auf dem Bild: Was mag sie in dieser Situation denken? Nenne mögliche Gedanken, die ihr durch den Kopf gehen. Formuliere dann, was sie dem Mann antworten könnte.

2 Oft ist es so, dass man sich in Menschen verliebt, die man regelmäßig sieht. Setze dich mit der Frage auseinander, ob es „Liebe auf den ersten Blick" geben kann.

3 Erarbeite Merkmale „wahrer Liebe". Gehe zunächst von deinen eigenen Ideen aus. Befrage dann deine Familie, Freunde und Bekannten.

Mensch sein: Frau sein – Mann sein

→ Die biblische Erzählung von der Erschaffung des Menschen (Gen 2,4b–25) findest du auf S. 187.

→ Nähere Informationen zum Thema „Schöpfung“ kannst du auf S. 175–200 einholen.

„So wurde der Mensch zu einem lebendigen Wesen“ (Gen 2,7)

Menschsein muss man lernen. Neugeborene können atmen, saugen und schlucken, kaum mehr. Was wir sonst zum Leben brauchen, lernen wir von anderen. Zunächst orientieren wir uns an Eltern, Geschwistern und engen Verwandten. Nach und nach weitet sich der Kreis. Menschsein lernen wir immer auch als Mann sein oder als Frausein. Erst in der Begegnung mit anderen, von denen wir uns unterscheiden, werden wir wir selbst.

Marc Chagall, Die Erschaffung des Menschen, 1956/58

Die Bibel verdeutlicht diese Erfahrung im Mythos von der Erschaffung des Menschen. Sie tut dies auf eine Weise, die sich im Deutschen nicht genau wiedergeben lässt, nämlich durch ein Wortspiel mit den hebräischen Begriffe אִישׁ (*isch* = „Mann“) und אִשָּׁה (*ischa* = „Frau“). Diese Begriffe werden in der biblischen Schöpfungserzählung erst verwendet, nachdem der von Gott geschaffene, gewissermaßen noch geschlechtslose **Adam** seinem Gegenüber, Eva (hebr. Leben) begegnet. Erst durch das Treffen auf ihr Gegenüber wird also der Mann zum Mann und die Frau zur Frau.

Was bedeutet dies nun für die Zusammengehörigkeit von Mann und Frau? Der Rabbiner Samson Raphael Hirsch drückt es so aus:

Info

Adam (hebr. אָדָם) bedeutet ursprünglich „Erdling“ und ist ein Kollektivbegriff im Singular. Er ist vergleichbar mit dem englischen „people“.

„Obgleich alle lebendigen Wesen in doppelten Geschlechtern geschaffen waren, wird dies doch nur beim Menschen besonders hervorgehoben, um die Wahrheit zu konstatieren, dass beide Geschlechter in gleicher Unmittelbarkeit von Gott und in gleicher Gottesebenbildlichkeit geschaffen seien; eine Parität, die auch durch den Übergang des Singulars in den Plural noch besonders prägnant ausgedrückt ist. Das eine gottebenbildliche Adamwesen steht in zwei Geschlechtern da, die erst beide zusammen den Adambegriff völlig erschöpfen.“

Marc Chagall, Hommage a Apollinaire, 1911

1 **a)** Mensch sein – Frau sein – Mann sein: Gestalte zum Themenfeld dieser Seite mithilfe der Methode auf S. 261 ein abstraktes Vorstellungsbild.
b) Visualisiere das Verhältnis von Mensch, Frau und Mann anschließend in einem Schaubild.

2 **a)** Vergleiche die beiden Bilder von Marc Chagall miteinander. Stelle begründete Vermutungen an, warum Chagall die „Erschaffung des Menschen“ auf diese Weise dargestellt hat.
b) Begründe, welches Bild von Chagall du im Zusammenhang mit Gen 2,4b–25 für geeigneter hältst, um den Menschen als Schöpfung Gottes darzustellen.

Liebe und Sexualität: „Mit Küssen seines Mundes bedecke er mich“

Liebe und Leidenschaft in biblischer Sprache

→ Metaphern helfen, schwer Ausdrückbares in Worte zu fassen. Lies dazu S. 34/35 und S. 181.

Wenn die Liebe einen gefangen hält, dann fällt es schwer, die richtigen Worte zu finden. Auch, wenn die Liebe zwischen zwei Menschen eingestanden ist, ist es nicht immer leicht, Gefühle auszudrücken. Doch die Liebe ist darauf angewiesen, dass zwei sich sagen, was sie füreinander empfinden.

In der Bibel findet sich folgendes Lied, in dem zwei Liebende gegenseitig ihre Liebe und Schönheit preisen, ihre Sehnsucht nacheinander ausdrücken und ihre Freude an ihrer Zärtlichkeit zur Sprache bringen.

Das Hohelied der Liebe

1 [2] Mit Küssen seines Mundes bedecke er mich. Süßer als Wein ist deine Liebe.

2 [2] Eine Lilie unter Disteln / ist meine Freundin unter den Mädchen. [3] Ein Apfelbaum unter Waldbäumen / ist mein Geliebter unter den Burschen. In seinem Schatten begehre ich zu sitzen. / Wie süß schmeckt seine Frucht meinem Gaumen! [4]In das Weinhaus hat er mich geführt. / Sein Zeichen über mir heißt Liebe. [5]Stärkt mich mit Traubenkuchen, / erquickt mich mit Äpfeln; / denn ich bin krank vor Liebe. [6] Seine Linke liegt unter meinem Kopf, / seine Rechte umfängt mich.

4 [1] Schön bist du, meine Freundin, / ja, du bist schön. Hinter dem Schleier / deine Augen wie Tauben. Dein Haar gleicht einer Herde von Ziegen, / die herabzieht von Gileads Bergen. [2] Deine Zähne sind wie eine Herde / frisch geschorener Schafe, / die aus der Schwemme steigen. Jeder Zahn hat sein Gegenstück, / keinem fehlt es. [3] Rote Bänder sind deine Lippen; / lieblich ist dein Mund. Dem Riss eines Granatapfels gleicht deine Schläfe / hinter dem Schleier. [4] Wie der Turm Davids ist dein Hals, / in Schichten von Steinen erbaut; tausend Schilde hängen daran, / lauter Waffen von Helden. [5] Deine Brüste sind wie zwei Kitzlein, / wie die Zwillinge einer Gazelle, / die in den Lilien weiden. […] [7] Alles an dir ist schön, meine Freundin; / kein Makel haftet dir an. […] [13] Ein Lustgarten sprosst aus dir, / Granatbäume mit köstlichen Früchten, / Hennadolden, Nardenblüten, [14] Narde, Krokus, Gewürzrohr und Zimt, / alle Weihrauchbäume, Myrrhe und Aloe, / allerbester Balsam. [15] Die Quelle des Gartens bist du, / ein Brunnen lebendigen Wassers, / Wasser vom Libanon. [16] Nordwind, erwache! Südwind, herbei! / Durchweht meinen Garten, / lasst strömen die Balsamdüfte! Mein Geliebter komme in seinen Garten / und esse von den köstlichen Früchten.

(Hld 1,2; 2,2–4.6; 4,1–7.13–16)

Aufgaben

1 Erarbeite die Grundhaltung zur Liebe, die im Hohelied zum Ausdruck kommt.

2 Nach Auskunft von Exegeten hat das Hohelied der Liebe keine religiösen Inhalte. Nenne Argumente, warum der Text dennoch in die Bibel gehört.

3 Ordne Textstellen aus dem Hohelied den verschiedenen Dimensionen der Sexualität zu, die der Sachtext benennt.

4 **a)** Beschreibe das Bild von Magritte genau.
b) Erkläre, warum die beiden Gesichter des Paares verhüllt sind.
c) Formuliere mögliche Gedanken der beiden Partner in dieser Situation.
d) Interpretiere das Bild von Magritte und stelle seine Aussageabsicht heraus.

Dimensionen der Sexualität

Wie im Hohelied der Liebe deutlich wird, spielen bei der Partnerschaft von Mann und Frau immer auch körperliche Anziehung und Sexualität eine Rolle. Die Sexualmedizin unterscheidet vier Dimensionen der Sexualität:

Beziehung: Wie will ich mit wem sein?
Die **kommunikative Dimension** der Sexualität drückt in erster Linie die Beziehung zwischen zwei Partnern aus. „Es ist nicht möglich, nicht zu kommunizieren!" – Diese Erkenntnis des Kommunikationspsychologen Paul Watzlawick macht deutlich, dass zwischen den Partnern unentwegt über die Gestik, Mimik, konkrete Zeichen und Sprache Kommunikation stattfindet, der sich keiner der Partner entziehen kann. Auch Sexualität ist eine Form von Kommunikation eines Paares. Sie drückt die Liebe aus, die zwischen beiden herrscht, und die Geborgenheit, die der eine beim anderen findet.

Lust: Was tut mir und dem Partner gut?
Wenn man in jemanden verliebt ist, möchte man nahe bei ihm sein und ihm durch Berührungen zeigen, dass man für ihn da ist und ihn annimmt wie er ist. Dabei ist der Begriff „Lust" wichtig, weil er die Natürlichkeit dieser Berührungen unterstreicht. „Lüste" gibt es ja viele: Lust auf eine bestimmte Speise, Lust auf Sport, Lust, ein Buch zu lesen … Im Bereich der Sexualität kann die **Lustdimension** verschiedene Formen annehmen: vom leichten Prickeln bis hin zur Ekstase. Leidenschaftlichkeit gehört genauso dazu wie zarte Sinneswahrnehmungen und Gefühle.

Fruchtbarkeit: Wozu bin ich da?
Sexualität ist Ausdruck von Lebenslust und birgt in sich die Möglichkeit, Lebenskraft zu schöpfen und neues Leben hervorzubringen. Bei der **reproduktiven Dimension** der Sexualität geht es um diese schöpferische Kraft, die sich in der Zeugung und Erziehung von Kindern zeigt, aber auch in der Energie und im Einsatz für andere.

Identität: Zu wem gehöre ich?
Ehepaare tragen oft einen Ring zum Zeichen ihrer Verbundenheit. Dieses Symbol signalisiert ihnen selbst, aber auch nach außen, dass sie verheiratet sind. Die **institutionelle Dimension** der Sexualität stellt heraus, dass Paare gemeinsam durchs Leben gehen. Dass die Beziehung vor Freunden, Verwandten, aber auch zufälligen Bekanntschaften öffentlich gezeigt wird, hat einen nicht unerheblichen positiven Einfluss auf ihre Festigkeit.

René Magritte, Die Liebenden, 1928

Sein, wie man ist – gleichgeschlechtliche Liebe

I am what I am!

„Ich bin, wie ich bin!" – Dieses bekannte Zitat aus dem Musical „Ein Käfig voller Narren" aus dem Jahr 1983 ist seit jeher die Parole, die homosexuelle Menschen für sich nutzen. Sie wollen damit zeigen, dass sie sich genau wie heterosexuelle Menschen nicht dafür schämen müssen, wie sie sind. In der heutigen Zeit ist Homosexualität in der Gesellschaft Deutschlands kein wirkliches Tabuthema mehr: Gleichgeschlechtliche Paare stehen offen zu ihrer Liebe und gehen offiziell anerkannte Lebensgemeinschaften ein, wenngleich ihnen die Ehe verwehrt bleibt.

Allerdings gab es auch andere Zeiten: Bis vor einigen Jahren wäre so eine Offenheit undenkbar gewesen. Besonders zur Zeit des Nationalsozialismus wurden Homosexuelle aufgrund ihrer Liebe zum gleichen Geschlecht, die von den Nationalsozialisten als widernatürlich angesehen wurde, verfolgt und ermordet. Auch bereits vor der Diktatur Hitlers hatten Homosexuelle keine Rechte. Die Ausübung ihrer Sexualität wurde als Unzucht betrachtet und mit Gefängnis bestraft.

Nur langsam konnten sich homosexuelle Menschen emanzipieren. Ein Beispiel für einen offenen Umgang mit ihrer sexuellen Orientierung ist der Christopher Street Day. Seinen Namen hat der Tag von einer gewalttätigen Razzia gegen die homosexuelle Szene, die am 28. Juni 1969 in der Szenebar „Stonewall" in der Christopher Street in New York durchgeführt wurde. Sie war der Auslöser für eine öffentliche Demonstration schwuler und lesbischer Menschen für ihre Gleichberechtigung.

Seitdem wird der Christopher Street Day jährlich auch in vielen Großstädten Deutschlands gefeiert, um auf die Rechte von schwulen und lesbischen Menschen in der Öffentlichkeit aufmerksam zu machen. Jedes Jahr hat der Christopher Street Day ein anderes politbezogenes Motto, auf das die Programmpunkte inhaltlich abgestimmt sind. Die Teilnehmer erwarten Diskussionsrunden, Kundgebungen, Partys und eine große Parade. Auffällige und zumeist extravagante Kostüme lassen diese Parade zu einem schillernden Spektakel werden. Dadurch, dass der Christopher Street Day im Fernsehen live übertragen wird und auch in den anderen Medien präsent ist, erreicht seine Botschaft von der geforderten Toleranz für homosexuelle Menschen eine breite Masse.

Das Feiern des Christopher Street Day stellt zwar für viele Schwule und Lesben ein Highlight dar, aber diese öffentliche Präsentation ihrer sexuellen Orientierung ist eher eine Ausnahme. Im Alltag sind es Menschen wie du und ich, die Beziehungen eingehen, lieben, sich eine Familie wünschen … Sie fühlen sich frei zu sagen: „I am what I am!"

Aufgaben

1 Erkläre, warum die Liedzeile „I am what I am" von Homosexuellen als Parole für ihre Situation verstanden wird.

2 Projektarbeit: Erarbeitet in Kleingruppen die soziale Stellung von Homosexuellen und die gesellschaftliche Akzeptanz von Homosexualität in verschiedenen Ländern im Wandel der Zeit.

Homosexualität als Thema in den Kirchen

Die Sicht der katholischen Kirche

„Nach der Lehre der Kirche kann die Achtung gegenüber homosexuellen Personen in keiner Weise zur Billigung des homosexuellen Verhaltens oder zur rechtlichen Anerkennung der homosexuellen Lebensgemeinschaften führen. Das Gemeinwohl verlangt, dass die Gesetze die eheliche Gemeinschaft als Fundament der Familie, der Grundzelle der Gesellschaft, anerkennen, fördern und schützen. Die rechtliche Anerkennung homosexueller Lebensgemeinschaften oder deren Gleichsetzung mit der Ehe würde bedeuten, nicht nur ein abwegiges Verhalten zu billigen und zu einem Modell in der gegenwärtigen Gesellschaft zu machen, sondern auch grundlegende Werte zu verdunkeln, die zum gemeinsamen Erbe der Menschheit gehören. Die Kirche kann nicht anders, als diese Werte zu verteidigen, für das Wohl der Menschen und der ganzen Gesellschaft."

(Kongregation für die Glaubenslehre, Erwägungen zu den Entwürfen einer rechtlichen Anerkennung der Lebensgemeinschaften zwischen homosexuellen Personen, 2003)

„[Homosexuell veranlagten Männern und Frauen] ist mit Achtung und Takt zu begegnen. Man hüte sich, sie in irgendeiner Weise ungerecht zurückzusetzen."

(Katechismus der Katholischen Kirche, 2358)

Die Sicht der evangelischen Kirche

„[Der Mensch] ist von Gott erschaffen als Mann und Frau. Diese Polarität wird in den biblischen Schöpfungsberichten unmittelbar in Beziehung gesetzt zu den beiden Grundelementen der Sexualität: der Weitergabe von Leben (Gen 1,27) sowie der lustvollen Zuwendung und Vereinigung (Gen 2,24 sowie die beeindruckenden Texte des Hohen Lieds). Von dieser Geschlechtergemeinschaft zwischen Mann und Frau kommt alles menschliche Leben her. Von ihr stammt jeder Mensch ab. In ihr findet menschliche Sexualität ihre Erfüllung. [...]

Die wichtigsten alt- und neutestamentlichen Aussagen zum Thema „Homosexualität" finden sich in Lev 18,22 und 20,13 sowie in Röm 1,26 f., 1 Kor 6,9–11 und 1 Tim 1,10. Sie werten homosexuelles Verhalten ausnahmslos negativ als „Gräuel", als „schändliche Leidenschaft", als Ungerechtigkeit, die vom Reich Gottes ausschließt, und als Verstoß gegen Gottes Gesetz; ja nach Lev 20,13 verdient homosexuelle Praxis (zwischen Männern) den Tod. [...]

→ Um das Reich Gottes geht es auf S. 31–54.

Die negativen Aussagen bedeuten aber im Lichte des Evangeliums, d. h. unter der Zusage der Gnade Gottes, keinen definitiven Ausschluss aus der Gottesgemeinschaft und beziehen sich im Übrigen nur auf die homosexuelle Praxis als solche, nicht jedoch auf deren ethische Gestaltung. Betrachtet man sie jedoch in dieser Perspektive, dann muss vom Gesamtzeugnis der Bibel her gesagt werden, dass für die Gestaltung einer homosexuellen (wie jeder anderen zwischenmenschlichen) Beziehung entscheidend ist, ob sie in Liebe zu Gott und Menschen gelebt wird, und d. h. auch: ob sie die Bereitschaft zur Annahme der Lasten einer Beziehung einschließt. Die Spannung zwischen dem biblischen Widerspruch gegen homosexuelle Praxis als solche und der Bejahung ihrer ethischen Gestaltung gemäß dem Willen Gottes verschwindet dadurch nicht, kann aber von daher verstanden und ausgehalten werden."

(Orientierungshilfe des Rates der EKD „Mit Spannungen leben", 1996)

1 **a)** Gib die Positionen und Argumentationen der katholischen und der evangelischen Kirche zur Homosexualität wieder.
b) Vergleiche beide Positionen miteinander.
c) Nimm begründet Stellung zu beiden Positionen.

2 Entwirf aufgrund der vorliegenden kirchlichen Texte Perspektiven für das zukünftige Verhältnis der Kirchen zu Homosexuellen.

Von der Partnerschaft zur Ehe

Uns kann nichts mehr trennen

„Ich wäre nie auf den Gedanken gekommen, mit ihr in die katholische Kirche zu gehen. Sie war tatsächlich offen. [...] Wir gingen also hinein und setzten uns auf eine der hinteren Bänke. Wir berührten uns nicht, schauten uns auch nicht an. Jeder sah vor sich hin. [...] Wir haben fast überhaupt nicht gesprochen. Es war alles ganz anders, als ich es mir vorgestellt hatte. Sie sagte: ‚Ich bin froh, dass du gekommen bist.' Ich sagte: ‚Ich danke dir für deinen Brief.'

Ich wollte eigentlich etwas ganz anderes sagen, wollte ihr Vorwürfe machen, mich verteidigen. Aber es war alles wie weggeblasen in ihrer Gegenwart. Wir schwiegen einfach. Ich weiß nicht, wie lange. Die Zeit verflog. [...] Wir schwiegen nicht aus Trotz. Wir schwiegen miteinander. Fast möchte ich sagen: Wir schwiegen uns zusammen. Wie leicht und oft habe ich früher zu einem Mädchen gesagt: ‚Ich liebe dich' – und ich wollte sie nur besitzen und mich amüsieren. Jetzt hätte ich es zum ersten Male sagen dürfen – und konnte es nicht. Es war, als sei das Wort zu klein, zu abgegriffen für das, was das Herz meint. Wir sprachen nicht und doch sprachen wir.

Ohne Worte wussten wir beide: Wir lieben uns. Diese Gewissheit bohrte sich immer tiefer in uns hinein wie ein süßer Schmerz, wie eine überwältigende Freude. Es war die schönste Stunde meines Lebens. Niemand soll je das Wort ‚Liebe' in den Mund nehmen, der nicht eine solche Stunde erlebt hat. Es war, als hätten wir uns schon immer gekannt, hätten schon immer zusammengehört. Wir kamen uns vor wie ein und derselbe Mensch: sie ein Teil von mir, ich ein Teil von ihr. Plötzlich wusste ich: Uns kann nichts mehr trennen, kein Gesetz und kein Brauch, kein Vater und kein Geld, kein Staat und keine Kirche.

Da fiel mir ein, dass wir in einer Kirche waren. Ich dachte: Jetzt stehen wir beide vor Gott und versprechen uns einander fürs Leben. Ich ergriff ihre Hand und unsere Hände lagen lange ganz fest und ruhig ineinander."

Walter Trobisch, Ich liebte ein Mädchen. Ein Briefwechsel, 1989)

Aufgaben

1 **a)** „Wir schwiegen uns zusammen", heißt es im Text. Erkläre diese Aussage.
b) Nenne weitere Situationen, in denen Schweigen Menschen näher zusammenbringt.

2 Analysiere die Bedeutung des Ortes Kirche für die Aussagen des Ich-Erzählers.

3 In unserer Gesellschaft ist mit Blick auf den Tag der – meist rauschend gefeierten – Hochzeit die Rede vom „schönsten Tag des Lebens" weit verbreitet. Setze diese Tatsache in Beziehung zu der „schönsten Stunde seines Lebens", die der Ich-Erzähler beschreibt.

Die Ehe, wie wir Katholiken sie verstehen, negiert romantische Sehnsüchte nicht, aber sie ist ein klares Statement gegen die Übersteigerungen und Zumutungen romantischer Liebe. Die Sakramentalität der Ehe bedeutet nämlich, die eheliche Liebe ist sich selbst nicht genug, ist nicht nur auf sich bezogen und mit sich, ihrem Erhalt, ihrer Erneuerung und ihrer möglichen Abkühlung beschäftigt. Sie wird zum Zeichen für Anderes: die Liebe Gottes zum Menschen. Sie relativiert sich damit zum einen auf höchst unromantische Weise, gibt sie sich doch als nicht göttlich, nicht absolut, nicht übergeschichtlich zu erkennen. Sie bildet die übergeschichtliche, absolute göttliche Liebe lediglich ab. Zum anderen weiß sie sich aber doch getragen von der göttlichen Liebe, mit der sie im sakramentalen Verweiszusammenhang verbunden ist. Es ist nicht irgendeine Liebe, sondern die treue, partnerschaftliche, aber mitunter spannungsreiche Liebe zwischen Frau und Mann, die Gott sich erwählt hat, um von seiner Liebe zu uns zu erzählen. Dieses Zutrauen Gottes gibt der ehelichen Liebe eine Kraft, die nicht aus ihr selbst kommt und nicht kommen muss. Was sie zeichenhaft abbildet, stärkt und hält sie auch.
»Liebe ist alles« sang das Berliner Pop-Duo Rosenstolz vor ein paar Jahren in bester Romantik-Tradition. Für gläubige Ehepaare wird der kurze Satz nur richtig mit einer Ergänzung: Die Liebe Gottes ist alles. In der Ehe nimmt unsere Liebe an ihr teil und wird von ihr getragen. Unsere Liebe muss gar nicht alles sein.
Die sakramentale Ehe ist gut für eine humane Vorstellung von Liebe. (Rupert M. Scheule)

Info

Die **Ehe** unter Christen ist nach Auffassung der Katholischen Kirche ein **Sakrament**: Die Liebe der Partner gründet in der Liebe Gottes zu den Menschen und lässt diese Liebe zugleich ein Stück weit Wirklichkeit werden. Deshalb ist die vollzogene und sakramentale Ehe nach katholischer Auffassung unauflöslich – wie auch die Liebe Gottes zu den Menschen kein Ende finden wird.

Auguste Rodin, Die Kathedrale, Steinskulptur, 1908

→ Um den Bildtitel besser zu verstehen, kannst du auf dein Wissen über die Kirche zurückgreifen. Helfen können dir dabei S. 238–243.

1 **a)** Forme zusammen mit deinem Nachbarn oder deiner Nachbarin die Skulptur von Rodin mit den Händen nach.
b) Formuliere deine Gedanken und Empfindungen dabei in einem Brief an dich selbst oder an jemanden, dem du vertraust.

2 Interpretiere die Skulptur im Hinblick auf ihren Titel und ihren Bezug zum Thema „Freundschaft – Liebe – Partnerschaft – Ehe".

3 Führt Interviews mit Paaren, die kirchlich geheiratet haben: vor kurzem, vor ca. 15 Jahren, vor mehr als 25 Jahren … Er kundigt euch nach den Gründen für die kirchliche Eheschließung, nach der Gestaltung der Feier und danach, wie die Paare die Eheschließung im Rückblick sehen.

4 Recherchiert die verschiedenen Varianten des kirchlichen Eheversprechens. Verdeutlicht, wie in den Texten die Ehe als zwischenmenschliche und als sakramentale Wirklichkeit beschrieben wird.

5 Erörtert, warum „die sakramentale Ehe gut für eine humane Vorstellung von Liebe" ist.

Heile Familie – zwischen Wunsch und Wirklichkeit

Wunschbilder Jugendlicher

Die Shell-Jugendstudie 2010, eine groß angelegte empirische Untersuchung der Einstellungen und Werte von Jugendlichen in Deutschland, ergab folgende Kategorien, die Jugendlichen mit Blick auf ihre eigene Zukunft Orientierung geben:

- treu sein
- in einer glücklichen Partnerschaft leben
- sich später ein angenehmes Zuhause schaffen
- Kinder haben
- eine eigene Familie aufbauen, in der man sich wohl fühlt
- seinen Kindern einmal ein sicheres Zuhause bieten

An diesen Kategorien wird deutlich, dass Jugendliche der Familie einen sehr hohen Stellenwert beimessen. Sie wird als Ressource verstanden, die dem Individuum Rückhalt und Schutz bietet, weil aus ihr soziale Geborgenheit erwächst und man aus ihr Kraft schöpfen kann.

Dabei muss es sich allerdings nicht notwendig um das traditionelle Familienkonzept vom (leiblichen) Vater-Mutter-Kind-Ideal handeln. Anders als früher haben Partnerschaft und Familie in der Wahrnehmung der jungen Generation heutzutage auch nicht mehr zuerst mit finanzieller Versorgung zu tun, sondern beruhen vorwiegend auf emotionaler Zuneigung und dem Wunsch nach emotionalem und sozialem Halt.

Auch Kinder spielen in der Wertedimension von Jugendlichen eine große Rolle, auch wenn es

heute vielleicht nicht mehr als zuvorderst wichtig erscheint, ob es sich dabei um Konstruktionen des **Living apart together,** Ein-Eltern- oder Zwei-Eltern-, um Stiefeltern- oder Fortsetzungsfamilien handelt, ob Kinder von verheirateten oder unverheirateten Paaren, vom leiblichen Vater oder vom aktuellen Lebensabschnittspartner der Mutter großgezogen werden.

Info

Living apart together ist die Bezeichnung für eine Lebensform von Partnern und/oder Familien, die zwar miteinander leben, aber nicht zusammen wohnen, z. B. aus beruflichen Gründen.

Das gleiche gilt für die entspannte häusliche Atmosphäre. Das Zuhause muss Wohlfühlen ermöglichen, um so einen Ausgleich zum anstrengenden Berufsleben zu bieten.

(nach Yvonne Fritsche, Moderne Orientierungsmuster: Inflation am „Wertehimmel", in: 12. Deutsche Shell-Jugendstudie, 2000)

Aufgaben

1 Benenne die Funktionen, die die Familie für Jugendliche hat.

2 Projekt:
a) Führt in der Klasse eine Umfrage durch: Welche Werte sind euch im Hinblick auf eure Zukunft besonders wichtig?
b) Vergleicht eure Ergebnisse mit denen der Shell-Jugendstudie.

3 **a)** Schildere in einem Brief an eine Freundin oder einen Freund „heile" Momente im Leben einer Beispielfamilie.
b) Lange galt die „Heilige Familie" (Josef, Maria und Jesus) als Vorbild für das Familienleben. Nimm dazu Stellung.

4 Begründe, warum es starke Familien in der Gesellschaft braucht.

Stolpersteine in der Wirklichkeit

Familie ohne Lobby

Info

Als **Lobby** bezeichnet man eine Gruppe, die sich mit vereinten Kräften für gemeinsame Interessen einsetzt.

„Treue, Liebe und Partnerschaft sind Werte, die in allen Umfragen unter jungen Leuten ganz oben stehen. Es sind gleichzeitig Träume, die immer häufiger an der harten Wirklichkeit zerschellen. [...] Geglückte Ehen und Familien sind kein Zufall oder seltenes Glück, sondern auch das Ergebnis eigener Anstrengungen. Wenn Ehe und Familie gelingen sollen, muss man sich vorbereiten, man muss seine Kräfte in sie investieren. [...]

- Es ist breiter gesellschaftlicher Konsens, dass Familie wichtig ist und gefördert werden muss. Es fehlt aber die Bereitschaft, zukunftsorientiert zu handeln. Alleinstehende und Ehepaare ohne Kinder verdienen mehr Geld und haben eine bessere Altersversorgung als Ehepaare mit Kindern. [...]

- Der im Grundgesetz verankerte Schutz der Ehe wird derzeit durch die Gesetzgebung massiv ausgehöhlt. Ob Lebenspartnerschaftsgesetz oder Steuergesetzgebung, es gibt einflussreiche politische Gruppierungen, die massive Probleme mit der Institution Ehe haben.

- Die Familie hat keine Lobby. Jeder Sportverband, jede Wirtschaftsbranche hat ihre Vertreter in der Politik. [...] Die Familie wird regelmäßig vor Wahlen als Stimmenpotential entdeckt und verschwindet dann wieder für vier Jahre aus dem Blickfeld."

(Erzbischof Reinhard Marx, Familie ohne Lobby, 2003)

Scheitern am eigenen Anspruch

„In der Neuzeit ist Liebe als Motiv für die Heirat und als Grundlage der Ehe immer deutlicher

in den Vordergrund getreten. [...] Damit sind neue Aufgaben und Herausforderungen für die Ehepartner verbunden, die auch Schwierigkeiten mit sich bringen. Die ‚Hochzeit' des Anfangs, wo Verliebtheit und Faszination das partnerschaftliche Leben fast von alleine gelingen lassen, muss sich bewähren und verwandelt durchhalten in den Routinen des Alltags und in den Höhen und Tiefen einer Lebensgeschichte. Die Gestalt des Lebens miteinander und mit ihren Kindern müssen die Partner gemeinsam entwickeln. Sie brauchen dafür ein hohes Maß an sozialen und kommunikativen Fähigkeiten. Sie benötigen dafür auch ein Fundament an gemeinsamen Überzeugungen und Werten, auf das sie ihre Ehe und Familie aufbauen können.

Unsere Gesellschaft stellt dafür aber kaum realistische Orientierungen bereit. Sie schwankt zwischen der Idealisierung von Liebe und Ehe einerseits und der Bestreitung der Möglichkeit ihres Gelingens andererseits. Auch die Partner selbst überfordern manchmal ihre Partnerschaft und sich selbst mit Erwartungen, indem sie von der Partnerschaft letztlich Selbst- und Sinnfindung erhoffen und voneinander erwarten, dass einer für den anderen ‚alles' sein kann."

(Die deutschen Bischöfe, Ehe und Familie – in guter Gesellschaft, 1999)

1 Erkläre mit eigenen Worten, an welchen Problemen die Verwirklichung von Ehe und „heiler Familie" heutzutage scheitern kann, obwohl viele Menschen sie so hoch schätzen.

2 Entwickelt in Kleingruppen Ideen zu einer familiengerechten Gesellschaft. Nehmt dazu Teilbereiche in den Blick und entwerft politische Forderungen, wie Familiengerechtigkeit konkret umgesetzt werden kann.

3 Dass viele Ehen scheitern, hat nicht nur gesellschaftliche oder politische Gründe. Paare, die sich scheiden lassen, sagen häufig, „wir ziehen nicht mehr an einem Strang" oder „wir reden und leben nur noch aneinander vorbei". Erkläre, was mit der Liebe zwischen diesen Paaren passiert ist. Entwickle Ideen, wie man einer solchen Entwicklung vorbeugen kann.

Familienleben: füreinander sorgen

Ein Klima des Angenommenseins: Verantwortete Elternschaft

→ Verantwortung übernehmen ist auch auf S. 134–137 Thema.

Kinder werden nicht einfach nur gezeugt und geboren – sie wachsen auch in Beziehungen hinein, die sie prägen und als Kinder zu dem machen, was sie sind: Mit-Menschen. Wenn man ein Bild benutzen möchte, dann ist das harmonische häusliche Umfeld, das sich viele Jugendliche wünschen (vgl. S. 274), wie ein Treibhaus, in dem ein Kind mit Liebe und Wärme versorgt wird. Das sind lebenswichtige Voraussetzungen für eine gesunde Entwicklung: Nur wer sich von Anfang an angenommen fühlt, kann sich auch selbst annehmen und erwirbt damit die Fähigkeit, andere genauso anzunehmen.

Die Rede von der verantworteten Elternschaft ist zuallererst wörtlich zu nehmen: Dass ein liebevolles Klima herrscht, liegt in der Verantwortung beider Eltern, Vater und Mutter. Dass es in der elterlichen Beziehung Streit und Brüche geben kann, zeigt die alltägliche Erfahrung in der Gesellschaft. Jeder und jede kennt Familien, die aus geschiedenen Ehen neu zusammengesetzt sind oder solche mit Alleinerziehenden. Auch diese Familien können „heile" Familien sein.

Verantwortete Elternschaft heißt, auch schon vor der Zeugung eines Kindes für ein liebevolles Klima zu sorgen, in dem Kinder aufwachsen können. Darum gehört zur verantworteten Elternschaft auch der bewusste und verantwortungsvolle Umgang mit der Partnerschaft und mit der eigenen Fähigkeit, Kinder zeugen zu können.

Aufgaben

1 a) Gib die Hauptaussage des Textes wieder.
b) Erörtere die Stärken und Schwächen einer solchen Auffassung von verantworteter Elternschaft.

2 a) Benenne die Emotionen, die das Bild vermittelt. Kontrastiere diese mit deinen familiären Alltagserfahrungen.
b) Diskutiert in der Klasse, wie „realistisch" das Bild ist.

„Haltet fest und immer fester zusammen"

→ Über Dietrich Bonhoeffer kannst du dich auf S. 190 informieren.

Klaus Hans Martin Bonhoeffer (1901–1945) engagierte sich wie sein Bruder Dietrich Bonhoeffer im Widerstand gegen den Nationalsozialismus in Deutschland. Er war in die Pläne des Attentats auf Adolf Hitler am 20. Juli 1944 eingeweiht. Im Oktober 1944 wurde er verhaftet und im Februar 1945 zum Tode verurteilt. Als die Truppen der Roten Armee bereits die Außenbezirke Berlins erreicht hatten, wurde Bonhoeffer auf einem Gefangenenmarsch in der Nacht vom 22. auf den 23. April ermordet. Im Wissen um seinen baldigen Tod hatte er zuvor folgenden Brief an seine Familie geschrieben:

Ostern 1945

Meine lieben Kinder!

Ich werde nicht mehr lange leben und will nun von Euch Abschied nehmen. Das wird mir sehr schwer; denn ich habe jeden von Euch so sehr lieb, und Ihr habt mir immer nur Freude gemacht. Ich werde nun nicht mehr sehen, wie Ihr heranwachst und selbstständige Menschen werdet. Ich bin aber ganz zuversichtlich, dass Ihr an Mamas Hand den rechten Weg geht und dann auch von Verwandten und Freunden Rat und Beistand finden werdet.

Liebe Kinder, ich habe viel gesehen und noch mehr erlebt. Meine väterlichen Erfahrungen können Euch aber nicht mehr leiten. Ich möchte Euch deshalb noch Einiges sagen, was für Euer Leben wichtig ist, wenn Euch auch manches erst später aufgehen wird.

Haltet Ihr Geschwister fest und immer fester zusammen. Dass Ihr so verschieden seid, ist jetzt noch manchmal der Anlass zum Zank. Wenn Ihr älter seid, werdet Ihr dafür Euch umso mehr geben können. Mal ein Zank ist nicht so schlimm. Tragt ihn aber nicht mit Euch herum. Denkt an mich, und gebt Euch schnell wieder vergnügt die Hand. Helft Euch, wo Ihr könnt. Ist einer traurig oder missmutig, kümmert Euch, bis er wieder heiter ist. Lauft nicht auseinander. Pflegt, was Euch zusammenführt. Spielt, singt und tanzt miteinander, wie wir es oft gemacht haben. Schließt Euch mit Euren Freunden nicht ab, wenn Ihr die Geschwister teilnehmen lassen könnt. Das festigt auch die Freundschaft.

Ich trage an meiner rechten Hand den Ring, mit dem mich Mama glücklich gemacht hat. Es ist das Zeichen, dass ich ihr und Euch gehöre. Der Wappenring an meiner Linken mahnt an die Familie, der wir angehören, an die Vor- und Nachfahren. Er sagt: Höre die Stimme der Vergangenheit. Verliere dich nicht selbstherrlich an die flüchtige Gegenwart. Sei treu der guten Art deiner Familie, und überliefere sie Kindern und Enkeln.

Liebe Kinder, versteht nun diese besondere Verpflichtung recht. Die Ehrfurcht vor der Vergangenheit und die Verantwortung gegenüber der Zukunft geben fürs Leben die rechte Haltung. Haltet stolz zu Eurer Familie, aus der solche Kräfte wachsen.

Klaus Bonhoeffer

1 a) Beschreibe die Innenansicht von Familie im Abschiedsbrief von Klaus Bonhoeffer.

b) Arbeite die Werte heraus, die Bonhoeffer seinen Kindern nahelegt.

c) Nimm Stellung dazu.

Es gibt nichts Größeres

Das Hohelied der Liebe
1 Wenn ich in den Sprachen der Menschen
und Engel redete, / hätte aber die Liebe
nicht, / wäre ich dröhnendes Erz oder eine
lärmende Pauke.
2 Und wenn ich prophetisch reden könnte /
und alle Geheimnisse wüsste / und alle Er-
kenntnis hätte; / wenn ich alle Glaubenskraft
besäße / und Berge damit versetzen könnte, /
hätte aber die Liebe nicht, / wäre ich nichts.
3 Und wenn ich meine ganze Habe ver-
schenkte / und wenn ich meinen Leib dem
Feuer übergäbe, / hätte aber die Liebe nicht, /
nützte es mir nichts.
4 Die Liebe ist langmütig, / die Liebe ist gütig.
/ Sie ereifert sich nicht, / sie prahlt nicht, / sie
bläht sich nicht auf.
5 Sie handelt nicht ungehörig, / sucht nicht
ihren Vorteil, / lässt sich nicht zum Zorn rei-
zen, / trägt das Böse nicht nach.
6 Sie freut sich nicht über das Unrecht, / son-
dern freut sich an der Wahrheit.
7 Sie erträgt alles, / glaubt alles, / hofft alles, /
hält allem stand.
8 Die Liebe hört niemals auf. / Prophetisches
Reden hat ein Ende, / Zungenrede ver-
stummt, / Erkenntnis vergeht.
9 Denn Stückwerk ist unser Erkennen, /
Stückwerk unser prophetisches Reden;
10 wenn aber das Vollendete kommt, / vergeht
alles Stückwerk.
11 Als ich ein Kind war, / redete ich wie ein
Kind, / dachte wie ein Kind / und urteilte wie
ein Kind. Als ich ein Mann wurde, / legte ich
ab, was Kind an mir war.
12 Jetzt schauen wir in einen Spiegel / und
sehen nur rätselhafte Umrisse, / dann aber
schauen wir von Angesicht zu Angesicht.
Jetzt erkenne ich unvollkommen, / dann aber
werde ich durch und durch erkennen, / so
wie ich auch durch und durch erkannt wor-
den bin.
13 Für jetzt bleiben Glaube, Hoffnung, Liebe,
diese drei; / doch am größten unter ihnen ist
die Liebe.
(1 Kor 13,1–13)

„Neulich haben Iris und Thomas geheiratet – zwei Freunde von mir. Und in der Hochzeitsmesse hat jemand aus der Bibel vorgelesen: ‚Die Liebe erträgt alles, glaubt alles, hofft alles, hält allem stand.'

Na, hab ich gedacht. Schön wär's:

‚Die Liebe erträgt alles.' – Auch den x-ten Seitensprung?

‚Die Liebe glaubt alles.' – Auch, dass es gar keinen Seitensprung gegeben hat?

‚Die Liebe hofft alles.' – Auch, dass es schon stimmen wird, was er sagt?

‚Die Liebe hält allem stand.' – Sogar dem nächsten Seitensprung?

Als sich wenig später Thomas und Iris vor dem Priester tief in die Augen sahen, ihre Ringe ansteckten und ‚Ja' zueinander sagten, waren meine skeptischen Gedanken im null Komma nix verflogen.

Natürlich! Liebe ist so: sie erträgt alles, glaubt alles, hofft alles, hält allem stand. Weil Liebe keine Hintergedanken hat, weil sie nicht spekuliert, nicht berechnet. Weil wer liebt, hundertprozentig an den anderen glaubt, alles mit ihm erhofft und auch schlechte Zeiten durchstehen will.

Das klingt ziemlich gewaltig. Das ist auch gewaltig. Es gibt nichts Größeres."

(Markus Nolte, Die Liebe erträgt alles, 2002)

Love rocks!

Zu Beginn des Kapitels hast du dich mit dem Graffiti von S. 259 auseinandergesetzt und einen eigenen Text unter der Überschrift „Love rocks“ verfasst.
Gestalte nun ein eigenes Graffiti zu den Themen dieses Kapitels. Dazu kannst du dich an der Vorlage „Love rocks“ orientieren, hast aber die Möglichkeit, deine ganz eigenen Gedanken einzubringen.
Präsentiert euch eure Kunstwerke gegenseitig. Vergleicht sie mit den Texten, die ihr zu Beginn des Kapitels gestaltet habt. Diskutiert, ob und inwiefern sich eure Sicht auf das Thema „Liebe“ verändert oder bestätigt hat.

→ Erste Liebe gehört zum Erwachsenwerden. Mehr darüber erfährst du auf S. 121–140.

Liebe – ein Gefühl mit vielen Facetten

Die Mindmap, die ihr am Anfang dieses Kapitels gemeinsam erstellt habt, verdeutlicht eure damaligen Ideen, Gedanken und Assoziationen zum Thema „Liebe“. Im Laufe der Reihe hast du bestimmt weitere Erkenntnisse über dieses Thema gewonnen. Ergänze sie in der Mindmap und strukturiere diese gegebenenfalls neu. Kommt in der Klasse über eure neuen Perspektiven ins Gespräch.

→ Liebe ist das Ziel vieler Sehnsüchte. Lies auf S. 55–76 nach, wonach Menschen sich sehnen.

Liebe ist ...

Nimm noch einmal deine Collage zum Begriff „Liebe“ zur Hand. Erweitere sie, indem du darstellst, wie die „Liebe“ im Jahr 2459 aussehen wird. Du kannst dazu Texte verfassen, Bilder verfremden oder selbst Bilder malen oder zeichnen. Präsentiert eure Zukunftsperspektiven für die Liebe anschließend in der Klasse.

→ Das Reich Gottes, auf das Christen hoffen, wird ein Reich der Liebe sein. Du kannst mehr darüber auf S. 31–54 nachlesen.

Abschlussaufgabe

„Es gibt nichts Größeres“ als die Liebe (vgl. S. 278). Jeder Mensch erlebt ihre unglaubliche Macht irgendwann in seinem Leben einmal. Doch was würde passieren, wenn die Menschen nicht fähig wären zu lieben?
Gestaltet Rollenspiele zu den Thematiken dieses Kapitels (Freundschaft, Liebe, Sexualität, Partnerschaft, Ehe, Familie usw.), die diese Situation aufgreifen. Wertet sie anschließend gemeinsam aus.

Die Sehnsucht nach Beziehungen

„Ein **Freund**, ein guter Freund, das ist das Schönste, was es gibt auf der Welt ..." Die Comedian Harmonists bringen es mit dieser Liedzeile auf den Punkt: Der Mensch braucht andere Menschen, braucht Freunde, braucht Beziehungen.

Du hast für dich geklärt, was **Freundschaft** ausmacht. Dabei hast du auch festgestellt, dass Freundschaft eine Form der **Liebe** ist: Ohne die Liebe gäbe es keine Freundschaft, ohne die Freundschaft keine Liebe. Beide Formen der **Zuneigung** bedingen einander.

Wenn man einen Menschen kennenlernt, braucht es manchmal nur Sekunden, um sich sicher zu sein: Das ist der oder die Richtige! Doch kann aus dieser **„Liebe auf den ersten Blick"** eine **ernst gemeinte Beziehung** entstehen? Eine Garantie dafür gibt es wohl nicht. Trotzdem lassen sich **Kriterien für eine gute Partnerschaft** ausmachen. Einen besonders wichtigen Aspekt davon hat Markus Nolte mit den Worten zusammengefasst **„Ich verlasse mich – auf dich"**.

Das Verhältnis des **Menschen**, von **Mann und Frau**, ist schon in der Bibel grundgelegt: „Isch" und „Ischa" als Geschöpfe Gottes bilden eine Einheit. Erst beide zusammen, Mann und Frau, sind das, was Gott als sein **Abbild** geschaffen hat.

Genauso kennt die **Bibel** auch die Themen **„Liebe"** und **„Leidenschaft"**: Im **Hohelied der Liebe** wird die Sinnlichkeit von Liebe besonders deutlich. Das Thema **Sexualität** gehört unbedingt dazu. Du hast die vier **Dimensionen der Sexualität** kennengelernt: Es geht dabei nicht nur um **Lust**empfinden, sondern auch um **Beziehung**, **Fruchtbarkeit** und **Identität**.

Menschen wünschen sich Beziehungen, in denen sie so angenommen werden, wie sie sind. **Zwei Menschen** meinen es ernst miteinander und **öffnen sich füreinander** – Liebe eben. Sie kann überall entstehen, auch zwischen **gleichgeschlechtlichen Partnern**. Dass man sich dafür nicht schämen muss, macht die Parole **„I am what I am"** deutlich.

Viele Paare versprechen sich: **„Uns kann nichts mehr trennen"**. Eine Zusage, die oft mit dem Bund der **Ehe** besiegelt wird. Häufig entstehen daraus **Familien** mit Kindern. Viele Kinder und Jugendliche sehnen sich nach einer intakten Familie, die ihnen **Liebe, Verständnis und Geborgenheit** gibt. **Verantwortete Elternschaft** besteht darin, für ein solches liebevolles Umfeld zu sorgen, in dem **Kinder** groß werden können. Und doch kommt es immer wieder zu **Brüchen** in Beziehungen und Familien – sei es, weil der gesellschaftliche Rückhalt fehlt oder Menschen an ihren eigenen Ansprüchen scheitern. Trotz allem sind solche schwierigen Situationen kein Argument gegen die Liebe, sondern vielmehr eines dafür, ihr wieder zu ihrem Recht zu verhelfen.

Welche unfassbaren Ausmaße wahre Liebe annehmen kann, davon erzählt **Paulus** im 1. Brief an die Korinther: **Es gibt nichts Größeres** als sie! Die Liebe macht einen zu einem anderen Menschen. Sie ist wunderbar.

Stichwortverzeichnis

Text-, Lied- und Bildnachweis

Textnachweis

23 Martin Luther King: I have a dream, zitiert nach: Arnulf Zitelmann: „Keiner dreht mich um“. Die Lebensgeschichte des Martin Luther King, Beltz Verlag, Weinheim 1985, S. 36; **24** Ruth Pfau: Verrückter kann man gar nicht leben. Ärztin, Nonne, Powerfrau, 13. Aufl., Verlag Herder, Freiburg 1995, S. 18; **24f.** Die Geschichte von Sakia, frei zitiert nach: Ruth Pfau: Wer keine Tränen hat … Was mein Leben trägt, hrsg. v. Michael Albus, 6. Aufl., Verlag Herder, Freiburg 2006, S. 8–9; **25** Bengt Pflughaupt: Ruth Pfau – mit den Augen der Liebe. Als Reporter unterwegs mit einer ungewöhnlichen Frau im wilden Pakistan, Verlag Herder, Freiburg 2004, S. 63, 184; **26.1** Peter Turrini: Das Nein, in: Peter Turrini: Ein paar Schritte zurück. Gedichte, 3. Aufl., Suhrkamp Verlag, Berlin 2003; **26.2** Monika Herrmann: Wenn wir nicht schreien gegen die Ungerechtigkeit, in: Publik Forum EXTRA. Zeitung kritischer Christen. Widerstehen. Wer, wenn nicht ich? Wann, wenn nicht jetzt?, Oberursel 1992, S. 10; **26.3** Heinrich Missalla: Ich mag nicht durch Schlachten schreiten mit einer Rose in der Hand, in: Publik Forum EXTRA. Zeitung kritischer Christen. Widerstehen. Wer, wenn nicht ich? Wann, wenn nicht jetzt?, Oberursel 1992, S. 21; **28** Kate DiCamillo: Kentucky Star, übers. v. Sabine Ludwig, Cecilie Dressler Verlag, Hamburg 2002, Lizenz des Deutschen Taschenbuch Verlags, München; **46** Flavius Philostratus: Vit Apoll. IV, 45, in: Hans-Josef Klauck: Die religiöse Umwelt des Urchristentums, Bd. 1, Kohlhammer-Verlag, Stuttgart/Berlin/Köln 1995, S. 143; **54** Gotteslob, hrsg. v. den Bischöfen Deutschlands und Österreichs und der Bistümer Bozen-Brixen und Lüttich, Katholische Bibelanstalt GmbH Stuttgart, Nr. 2 (4); **59** Janne Teller: Nichts. Was im Leben wichtig ist, übers. v. Sigrid Engeler, Carl Hanser Verlag, München 2010, S. 26–28; **63** Karel Eykman / Bert Bouman: Die Bibel erzählt, übers. v. Gisela Daamen / Henk Daamen / Engelbert Gross, Verlag Herder, Freiburg 1978, S. 279–280; **66** Zitiert nach: Gefahren auf dem Psychomarkt, Handreichung zur Prävention an Bayerischen Schulen, hrsg. v. Bayerischen Staatsministerium für Unterricht und Kultus, München 2002, S. 55f.; **67** Wolfgang Hund: Warum bewegt sich ein Pendel?, in: Zeitschrift Psychologie heute, Beltz Verlag, Weinheim 1989, S. 23; **73** Prof. Dr. Gottfried Bitter, Remagen; **74** Beatrix Bohn: Schüler darf Kinobesuch als religiösen Gründen nicht verboten werden, in: Westfälische Nachrichten, Aschendorff Verlag, Münster 12. 02. 2010 (Änderung aller Namen); **83.1** Möge das Glück dir immer nahe sein. Irische Segenswünsche für jeden Tag, zusammengestellt von Volker Bauch, St. Benno-Verlag, Leipzig 2007; **83.2** Möge das Glück dir immer nahe sein. Irische Segenswünsche für jeden Tag, zusammengestellt von Volker Bauch, St. Benno-Verlag, Leipzig 2007; **83.3** Möge das Glück dir immer nahe sein. Irische Segenswünsche für jeden Tag, zusammengestellt von Volker Bauch, St. Benno-Verlag, Leipzig 2007; **83.4** Möge das Glück dir immer nahe sein. Irische Segenswünsche für jeden Tag, zusammengestellt von Volker Bauch, St. Benno-Verlag, Leipzig 2007; **83.5** Möge das Glück dir immer nahe sein. Irische Segenswünsche für jeden Tag, zusammengestellt von Volker Bauch, St. Benno-Verlag, Leipzig 2007; **85** Wochentags-Schott Bd. I, Verlag Herder, Freiburg 1975; **86** Benediktregel, zitiert nach: http://abtei.kloster-ettal.de/orden-spiritualitaet/die-regel-benedikts © 2011 Bendiktinerabtei Ettal; **90** Wolfram von Eschenbach: Willehalm, hrsg. v. Joachim Heinzle, Niemeyer Verlag, Tübingen 1994; **90f.** Bonaventura: Das Leben des Hl. Franz v. Assisi. Aus dem Lat. übers. v. Emmeran Leitl, 1956; **93** Papst Johannes Paul II.: „Mea Culpa“. Allgemeines Gebet, Schuldbekenntnis und Vergebungsbitte beim Pontifikalgottesdienst am 12. 03. 2000 in St. Peter in Rom, Pressemeldung der Deutschen Bischofskonferenz vom 12. 03. 2000; **96** Andreas Otto: Aufräumen in der Geschichte. Das Kommunalparlament der Stadt Rüthen rehabilitierte Hexen und Zauberer, in: Konradsblatt 15/2011; **102** Die deutschen Bischöfe: Der Mensch: sein eigener Schöpfer? Wort der Deutschen Bischofskonferenz zu Fragen von Gentechnik und Biomedizin. Pressemitteilung der deutschen Bischofskonferenz vom 08. 03. 2001; **107.1** Martin Luther: D. Martin Luthers Werke, Weimarer Ausgabe, Band 54, Weimar 1883–2009; **107.2** Martin Luther: D. Martin Luthers Werke, Weimarer Ausgabe, Band 54, Weimar 1883–2009; **107.3** Martin Luther: D. Martin Luthers Werke, Weimarer Ausgabe, Band 54, Weimar 1883–2009; **107.4** Martin Luther: D. Martin Luthers Werke, Weimarer Ausgabe, Band 54, Weimar 1883–2009; **107.5** Martin Luther: D. Martin Luthers Werke, Weimarer Ausgabe, Band 54, Weimar 1883–2009; **108.1** Predigt Johann Tetzels, in: Walther Köhler (Hrsg.): Dokumente zum Ablaßstreit von 1517. Sammlung ausgewählter kirchlicher Quellenschriften, Tübingen/Leipzig 1902, nach: Valentin Gröne: Tetzel und Luther. Lebensgeschichte und Rechtfertigung, Soest/Olpe 1853, S. 178; **108.2** Martin Luther: Schriften Doctor Martin Luthers. Für das christliche Volk, Verlag Georg Reichardt, Eisleben 1846; **S. 7, 9f., 12, 14, 16; 110.1** Martin Luther: An den christlichen Adel deutscher Nation. Von der Freiheit eines Christenmenschen. Sendbrief vom Dolmetschen, hrsg. v. Ernst Kähler, Reclams Universal-Bibliothek Nr. 1578, Stuttgart 1962, S. 14; **110.2** Martin Luther: Von der Babylonischen Gefencknis der Kirchen, in: Kurt Aland (Hrsg.): Luther deutsch: Die Werke Martin Luthers in neuer Auswahl für die Gegenwart, Band 2: Der Reformator, 2. Aufl., Vandenhoeck & Ruprecht, Göttingen 1981; **110.3** Martin Luther: An den christlichen Adel deutscher Nation. Von der Freiheit eines Christenmenschen. Sendbrief vom Dolmetschen, hrsg. v. Ernst Kähler, Reclams UniversalBibliothek Nr. 1578, Stuttgart 1962, S. 125, 146–147; **111.1** Anklagerede des Hieronymus Aleander, in: Historische Kommission der Bayerischen Akademie der Wissenschaften (Hrsg.): Deutsche Reichstagsakten. Jüngere Reihe, Band 3, Gotha 1896, S. 497–506; **111.2** Verteidigungsrede Martin Luthers, in: Gottfried Guggenbühl (Hrsg.): Quellen zur Geschichte der Neuzeit, 2. Aufl., Zürich 1956, S. 67 f.; **111.3** Erklärung Kaiser Karls, in: Fritz Dickmann/Wolfgang Lautemann/ Manfred Schlenke (Hrsg.): Geschichte in Quellen, Band 3: Renaissance, Glaubenskämpfe, Absolutismus, Bayerischer Schulbuch-Verlag, München 1976, S. 126; **114** Erklärung des Papstes Hadrian VI., in Herbert Gutschera / Jörg Thierfelder: Brennpunkte der Kirchengeschichte, Schöningh, Paderborn 1976, S. 125; **117** Sigrid Marie Lassen © Ateliers et Presses de Taizé; **118** Frei zitiert nach: Dr. Almut Rumstadt: Geschichtlicher Überblick, auf: www.stiftskirche-mos.de/Unsere Kirche.htm (Abruf am 25. 07. 2011), hrsg. v. Evangelisches Dekanat Mosbach; **124.1** Jörg Pfennig: Mann – Kind, in: Jörg Pfennig, Keine Angst dich zu verlieren. Schneekluth Verlag, München 1984; **124.2** Erich Fried: Ich, in: Erich Fried: Es ist was es ist. Liebesgedichte, Angstgedichte, Zorngedichte. Verlag Klaus Wagenbach, Berlin 1983 (=Quartheft 124); **124.3** Wim Wenders / Peter Handke: Der Himmel über Berlin, auf: http://www.wim-wenders.com/movies/movies_spec/wingsofdesire/wod-song-of-childhood-german.htm (Abruf am 02. 07. 2012); **126** Anne C. Voorhoeve: Unterland, Ravensburger Verlag, 2012, S. 365–367; **127** Alois Prinz: Der erste Christ. Die Lebensgeschichte des Apostels Paulus, Beltz Verlag 2008; **132** Jutta Richter: Hechtsommer, Carl Hanser Verlag, München 2004, S. 90–92; **134** Auszug aus dem Vernehmungsprotokoll von Sophie Scholl: Bundesarchiv Berlin, ZC 13267, Bd. 3; **135** Morris Gleitzman: Einmal, übers. v. Uwe-Michael Gutzschhahn, Carlsen Verlag, 3. Aufl., Hamburg 2009, S. 126–129; **136** Frei erzählt nach: Klaus W. Vopel / Bernhard Wilde: Alligator-River, in: Klaus W. Vopel / Bernhard Wilde: 49 Wege ins Vaterunser. Ein Kurs für lebendiges Lernen im kirchlichen Unterricht. Band 15 der Reihe Lebendiges Lernen und Lehren, 4. Aufl., Iskopress, Salzhausen 1999; **138** Dr. Dr. Rainer Erlinger: Die Gewissensfrage, in: SZ-Magazin Nr. 37, München 2011; **144** Friedrich Schmidt: Bruder Biagio und seine „Mission der Hoffnung und der Nächstenliebe“ schrecken mögliche Migrantenströme nicht, in: Frankfurter Allgemeine Zeitung vom 01. 03. 2011; **145** Fred Reinersdorfer: Filmzitate aus „Sophie Scholl – Die letzten Tage“ (Szenen „Verhör“ und „Abschied von den Eltern“), Regie Marc Rothemund, Warner Home Video 2008; **147** Zvi Kolitz: Jossel Rakovers Wendung zu Gott, übers. v. Paul Badde, Diogenes Verlag, Zürich 2004, S. 95–99; **150** Amy Schmidt: Dipa Ma. Furchtlose Tochter des Buddha, Arbor-Verlag, Freiamt 2007, S. 108; **156** Peter Rosien, in: Jörg Zink / Peter Rosien: Publik-Forum Dossier „Abschied von der Bibel?“, XII; **158** Päpstliche Bibelkommission: Die Interpretation der Bibel in der Kirche. Verlautbarungen des Apostolischen Stuhls 115, 1993, S. 32–33; **160** Rykle Borger / Walther Hinz / Willem H. Ph. Römer: Historisch-chronologische Texte I (= Texte aus der Umwelt des Alten Testaments Band I, Lieferung 4, in Gemeinschaft mit Rykle Borger, Wilhelmus C. Delsman, Manfried Dietrich, Ursula Kaplony-Heckel, Hans Martin Kümmel, Oswald Loretz, Walter W. Müller und Willem H. Ph. Römer herausgegeben von Otto Kaiser), Gütersloher Verlagshaus, Gütersloh 1984; **162.1** Erich Zenger (Hrsg.): Stuttgarter Altes Testament, Einheitsübersetzung mit Kommentar und Lexikon, 3. Aufl., Verlag Katholisches Bibelwerk, Stuttgart 2005, S. 119; **162.2** Erich Zenger (Hrsg.): Stuttgarter Altes Testament, Einheitsübersetzung mit Kommentar und Lexikon, 3. Aufl., Verlag Katholisches Bibelwerk, Stuttgart 2005, S. 119; **166.1** Arnold Stadler, in: Josef Thesing (Hrsg.): Die Bibel zweitausend Jahre zeitgemäß. Bibel, Christentum, Literatur und Kunst, Konrad-Adenauer-Stiftung 2003, S. 77–78; **166.2** Wilhelm Bruners: Ergebnis, in: Wilhelm Bruners: Verabschiede die Nacht. Gedichte – Erzählungen – Meditationen – Biblisches, Klensverlag, Düsseldorf 1999, S. 27;

167 Übersetzung von Ps 116,1-9: Arnold Stadler, in: Arnold Stadler: „Die Menschen lügen. Alle" Und andere Psalmen, 8. Aufl., Insel Verlag, Frankfurt/Main u. Leipzig 2002, S. 84; **169** Synopse von Mt 8,14-17, Mk 1,29-34 und Lk 4,38-41: Carl-Heinz Peisker, in: Zürcher Evangelien-Synopse, Oncken Verlag, Wuppertal 1976, Blatt 22; **179** Geoffrey Reggio über den Film „Koyaanisqatsi", zitiert aus den Specials (Interview mit dem Regisseur) auf der DVD „Koyaanisqatsi", MGM Home Entertainment GmbH 2005; **181** Rose Ausländer: Versöhnung, in: Rose Ausländer, Im Aschenregen die Spur deines Namens, Gedichte und Prosa, S. Fischer Verlag, Frankfurt 1976; **182** Elie Wiesel: Die Nacht zu begraben, Elischa, Langen/Müller, München 2005, S. 28-29, 47-48; **185** Enuma elisch, in: Eugen Sitarz: Kulturen am Rande der Bibel. Sachbuch über Völker und Götter im Geschichtsfeld Israels, Verlag Katholisches Bibelwerk, Stuttgart 1992, S. 73; **188f.** Michael Gerard Bauer: Running Man, 2. Aufl., Deutscher Taschenbuch Verlag, München 2010, S. 71-72, 93, 118, 211, 247-248; **191** Bayerischer Rundfunk, AlphaForum, Sendung vom 30. 07. 2004, 20.15 Uhr, Interview mit Erzbischof Desmond Tutu, Bischof und Friedensnobelpreisträger, im Gespräch mit Andreas Bönte, dokumentiert auf: www.br-online.de/download/pdf/alpha/t/tutu.pdf (Abruf am 02. 07. 2012); **192** Erich Fromm: Haben oder Sein. Die seelischen Grundlagen einer neuen Gesellschaft, Deutsche Verlags-Anstalt, Stuttgart 1979, S. 57-58; **193** Die Deutschen Bischöfe: Zukunft der Schöpfung - Zukunft der Menschheit (= Die Deutschen Bischöfe Nr. 28, hrsg. v. Sekretariat der Deutschen Bischofskonferenz), Bonn 1980; **194** Rituale Romanum auf Beschluss des Hochheiligen Ökumenischen Zweiten Vatikanischen Konzils erneuert und unter der Autorität Papst Pauls VI. veröffentlicht. Die Feier der Kindertaufe in den Bistümern des deutschen Sprachgebietes. Zweite authentische Ausgabe auf der Grundlage der Editio typica altera 1973, Verlag Herder / Verlag Friedrich Pustet / Paulus-Verlag / Verlag St. Peter / Veritas Verlag, Freiburg / Regensburg / Freiburg (Schweiz) / Salzburg / Linz 2007, S. 54-55, 64; **198** Der Koran. Für Kinder und Erwachsene, übersetzt u. erläutert v. Lamya Kaddor und Rabea Müller, Verlag C.H.Beck, München 2008, S. 24-27; **202** Tenzin Gyatso, übers. v. Jochen Eggert, in: David Pond: Östliche Weisheit für westliche Menschen, Heyne Verlag, München 2003; **203** Silvia Ostertag: Lebendige Stille. Einstimmung und Übung, Verlag Herder, Freiburg 2003, S. 15-17, 125-126; **204** Religionen in Indien, Daten: Central Intelligence Agency, entnommen von: https://www.cia.gov/library/publications/the-world-factbook/geos/in.html (Abruf am 27. 06. 2012); **208** Zweites Vatikanisches Konzil: Die Erklärung über das Verhältnis der Kirche zu den nichtchristlichen Religionen „Nostra Aetate", zitiert nach Karl Rahner / Herbert Vorgrimler: Kleines Konzilskompendium. Sämtliche Texte des Zweiten Vatikanums, Neuausgabe, Verlag Herder, 1. Aufl., Freiburg 2008; **214** Klaus Klostermaier: Hinduismus, J.P. Bachem Verlag, Köln 1965, S. 171-174, 178; **215** Thich Nhat Hanh: Buddha und Christus heute. Eine Wahrheit - zwei Wege, übers. v. Clemens Wilhelm, Goldmann Verlag, 1996, S. 75-77; **216** Henri Le Saux, zitiert nach: James Stuart: Le bénédictin et le grand éveil. La vie en Inde et le cheminement du P. Henri Le Saux / Swami Abhishiktananda) 1910-1973, à travers ses lettres, Paris 1999, S. 316 (Brief an M. Rogers vom 2. 9. 1973), übers. von Christian Hackbarth-Johnson, in: Christian Hackbarth-Johnson: Henri Le Saux/Swami Abhishiktananda, in: Reinhold Bernhardt / Perry Schmidt-Leukel (Hrsg.): Multiple religiöse Identität. Aus verschiedenen religiösen Traditionen schöpfen, Theologischer Verlag Zürich, Zürich 2008, S. 57; **218** Mahatma Gandhi: Freiheit ohne Gewalt, eingeleitet, übersetzt und hrsg. v. Klaus Klostermaier, Verlag Jakob Hegner, Köln 1968, S. 138; **219** Thich Nhat Hanh: Buddha und Christus heute. Eine Wahrheit - zwei Wege, übers. v. Clemens Wilhelm, Goldmann Verlag, 1996, S. 142-143; **220** Mahatma Gandhi: Freiheit ohne Gewalt, eingeleitet, übersetzt und hrsg. v. Klaus Klostermaier, Verlag Jakob Hegner, Köln 1968, S. 112-115; **221** Franz Metcalf: Buddha im Rucksack. Buddhismus für Teens, übers. v. Michael Schmidt, O. W. Barth, Frankfurt/Main 2005, S. 60-63, 67-68; **222.1** Mahatma Gandhi: Freiheit ohne Gewalt, eingeleitet, übersetzt und hrsg. v. Klaus Klostermaier, Verlag Jakob Hegner, Köln 1968, S. 149-150; **222.2** Mahatma Gandhi: Freiheit ohne Gewalt, eingeleitet, übersetzt und hrsg. v. Klaus Klostermaier, Verlag Jakob Hegner, Köln 1968, S. 156; **222.3** Mahatma Gandhi: Freiheit ohne Gewalt, eingeleitet, übersetzt und hrsg. v. Klaus Klostermaier, Verlag Jakob Hegner, Köln 1968, S. 172; **223.1** Fünf Silas, zitiert nach: http://www.abz-nord.de/Literatur/Fachartikel/Wichtige%20 buddhistische%20Begriffe.htm (Abruf am 03. 07. 2012); **223.2** Thich Nhat Hanh, zitiert nach: http://www.buddhanetz.org/texte/silas.htm (Abruf am 03. 07. 2012); **224** Christiane Thiel: Mein Gott und ich. Ein Roman über die Weltreligionen, Arena Verlag, Würzburg 2009, S. 136-138; **225** Christiane Thiel: Mein Gott und ich. Ein Roman über die Weltreligionen, Arena Verlag, Würzburg 2009, S. 125-126, 129-130; **226** Johanna Buß: Hinduismus für Dummies, Wiley-VCH Verlag, Weinheim 2009, S. 143-145; **227** Gotama Buddha: Meine Lehre: Ein Floß nur, in: Mein Weg zum Erwachen. Eine Autobiographie, auf der Grundlage des Pali-Kanons hrsg. u. gestaltet v. Detlef Kantowsky u. Ekkehard Saß, Benziger Verlag, Zürich 1996, S. 88; **230.1** Achim Seidl / Klaus Holitzka: Die Leere des Zen. Texte und Bilder zum Bi-Yän-Lu, Diederichs Verlag, München 1992, S. 30-31; 230.2 Buddhist Stories, translated by F. L. Woodward, Adyar (India) 1925, Neudruck 1994, zitiert nach: Gerd Neuhaus: Der „Fels des Atheismus"? Die neuzeitliche Radikalisierung der Theodizeefrage im Spiegel der Literatur, in: Michael Böhnke u. a.: Leid erfahren - Sinn suchen. Das Problem der Theodizee, Verlag Herder, Freiburg 2007, S. 110; **231** Ajahn Brahm: Die Kuh, die weinte. Buddhistische Geschichten über den Weg zum Glück, übers. v. Martina Kempf, Lotos Verlag, München 2006, S. 220-222; **232** Silvia Ostertag: Es genügt, in: Silvia Ostertag: Lebendige Stille. Einstimmung und Übung, Verlag Herder, Freiburg 2003, S. 43; **238.1** Prof. Hans-Christoph Binswanger, zitiert nach: http://kirchemitweitblick.de/?page_id=169 (Abruf am 02. 11. 2010); **238.2** Marco Buschmann u. a., zitiert nach: Marco Buschmann u. a.: Sechs Thesen für ein republikanisches Integrationsleitbild, 2010, zitiert nach: http://www.marco-buschmann.de/files/26949/10_12_06_ Sechs_Thesen_fuer_ein_republikanisches_Integrationsleitbild_ Endversion.pdf (Abruf am 03. 07. 2012); **238.3** Helmut Schmidt: Zum Ethos des Politikers. Rede an der Universität Tübingen, 8. Mai 2007, zitiert nach: http://www.uni-tuebingen.de/uni/qvo/highlights/download/h52-weltethosrede2007.pdf (Abruf am 02. 11. 2010); **238.4** Gabriele Kuby, zitiert nach: http://kirchemitweitblick.de/?page_id=169 (Abruf am 02. 11. 2010); **238.5** Prof. Angelika Zahrnt, zitiert nach nach: http://kirchemitweitblick. de/?page_id=169 (Abruf am 02. 11. 2010); **239.1** Grundgesetz, Art. 4, Abs. 1, zitiert nach: http://www.gesetze-im-internet.de/bundesrecht/gg/gesamt. pdf (Abruf am 03. 07. 2012); **239.2** Grundgesetz, Art. 140, zitiert nach: http://www.gesetze-im-internet.de/bundesrecht/gg/gesamt.pdf (Abruf am 03. 07. 2012); **240f.** Ausstellung der CaritasStiftung im Erzbistum Köln, 2008; **241.1** Robert Zollitsch, zitiert nach: wnorg: Großer Teil der deutschen Bevölkerung lebt in Armut, 12. 01. 2011, 15:00 Uhr, abrufbar unter: http:// www.wirtschaftsnachrichten.org/mehr-news/2716-deutsche-leben-in-armut.html (Abruf am 03. 07. 2012); **241.2** Wolfgang Huber, zitiert nach: http://www.ekd.de/presse/pm145_2006_armutsdenkschrift.html (Abruf am 03. 07. 2012); **241.3** Caritasverband für Stuttgart, zitiert nach: http:// www.caritas-international.de/haiti/1935.asp?id=26859 (Abruf am 03. 07. 2012); **241.4** Diakonie Bundesverband: Interview mit Michael Schröter, zitiert nach: http://www.diakonie.de/diakonie-news-188-interview-zur-nationalen-armutskonferenz-6781.htm (Abruf am 03. 07. 2012); **242** Papst Franziskus, Evangelii gaudium, Nr. 24; **242f.** Frankfurter Allgemeine Zeitung vom 24. 11. 1999; **243.1** donum vitae e.V.: Über donum vitae, zitiert nach: http://www.donumvitae.org/der_ Verband (Abruf am 03. 07. 2012); **242.2** Sabine Demel: Donum Vitae: Vereinigung außerhalb der Kirche?, unter: http://www.donum-vitae-freiburg.de/demel.pdf (Abruf am 05.04.2014) 244.1 § 24 aus dem Parteiprogramm der NSDAP von 1920, zitiert nach: Helmut Kurz: Katholische Kirche im Nationalsozialismus. Ein Lese- und Arbeitsbuch für den Religionsunterricht, LIT Verlag, Berlin 2008, S. 21-22; **244.2** Stellungnahme des Bischöflichen Ordinariats Mainz vom 30. September 1930, zitiert nach: Helmut Kurz: Katholische Kirche im Nationalsozialismus. Ein Lese- und Arbeitsbuch für den Religionsunterricht, LIT Verlag, Berlin 2008, S. 20; **245** Protokoll der Fuldaer Bischofskonferenz betr. Stellungnahme zur NSDAP vom 17. August 1932, zitiert nach: Helmut Kurz: Katholische Kirche im Nationalsozialismus. Ein Lese- und Arbeitsbuch für den Religionsunterricht, LIT Verlag, Berlin 2008, S. 33-34; **246.1** Regierungserklärung der NSDAP vom 23. März 1933, zitiert nach: Helmut Kurz: Katholische Kirche im Nationalsozialismus. Ein Lese- und Arbeitsbuch für den Religionsunterricht, LIT Verlag, Berlin 2008, S. 44-45; **246.2** Kundgebung der deutschen Bischöfe vom 28. März 1933, zitiert nach: Helmut Kurz: Katholische Kirche im Nationalsozialismus. Ein Lese- und Arbeitsbuch für den Religionsunterricht, LIT Verlag, Berlin 2008, S. 44-45; **246f.** Hirtenbrief des deutschen Episkopats vom 3. Juni 1933, zitiert nach: Helmut Kurz: Katholische Kirche im Nationalsozialismus. Ein Lese- und Arbeitsbuch für den Religionsunterricht, LIT Verlag, Berlin 2008, S. 44-45; **247** Joachim Köhler, zitiert nach: Helmut Kurz: Katholische Kirche im Nationalsozialismus. Ein Lese- und Arbeitsbuch für den Religionsunterricht, LIT Verlag, Berlin 2008, S. 45; **248** Helmut Kurz: Katholische Kirche im Nationalsozialismus. Ein Lese- und Arbeitsbuch für den Religionsunterricht, LIT Verlag, Berlin 2008, S. 61-62; **248f.** Konkordat vom 20. Juli 1933 zwischen dem Heiligen Stuhl und dem Deutschen Reich, zitiert nach: Helmut Kurz: Katholische Kirche im Nationalsozialismus. Ein

Lese- und Arbeitsbuch für den Religionsunterricht, LIT Verlag, Berlin 2008, S. 63–64; **249.1** Cesare Maria De Vecchi: Bericht vom 25. Juli 1933, zitiert nach: Helmut Kurz: Katholische Kirche im Nationalsozialismus. Ein Lese- und Arbeitsbuch für den Religionsunterricht, LIT Verlag, Berlin 2008, S. 65–69; **249.2** Ivone Kirckpatrick: Bericht (August 1933), übers. v. Joachim Köhler, zitiert nach: Helmut Kurz: Katholische Kirche im Nationalsozialismus. Ein Lese- und Arbeitsbuch für den Religionsunterricht, LIT Verlag, Berlin 2008, S. 65–69; **250** Karl-Joseph Hummel: Katholische Kirche, politischer Katholizismus und Drittes Reich, in: Heiner Timmermann (Hrsg.), Die Rolle des politischen Katholizismus in Europa im 20. Jahrhundert. Bd. 1, LIT Verlag, Münster 2009, S. 67; **251.1** Helmut Kurz: Katholische Kirche im Nationalsozialismus. Ein Lese- und Arbeitsbuch für den Religionsunterricht, LIT Verlag, Berlin 2008, S. 134; **251.2** Helmut Kurz: Katholische Kirche im Nationalsozialismus. Ein Lese- und Arbeitsbuch für den Religionsunterricht, LIT Verlag, Berlin 2008, S. 135; **251.3** Helmut Kurz: Katholische Kirche im Nationalsozialismus. Ein Lese- und Arbeitsbuch für den Religionsunterricht, LIT Verlag, Berlin 2008, S. 136; **252** Michael Kardinal von Faulhaber: Schreiben an Alois Wurm vom 8. April 1933, zitiert nach Wolf Gruner (Bearb.): Die Verfolgung und Ermordung der europäischen Juden durch das nationalsozialistische Deutschland 1933–1945, Bd. 1, Oldenbourg Verlag, München 2008, S. 135–136; **253.1** Thomas Brechtenmacher: Der Vatikan und die Juden. Geschichte einer unheiligen Beziehung, Verlag C.H.Beck, München 2005, S. 218–220; **253.2** Wolfgang Benz: Papst Pius XII. und die Juden, in: Davidstern. Jüdische Kulturzeitschrift. H. 85, 06/2010; **253.3** Vom Theologen zum Papst - Joseph Ratzinger - Benedikt XVI. Heinz-Joachim Fischer LIT Verlag Münster, 2010, S. 310; **254** Michael Kißener: Widerstand und Glaube. Anmerkungen zur „Frömmigkeit" des deutschen Widerstands im Krieg, in: zur debatte. Themen der katholischen Akademie in Bayern 3/2005, S. 16; **255.1** Verhörprotokoll Georg Elsner, zitiert nach: Guido Knopp: Sie wollten Hitler töten, Bertelsmann Verlag, München 2004, S. 65; **255.2** Michael Kißener: Widerstand und Glaube. Anmerkungen zur „Frömmigkeit" des deutschen Widerstands im Krieg, in: zur debatte. Themen der katholischen Akademie in Bayern 3/2005, S. 16–17; **255.3** Michael Kißener: Widerstand und Glaube. Anmerkungen zur „Frömmigkeit" des deutschen Widerstands im Krieg, in: zur debatte. Themen der katholischen Akademie in Bayern 3/2005, S. 16–17; **256** Katholische Integrierte Gemeinde, Geschichte, unter: http://88.198.21.36/web/kig/history (Abruf am 17. 08. 2012), alle Rechte bei GIZ Gesellschaft für Internationale Zusammenarbeit e.V., Geiselgasteigstraße 124a, 81545 München; **261** Paula Schräder, Neuenkirchen; **262** Marcus Tullius Cicero: Laelius – Über die Freundschaft, Übersetzung, Anmerkung u. Nachwort von Robert Feger, Reclam Verlag, Stuttgart 1970; **264** Markus Nolte: Ich liebe dich, in: Markus Nolte / Ludger Verst: Touch me! Kontaktanzeigen für Gott, 1. Aufl., dialogverlag, Münster 2002, S. 29; **266** Der Pentateuch. Übersetzt u. erläutert v. Samson Raphael Hirsch. 1. Die Genesis, 4. Aufl., Kauffmann Verlag, Frankfurt/Main 1903; **271.1** Kongregation für die Glaubenslehre: Erwägungen zu den Entwürfen einer rechtlichen Anerkennung der Lebensgemeinschaften zwischen homosexuellen Personen, zitiert nach: Verlautbarungen des Apostolischen Stuhls 162, hrsg. v. Sekretariat der Deutschen Bischofskonferenz, Bonn 2003, S. 14–15; **271.2** Katechismus der Katholischen Kirche. Neuübersetzung aufgrund der Editio Typica Latina, Oldenbourg Verlag, München 2005, Nr. 2358; **271.3** Mit Spannungen leben. Eine Orientierungshilfe des Rates der EKD zum Thema „Homosexualität und Kirche" (= Heft 57 der „EKD-Texte"), Hannover 1996; **272** Walter Trobisch: Ich liebte ein Mädchen. Ein Briefwechsel, 14. Aufl., Vandenhoeck & Ruprecht, Göttingen 1989, S. 57–58; **273** Rupert M. Scheule zum Thema Ehe, http://www.ehe-familie-kirche.de/files/familiensonntag_2014.pdf (Abruf am 05.06.2014) 274 Yvonne Fritsche: Moderne Orientierungsmuster. Inflation am Wertehimmel, in: 13. Deutsche Shell-Jugendstudie, Leske + Budrich Verlag, Opladen 2000; **275.1** Reinhard Marx: Familie ohne Lobby, in: Bundeszentrale für politische Bildung (Hrsg.): fluter 6/2003, Bonn 2003; **275.2** Die Deutschen Bischöfe: Ehe und Familie – in guter Gesellschaft (= Die Deutschen Bischöfe Nr. 61) Bonn 1999; **277** Klaus Bonhoeffer: Brief an seine Familie, zitiert nach: Halbfas, Hubertus / Halbfas, Ursula (Hrsg.): Das Menschenhaus. Ein Lesebuch für den Religionsunterricht, Benziger / Calwer Verlag / Patmos Verlag, Zürich / Stuttgart / Düsseldorf 1972, S. 64–65; **278** Markus Nolte: Die Liebe erträgt alles, in: Markus Nolte / Ludger Verst: Touch me! Kontaktanzeigen für Gott, 1. Aufl., dialogverlag, Münster 2002, S. 31.

Alle Bibeltexte **(15, 16, 18, 21, 36, 38, 40, 42, 52, 60, 61, 63, 73, 95, 106, 116, 124, 158, 161, 162, 164, 165, 166, 178, 180, 183, 184, 187, 195, 263, 268, 278)** zitiert nach: Die Bibel. Einheitsübersetzung der Heiligen Schrift. Gesamtausgabe. Verlag Katholisches Bibelwerk GmbH, 4. Aufl., Stuttgart 2003, in neuer Rechtschreibung.

Liednachweis

27 Jetzt ist die Zeit, Text: Alois Albrecht © Dehm Verlag, Limburg www.dehm-verlag.de; Melodie: Ludger Edelkötter © KiMu Kinder Musik Verlag GmbH, 50259 Pulheim; **120** Wir glauben All' an einen Gott, Text: Martin Luther, in: Evangelisches Gesangbuch für Bayern und Thüringen, Normalausgabe mit Harmoniebezeichnungen, Claudius Verlag, München 1994, Nr. 183; **152** If everyone cared, Text: Daniel Patrick Adair / Michael Douglas Henry Kroeger / Chad Robert Kroeger / Ryan Anthony Peake © Arm your Dillo Publishing Inc. / Black Diesel Music Inc. / Warner-Tamerlane Publishing Co. / Zero G Music Inc. Neue Welt Musikverlag GmbH, Hamburg; **176** Alles ist neu, Text: Michael Beck / Thomas Dürr / Andreas Rieke / Michael B. Schmidt © Edition Die 4 Dimension Musikverlag EMI Quattro GmbH, Hamburg; **190** Von guten Mächten, Text: Dietrich Bonhoeffer © Gütersloher Verlagshaus GmbH, Gütersloh; **196** Die Schöpfung, Text: Franz Joseph Haydn; Melodie: Franz Joseph Haydn; Satz, Stichbild: Schott Music © Ernst Eulenburg & Co., Mainz; **197.2** Wenn es einen Gott gibt, Text: Bostic, Celina/Gold, Sido/Velvet, Steve Van, © Fanfare Musikverlag/Chrysalis Music Holdings GmbH, Berlin, Hanseatic Musikverlag GmbH & Co. KG, Hamburg, Sony/ATV Music Publishing (Germany) GmbH, Berlin, Geto Gold Jens Ihlenfeldt, Eric Remberg Halil Efe GbR, Berlin; **197.2** Danke, Text: Würdig, Paul © Felony Business, Edition / GETO GOLD Jens Ihlenfeldt, Eric Remberg Halil Efe GbR, Berlin, Numarek Songs Marek Pompetzki, Berlin, Sony/ATV Music Publishing (Germany) GmbH, Berlin, EMI Music Publishing Germany GmbH & Co. KG, Hamburg; **263** Ein Freund, ein guter Freund (Sonniger Tag, wonniger Tag), Text: Robert Gilbert © Ufaton Verlagsgesellschaft mbH, Berlin;

Bildquellennachweis

Umschlag Museum Ludwig Köln, ML76/3253 © Rheinisches Bildarchiv Köln, rba_c004581, [Paul Klee: Hauptweg und Nebenwege]; **4.1** berlinpressphoto.de (Henning Schacht), Berlin; **4.2** Fotolia.com (chehov), New York; **5.1** Museum Ludwig Köln, ML76/3253 © Rheinisches Bildarchiv Köln, rba_c004581, [Paul Klee: Hauptweg und Nebenwege]; **5.2** Wikimedia Deutschland (Gryffindor - CC-BY-SA-3), Berlin; **6.1** Fotolia.com (Henry Czauderna), New York; **6.2** © Fondation Antoni Tapies Barcelona/VG Bild Kunst, Bonn 2013 [Antoni Tapies Puig: Fons-forma. Núm. XXIX, 1954]; **7.1** Ullstein Bild GmbH (AKG/Wittenstein), Berlin; **7.2** Ullstein Bild GmbH (dpa), Berlin; **7.3** akg-images (Gerhard Ruf), Berlin; **7.4** Corbis (Bettmann), Düsseldorf; **7.5** shutterstock (Vladimir Wrangel), New York, NY; **7.6**; **7.7**; **7.9** akg-images, Berlin; **7.8** Picture-Alliance (dpa), Frankfurt; **7.10** Bibliothèque nationale de France, Paris; **8.1** © Gerhard Richter, 2014; **8.2** Mauritius Images (Robert Harding), Mittenwald; **9.1** Corbis (Images.com), Düsseldorf; **9.2** Fotolia.com (drilling in the dark), New York; **11** berlinpressphoto.de (Henning Schacht), Berlin; **13** Getty Images (Michael Ochs Archives), München; **15** akg-images (John Hios), Berlin; **17** A. Paul Weber Museum, Ratzeburg © VG Bild-Kunst, Bonn 2012 [A. Paul Weber: Der Plumpudding]; **18** Thinkstock (iStockphoto), München; **19** akg-images, Berlin © VG Bild-Kunst, Bonn 2013 [Marc Chagall: Berufung Jeremias]; **20** Wikimedia Deutschland (PD), Berlin; **21** BPK (Hermann Buresch), Berlin; **22.1** akg-images (Russell Lee), Berlin; **22.2** Picture-Alliance (dpa), Frankfurt; **23** Corbis (Bettmann), Düsseldorf; **24** DAHW Deutsche Lepra- und Tuberkulosehilfe e.V.; **26** Fotolia.com (Peter Adrian), New York; **28** Wikimedia Deutschland (PD), Berlin; **31** Fotolia.com (chehov), New York; **33.1** Fotolia.com (Woodapple), New York; **34** Thinkstock (comstock), München; **35** akg-images, Berlin; **36** StockFood GmbH (Waldmeier, Jürg), München; **37** Helmut Kästl: Offenbarung des Johannes "Das himmlische Jerusalem". Echt-Antikglas, transparent/opalisierend, Bleiverglasung, 210x210 cm, Priesterseminar München, 1983; **39** Caro Fotoagentur (Bernhard Pries), Berlin; **42** © ars liturgica Buch- & Kunstverlag MARIA LAACH, Nr. 4835, [Beate Heinen: Blindenheilung]; **45** Meyer, Prof. Dr. Guido, Aachen; **47** © Sieger Köder, Sturm auf dem See; **48** Anneke Gerloff, Berlin © VG Bild-Kunst, Bonn 2012 [Janet Brooks-Gerloff: Unterwegs nach Emmaus]; **49.1** KNA-Bild GmbH, Bonn; **49.2** dreamstime.com (Leahkat), Brentwood, TN; **50** laif (Hans Madej), Köln; **51** Don Bosco Archiv; **52** www.beate-schreiter.com (Christian Schreiter), Neudörfl; **53** Bayerische Staatsbibliothek München, Cgm 8010 (8, fol. 303v); **55** Museum Ludwig Köln, ML76/3253 © Rheinisches Bildarchiv Köln, rba_c004581, [Paul Klee: Hauptweg und Nebenwege]; **57** Klett-Archiv (Grit Kleindienst, Leipzig), Stuttgart; **58.1** Fotolia.com (Helmut Singer), New York; **58.2** Fotolia.com (Vinicius Tupinamba), New York; **58.3** Fotolia.com (dkimages), New York; **58.4** Fotolia.com (Anne Katrin